第一层级
复合产业哲学

以杜仲橡胶资源培育复合产业研究为例

PHILOSOPHY OF COMPOUND INDUSTRY
ON THE FIRST LEVEL

The cultivation of compound industry
with eucommia rubber resources as a case

胡文臻 著

社会科学文献出版社
SOCIAL SCIENCES ACADEMIC PRESS (CHINA)

序

　　以哲学的思考方法实现生态资源经济体系建设工程，是新型生态资源经济活动的需求和新生活的理念。从哲学的维度规划跨学科研究的重要意义，在于探索社会科学研究者与自然科学研究者合作科研，共同完成生态资源经济体系的建设。

　　本书是以哲学思考进行了应用对策研究；以哲学思考进行了社会重大现实问题的研究；以哲学思考探索了新型生态资源经济体系的确立；以哲学思考丰富了第三次工业革命的内容；以哲学思考对新型生态资源经济活动规律的研究。

　　以应用哲学的实践平台，解开了公众对哲学的一般意义的不解。法国哲学家勒内·笛卡尔的"我思故我在"是笛卡尔全部认识论哲学的起点，也是他"普遍怀疑"的终点。他从这一点出发确证了人类知识的合法性。完全走出"我思故我在"的哲学曲度面的认识区域，我们必须以进入第三次工业革命的时代责任感进行哲学思考，以应用哲学科学的、合理的方法实现对生态资源经济体系建设的研究。使区域政府官员、企业、公众走出哲学自远古以来对视域论点的追问，厘清古希腊哲学"三贤"苏格拉底、柏拉图、亚里士多德祖师徒三人的思考形态。众所周知，"三贤"并非哲学之父，之前的先哲们早就探索了客观世界永恒不变的规律。公众认为哲学家都在努力的解释世界，以形成自己的体系，并且在其过程中极力排斥其他哲学。但是世界并未因为哲学家的思考变得不同。例如，"自在世界"里是康德的钟声;"理性世界"是黑格尔法哲学的选择;"意志世界"是叔本华精神生活的常青树;"潜意识世界"是弗洛伊德执着的净土;"荒世界"是萨特的艺术杰作;"理念世界"是柏拉图的真实洞穴;等等。出生于印度的萨拉·萨卡(Saral Sarkar)于 1997 年发表了《生态资本主义还是生态社会主义》,成为当代欧洲生态社会主义理论的代表性学者之一。笔者认为萨拉·萨卡也是重要的"生态学马克思主义世界"的哲学家。凡此种种哲学家的世界,揭示了人类历史进步的基本的社会、经济、文化活动规律。

今天的世界进入了全球经济化、知识化的时代,生态学马克思主义研究者重视的正是"生态学马克思主义世界"的哲学贡献,生态学马克思主义继承了马克思主义和西方马克思主义的生态应用意义的批判精神,对资本主义社会的过度生产、过度消费、过度浪费和过度污染生态环境导致的生态危机进行了尖锐的揭露批判。笔者在第一层级复合产业哲学——以杜仲橡胶资源培育复合产业研究为例中,在实现区域生态资源经济体系建设实践活动过程中具有典型的应用哲学特征,即丰富了生态学马克思主义的理论探索,又具有重要的实际意义。其引导区域政府、企业、其他经济组织和公众思考实践的第一层级复合产业哲学,完全符合生态学马克思主义提出的生态社会主义思想,这也是笔者原创性思考的意义所在。

面对全球经济发展需求,20 年后的中国必将是:

一个调整产业结构实现可持续发展的经济实力强大的中国;

一个不称霸和坚决保卫国家主权的军事力量强大的中国;

一个具有深远影响、受到国际社会信任的文化软实力强大的中国;

一个引领第三次工业革命建设的、实现了可持续发展的生态资源经济体系建设强大的中国。

胡文臻

2014 年 4 月 1 日于澳大利亚塔斯玛尼亚

目录
CONTENTS

写在前面（一）

不久的将来，杜仲、银杏及其他经济林资源，将成为人类赖以生存和发展的必需品。

不久的将来，杜仲橡胶资源将形成九种类型产品，成为公众生活的基本消费品，形成区域社会经济、政治文化、消费生活的基本经济活动形态。

不久的将来，由中国社会科学院社会发展研究中心积极推动的林业、农业、医药科研单位和企业合作的项目，如中国医药科学院药用植物研究所合作研究的"杜仲大健康药品、保健品"，将成为引领药食两用产品市场的新型拳头产品。国家林业局杜仲工程技术研究中心、中南林业大学以及上海华仲檀成杜仲种植科技发展公司等5家企业合作研究的杜仲造林碳汇交易产品，将逐步成为新型的收益稳定的可持续发展的碳汇交易产品。区域政府调整产业结构大力支持发展的以类似甘肃润霖杜仲产业开发有限公司、汝州恒瑞源公司、鹤壁淇河杜仲公司等10家企业开发的杜仲食用油、杜仲鲜菇、杜仲木耳、杜仲饮料、杜仲果酱等系列产品将成为人们日常生活中必需的健康的生态资源食品。

不久的将来，区域县、市政府机构的管理者、企业的领导者及广大公众都将投身于生态资源经济体系建设工程。以金寨百利农林公司、青岛第派斯公司、汝州恒瑞源公司、湖北老龙洞公司以及20多家以杜仲橡胶资源培育为产业的企业，将会同各地众多以发展生态资源经济林产业为主的企业，成为区域新型经济、社会、文化事业发展的重要贡献者。

不久的将来，积极参与国情调研杜仲项目的专家、学者，以及全国10家高校科研单位的教授，将会把高品质的杜仲花、果、叶、皮生产融入实现中国梦的美丽生态环境中。

这一天将会很快到来。

世界期待着，杜仲花开是春天。

写在前面（二）

世界已经进入新型资源经济活动整理的关键时期。东方社会主义国家中国实现了由改革开放初期的实验经济过程到经济快速发展过程，在这一过程中，既有丰富的进而影响世界进步的宝贵的中国式发展经验，又有许多类似生态资源和生态环境遭到破坏的教训。中国人民善于学习、善于总结经验、善于沿着和平发展道路实现中国梦。西方发达国家在金融危机中、局部区域战乱中进入了后工业社会阶段，西方国家对发展生态环境和发展绿色经济的目标模式，是社会和公众的生存性的自然需求，也是西方政府的后续干预发展形态。

中国实现新型生态资源经济体系建设是全球发展绿色经济的需要，国家的任务目标"生态文明建设"表明了中国政府将积极引导全体公众、各种经济组织积极参与生态资源经济活动的实践。这一经济活动的过程是实现中国梦的过程；是全体公众、各经济成分发挥优势，不断实现中国经济奇迹的过程；是中国引领第三次工业革命，获得生态资源经济的消费与服务的新型美学经济活动过程；是中国实现建设强大的生态资源经济体系的过程；这是中国社会经济文化对生态资源经济发展的需求，是保障中国国力增长速度的过程。

区域生态资源经济体系建设实践、复合产业的经济特征是中国进一步稳妥地发展新型经济的实践。2011 年 2 月，中国社会科学院国情调研杜仲项目组、中国社会科学院社会发展研究中心，陇南市人民政府、甘肃润霖杜仲产业开发有限公司合作课题研究，获得康县人民政府大力支持。共同探索了一条跨区域、跨学科的培育生态资源经济体系的创新模式。康县位于西秦岭南侧，属长江上游嘉陵江水系，总人口 20.28 万人，其中农业人口 17.78 万人。森林覆盖率 66.7%，林木绿化率 70.4%。珍贵稀有树种有杜仲、银杏、红豆杉、香樟、楠木、水杉、姜朴等 28 种。天麻、杜仲等野生中药材 570 多种，山珍菌 100 多种。甘肃润霖杜仲产业开发有限公司已初步建成康县王坝小西沟万亩果园式杜仲种植示范基地，投资 4500 多万元，规划建设杜仲橡胶等综合加工生产线，已安装日产 10 万瓶杜仲饮料生产线。计划可产 82.63 吨杜仲子油；可产 93.43 吨桃叶珊瑚苷；年产 38.66 吨杜仲绿原酸；可产 400 吨杜仲纯粉生产线，设备已进厂。计划于 2014 年 12 月推向市场 15 种类型系列产品。与兰州大学合作研究生产 100 吨新型高分子材料天然杜仲橡胶生产线及成套设备正全部调试成功。与中国标科院经济材开发中心合作新品种杜仲培育正进入嫁接期。上海华仲檀成杜仲种植科技发展有限公司与中国林科院经济材开发中心全面合作，公司投入部分项目资金，建成天锡杜仲新品种培育种苗基地，试验生物法提取杜仲胶技术。公司形成了造林碳汇、合作开发培育杜仲育苗基地、合作杜仲饲料技术、合作造林 100 万亩杜仲林。

2013 年 12 月，金寨县计划引进经济林木杜仲，规划建成 10 万亩杜仲资源基地（包括苗木及果、花、叶、皮高产胶栽培及综合产品加工）。如果项目顺利实施，以 10 万亩苗圃计算，可以为其他杜仲种植区域提供种苗，满足市场 50% ~ 70% 的需求，可以使金寨县的森林覆盖率再提高 1 个百分点，每年可固定二氧化碳 10 万吨以上，释放氧气 8 万吨以上，可带动就业 2.4 万人以上，实现苗木年均收入 10 亿元以上。可基本实现区域生态资源经济体系建设实践的公众消费与服务目标。杜仲资源的技术支撑来源于国家林业局杜仲工程技术研究中心，并与中国社会科学院社会发展研究中心、国务院军转办转业军官培训中心、金寨县人民政府、金寨百利农林开发公司合作开展杜仲资源培育实验基地建设及课题研究，通过科学的经济转型，实现区域生态资源经济体系建设的目标。

2010 年河南恒瑞源实业有限公司投资建设的河南省汝州市杜仲种植

示范园，获得了汝州市人民政府大力支持。与中国林业科学院经济材开发中心合作，与青岛科技大学合作研制杜仲胶生产线。2014 年 4 月进入调试，公司计划生产杜仲胶囊、苏茧等 5 大类产品，这些项目在地方政府指导、监管下逐步实施。

通过杜仲橡胶资源培育复合产业区域生态资源经济体系建设的实践活动，笔者作为国情调研杜仲项目主要调研管理负责人之一，先后与地方政府、林业科研单位、区域企业合作参与了跟踪调研基地汝州杜仲种植基地、康县杜仲种植基地、无锡杜仲种植基地、金寨杜仲种植基地的建设，与杜仲资源分布区域的政府、企业建立了合作关系，其中包括青岛第派斯合成杜仲橡胶加工基地和鹤壁淇河杜仲公司、湖北老龙洞杜仲加工基地等十余家企业。

以康县、金寨县区域生态资源经济体系科学规划，合理布局建设为例，均以常住与流动人口达到万人加入的空间容量，配置 10 万亩橡胶资源培育复合产业经济和区域内其他经济林培育资源，可在未来 10 年发展期实现丰富的区域生态资源经济体系建设，可以实现区域内人均生态资源消费与服务的目标。

"生态环境资源培育与生态环境能量储备"体现了区域内经济社会发展与生态资源经济之间实现平衡的新型生存与发展的关系，因此在培育复合产业经济活动实践过程中必须始终坚持"社会基本矛盾原理是历史唯物主义的基本思想，社会基本矛盾分析方法是历史唯物主义的基本方法"的原则，这是指导解决区域内生态资源经济体系建设中出现的各种矛盾（关系）的根本方法，是以第一层级复合产业哲学思考为指导，解决杜仲橡胶资源培育和产业开发的"生产实践活动和生活消费活动"中可能出现的系列矛盾的根本方法。

区域政府是如何引导区域生态资源培育和生态环境能量储备的实践活动备受国内外关注，备受区域公众监督。自身的生态资源经济培育意识和生态资源经济建设成果已经成为官员升迁及业绩考核的基本标准，营造区域内良好的生态环境、体验绿色生活和低碳生活，已经成为一种新的生活时尚，中国一线城市北京、上海、广州等大型城市和二、三线城市，如银川、延安、六安、陇南等已经形成了一股生态资源经济引领区域经济建设的风潮。区域中的低碳一族，他们自己动手制作简易使用品、用废油制肥皂、吃素菜、穿棉布衣服、不开汽车和乘坐公共交通，以实际行动践行着低能量、低消耗、低开支的生态资源经济消费与服务的生活方式。

区域政府及相关部门、经济组织对于公众的生态资源需求，都加以高度重视，研究规划，并积极地给予了多种支持，调动区域内外的一切力量，打破传统规则，坚决支持生态资源经济体系建设的实践。

第一层级复合产业哲学——以杜仲橡胶资源培育复合产业为研究对象，这在国内外尚属首次。这部专著，是一部对区域新型生态资源经济体系建设进行哲学语境探索的著作，反映了建设新型生态社会环境的实践。

写在前面（三）

　　《第一层级复合产业哲学——以杜仲橡胶资源培育复合产业研究为例》，是在中国改革开放以来取得巨大成果的基础上，对国家经济转型期、全球新型市场经济时期和金融危机持续动荡阶段的研究。是笔者研究区域内政府、企业和其他经济组织重视生态资源（经济林）产业、培育区域新型生态资源经济体系，以及引导公众积极参与新型生态资源培育和保护生态资源环境的生态资源经济体系的建设实践过程中完成的具有原创性的研究。

　　这一研究成果是市场在资源配置中起决定性作用的理论指导下，"生态环境资源培育与生态环境能量储备"（笔者首次提出的研究命题）理论在生态资源经济活动中的实践过程。是新型的培育生态资源市场经济理论的实践过程。是"新生产力"关系理论对新型培育生态资源配置的实践的研究，含有丰富的新型市场文化哲学。是对具有领先意义的第一层级复合产业哲学实践课题的研究和具有战略意义的创新性研究的实践过程，是引领第三次工业革命建设的核心内容。

　　重视生态资源经济体系建设是重视自然资本的经济特征。这种生态资源资本，将成为区域经济发展的核心内容。因其特有的增值功能，将对区域经济活动产生重大影响，使自然资本快速地进入动态的资源经济活动过程，显现出其强大的生态资源经济增值能力。杜仲橡胶资源培育复合产业经济活动的实质，是生态资源动态资本价值以新型自然资本快速融入区域公众社会生活的价值能量，给区域公众提供基本稳定的自然资本存量的生态环境需要具备"药、食、饮、用、碳汇"五项功能及九种类型近百种产品的资源。这是一个实现可持续发展的、非常有价值的生态资源经济体系建设工程，这表明我国已经进入自然资本新理念的科学性经济实践道路。

习近平总书记强调："要正确处理好经济发展同生态环境保护的关系，牢固树立保护生态环境就是保护生产力、改善生态环境就是发展生产力的理念。"其中的辩证关系十分清晰地揭示了生态资源经济发展的"新生产力"关系。

"生态文明建设"是人类生存及国家和区域经济社会发展的第一层级建设目标，生态资源经济体系建设是第一层级的复合产业建设目标。第一层级复合产业哲学研究就是马克思主义哲学世界观方法论的实践过程研究。学会运用马克思主义的立场观点方法认识区域内的"生态环境资源培育与生态环境能量储备"问题，分析和解决这些问题，是区域经济社会发展的需要。研究者、政府管理者、企业员工、公众和其他经济组织者都必须认真学习马克思主义理论，在实践中提高马克思主义理论素养和运用马克思主义处理问题的能力。

生态资源经济体系建设是中国高度重视和加快进行的新型生态资源经济活动的重要体系建设工程。这是因为适合人类和生物生存、繁衍和发展所利用的物质、能量、信息、时间和空间的生态资源，全部具备生态经济的特征。笔者在本书中研究生态资源经济体系的主要结构内容之一的经济林，完全是从哲学思考的角度，重点研究杜仲树的生态资源经济活动特征和以杜仲橡胶资源培育为中心的复合产业的经济活动实践过程。

我国现有经济林面积达到 4 亿亩以上，约占全国森林总面积的16% ~ 18% ；占全国人工林面积的60% ，有 1000 种林木涉及工业、农业、药业、食品（饮料）、饲料、军工行业。在现有的生产实践过程中通常分为五种类型，即（1）利用树木果实或种子为公众食用消费的木本粮食林、木本油料林、果木林（杜仲果新资源食品）；（2）利用树木浆液作为工业原料的橡胶林（三叶橡胶树、杜仲橡胶树）、漆树林等；（3）利用树皮为目的的栓木林、纤维林、药用林（杜仲皮中药）；（4）利用树叶为特征的桑树林、柞树林及茶树林（杜仲叶茶）等；（5）利用树木权条为包装材料及生活使用的采条林（杜仲包装材料）等。在研究经济林产业过程中，笔者重点选择以杜仲橡胶资源培育复合产业为中心开展原创性研究。

杜仲树种的经济产业活动是涉及林业（经济林）、工业（橡胶—工业橡胶—军工应用—医药应用）、农业（林农套种）、医药保健（中药—保健品）、食品（饮料—茶）、畜牧饲料、包装材料、造林碳汇、城市景观林九大种类近百种产品的应用加工型的生态资源经济体系，具有典型的跨行业、跨学科的新型生态资源经济体系的特征。其复合产业的"生产关系和新生产力"特征的表现形式完全是"新生产力和生产关系"的矛盾运动，充分反映了国家"社会基础和上层建筑"的矛盾运动，这就需要我们在培育复合产业经济活动中必须从唯物史观的社会基本矛盾原理和分析方法出发进行深入研究。

"生态环境资源培育与生态环境能量储备"也是区域内经济社会发展与生态资源经济之间的新型生存与发展的矛盾关系，因此在培育复合产业经济活动实践中必须始终坚持"社会基本矛盾原理是历史唯物主义的基本思想，社会基本矛盾分析方法是历史唯物主义的基本方法"的原则，并以此作为指导解决区域内实现生态资源经济体系建设中出现的各种矛盾（关系），这是指导第一层级复合产业哲学思考，解决杜仲橡胶资源培育和产业开发的"生产实践活动和生活消费活动"中可能出现的系列矛盾问题的根本方法。

2014年2月24日，《中国社会科学报》刊登了中国社会科学院院长王伟光在"学习习近平总书记关于学哲学重要论述座谈会"上的论述。

"历史唯物主义是马克思主义关于社会历史发展问题的哲学总说明，是我们共产党人认识社会问题、解决社会问题、推进社会进步的思想武器。习近平总书记告诫我们，历史和现实都充分表明，只有坚持历史唯物主义，科学分析中国社会运动及其发展规律，才能不断把对中国特色社会主义规律的认识提高到新水平，才能不断推进中国特色社会主义的发展。"

2007 年 11 月初，中国社会科学院学部委员、哲学研究所所长李景源研究员十分重视杜仲树种橡胶资源的经济特征，根据中共中央对中国社会科学院是党中央、国务院的思想库、智囊团的定位，以及中国资源紧张、全球经济大格局的发展需要，部署开展国情调研工作，安排调研杜仲资源产业发展的基本状况。杜仲产业项目也是老一辈革命家周恩来总理、朱德委员长非常重视的科学研究项目。

2008 年 10 月，经哲学所党委会、所务会研究决定，由中国社会科学院学部委员、哲学研究所所长李景源研究员（博士生导师），哲学研究所副所长、院社会发展研究中心主任孙伟平研究员（博士生导师），院社会发展研究中心副主任胡文臻特约研究员（博士）负责开展国情调研杜仲项目的调查研究、立项管理和具体实施工作。2010 年 10 月，中国社会科学院成立了重大项目——国情调研杜仲项目课题组，李景源担任组长、专家委员会主任；孙伟平担任第一副组长、专家委员会副主任；胡文臻担任副组长、专家委员会副主任兼办公室主任，负责具体日常工作事务。2010 年 12 月 16 日，中国社会科学院院长办公会议批准"现代特色农业与中国新农村建设——汝州杜仲种植基地生态示范园建设"国情调研重大项目。课题组确立了探索创新"跨学科、跨行业"的合作研究模式，相关部门专家、学者、领导、地方政府负责人、企业管理人员、科研院校研究人员积极参加国情调研活动，组成了高质量的，具有创新性的跨学科合作研究的杜仲项目科研团队。

国情调研杜仲项目组副组长有国家发改委农经司胡恒洋司长（研究员），国家林业局造林司黎云昆司长（高级工程师），中国林业科学院经济林研究开发中心副主任杜红岩研究员（专家委员会副主任，杜红岩兼任技术应用办公室主任）。

国情调研杜仲项目办公室设在中国社会科学院社会发展研究中心，技术研究应用办公室设在中国林业科学院经济林研究开发中心。2012 年 6 月 25 日，国家林业局评审批复成立国家林业局杜仲工程技术研究中心与中国林业科学院经济林研究开发中心合署办公。2013 年，根据调查研究和杜仲橡胶资源经济活动实践的需要，特别邀请中国卫星发射测控系统部通信部部长（博士生导师）赵洪利少将，中国军事科学院军队建设研究部国防建设研究室主任（博士生导师）于川信大校，国防大学军队建设与军队政治工作教研部教授（博士生导师）朱廷春大校以及朱诗兵大校，空军天津场站许新建站长（大校），南方林业生态应用技术国家工程实验室闫文德主任（博士生导师），武汉理工大学管理学院刁兆峰院长（博士生导师），武汉理工大学程光德博士（管理组长），兰州城市学院刘举科校长（研究生导师），河南大学药学院李钦院长（研究生导师），国家林业局杜仲工程技术研究中心乌云塔娜研究员（博士生导师）、杜兰英博士、刘攀峰博士、于晓霞博士、胡若音博士（韩国海洋大学在读博士研究生）等 100 多名专家学者、研究人员、企业家（科研管理负责人员），以及地方政府负责人加入了课题组，积极参与这项跨学科的新型生态资源经济体系建设的研究活动。

中国林科院经济林研究开发中心监管合作研究示范企业上海华仲檀成杜仲种植科技发展公司（实验引种无锡斗山杜仲种苗基地，根据自己的经济力量，逐步规划建设或联合相关企业合作开发 100 万亩杜仲生态林造林）。

陇南市人民政府监管甘肃润霖杜仲种植开发公司（陇南杜仲产业基地，获得甘肃省政府、陇南地区和县政府支持，逐步建设开发 50 万亩杜仲生态资源林及 20 项杜仲新资源产品）的发展。

汝州市人民政府监管河南汝州恒瑞源公司（汝州杜仲育苗基地和综合利用产业示范园建设及与青岛科技大学合作开发杜仲橡胶生产线）的发展。

金寨县人民政府监管安徽金寨百利农林开发公司（金寨杜仲种植基地及 10 万亩生态杜仲林种植基地机械化作业建设工程）的发展。

这些工程项目建设全部得到了地方政府和科研机构院校的大力支持，这些地区的市委书记、市长，县委书记、县长均分别担任杜仲建设项目的正副指挥长和总协调，参与这些项目建设的企业均具有较强的经济实力和规划设计方案，企业与政府、科研单位共同协约建立承担合理开发和种植加工应用管理的制度。同时，一些企业家结合自身经济实力设计项目。企业在投入生态资源经济活动过程中严格依照程序稳步进行，履行合同协议，坚持诚信生存诚信发展，依靠科技进行实验、生产活动，依靠地方政府科学合理决策，接受政府、科研单位和公众的监督，建立新型的品质企业。

李景源委员分别于 2011 年 3 月（《运用系统思维，统筹谋划杜仲产业发展》），2013 年 3 月（《促进杜仲系统开发，做大做强杜仲产业》），2014 年 3 月（《关于尽快成立"杜仲产业发展办公室"的建议》）向全国人大、全国政协两会提案，其中 2011 年提案被全国人大、全国政协评为优秀提案。

在国情调研课题组、委员联名提案和相关部委机构科研攻关的积极推动下，2011 年 3 月 27 日，国家发展和改革委员会令第 9 号发布，为加快转变生态资源经济发展方式，推动产业结构调整和优化升级，完善和发展现代生态资源产业体系，根据《国务院关于发布实施〈促进产业结构调整暂行规定〉的决定》（国发〔2005〕第 40 号），国家发改委会同国务院有关部门对《产业结构调整指导目录（2005 年本）》进行了修订，形成了《产业结构调整指导目录（2011 年本）》，其中将"天然橡胶及杜仲种植生产"作为单独一项列入鼓励类农林产业，杜仲橡胶产业成为我国十分重要的战略性新兴产业。[①]

2013 年 9 月 18 日，中国社会科学院发布了《杜仲产业绿皮书》。利用新型培育的杜仲高产橡胶良种，采用新型果园化栽培技术，杜仲产果量比传统栽培模式提高 37～62 倍，每公顷产胶量达 388～620 千克。如果将杜仲栽种面积扩大到 300 万～360 万公顷，杜仲橡胶年产量可达 110 万～140 万吨以上，可以使我国天然橡胶资源短缺的问题得到根本缓解。我国如果每年减少 100 万～120 万吨天然橡胶进口，按 2011 年年初的进口价格测算，每年可为国家和企业减少外汇支出约 280 亿美元。同时，杜仲橡胶及其配套产品年产值可达 1770 亿元以上，杜仲综合利用的产业化前景十分广阔。

2014 年依然是杜仲项目建设的起步阶段。通过实地调研，发现区域政府与企业以及个别杜仲技术种植科研单位建设过程中存在不同程度的

---

① 《杜仲产业绿皮书》，社会科学文献出版社，2013，第 18 页。

"规划粗糙、缺乏标准、资金不足、管理不善、设备陈旧、产品单一、家族单干"等各类问题。地方政府和企业虽然在建设过程中积极探索解决，但依然没有从区域生态资源经济体系建设的战略意义和可持续发展的角度去思考问题。所以，笔者认为，只有坚持"社会基本矛盾原理是历史唯物主义的基本思想，社会基本矛盾分析方法是历史唯物主义的基本方法"的原则，坚持这一指导区域内实现生态资源经济体系建设的根本方法，坚持指导第一层级复合产业的哲学思考，才能解决杜仲橡胶资源培育和产业开发的"生产实践活动和生活消费活动"中可能出现的系列矛盾。基于区域内新型生态资源经济体系建设的需要，笔者根据对国情调研杜仲项目的调查研究，以及协调、组织实施管理的过程，经过长时间的思考，撰写了本书《第一层级复合产业哲学——以杜仲橡胶资源培育复合产业研究为例》。其根本目的是通过本书为区域政府管理者、企业管理者、高校科研工作者、区域公众以及各类型经济行为者提供哲学思考，并以哲学方法认识生态资源经济体系建设的重要意义，以哲学思考方法归类抽象概念，以应用哲学思考解决重大问题。使这一原创性的创新研究成果成为探索区域"生态文明建设"、探索"新生产力"的可借鉴的实践经验。

写在前面（四）

　　《第一层级复合产业哲学——以杜仲橡胶资源培育复合产业研究为例》是笔者历经改革开放，对"成果与矛盾"冲突经济研究的认识，以及不断学习思考的成果。笔者试图通过七年多国情调研杜仲项目的建设实践，结合区域政府、企业、城乡居民和其他经济组织者参与区域培育生态资源经济的认识和贡献，分析第一层级复合产业哲学研究的价值理念和实践行为方面取得的重要进展，形成了本书所展示的首创科研命题的哲学思考、问题解析和原创性的研究成果。

　　本书的研究在国内外尚属空白，但是生态学马克思主义者的相关研究，以及中共中央相关的理论和政策，是笔者研究与探索的重要理论依据。

　　这些哲学思考的理论依据有：

　　1. 在生态资源经济建设的大生态环境中，有习近平总书记的一系列关于生态文明建设的讲话，有生态学马克思主义者的研究成果。

　　2. 在生态资源经济建设的实践中，有中国社会科学院党组书记、院长王伟光的《在超越资本逻辑的进程中走向生态文明新时代——在第七届中国社会科学前沿论坛上的讲话》。王伟光在哲学社会科学话语体系建设座谈会上的重要讲话中论述道：构建中国自己的理论学术话语体系并不断提升国际话语权，直接关系到我国在世界范围内的综合国力竞争和意识形态斗争中赢得胜利，直接关系到中国特色社会主义的最终成功，直接关系到中华民族的伟大复兴。还有相关部委及天津市等在生态资源经济体系建设方面有着不同特征的探索。

3. 在生态资源经济建设的实践中，各区域的市、县级政府、企业的生态资源经济体系建设实践，就成为第一层级复合产业哲学研究理论指导实践的新型生态资源经济体系建设的活动过程。笔者参与负责建立的生态环境有，中国林业科学院杜仲工程技术研究中心、中国社会科学院社会发展研究中心、兰州大学等科研院校；地方政府及企业，如甘肃陇南市、康县与甘肃润霖杜仲公司；安徽省金寨县与金寨百利公司；河南省汝州市与恒瑞源公司；江苏省无锡市斗山文化园与上海华仲檀成公司等合作研究的杜仲种植基地；青岛第派斯合成杜仲橡胶基地和其他形式的杜仲合作研究基地，以及适宜生态资源经济体系建设实践活动的区域。

新华网曾报道，中共中央政治局于 2013 年 5 月 24 日上午，就大力推进生态文明建设进行第六次集体学习。中共中央总书记习近平在主持学习时强调，生态环境保护是功在当代、利在千秋的事业。要清醒认识保护生态环境、治理环境污染的紧迫性和艰巨性，清醒认识加强生态文明建设的重要性和必要性，以对人民群众、对子孙后代高度负责的态度和责任，真正下决心把环境污染治理好、把生态环境建设好，努力走向社会主义生态文明新时代，为人民创造良好的生产生活环境。

习近平总书记在主持学习时还强调，建设生态文明，关系人民福祉，关乎民族未来。党的十八大把生态文明建设纳入中国特色社会主义事业五位一体总体布局，明确提出大力推进生态文明建设，努力建设美丽中国，实现中华民族永续发展。这标志着我们对中国特色社会主义规律认识的进一步深化，表明了我们加强生态文明建设的坚定意志和坚强决心。

习近平指出，推进生态文明建设，必须全面贯彻落实党的十八大精神，以邓小平理论、"三个代表"重要思想、科学发展观为指导，树立尊重自然、顺应自然、保护自然的生态文明理念，坚持节约资源和保护环境的基本国策，坚持节约优先、保护优先、自然恢复为主的方针，着力树立生态观念、完善生态制度、维护生态安全、优化生态环境，形成节约资源和保护环境的空间格局、产业结构、生产方式、生活方式。

习近平强调，要正确处理好经济发展同生态环境保护的关系，牢固树立保护生态环境就是保护生产力、改善生态环境就是发展生产力的理念，更加自觉地推动绿色发展、循环发展、低碳发展，绝不以牺牲环境为代价去换取一时的经济增长。

习近平指出，国土是生态文明建设的空间载体。要按照人口资源环境相均衡、经济社会生态效益相统一的原则，整体谋划国土空间开发，科学布局生产空间、生活空间、生态空间，给自然留下更多修复空间。要坚定不移加快实施主体功能区战略，严格按照优化开发、重点开发、限制开发、禁止开发的主体功能定位，划定并严守生态红线，构建科学合理的城镇化推进格局、农业发展格局、生态安全格局，保障国家和区域生态安全，提高生态服务功能。要牢固树立生态红线的观念。在生态环境保护问题上，就是要不能越雷池一步，否则就应该受到惩罚。

习近平强调，节约资源是保护生态环境的根本之策。要大力节约利用资源，推动资源利用方式根本转变，加强全过程节约管理，大幅降低能源、水、土地消耗强度，大力发展循环经济，促进生产、流通、消费过程的减量化、再利用、资源化。

习近平强调，要实施重大生态修复工程，增强生态产品生产能力。良好生态环境是人和社会持续发展的根本基础。人民群众对环境问题高度关注。环境保护和治理要以解决损害群众健康的突出环境问题为重点，坚持预防为主、综合治理，强化水、大气、土壤等污染防治，着力推进重点流域和区域水污染防治，着力推进重点行业和重点区域大气污染治理。

习近平指出，只有实行最严格的制度、最严密的法治，才能为生态文明建设提供可靠保障。最重要的是要完善经济社会发展考核评价体系，把资源消耗、环境损害、生态效益等体现生态文明建设状况的指标纳入经济社会发展评价体系，使之成为推进生态文明建设的重要导向和约束。要建立责任追究制度，对那些不顾生态环境盲目决策、造成严重后果的人，必须追究其责任，而且应该终身追究。要加强生态文明宣传教育，增强全民节约意识、环保意识、生态意识，营造爱护生态环境的良好风气。

中国社会科学院院长、党组书记王伟光在第七届中国社会科学前沿论坛上的讲话中阐述道：

回顾历史，我们把封建社会的农业文明称作"黄色文明"，资本主义的工业文明称作"黑色文明"，而我们目前正在建设的生态文明被称作"绿色文明"。农业文明在发展过程中，相对重视天时、气象、水文等条件对人类可持续发展的影响，保持人与自然的和谐相处。《中庸》说："万物并育而不相害，道并行而不相悖。"庄子认为："天地与我并生，而万物与我为一。"这些思想都体现了中国古代朴素唯物主义世界观对自然与人类社会关系的探讨和思索，并在漫长的中国古代社会发展历程中得到实践和升华，最终形成了"天人合一"的和谐生态观。但我们都知道，不论是在古代的中国还是在古代的西方，没有物质文化的高度繁荣，没有科学技术的高度发展，"黄色文明"对自然和生态的破坏都比较有限，而反过来，生态文明的概念和系统在"黄色文明"的历史语境下，也就无从得以建立。

人类真正面临的生态危机，是在进入资本主义社会的历史发展阶段后才开始出现的。在《生态危机与资本主义》一书中，生态马克思主义者福斯特就曾指出，当今威胁地球上所有生命的生态问题是资本获利的逻辑造成的。资本唯利是图的本性、资本主义生产无限扩大的趋势和整个社会生产的无政府状态，除了必然导致资本主义危机的周期性爆发外，也给自然环境和生态系统带来了巨大的消耗和破坏。当前国际垄断资本主义的发展和扩张，一方面给本国人民带来了短暂的社会福利，另一方面却在更大程度、更深层次上给发展中国家和世界人民带来了毁灭性的生态灾难。

尽管从19世纪起，在资本主义国家内部，就有学者，如恩斯特·海克尔在1866年就提出了"生态"的概念，但真正将生态问题置于人类发展的大视野中，引起全球关注，还是20世纪70年代以后的事情。就资本主义国家的环境改善而言，正如有学者所指出的，欧美少数发达国家生态文明程度较高，并不是资本主义造成的，反而是对资本主义的反生态性进行限制（环境立法、环境行政监管、大众环境意识的觉醒和行动）和转嫁（近代以来的生态帝国主义）造成的。而要真正克服资本主义固有的矛盾和危机，让人类文明走向生态文明的新时代，就必须超越资本主义制度，建立社会主义的生态文明观。有关这一点，在马克思主义经典作家那里，早已有了非常清晰和明确的论断。恩格斯说："人们就越是不仅再次地感觉到，而且也认识到自身和自然界的一体性，而那种关于精神和物质、人类和自然、灵魂和肉体之间的对立的荒谬的、反自然的观点，也就越不可能成立了。""但是要实行这种调节，仅仅有认识还是不够的。为此需要对我们的直到目前为止的生产方式，以及同这种生产方式一起对我们的现今的整个社会制度实行完全的变革。"

恩格斯在这里所说的对整个社会制度实行完全的变革，就是要变革资本主义，进行无产阶级革命，最终建立共产主义。实现生态文明，必须超越当前资本主义主导的经济、政治、社会和文化形态，形成人类社会新的生产和生活方式、新的价值观；实现生态文明，还要积极吸收 20 世纪 70 年代以来在资本主义国家内部兴起的绿色社会运动的成果和经验，总结出带有普遍意义的生态文明观和实施措施。

建设中国特色的社会主义生态文明，努力建设美丽中国，是一项艰苦而卓绝的伟大事业，需要全体中国人民的共同奋斗。哲学社会科学工作者作为社会主义现代化建设的重要力量，要将自己的研究和美丽中国的建设紧紧联系在一起，在人民群众的火热实践中，在实现中华民族伟大复兴的进程中，发挥自身独特的作用。为此，我们要努力做到以下三点。

第一，要将社会主义生态文明作为一项重大学术课题来研究。建设生态文明，是关系人民福祉、关乎民族未来的长远大计。广大哲学社会科学工作者要站在国家和民族发展的高度，站在历史和时代的制高点，在理论和实践的双重逻辑中，给予社会主义生态文明以科学、合理的学术论证，以丰富和发展社会主义生态文明建设的思想体系、学术逻辑和实践进路，在参与社会主义生态文明建设的伟大进程中，发挥出哲学社会科学工作者应有的作用和风采。

第二，要发挥哲学社会科学学科集群的优势，发扬跨学科研究的特点，对社会主义生态文明展开全方位、多角度、长时段的研究，形成一批立足当下、面向未来、经得起实践检验的重大学术成果。社会主义生态文明建设是一项系统工程，与社会主义经济建设、政治建设、文化建设和社会建设紧密联系在一起。哲学社会科学工作者只有紧紧团结在一起，发挥多学科研究的优势，才能真正将社会主义生态文明建设置于世界历史的进程中进行考察，并进而得出有说服力的、有益于生态文明建设的优秀学术成果。

第三，要将对社会主义生态文明的研究和对中国梦的研究紧紧联系在一起，将社会主义生态文明建设置于实现中国梦的伟大历程中进行考察。中国梦是适合历史发展必然逻辑的共产主义远大理想与适合中国现实国情的中国特色社会主义共同理想的高度结合，是中国共产党最高纲领和最低纲领的高度结合，也是马克思主义与中国国情的高度结合。实现中国梦，必须走中国特色社会主义生态文明建设之路；建设社会主义生态文明和美丽中国，是实现中国梦的应有之义。广大哲学社会科学工作者要怀抱实现中国梦的伟大理想，饱含对祖国、对人民的热爱和忠诚，将社会主义生态文明理论研究好和丰富好。①

建设哲学社会科学创新体系是党中央站在时代高度提出的一项战略任务，党的十八大进一步强调要建设哲学社会科学创新体系。哲学社会科学创新体系包括两个方面，一是理论学术观点的创新，这是哲学社会科学创新体系的内容；二是理论学术观点表达方式、表述形式的创新，即话语体系，包括概念、范畴、表述及其话语方式的创新，这是哲学社会科学创新体系的形式。内容是哲学社会科学创新体系的实质部分，是哲学社会科学创新体系的灵魂。形式与内容是一致的，形式为内容服务。没有适当的表达形式和表述方式，再好的内容也表达不出来，或表达不完备，或表达出来不能为人们所理解和接受，内容就会落空。

立足中国实践、总结中国经验、解决中国问题，是实现中国哲学社会科学话语体系创新的关键。建设话语体系不是封闭的概念推演和逻辑论证，不是毫不费力的"拿来主义"，而是与社会实践的发展息息相关的思想表达活动。中国特色社会主义伟大实践是建设中国哲学社会科学话语体

① 王伟光：《在超越资本逻辑的进程中走向生态文明新时代——在第七届中国社会科学前沿论坛上的讲话》，《中国社会科学报》2013年8月22日。

系的源头活水。离开了这个实践，话语体系的建设就成了无源之水、无本之木。当代中国的哲学社会科学工作者必须以强烈的历史使命感和社会责任感，树立理论联系实际的优良学风，牢牢立足中国实践、深入解读中国道路、切实提升中国经验，以敢为天下先的探索精神和勇于创新的思维活动，不断概括出新概念、新范畴、新术语，打造具有中国特色、中国风格、中国气派的学术话语体系。要在解决中国问题的探索中推进哲学社会科学的繁荣发展，建设中国哲学社会科学话语体系。要深入研究党和国家关注的重大问题，经济社会发展中的全局性、战略性、前瞻性问题，人民群众普遍关注的热点焦点难点问题，在解决这些重大问题的过程中取得原创性理论成果，与此同时积极建设和创新哲学社会科学话语体系。

当今时代的中国正处于一个伟大变革的时代。坚持和发展中国特色社会主义，一方面热切呼唤哲学社会科学的创新发展，另一方面为哲学社会科学的创新发展开辟了新的前景。哲学社会科学话语体系的建设要始终坚持中国化的方向，深深植根于中国人民的生产实践和生活实践之中，深深植根于中华民族的生命力、创造力、凝聚力之中，深深植根于中华民族优秀传统文化之中，使当代中国的哲学社会科学话语体系具有更加鲜明的中国特色、中国风格、中国气派。要始终坚持时代化方向，始终站在时代的最前沿，敏锐把握时代特征，准确反映时代要求，致力于时代精神和世界问题的中国表达，使当代中国学术话语体系具有更加鲜明的时代特色，为世界文明发展做出贡献。要始终坚持大众化方向，贴近实际、贴近生活、贴近群众，充分考虑人民群众的思维习惯和语言习惯，善于把深邃的理论转化为通俗易懂的道理，善于把抽象的理论逻辑转化为形象的生活逻辑，用群众听得懂的语言讲群众听得进去的理论学术观点。①

党的十八大以来，习近平总书记对"生态文明建设"做出了一系列重要论述。这些重要论述向全体中共党员和全国各族人民发出了"尊重

---

① 王伟光：《建设中国特色的哲学社会科学话语体系》，《中国社会科学报》2013 年 12 月 20 日。本文系中国社会科学院院长、党组书记王伟光同志在哲学社会科学话语体系建设座谈会上的讲话。

自然环境、谋求人与自然和谐发展"的价值理念和发展理念。这是中国进一步改革开放、推进生态文明建设的行动指针。学习和实践这些重要论述，重视生态文明建设，切实担当起"生态环境资源培育与生态环境能量储备"的新型生态资源经济体系建设重任，建设和保护"春暖花开、青山绿水、资源丰富和生物多样性"的生态资源环境，是每一个区域政府的重要任务，也是每一个公民必须担当的社会责任。

写在前面（五）

第一层级复合产业培育"新生产力"

习近平总书记强调："要正确处理好经济发展同生态环境保护的关系，牢固树立保护生态环境就是保护生产力、改善生态环境就是发展生产力的理念"。其中的辩证关系十分清晰地揭示了生态资源经济发展与"新生产力"关系。

"新生产力"是全球经济环境时代，人类认识利用自然和自觉改造自然的保护生态资源环境、开发培育生态资源环境的能力。与过去冲突经济时代突出强调人类的"生产能力"有实质的区别。生产力与自然环境共同生存，生态资源环境也是生产力。笔者通过第一层级复合产业哲学研究，说明新型生态资源环境经济条件下，马克思主义生产力的概念不仅包括"人"的劳动和创造力，包括作为人类生存依托和劳动对象的自然界，特别还包含人类走向生态文明新时代，认识生态资源价值与生态环境能量的新型生产力关系，是人类依靠生存的重要基础的食品资源和医疗资源，培育生态资源行业、生态资源产品加工都是"新生产力"的关系成果。

学习十八大和十八届三中全会以来习近平总书记关于"生态文明建设"的论述，建立"新生产力"的培育价值理念，就是要以新型生态资源经济体系来设计建设"保护和改善生态环境"。以区域生态资源经济活动实践特征作为区域生态文明建设的重点项目，这种项目与以往的经济短视行为项目具有实质的区别。不仅体现在促进"人与自然"和谐相处关系方面，更重要的在于建设完善了区域"生态环境资源培育与生态环境能量储备"的生存物资消费能力的和谐关系。这是任何一级区域政府必须认真思考和实践的过程，不是纸上谈兵和几个生态环境项目的政绩结果，政府官员必须非常清楚地掌握"新生产力"关系和熟练应用"新生产力"关系。正如马克思所言："社会是人同自然界的完成了的本质的统一，是自然界的真正复活。"以笔者研究第一层级复合产业哲学——以杜仲橡胶资源培育复合产业研究为例，区域政府和企业必须认真学习、掌握"新生产力"的要素以及杜仲橡胶资源经济活动实践的特征。对本区域的生态资源情况不仅要熟悉掌握，关键要清楚生态资源经济活动的特征和规律，生态资源经济或者说经济林的经济产业延伸链以及可以发展的跨行业资源经济利益关系。只有这样，区域政府官员才能更加尊重自然生态的发展规律，切实履行保护和利用好区域内外的生态环境，才能更好地发展"新生产力"。

学习领会习近平总书记"两个清醒认识"的重要论述

生态破坏、环境污染、水资源短缺、气候变暖等问题已经成为全球经济社会文化发展的焦点问题，直接影响了人类生存与发展的环境。习近平总书记指出，要"清醒认识保护生态环境、治理环境污染的紧迫性和艰巨性""清醒认识加强生态文明建设的重要性和必要性"，以对人民群众、对子孙后代高度负责的态度和责任，真正下决心把环境污染治理好、把生态环境建设好，努力走向社会主义生态文明新时代，为人民创造良好生产生活环境。深刻领会这"两个清醒认识"的重要论述，笔者认为区域政府必须把生态资源培育的经济活动实践特征结合区域生态资源情况进行可持续的思考规划，避免以往生态经济项目在经济社会文化的发展的全过程中走了样；环境保护措施走形式；生态观念宣传走过场。区域政府要完全结合区域生态资源经济特征，结合中央政策环境、逐步完善区域生态资源建设制度、维护区域内外的生态安全结构、建设配套优化生态环境的政策，建成"生态环境资源培育与生态环境能量储备"的新型生态资源经济体系的新生态空间格局、新生态产业结构、新生态生产方式、新生态生活方式，形成"新生产力"关系。习近平同志强调，经济发展不应是对资源和生态环境的竭泽而渔，生态环境保护也不应是舍弃经济发展的缘木求鱼。笔者研究提出"生态环境资源培育与生态环境能量储备"的经济活动实践工程，完全符合习近平总书记这一深刻的哲学分析和从实质上揭示其经济发展与环境保护的辩证关系。区域政府利用良好的生态环境资源和新型生态资源培育复合产业经济，实现可持续发展目标是百年大计。实践中既要发挥好已有的依靠区域生态资源的优势，还要做好生态资源培育的合理规划，培育出可持续发展的"春暖花开、青山绿水"的新型生态资源经济体系，成为具有影响千年生息、百年强劲的新型富有的生存环境和生活消费环境。

杜仲橡胶资源培育复合产业经济活动是以最小的环境代价实现最大的区域经济社会效益的产业活动，杜仲产业链的延伸发展使区域生态资源经济的实践活动对生态环境的损害降到了最低程度，通过新型生态资源经济体系的建设，将逐步实现以生态环境效益带动实现区域内的经济效益、社会效益。

习近平总书记指出，绝不以牺牲环境为代价去换取一时的经济增长。西方发达国家曾走过"先污染后治理、牺牲环境换取经济增长"的道路，我国一些地方在发展中也付出了很大的生态环境代价。习近平同志强调，再也不能简单以国内生产总值增长率来论英雄，要把资源消耗、环境损害、生态效益等体现生态文明建设状况的指标纳入经济社会发展评价体系，增加考核权重，使之成为推进生态文明建设的重要导向和约束。往者不可谏，来者犹可追。我们要牢固树立生态红线的观念，更加自觉地推动绿色发展、循环发展、低碳发展，调整经济结构、生产方式和消费模式；宁可牺牲一点发展速度，也要保住良好的生态环境，决不走"先污染后治理"的老路，而要努力走出一条生产发展、生活富裕、生态良好的新型发展路子。

参与"生态环境资源培育与生态环境
能量储备"的建设工程

"生态环境资源培育与生态环境能量储备"的建设工程，是在我国广袤土地上的新型生态资源经济体系建设伟大壮举，是波澜壮阔的中国人民进行的第三次工业革命新的长征。是新千年人类认识生态资源、培育生态资源、储备生态资源能量的新的技术革命和人类生存的新的技术环境建设。生态文明建设是一场涉及区域政府、企业、公众的新生产方式、新生活方式和生态资源价值观念的革命。笔者首次研究并提出"生态环境资源培育与生态环境能量储备"的建设工程，是新型生态资源经济体系革命的首次研究命题，是第三次工业革命的核心内容。

笔者在本书写作中应用了笔者亲身实践的第一层级复合产业经济活动实践过程中的思考和研究，从战略角度提出了国家生态资源培育"生态环境资源培育与新生态环境能量储备"的经济体系和治理体系重要性。以杜仲橡胶资源培育复合产业经济为例，从哲学思考的角度以生态文化为核心价值观，讨论培育新型生态资源价值观，培育新生产力关系，培育新生态资源服务与消费环境，培育区域与整体的生态资源能量储备工程，培育生态资源与人类的长远利益关系，培育合理的新型生态资源环境能量服务人类食用与药用的资源能量储备库制度。笔者在本书中尝试了"生态环境资源培育与新生态环境能量储备"的经济体系和治理体系的培育思考议题的解析和储备议题的核算设计研究，尝试在国内外首次进行对区域生态环境能量储备过程与储备核算设计加以研究，其目标是通过以杜仲橡胶资源培育研究为例，通过复合产业的经济活动效益，通过跨行业、跨产业的生态经济活动规律设计相关公式，虽然前无借鉴之例，笔者还是通过长期基层工作实践经验和七年来参与国情调研杜仲资源项目、参与生态城市国情调研项目等系列哲学实践活动，以哲学思考、独立分析问题的研究过程，贡献原创性研究成果。其根本目的是唤醒区域政府、公众、企业、各类经济组织关系者积极参与"生态环境资源培育与生态环境能量储备"

的生态资源经济活动过程。而不是只盯住区域内的人类生活中所面临的基本污染数据，投入巨资和重复浪费公共资源，继续进行包装式治理。因为这些数据现象是区域政府"作为与不作为"的基本考核标准，是完全可以通过严肃的纪律、法规、行政手段解决的问题。恰恰是涉及区域人类食品与药品安全机制和供应关系的"生态环境资源培育与生态环境能量储备"的生态资源经济活动和核算设计建设规划，至今还没有进入区域政府的重要议事日程和工作规划。从一定的角度讲，"生态环境资源培育与生态环境能量储备"的生态资源经济活动是一项极其科学、合理、规范的国家或者区域政府积极参与管理的新型市场资源配置的复合产业项目，是一项区域内生态资源经济体系建设的重大实践工程，是区域公众对生态资源环境的现实生存需要，也是区域生态资源环境建设注入新生产力关系的新型生态资源经济活动的需要，更是区域公众参与生态资源经济建设、享受生态资源经济活动的服务与消费的需要。

所以，区域政府、企业、公众和其他经济组织者参与"生态环境资源培育与生态环境能量储备"的经济活动实践过程，是积累、总结、完善培育生态资源经济增长和设计核算储备生态资源能量的第一层级的生态、经济、管理的哲学研究的重要课题。

在区域政府、企业、公众、其他经济组织者参与下，积极构建以复合产业为主的生态文明建设的产业支撑体系是完全可行的新型生态资源经济体系。依照生态资源环境的全国资源功能区划优势，结合区域生态资源状况、功能及产业定位和生态资源经济发展方向，调整区域生态资源产业结构和新型生态资源培育产业布局。以杜仲橡胶资源培育复合产业经济活动实践特征为例，大力发展跨行业、跨产业的新型生态资源橡胶产品、杜仲食用产品、杜仲药用产品、保健品、杜仲饲料、杜仲系列饮料产品、杜仲材料产品等工业、食品药品行业、农业畜牧业的产业链。建成杜仲种苗基地、杜仲橡胶资源林基地、杜仲药用材料基地、杜仲食品材料基地、杜仲畜牧饲料基地、杜仲饮料食品加工基地、杜仲综合食用产品加工基地，形成第一层级的杜仲资源复合产业生态资源经济的第一产业链。逐步形成类似以杜仲（各种类经济林产业、生态资源产业）生态资源经济培育新型生态资源经济体系的工业化，逐步进行生态资源经济新型技术的改造提升生态资源产业，形成区域内"培育、储备、管理"的新型生态资源战略性新兴产业体系，形成生态资源经济体系的第二产业链。逐步形成生态资源培育复合产业经济活动实践区域生态资源环境的开放和提升旅游休闲业的发展水平，形成区域生态资源经济的物流服务、生态金融交易服务、生态资源信息咨询设计服务、生态资源经济延伸产业链的科技培训服务、生态资源能量储备库建设技术设计核算体系服务等新型生态资源经济型的现代服务业，形成生态资源经济体系的第三产业链。

第一层级复合产业哲学研究着力构建区域"生态文明建设、生态资源优良"的环境安全体系。以杜仲橡胶资源经济活动实践关系为例，以国家林业局杜仲技术工程研究中心为主要技术指导服务，在全国适宜种植杜仲资源的 27 个省（市）区的适宜种植区域里，开展区域杜仲森林、杜仲橡胶资源林、杜仲防护林、杜仲防风固堤林、杜仲食品材料林等生态资源培育项目建设，结合区域内退耕还林及陡坡地生态治理、生物多样性保护、土地（沙地）治理、城乡绿化、防护林建设、天然林保护、低效林改造、石漠化治理、草地建设、农村能源建设等初（中）级生态规划工程，设计核算区域内五年期、十年期生态环境资源能量储备库建设容量的副高级建设工程，争取区域内在合理核算建设时间范围内实现年生态资源能力储备率达到 80% 以上。形成区域"生态文明建设"的"生存环境与服务消费"的环境安全体系网络结构的第一层级的自然的和谐优质的生态资源供需关系的生存环境。

第一层级复合产业哲学研究着力构建区域生态资源经济体系文明建设的文化道德价值观体系。区域生态资源经济体系建设的基础是文化道德价值观建设，经济和法律手段是基本保障，生态资源经济的培育、储量、储能是人类生存环境的基本物资力量。区域政府、公众担当起"保护生态资源、培育生态经济、爱护生态环境、储备生态资源"的能力培训教育和生态资源培育与生态资源储备的知识普及，在区域、在全社会树立生态资源经济体系的生存价值观念；在区域、在全社会各层面构建起"生态资源经济体系的社会责任形态"，建立培育生态环境公德、建设生态资源道德、合理节约消费生态资源品德的新型生态资源经济体系价值观。以培育新型生态资源经济体系的价值观宣扬培育生态资源的新生活理念，新勤俭情操、新生活消费风尚，形成区域生态资源培育、生态文明建设的新道德规范。

第一层级复合产业哲学研究着力构建区域生态资源经济体系的法制保障体系。习近平同志指出，只有实行最严格的制度、最严密的法治，才能为生态文明建设提供可靠保障。在区域政府、企业、公众积极参与生态资源经济活动过程中，将建立健全生态资源培育与生态资源储备的综合评价体系，将区域生态资源培育规划指标、生态资源能量储备指标、生态环境治理指数等纳入区域初（中）级严格的建设考核制度中，与区域政府政绩考核内容紧密挂钩，奖惩分明。以培育区域生态资源经济体系的阶段目标执行严格的环境影响评价制度，依法对各类生态经济项目进行专项规划、非生态经济项目必须在区域内实行国家需要、地方重要建设需要、区域重要建设需要的审批制度，坚决执行重大决策和建设项目进行环境影响评价制度。区域生态资源经济体系的建设必须充分结合国家、区域耕地保护制度、水资源管理制度、环境保护制度的法规进行百年持续价值设计，建立起可持续的培育区域生态资源经济体系规划和空间开发保护制度。

写在前面（六）

党的十八大和十八届三中全会以来，习近平总书记从建设中国特色社会主义事业全面发展的战略高度，对"生态文明建设"提出了一系列新观点、新论断、新要求，思想深刻、内涵丰富，具有重大的理论和实践意义。为各区域政府、企业、公众和所有经济活动组织努力建设美丽中国、实现中华民族永续发展指明了方向。

一、以哲学思考生态文明建设的重大意义。笔者提出建设大环境生态资源经济体系实践活动，就是实现可保障公众生存利益的环境，实现民族和谐进步的生态环境。大生态环境不是简单意义的环境保护措施，不是建功立业的口号，是区域环境中的政府管理者引导公众实现功在当代、利在千秋的伟大事业。认识大生态环境、治理已经遭到环境污染的区域生态结构，其治理措施和效果不是简单的规划，不是简单的设计，更不是学者找几组统计数据进行分析对比。认识培育生态资源经济体系建设的重要性和必要性，必须了解生态资源经济活动的基本规律，了解生态资源区域环境中公众的需求。具备对人民群众、对子孙后代的高度责任意识，下决心治理好生态污染区域、建设好区域生态环境。

区域良好的生态资源培育活动，是区域生态环境可持续发展的根本经济活动。是人与社会关系在市场环境中持续发展的根本基础。蓝天白云、青山绿水是大环境中必须长远发展的最大形态结构。其中区域良好的生态资源培育环境本身就是新生产力的环境，具备强大的发展后劲，是生态资源培育区域中各种资源配置环节的核心竞争力。

区域生态资源经济活动是区域政府实现党提高执政能力的重要基地。习近平同志指出,全党面临的一个重要课题,就是如何正确认识和妥善处理我国发展起来后不断出现的新情况新问题。人民群众对环境问题高度关注。我们党一贯高度重视生态文明建设,把环境保护确立为基本国策,把可持续发展作为国家战略。建设区域生态资源经济体系必须精心组织生态文明建设的合理科学规划。区域政府、企业必须结合新的生态大环境实践的需要,结合区域生态资源状况进行生态资源培育、加工、服务的系统作业工程,生态文明建设是大生态环境中实现生态资源培育经济活动的指导思想和总体要求,这也是从生态资源经济体系的建设规划方面回答了生态文明建设的若干重大理论和实践问题。

中央人民政府网站(周生贤,走向生态文明新时代——学习习近平同志关于生态文明建设的重要论述)中指出:目前,我国是世界上能源、钢铁、氧化铝等消耗量最大的国家。2012 年,煤炭消费总量近 25 亿吨标准煤,超过世界上其他国家的总和;10 大流域中劣 V 类水质比例占 10.2%。如果继续沿袭粗放发展模式,实现十八大确定的到 2020 年国内生产总值和城乡居民人均收入比 2010 年翻一番的目标,那么生态环境恶化的状况将难以想象,全面建成小康社会的奋斗目标也将化为泡影。在这个问题上,我们没有别的选择,必须大力推进生态文明建设,再造生态环境新优势,加快转变经济发展方式,努力提高经济增长的质量和效益。

第一,做出生态文明建设总体部署。习近平同志指出:"走向生态文明新时代,建设美丽中国,是实现中华民族伟大复兴的中国梦的重要内容。"他在中共中央政治局第六次集体学习时强调,推进生态文明建设,必须树立尊重自然、顺应自然、保护自然的生态文明理念,坚持节约资源和保护环境的基本国策,坚持节约优先、保护优先、自然恢复为主的方针,着力树立生态观念、完善生态制度、维护生态安全、优化生态环境,形成节约资源和保护环境的空间格局、产业结构、生产方式、生活方式。这是指导生态文明建设的总方向、总要求、总措施。我们必须坚定不移地朝着这个总方向努力,严格按照这个总要求进行部署,抓紧细化实化这个总措施，全面开创生态文明建设新局面。

第二，正确处理经济发展与环境保护关系。习近平同志提出"保护生态环境就是保护生产力，改善生态环境就是发展生产力"的理念，深刻揭示了经济发展与环境保护的辩证关系。实践证明，脱离环境保护搞经济发展是"竭泽而渔"，离开经济发展抓环境保护是"缘木求鱼"。

第三，牢固树立生态红线观念。习近平同志强调，要牢固树立生态红线的观念。在生态环境保护问题上，就是要不能越雷池一步，否则就应该受到惩罚。这是对生态环境保护提出的新的更高要求。要结合贯彻落实《全国主体功能区规划》和《国务院关于加强环境保护重点工作的意见》，积极开展研究论证，尽快形成划定并严守生态红线的完整方案，抓好组织实施。

第四，探索环境保护新路。习近平同志强调，绝不以牺牲环境为代价去换取一时的经济增长。用生态文明的理念来看环境问题，其本质是经济结构、生产方式和消费模式问题，决不走先污染后治理、牺牲环境换取经济增长的老路，要探索走出一条环境保护新路。

第五，着力解决损害群众健康的突出环境问题。习近平同志指出，要以解决损害群众健康突出环境问题为重点，坚持预防为主、综合治理，强化水、大气、土壤等污染防治，着力推进重点流域和区域水污染防治，着力推进重点行业和重点区域大气污染治理。

第六，完善生态文明建设制度体系。习近平同志指出，只有实行最严格的制度、最严密的法治，才能为生态文明建设提供可靠保障。在当前经济形势下，首先，要密切关注和从严控制"两高一资"、低水平重复建设和产能过剩项目，把环境保护作为稳增长、转方式、调结构的重要引擎和关键抓手，以环境容量优化区域布局，以环境管理优化产业结构，以环境成本优化增长方式，以环境标准推动产业升级。其次，以三项重点工作为突破口，改善环境质量。以细颗粒物（PM2.5）防控为重点，深化大气污染防治；以饮用水安全保障为重点，强化重点流域和地下水污染防治；以解决农村生态环境问题为重点，深入推进村镇环境连片整治和土壤污染治理。最后，以深化生态体制改革为动力，加快环境管理战略转型。以环境质量改善为目标导向，建立并完善适应生态文明建设新要求的环境管理体制，使环境管理从被动应对向主动防控转变，从控制局地污染向区域联防联控转变，从单纯防治一次污染物向既防治一次污染物又防治二次污染物转变，从单独控制个别污染物向多种污染物协同控制转变。[①]

中共天津市委副书记、市长黄兴国撰文：

一、深刻领会生态文明建设思想的精神实质。"习近平同志关于生态文明建设的重要论述，深刻阐明了推进生态文明建设的重要意义、指导思想、发展目标、实现路径，体现了马克思主义唯物辩证法和生态观的思想精髓，表明我们党加强生态文明建设的坚定意志和坚强决心，贯穿着心系民生、为民谋福祉的真挚情感，为我们准确把握和科学推进生态文明建设提供了强大的理论指引和思想武器。"建设美丽中国的宏伟目标，展现了时代发展的新愿景。习近平同志指出："走向生态文明新时代，建设美丽中国，是实现中华民族伟大复兴的中国梦的重要内容。"从人类社会的演进历程来看，当前正处在向生态文明过渡的关键时期。生态文明建设是一场"绿色革命"，是对传统工业文明的超越，它的核心是尊重自然、顺应自然和保护自然。生态文明新时代，就是实现人与自然协调发展、和谐共生的时代。美丽中国是生态文明建设的目标指向，描绘了生态文明建设的宏伟蓝图，关系人民福祉，关乎民族未来。

辩证的历史的系统的生态观，体现了生态理论建设的新成果。习近平同志多次强调，生态兴则文明兴，生态衰则文明衰，良好生态环境是人和社会持续发展的根本基础，必须把生态文明建设融入经济建设、政治建设、文化建设、社会建设的全过程。这些论断深刻地揭示了人类社会文明兴衰的客观规律，科学地回答了人应该如何对待自然，实现全面发展、协调发展等重大问题。我们党和国家始终高度重视生态文明，几代领导人都对加强生态建设做出了许多深刻论述。习近平同志的生态思想，是对我国优秀传统生态文化的继承与升华，是对马克思主义生态思想的丰富和发

---

① 百度，2013年9月2日，中央人民政府网站，周生贤：《走向生态文明新时代——学习习近平同志关于生态文明建设的重要论述》。

展，是中国特色社会主义理论的重大创新。

"绿水青山"的发展观，实现了发展理念的新提升。习近平同志形象地指出，我们追求人与自然和谐、经济与社会和谐，就是要"两座山"，既要金山银山，更要绿水青山。改革开放以来，我们在长期的发展实践中，对"两座山"关系的认知，大致经历了三个阶段。第一个阶段，就是用绿水青山去换金山银山，只要经济发展，产生 GDP，就不去过多考虑资源环境承载能力，造成了资源约束趋紧、环境污染严重、生态系统退化等严重问题。第二个阶段，既要金山银山也要绿水青山，开始注意到环境保护的重要性，采取了一些保护措施，但还只是就生态谈生态，并没有从全局的高度认识这个问题。第三个阶段，绿水青山就是金山银山，可以源源不断地带来财富，蓝天白云、青山绿水是长远发展的最大本钱，生态优势可以变成经济优势、发展优势，这是一种更高的境界。习近平同志的重要论述，深刻阐明了经济发展与环境保护的辩证关系，科学破解了经济发展和环境保护的"两难"悖论，充分体现了我们党对自然规律、经济社会发展规律的认识的深化，是对我们党发展理念的又一次重要提升。

注重生态福利的民生观，开辟了人民福祉的新境界。习近平同志在天津考察工作时强调，良好生态环境是最公平的公共产品，是最普惠的民生福祉。随着群众物质文化生活水平的不断提高，人民群众对生态产品的需求越来越迫切，既要温饱更要环保，既要小康更要健康，生态环境质量已经成为影响人们生活幸福的重要指标，环境问题已成为突出的民生问题。山清水秀但贫穷落后不是我们的目标，生活富裕但环境退化也不是我们的目标。总书记的精辟论断，既是对生态产品的准确定位，又是对民生内涵的丰富发展，体现了对自然的尊重，对人民健康的尊重，彰显了以人为本的执政理念。

二、深刻把握美丽中国的科学内涵。建设美丽中国具有丰富的科学内涵，是科学发展之美、自然生态之美、人居环境之美、人文行为之美、生活幸福之美的完美融合。

科学发展之美。加快科技创新和经济转型，是建设美丽中国的重要基础。我国是世界上最大的发展中国家，经济实力上不去，美丽中国建设就成为无源之水。但我们的发展只能是以人为本的科学发展，只能是全面协调可持续的发展，只能是经济社会资源环境相统一的发展，不能靠牺牲环境来换取增长。习近平同志多次强调，要牢牢坚持以经济建设为中心，各级都要追求实实在在、没有水分的生产总值，追求有效益、有质量、可持续的经济发展。所以说，美丽中国必将是绿色发展的中国，必将是可持续发展的中国。我们只有坚决摒弃"有毒GDP"，"黑色GDP"，加快转变经济发展方式，努力走出一条科技含量高、经济效益好、资源消耗低、环境污染少的发展路子，美丽中国的基础才会坚实。

自然生态之美。保护自然生态环境，是建设美丽中国的重要前提。生态环境是人们的生存家园，要格外地珍惜呵护。《世界自然资源保护大纲》中有句名言：地球不是我们从父辈那里继承来的，而是从自己的后代那里借来的。任何人都没有权力为了满足自己的需要，让别人或者后代承担过度使用资源和破坏环境的恶果。习近平同志强调，生态环境保护是功在当代、利在千秋的事业，要真正下决心把环境污染治理好，把生态环境建设好。所以说，美丽中国必然是天蓝地绿水清的中国，必然是山川秀丽、环境优美的中国。气同吸，水同饮，我们每个人迈出保护生态环境的一小步，就是迈向美丽中国的一大步。

人居环境之美。创造宜居舒适的环境，是建设美丽中国的重要内容。美丽中国不仅体现在生态环境上，也体现在功能上，包括优化的空间格局、优良的城市品质、先进的基础设施、整洁的居住环境、方便的生活服务、通畅的出行条件，等等。

人文行为之美。最美在人文，这是建设美丽中国的重要支撑。美丽中国是"外在美"和"内在美"的统一，自强不息的民族精神、良好的国民素质、幸福的生活感受，都是美丽中国"内在美"的具体体现。习近平同志强调，要进一步加强生态文化建设，使生态文化成为全社会的共同价值理念。每个人都要形成健康文明的生活方式和行为习惯，营造共建共享的良好社会氛围。

生活幸福之美。让人民群众过上更加美好的生活，这是建设美丽中国的最终目的。让广大人民群众享有更好的教育、更稳定的工作、更满意的收入、更可靠的社会保障、更高水平的医疗卫生服务、更舒适的居住条件、更优美的环境，都是美丽中国的题中之义。所以说，美丽中国必将是和谐幸福的中国，是公平正义的中国。习近平同志反复强调，人民对美好生活的向往，就是我们的奋斗目标。我们只有多谋民生之利，多解民生之忧，使发展成果更多更公平地惠及全体人民，美丽中国建设才会有广泛的群众基础。

三、以实际行动为建设美丽中国做贡献。实施清新空气行动，让天常蓝。天津的产业结构偏重，减排压力大。加快能源结构调整，增加清洁能源，削减煤炭消费总量，到2017年将净削减1000万吨，实施供热改燃并网工程，加强煤质管理，大力推广洁净煤技术。加强对各类扬尘污染、机动车排放、烧烤和厨房排放污染的治理，到2015年年底，天津全市将基本淘汰29万辆黄标车。通过综合治理，到2017年，空气质量要实现明显好转，全市重污染天气实现较大幅度减少，优良天数逐年提高，PM2.5年均浓度比2012年下降25%左右。

实施清水河道行动，让水常清。天津依水而建，因水而兴。我们多措并举，实现河道水体"清起来、活起来"，构筑与美丽天津要求相适应的水环境体系。控制污染源头，治理工业企业废水直排和畜禽养殖场污染，封堵切改入河排污口门，加快污水处理厂网建设，实施雨污合流地区分流改造，综合治理河道，明显改善全市水体水质。到2016年，实现城镇污水处理设施全覆盖，污水集中处理率达到95%以上，全市一级河道5类以上水体达到60%，二级河道5类以上水体达到50%。

实施绿化美化行动，让地常绿。绿化体现生态，美化体现品质。加大造林绿化力度，创造大绿大美的城市景观。重点实施"一环两河七园"绿化工程，让整个天津山山水水、村庄道路周边都绿起来、美起来。重点任务是，提升外环线500米绿化带，综合整治独流减河和永定新河，在环城四区和滨海新区建成7个郊野公园。2015年前，完成造林50万亩。加快建设城市绿道系统，为人民群众建设生态、自然、健康的绿色空间。

实施清洁村庄、清洁社区行动，让家园更美。农村美、社区美是美丽天津的重要体现。到2014年年底，实现居委会组织建设全覆盖、社区物业管理全覆盖、旧楼区综合提升改造全覆盖。

2014年，天津将全面实施万企转型升级行动，通过对1.2万户中小企业产业转型和载体升级，实现结构优化、效益提高、就业增加、资源节约、环境改善。天津还将启动生态用地保护红线划定工作，对山、河、湖、湿地、公园、林带等重要资源实行永久性保护，核心区、控制区总面积达到2980平方公里，占市域国土总面积的25%，构筑全市生态系统的"安全屏障"。要强调铁腕治污，对环境违法问题零容忍，依法从严从重打击超标排放黑烟、偷排黑水、倾倒黑渣的"三黑"行为，为广大人民群众守住青山绿水，留住蓝天白云。①

笔者引述以上学习理论文章，说明一个省市环境在生态环境建设体系中的重要地位，天津市就是典型的生态资源环境建设中的中生态环境地位。中生态环境建设的重要意义和建设过程因区域生态资源结构条件所限，其生态建设的布局也因省属环境不同而不同。笔者的《第一层级复合产业哲学——以杜仲橡胶资源培育复合产业研究为例》，就是生态资源经济体系建设过程中的小生态环境。

大生态环境是国家形态结构，中生态环境是省域形态结构，小生态环境是市县区域的生态形态结构。笔者是以区域生态资源经济体系建设为重点，以哲学思考的方法分析解决生态资源经济体系建设活动。

《第一层级复合产业哲学——以杜仲橡胶资源培育复合产业研究为例》，是中国改革开放30年来取得巨大成果基础上以及国家经济转型期，中国培育新型生态资源经济体系产业，主导新型生态资源经济培育和可持续保护发展生态环境的重大战略行动实践，是第三次工业革命以生态资源经济体系建设为核心内容的重大课题研究。

《第一层级复合产业哲学——以杜仲橡胶资源培育复合产业研究为例》，是笔者30年来的学习哲学（见后记）和7年来调查研究杜仲橡胶资源培育复合产业经济实践活动的阶段性原创性的研究成果。

---

① 百度，2014年2月11日，党建网首页，黄兴国：《要金山银山，更要绿水青山——学习习近平同志关于生态文明建设的重要论述》。

　　"第一层级复合产业哲学"研究是中国经济可持续发展中社会经济实践的需要，学术界开展对第一层级复合产业哲学的研究是历史的需要。笔者首次提出研究"第一层级复合产业哲学——以杜仲橡胶资源培育复合产业研究为例"的研究思考，重视培育区域内"生态环境资源培育与生态环境能量储备"的生态资源经济活动过程，是社会科学领域新型的创新工程哲学研究。是基于新型生态资源培育的紧迫性和战略角度考虑，是在以杜仲橡胶资源培育复合产业的国情调研基础工作中认识到培育生态资源经济体系的重要性，着手从生态哲学、管理哲学、经济哲学、文化哲学、跨学科合作研究、生态学和经济学的研究结构空间布局中开展的探索研究。

　　笔者以"第一层级复合产业哲学"研究思考角度提出了并融合性地分析了研究背景、理论基础、实践价值、理论价值、实践应用等方面的问题。

　　杜仲产业化的系统研究取得了重要成果，至今，没有研究者从复合产业哲学思考的实践活动研究角度去研究解析这一新型生态资源培育复合产业经济活动的工程。当然，这有一定的难度，需要笔者克服极端困难和协调组织等综合管理要素，协调各方积极参与，才能取得在"杜仲种植一线、杜仲橡胶资源培育研究一线、杜仲综合产业加工一线、政府和企业及林农户产业化认识与实践的活动一线、产学研合作研究一线、区域政府与企业董事会决策投资亿元开发杜仲产业一线、杜仲系列产品进入市场销售一线"等合理的基础上，规划及科学设计、协调、建议、协助、调动系统合理运行。

　　笔者主要从哲学思考角度开展对"第一层级复合产业哲学"的研究；对"第一层级复合产业哲学"的实践活动价值以及对深化哲学世界观的理论启示开展研究，对"第一层级复合产业哲学"实践中的困境、实践应用等方面的问题进行思考研究。

　　对"第一层级复合产业哲学"的基本认识与实践过程的思考。

　　研究杜仲橡胶资源培育复合产业哲学并探讨"第一层级复合产业哲学"兴起的历史性、必然性及其培育哲学精神是对"第一层级复合产业哲学"研究的起点。"第一层级复合产业哲学"的兴起是为了摆脱"环境冲突经济发展"模式中的"生态能源短缺、资源环境紧张"关系，摆脱区域破坏环境的经济发展模式所导致的经济社会发展的现实困境的必然选择。

"第一层级复合产业哲学"是培育生态资源经济管理哲学的结构，是研究国家与区域生态经济可持续发展的重要课题。"第一层级复合产业哲学"的基本原则是，1. 第一层级原则，2. 杜仲橡胶资源培育原则，3. 复合产业原则，4. 可持续循环发展原则。正确把握"四项生态资源培育的基本原则"是科学界定"第一层级复合产业哲学"外延的基础。第一层级复合产业的哲学精神表现在以杜仲橡胶资源培育复合产业经济活动过程和生态环境建设是在自然生态环境保护利用中构建"人与自然"的和谐关系，建立以热爱生命的方式保护培育自然资源的制度模式，实现优良的"人与社会"生存环境的可持续发展。这一哲学精神的提升是进一步认识其生态资源经济价值、生存意义，以及杜仲橡胶资源培育的功能与实质的基础。

"第一层级复合产业哲学"精神研究体现在实现"人与自然"的和谐相处，具有深厚的理论基础。

一、"第一层级复合产业哲学"的"四项生态资源培育的基本原则"具有深厚的哲学思想渊源。近年来的中外哲学研究中均出现了关于"生态经济、生态资源、生态产业、生态哲学、生态管理、生态革命、产业革命、产业哲学、产业集群、节约资源、理性消费、保护环境、资源培育、循环利用"的研究思想。

二、"第一层级复合产业哲学"观点的提出，具有历史的中国化的世界观基础。1. 从自然观的角度解析，唯物主义的自然观以及自然观中的整体性思维的内在发展要求和研究建设"第一层级复合产业哲学"，要实现对杜仲橡胶资源培育的自然环境的尊重。唯物主义自然观中科学的人与自然关系理论内在发展要求和市场实践活动要实现对杜仲橡胶资源培育的自然环境的合理改造和利用。2. 从历史观的角度解析，唯物主义历史观同样说明了"第一层级复合产业哲学"的实践活动完全符合产业发展、资源培育的社会历史的发展规律。3. 从科学的市场行为实践活动解析，科学发展观对"第一层级复合产业哲学"研究实践和发展具有现实的重要指导意义。

三、"第一层级复合产业哲学"研究的实践价值表现为两个方面。一方面，"第一层级复合产业哲学"与构建社会主义市场经济实践活动具有同样的目标追求、共同的指导理论和同样的环境建设实现条件，"第一层级复合产业哲学"研究与实践必然促进社会主义市场经济的健康发展。另一方面，"第一层级复合产业哲学"研究实践活动有助于"人"的全面发展。"第一层级复合产业哲学"能够为"人"的全面发展创造良好的生态环境和社会关系，以及坚实的物质基础；"第一层级复合产业哲学"以杜仲橡胶资源培育为中心的思维方式、生产方式和生活方式同样符合"人"的全面发展的基本要求。

"第一层级复合产业哲学"的研究和实践活动同样对深化哲学世界观具有重要理论启示。1. "第一层级复合产业哲学"研究有助于超越学界关于生态环境与自然的"环境代价价值"和"环境代价权利"的讨论，通过杜仲橡胶资源培育的实践活动，是人们将生态环境的自然物质视为在实践活动中的"储备资源价值"与"资源贡献价值"的统一。2. "第一层级复合产业哲学"研究同样提示人们应将"环境自然与自然环境资本"视为静态的物质资源，并从动态的实践活动中将其转化为能够实现自我增值的物质资源。3. "第一层级复合产业哲学"研究实践活动中同样面临大众研究的现代理性的人类中心主义，在处理"人与自然"的关系上，必须树立科学的人类主体意识；在"人与人"的关系上，同样需要关照人类的根本、整体和目标利益，并且将二者在研究实践活动中统一起来。

"第一层级复合产业哲学——以杜仲橡胶资源培育复合产业研究为例"突破研究的困境主要存在两方面。

一是杜仲橡胶资源培育中现有的设计和科技生产力水平以及因企业经济利益因素而导致的"产学研"合作的主体间的利益状态制约着"第一层级复合产业哲学"对合作各方的合作研究。

二是杜仲橡胶资源培育中"科研院所、企业、地方政府、林农户"

之间传统的"生存利益至上观念和同比农作物收入方式"的冲突和纠纷不利于长远的有秩序的"杜仲橡胶资源培育与产业链培育发展"的战略研究。根据杜仲资源产业的发展现状，我们应以唯物史观来指导"第一层级复合产业哲学"的发展规划，大力推进杜仲生态资源培育的科技进步和"新生产力"的发展，更多地研究规划关照"第一层级复合产业哲学"主体的物质利益，积极推进社会公正和主体间关系的和谐。同时，我们应努力发展不同于传统生态伦理、经济伦理和社会伦理的杜仲资源经济（产业）伦理，以此为"第一层级复合产业哲学"的发展提供哲学精神思辨的动力，引导"区域政府、科研院所、企业、公众（林农户）、区域其他经济组织者"自觉实践对"第一层级复合产业哲学"研究——以杜仲橡胶资源培育复合产业为例的生态资源经济体系建设。

第一章　第一层级复合产业哲学

——以杜仲橡胶资源培育复合产业研究为例

第一节　思考与实践

十八大以来，习近平总书记关于"生态文明建设"的重要论述令人鼓舞，也为以杜仲橡胶资源培育复合产业为例研究区域生态资源经济体系的实践发展和理论研究提出了新的思考。杜仲橡胶资源培育复合产业研究要从政府、企业、区域资源、林农户、社会各个层面上合理有序布局和规划发展。在全国适宜种植杜仲橡胶资源的区域内，积极推进杜仲橡胶资源培育复合产业生态资源经济的发展。逐步形成区域政府、企业与公众（林农户）、其他经济组织者共同参与的培育杜仲橡胶资源的新型初（中）级资源经济模式，以国家林业局杜仲工程技术研究中心为指导的科研院所，指导政府和企业及林农户培育杜仲橡胶资源的副高级生态资源经济体系，以中国社会科学院社会发展研究中心为指导的国情调研的社会科学研究者和林业科学合作研究者指导"科研机构、政府、企业、林农户、市场销售"等资源共同培育起来的杜仲橡胶资源的副高级生态资源经济产业体系。随着培育杜仲橡胶资源的新型生态资源产业经济实践的发展，我国以培育杜仲橡胶资源的新型生态资源为中心产业经济的理念和实践在不同区域取得了初步成效。社会科学、区域政府、资源环保、产业开发、资源培育等机构对培育杜仲橡胶资源的生态资源产业经济的实践层面的研究活动已经进入了大面积科学种植培育和开发产业化的实质研究阶段。以战略层面和培育杜仲橡胶资源复合产业的生态资源产业经济实践层面的研究主要体现在以下四个方面。

1. 培育杜仲橡胶资源的生态资源产业中对经济发展实践规律的研究。培育杜仲橡胶资源复合产业是新产业经济发展模式的需要，完全符合生态资源经济体系的经济发展规律。

笔者提出新研究思路：培育杜仲橡胶资源的生态资源经济体系是一种区域新型生态资源经济培育的发展范式，发展培育杜仲橡胶资源的复合产业的生态资源产业经济体系，培育种植适宜加工杜仲橡胶产品、药用杜仲产品、食用杜仲产品的优良品种，选育杜仲优良新品种和培育橡胶资源是开发杜仲资源产业链的关键。建立培育杜仲橡胶资源种植（育种）的创新工程科研机制，依靠科技进步，突破以往杜仲资源技术发展中的药用经济的技术瓶颈，研究完善发展培育杜仲橡胶资源的新型生态资源产业经济体系的技术支撑体系。在培育杜仲橡胶资源复合产业经济的同时培育区域新型的生态资源经济体系，生态资源经济体系就是一种尊重生态原理和生态资源经济规律的新型经济体系。培育杜仲橡胶资源必须按照生态资源规律利用自然资源和区域的不同环境，合理利用生态资源环境的容量，形成培育杜仲橡胶资源产业经济的生态资源模式。培育杜仲橡胶资源的复合产业经济是一种新型的复合产业生态资源化模式，其产业链涉及工业、林业、农业、水利、医药、食品、畜牧业、军工、包装等多个跨行业领域，是典型的复合产业生态资源经济体系的环境建设过程。形成了不同规模的系统的生态资源培育复合产业的结构形态，区域内各个方面的参与者要科学研究和推进优化培育杜仲橡胶资源的产业结构、培育复合产业集群式发展，实现杜仲资源由传统中药产业向杜仲橡胶资源和综合利用的跨行业、多产品的集群式发展的新型生态资源经济体系复合产业经济转型。

其最终结果是实现可持续发展的区域中适宜人类生存环境的"生态环境资源培育与生态环境能量储备"的生态资源经济体系建设。

2. 以杜仲橡胶资源培育复合产业为例的研究，体现了对区域经济发展中的影响因素及相用对策的深入研究。笔者提出新研究思路是：先确定以杜仲橡胶资源培育复合产业经济的"杜仲种植培育、资源容量库、复合产业创新工程、发展建设生态资源经济体系"为中心的系列研究课题。培育杜仲橡胶资源经济要先解决杜仲橡胶资源的"种植培育"问题，同步进行科学规划发展杜仲"橡胶产业"；重视杜仲资源的"综合利用和开发系列产品"的项目建设；设计培育杜仲橡胶资源的"生态资源环境容量库"的建设和储备可供人们"食用和药用"的能量资源研究；培育区域杜仲橡胶资源经济体系，建立适宜人类长期生存的生态资源产业经济发展的创新工程环境。

在我国适宜种植杜仲橡胶资源的 27 个省（市）区的区域中，中国社会科学院社会发展研究中心和中国林业科学院经济林开发研究中心（国家林业局杜仲工程技术研究中心）研究人员取得了重要的跨学科国情调研合作研究成果，以及开展了杜仲橡胶资源培育可行性研究实践活动。在地方政府和科研院所支持下，一些区域企业、农户科学合理有序地开展培育杜仲橡胶资源的生态环境建设，通过杜仲橡胶资源培育和复合产业的开发利用，来解决区域内新型生态资源产业经济发展的不平衡状况。通过对适宜种植杜仲橡胶资源的各地区的考察，制定了因地制宜逐步发展杜仲生态资源产业经济和实现区域生态资源经济的可持续发展的规划。

目前，培育杜仲橡胶资源复合产业经济发展中存在的主要问题有：国家和区域内相关法律法规及政策尚不完善，操作性不强。一些省份的杜仲企业去地方工商局注册，工商局使用参考的是 1993 年的杜仲中药的格式范围，20 年来没有改变，因而答复只能注册中药范围，不能注册其他范围，这种情况说明了行政机关的工作状态，严重阻碍了企业和区域政府发展培育新型生态资源经济体系的积极性。这种情况至今普遍存在，区域政府特别是工商部门没有去调研市场、调查区域生态资源经济发展的需要，调研区域经济发展的状况，对市场机制中新型的杜仲橡胶复合产业经济发展起到的是消极作用。另外由于行政主体的权责不明确，企业的短视行为和区域内各因素认识生态资源经济不足，参与的积极性不高，产业结构不合理等因素都是严重阻碍生态资源经济发展的关键因素。

3. 培育杜仲橡胶资源复合产业经济要建立科学的区域和大环境的橡

胶工业、生态农业、医药食品行业、生活服务等复合产业经济发展的研究机制和管理机构。笔者提出的思考是：培育杜仲橡胶资源一方面要贯彻落实十八大以来的"生态文明建设"发展观，全面落实新型生态资源经济体系建设的政策精神，另一方面要扎扎实实培育杜仲橡胶资源，建立复合产业经济综合体。地方政府要对区域内以杜仲橡胶资源培育复合产业为中心的经济和区域生态资源环境的实际状况具有清晰的认识，指导区域生态资源经济建设的科学发展，而绝不盲目决策。实践过程中要通过专家实地取样分析论证，科学制定区域发展培育杜仲橡胶资源复合产业经济的应对策略。

培育杜仲橡胶资源复合产业经济，要在城市和农村的生态资源经济产业发展中寻找出可以进行长期生态环境容量储备的结构因素进行研究。培育杜仲橡胶资源经济是建设区域生态经济型城市的生态环境的重要来源，是新型城乡一体化、城市生态经济理论在生态社会层面的具体实践活动，它的合理性、规范性、生态系统性、生态资源环境容量性均实现了生态文明所要求的以知识资本、创新发展为内生的迸发力量，使区域生态资源经济目标合理地实现经济、社会、环境的统一。

4. 培育杜仲橡胶资源复合产业经济的国外研究情况。日本在杜仲产业方面的实践研究的相关技术和杜仲产品进入市场的消费接受状况，目前优于我国从事杜仲产业开发的相关企业技术和产品。日本国没有大面积的杜仲种植资源，但是日本对杜仲产业的研究和开发程度远远大于我国，而且列入其国家战略发展的重大项目，这是令我们必须深思的。

第二节　理论与现状

在杜红岩、胡文臻、俞锐编著的《杜仲产业绿皮书》中，关于中国杜仲橡胶资源与产业发展报告（2013）指出：我国从20世纪80年代开始对杜仲进行系统研究。以中国林业科学研究院经济林研究开发中心为核心的全国研究团队长期系统开展杜仲育种、栽培和综合利用研究，承担国家和部省级杜仲育种、栽培和综合利用方面的攻关课题20多个。包括国家

"十一五"科技支撑计划"杜仲工业原料林丰产栽培技术体系研究"、国家"十二五"科技支撑计划"杜仲材用和药用林定向培育关键技术研究"、国家高技术项目"杜仲良种快繁及高产栽培技术研究"、国家林业公益性行业科研专项"杜仲育种群体建立及综合利用技术研究"、国家948项目"杜仲主要活性成分提纯分离技术引进"、国家农业成果转化资金项目"杜仲高产胶良种中试及果园化栽培技术示范"、国家林业局重点课题"杜仲雄花高产栽培与雄花茶开发利用"等。经过国家5个五年计划的研究，已形成以中国林业科学研究院经济林研究开发中心为核心，覆盖林业、医药和化工（橡胶）等行业的专家组成的全国杜仲研究和创新团队。已取得杜仲方面研究成果12项，荣获国家科技进步二等奖1项，部省级科技进步一等奖1项，部省级科技进步二、三等奖7项，发表杜仲学术论文200余篇，出版杜仲专著6部；申报杜仲方面的国家发明专利20多项，已获授权专利12项。我国杜仲工程技术研究思路主要体现在以下几个方面。

1. 杜仲苗木育种工程技术

我国杜仲种质资源丰富，通过查清我国杜仲种质资源现状，收集保存种质资源，建立种质资源库和育种群体；建立以常规育种为主，分子育种为辅的杜仲育种策略；以满足我国杜仲产业化发展需求为根本，采用杂交、选择、抗性育种和转基因技术等手段，根据产量、品质、抗逆性等遗传因素及环境因素，聚合高产胶（药）、富含亚麻酸和绿原酸等活性成分、高抗等性状基因，选育高产优质抗逆性强的杜仲新品种。建立杜仲长期育种工程技术体系，根据市场需求，及时提供适于不同用途的杜仲良种，支撑杜仲产业快速发展。

2. 良种繁育工程技术

进行杜仲良种繁育工程技术研究，从良种选择、采穗圃营建与穗条质量控制、繁育基地规划、无性繁殖关键技术集成与规模化装备研发应用、组织管理与市场需求等方面开展系统研究，建立杜仲规模化、规范化工程繁育技术体系，为我国杜仲产业发展提供优质种苗，促进我国杜仲产业又好又快发展。

3. 高效培育杜仲橡胶资源工程技术

研究杜仲规模化造林技术、管理技术、采摘技术、贮藏保鲜技术等，研发配套的挖掘机、施肥机、专用采摘机等培育技术装备；研究树体营养调控技术、省力栽培技术、病虫害机械化防治技术、低温保质技术等工程化技术；为了提高工作效率和生产效率的组织管理技术研究；市场调研以及基于市场信息预测的培育工程技术调整等，建立杜仲高效生产工程技术体系。

4. 杜仲橡胶等绿色提纯及产业化开发工程技术

针对目前杜仲橡胶等产业发展存在的突出问题，国家需要在杜仲橡胶及主要活性成分的绿色提纯工程技术、产品研发关键技术、加工工程技术装备研发等方面给予重点支持，解决杜仲橡胶、杜仲中药等产业化开发遇到的关键技术瓶颈。

这些工程技术的应用为第一层级复合产业哲学理论研究提供了哲学意义的思考内容。

第一层级复合产业哲学理论研究是建立在培育杜仲橡胶资源复合产业经济是区域生态资源经济体系建设的重要研究实践活动的基础上。目前，对培育杜仲橡胶资源复合产业哲学的理论层面的研究较少。笔者提出，培育杜仲橡胶资源复合产业哲学思考理论层面的研究，主要是从新型生态资源经济体系的"新生产力"关系、生态经济学和复合产业经济管理学的方面进行研究。培育杜仲橡胶资源复合产业哲学研究的必要性和研究内容，同样可以在十八大报告中关于"生态文明建设"理论层面和区域培育生态资源经济活动的研究现状中加以思考。相对于区域培育杜仲橡胶资源实践层面的研究成果，生态资源经济体系的理论研究成果多是对国家经济发展和转型经济的生态意义本质、生态文明建设理论基础、生态环境保护实践价值以及生态资源培育理论建设等方面的研究。

笔者提出第一层级复合产业哲学——以杜仲橡胶资源培育复合产业研究为例在国内外尚属首次，其理论研究处于起步阶段，但是可以借鉴的理论研究成果有我国关于"生态文明建设"方面的研究观点、思考和政策法规；有国外关于生态学马克思主义研究等。例如，福斯特指出："资本主义的主要特征是，它是一个自我扩张的价值体系，经济剩余价值的积累由于根植于掠夺性的开发和竞争法则赋予的力量，必然要在越来越大的规模上进行。"正如马克思所阐述的那样，资本主义生产的首要目的是货币的增值，而不是满足人类的需要，商品的生产仅仅是实现这一目的的手段。永无止境的资本扩张是资本主义体制的特征，所以，静止的、零增长的资本主义本身就是一个矛盾。在这样的经济体制中，"经济学家，甚至是环境经济学家，很少研究由于经济持续增长导致的经济规模不断扩大会给环境带来什么影响。大多数经济学家将经济视为孤立存在，而不是一个更大生物圈里的子系统"。这样，在维持生态系统与生物圈和维护资本主义所代表的快速无限的经济增长之间，存在一种固有的冲突。①

　　基于以杜仲橡胶资源培育复合产业为例的研究，笔者提出以研究杜仲橡胶资源培育复合产业经济活动的实践过程为平台，来探讨"第一层级复合产业哲学"兴起的历史性、必然性及其培育哲学精神，并以此作为对"第一层级复合产业哲学"研究的起点。"第一层级复合产业哲学"的兴起是为了摆脱"环境冲突经济发展"模式影响下的能源短缺、区域公众生存需求的资源紧张关系以及经济发展模式所导致的经济社会发展的现实困境的必然选择。"第一层级复合产业哲学"是可持续发展的新型生态资源经济体系的哲学结构，"第一层级复合产业哲学"基本原则是第一层级复合产业杜仲橡胶资源培育原则，即"第一层级原则、杜仲橡胶资源培育原则、复合产业原则、可持续循环发展原则"。正确把握这四项原则是科学界定"第一层级复合产业哲学"外延的基础。第一层级复合产业的哲学思考精神表现在"杜仲橡胶资源培育和生态环境建设是在对自然生态环境的保护利用中构建人与自然的和谐关系"；在热爱生命中保护培育自然资源和建设资源容量库，实现优良的人与社会环境的可持续发展。这一哲学思考精神的提升是进一步认识其杜仲橡胶资源培育的功能与实质的基础。

---

①　解保军：《生态学马克思主义名著导读》，约翰·贝拉米·福斯特：《马克思的生态学——唯物主义与自然》和《生态危机与资本主义》，哈尔滨工业大学出版社，2014，第 140~141页。

"第一层级复合产业哲学"观点的提出，具有历史的中国化的世界观基础。1. 从自然观的角度解析，唯物主义的自然观以及自然观中的整体性思维的内在发展要求和研究建设"第一层级复合产业哲学"，要实现对杜仲橡胶资源培育的自然环境的敬畏和尊重。唯物主义自然观中科学的"人与自然"关系理论，要求在市场实践活动中要实现对杜仲橡胶资源培育的自然环境的合理改造和利用；2. 从历史观的角度解析，唯物主义历史观同样说明了"第一层级复合产业哲学"的实践活动完全符合复合产业发展、生态资源经济培育的社会历史的发展规律。3. 从科学的市场行为，解析市场在资源配置中的决定作用，从而认识"第一层级复合产业哲学"研究具有的现实的和指导意义。

1. 杜仲生态资源经济体系和复合产业经济管理活动，是杜仲橡胶资源培育复合产业哲学的主要研究范围。

生态资源经济体系和复合产业经济管理活动，涉及了杜仲橡胶资源培育复合产业经济的生态资源培育内涵、理论研究基础、杜仲产业链实践价值、生态经济理论价值、发展战略等方面的问题。

（1）第一层级复合产业哲学——以杜仲橡胶资源培育复合产业研究为例的内涵和本质的研究。生态学维度的研究并没有给出第一层级复合产业哲学研究——以杜仲橡胶资源培育复合产业研究为例的定义。

笔者研究认为，以杜仲橡胶资源培育复合产业研究为例就是要重视提高杜仲资源利用效率，转变传统的、资源消耗性产业模式发展转型为培育生态型资源经济体系的复合产业经济模式。第一层级复合产业哲学——以杜仲橡胶资源培育复合产业研究为例同时是区域新型生态资源经济产业发展的重要内容。通过培育生态资源经济模式，把人类的生态资源培育生产活动纳入自然环境的循环容量库中，达到长期维护自然生态平衡的目标。是以杜仲橡胶资源培育复合产业研究为例，从生产的技术范式角度，认识复合产业经济。随着全球环境问题的日益突出，人类赖以生存的各种资源从稀缺走向枯竭，以资源稀缺为前提所构建的末端结构治理模式已经被具有产业革命的"第一层级复合产业哲学——以杜仲橡胶资源培育复合产业研究为例"的新型的生态资源经济体系的培育生态经济所代替。其本质是为生态资源经济，运用生态学规律而不是机械论规律来指导人类社会的生态资源培育的经济活动。

从复合产业经济管理角度来看第一层级复合产业哲学——以杜仲橡胶资源培育复合产业研究为例的内涵和本质。主要是根据第一层级复合产业哲学研究的四项原则，解析了杜仲橡胶资源与传统中药经济发展的重要区别在于，传统杜仲中药的产业经济服务于人类健康的选择使用，杜仲橡胶资源培育复合产业则是国家战略资源的重点，其作用是从培育资源起步到直接实现可持续发展的产业转型。传统杜仲中药产业发展在模式上为"杜仲药材——杜仲药产品——服务人类"单纯的产业流动的线性经济；而第一层级复合产业哲学——以杜仲橡胶资源培育复合产业研究则是"杜仲种植培育——杜仲橡胶资源（产品）——杜仲医药产品——杜仲食品（饮料）产品——杜仲饲料——杜仲用材产品"的复合产业经济。从复合产业经济管理角度进行解析，第一层级复合产业哲学——以杜仲橡胶资源培育复合产业研究为例的实质是，一种新型的跨行业的多产品"工业、林业、农业、医药食品、饲料、用品"的复合产业经济发展模式。同时杜仲橡胶资源的无污染、清洁环境资源是杜仲低碳经济和区域生态资源实现生态环境循环经济发展的重要资源。

以杜仲橡胶资源培育复合产业研究为例，加快杜仲低碳经济与杜仲生态资源经济发展，是人类产业活动进入全球经济化阶段的实践总结和反思的结果，是培育生态资源环境与社会发展矛盾的结果。现阶段我国独立推行生态资源经济体系培育和生态资源产业经济或低碳经济都存在科学规划和发展的困境，实现两者的系统整合成为亟待解决的理论与现实难题。

"第一层级复合产业哲学——以杜仲橡胶资源培育复合产业研究为例"是解决区域生态资源经济体系发展中对"产业经济与低碳经济"发展的哲学思考与方法。其根本目的是追求培育杜仲生态资源的高效利用和生态环境资源的储备。发展以杜仲橡胶资源培育复合产业研究为例的复合产业经济的结果是可以提高杜仲橡胶资源综合利用的效率，同时可以减少废物（包括二氧化碳等温室气体）的排放。第一层级复合产业哲学低碳经济的概念起源，实质上是从中国国情出发，坚持倡导和发展区域杜仲橡胶资源复合产业经济。杜仲橡胶资源培育复合产业经济主要考量区域内地方政府是否重视杜仲产业经济，以及其他经济林资源经济、生态资源经济发展的模式，由此在杜仲橡胶资源培育中储备杜仲低碳资源，掌握杜仲碳汇储备，从碳生产率的角度评价地方经济发展，并且在此基础上分析其对区域以及全球的环境影响。因此，第一层级复合产业哲学——杜仲橡胶资源培育复合产业研究就具有战略性意义。

（2）第一层级复合产业哲学——以杜仲橡胶资源培育复合产业研究为例的理论基础研究，就说明第一层级复合产业哲学——以杜仲橡胶资源培育复合产业产生的必然性。当前学术界对第一层级复合产业哲学——以杜仲橡胶资源培育复合产业研究为例的理论研究尚属空白。笔者认为，从"生态学"来看其理论基础，实践中第一层级复合产业哲学——杜仲橡胶资源培育复合产业的本质内涵和对培育生态资源经济体系的探索，是以杜仲橡胶资源培育的生态资源原理和生态系统规则为依据的，是生态意义下经济学和生态学的辩证结合。从"系统论和管理学"来看，第一层级复合产业哲学——以杜仲橡胶资源培育复合产业研究为例的理论基础就是以生态文明建设为前置的"系统论和管理学"两门学科的理念研究的经济学。从"经济学"角度来看，第一层级复合产业哲学——以杜仲橡胶资源培育复合产业研究为例中的杜仲资源"稀缺"培育方法和生产"效率"的综合利用方法，是第一层级复合产业哲学的理论基础。杜仲橡胶资源培育体现出现代经济社会所面对的稀缺性资源要素向自然生态资源培育转移，以探索科学合理的杜仲橡胶资源培育的经济效率目标和生态效率目标。杜仲橡胶资源"稀缺性"要素的转移和生态资源效率的变革成为发展以杜仲橡胶资源培育复合产业研究的必然性的根据，是第一层级复合产业哲学——以杜仲橡胶资源培育复合产业研究为例产生和发展的经济学依据。

（3）第一层级复合产业哲学——以杜仲橡胶资源培育复合产业研究为例的研究的重要意义。

从"生态学"的角度来看，第一层级复合产业哲学——以杜仲橡胶资源培育复合产业研究的最大战略利益是保护生态环境和实现杜仲橡胶资源在可持续发展的生态资源培育进程中发挥的重要作用。我国环境、资源状况面临严峻形势，发展第一层级复合产业哲学——以杜仲橡胶资源培育复合产业则是实现生态资源节约、减少环境污染和实现可持续发展的有效途径。要从保护环境和实现可持续发展的角度研究我国发展"第一层级复合产业哲学——以杜仲橡胶资源培育复合产业"的必要性和重要性，其实质是研究揭示"第一层级复合产业哲学"的生态价值。

从"经济学"角度来看，第一层级复合产业哲学——以杜仲橡胶资源培育复合产业具有重要的经济价值，是实现建设经济强国的战略需要。杜仲橡胶资源培育复合产业与市场经济具有同一性，复合产业可以从全球经济的发展中在根本上消除资源环境外部的不确定的经济性因素，促进区域市场培育生态资源经济的健康发展。

从"区域经济增长"来看，以杜仲橡胶资源培育复合产业研究的经济增长是区域政府长期规划资源培育的生存问题，通过对区域增长数据的分析，说明在第一层级复合产业哲学研究的发展中，区域经济增长质量总体将向生态资源容量储备持久的方向发展。

从"杜仲橡胶资源工业化"角度来看，以杜仲橡胶资源培育复合产业是中国新兴杜仲橡胶产业工业化的最高形式，杜仲橡胶等系列复合产业产品是新型工业现代化的最高要求。从"资源利用效率"来看，杜仲橡胶资源培育复合产业的本质是强调减少资源消耗，走生态资源节约式的内涵发展道路，不断提高杜仲橡胶资源培育利用效率，提高区域经济增长的效益和质量。

从"杜仲橡胶资源新发展方式"来看，第一层级复合产业哲学——以杜仲橡胶资源培育复合产业研究是一种跨行业的具有整合意义的新型"新生产力"发展方式。通过杜仲产业在工业、林业、农业、医药食品、军工等行业的发展，实现对以"经济、社会、环境"立体空间结构分裂为特征的传统杜仲中药产业发展模式的根本性变革，探索出新型生态资源培育利用、杜仲产业发展、区域生活富裕、生态资源和谐的新型生态资源产业化的发展模式。

从"杜仲橡胶资源培育的哲学价值"角度来看，第一层级复合产业哲学首先是以生态价值和经济价值的认识为基础，在实践中发现其推动整个社会发展的巨大价值。笔者认为，发展杜仲橡胶资源培育的复合产业，发展区域经济是适宜杜仲种植的欠发达地区和经济发达区域实现可持续经济发展目标，有利于实现生态资源环境容量的储备和再利用，实现区域社会和谐发展目标的有效途径。

从"软实力和硬实力"来看，第一层级复合产业哲学——以杜仲橡胶资源培育复合产业实现区域经济增长目标，可以提升杜仲橡胶产业提升杜仲文化的软实力建设，以及杜仲橡胶战略资源的硬实力建设，同时杜仲橡胶资源培育提高了我国新型生态资源经济在国际上的竞争能力与可持续发展能力。

（4）第一层级复合产业作为一种新型的生态资源经济体系的发展模式，必然对影响了我国几十年的"环境冲突经济发展"模式，以其理论、学说产生激烈的冲击，同时说明了研究杜仲橡胶资源培育复合产业以及其他经济林、生态资源产业的理论价值。

笔者提出：以美国、英国、日本为主的西方哲学、传统经济学没有全面合理的"第一层级复合产业哲学—以杜仲橡胶资源培育复合产业研究为例的解释发展学说"。研究认为，杜仲橡胶资源培育复合产业研究，是对当今跨行业的"生态学、经济学、市场学、管理学、社会学"的挑战和完善，这主要集中在五个方面。1. 指出了当今生态学的跨越发展进程。2. 冲击经济学的思维和理念。3. 挑战全球市场行为规律。4. 补充完善市场在资源配置中起决定作用（产权）的管理理论；5. 完善现有的生态资源培育经济和社会环境制度政策。

第一层级复合产业哲学——以杜仲橡胶资源培育复合产业研究发现了新的杜仲橡胶资源培育中出现的"杜仲边际效用和杜仲个人偏好"交换价格理论。通过以杜仲橡胶资源培育复合产业交易来实现杜仲资源的生态资源最优配置，从而忽略或放弃了古典经济学关于生产成本和劳动价值理论，同样导致了依据"个人偏好主观判断"而形成对杜仲自然资源与杜仲生态环境市场价值的忽视，造成浪费杜仲资源和没有有效利用环境能量储备的问题。

　　第一层级复合产业哲学——以杜仲橡胶资源培育复合产业确立了杜仲橡胶资源环境在新型产业经济中的重要位置，杜仲中药的传统经济属性由于杜仲橡胶资源战略地位的提升，成为新型复合产业经济的新的生产力要素。研究认为，除了对杜仲中药的传统经济属性认同外，杜仲橡胶资源培育的重大战略意义的提出，就是要对传统杜仲中药的经济属性理论和制度进行彻底的创新和变革。

　　传统经济学和市场学忽视了保护"杜仲生态环境与杜仲生态资源"的稀缺性和可持续性因素的重要意义，这是导致"生态学、经济学、市场学、管理学、社会学"等对第一层级复合产业哲学——以杜仲橡胶资源培育复合产业的研究不能提供有效理论阐释的根源。体现在对于传统经济学和市场学在难以对"第一层级复合产业哲学"做出合理解释。因此，杜仲橡胶资源培育复合产业的理论建设已经引起了国家的关注。笔者提出要研究第一层级复合产业哲学，辨析杜仲橡胶资源培育复合产业与不同的发展阶段、生态效益、产业效率的关系，以及杜仲橡胶资源培育复合产业与生态经济的关系，重视加强第一层级复合产业哲学——以杜仲橡胶资源培育复合产业的研究。指出第一层级复合产业哲学——以杜仲橡胶资源培育复合产业伦理既不同于市场经济伦理，也不同于当今全球的环境伦理，是杜仲橡胶资源培育复合产业市场生存经济伦理与培育资源环境伦理的统一。

　　笔者研究提出，研究第一层级复合产业哲学——杜仲橡胶资源培育复合产业与社会主义市场经济的关系问题。研究第一层级复合产业哲学——杜仲橡胶资源培育复合产业的国家任务行为与国内外市场的生存关系，复合产业经济机制，以及对第一层级复合产业哲学与环境伦理等方面相关问题的研究。在此基础上，探索新的"第一层级复合产业哲学"，探索"杜仲橡胶资源培育复合产业的一种新的区域生态资源经济学"。同时重视学术界关于经济学研究变"经济人"假设前提为"社会生态人"假设前提的思考。第一层级复合产业哲学实践方法要求经济学进一步拓展资源稀缺性的概念。研究中分析，杜仲橡胶资源培育复合产业从长期发展角度要求微观经济学重构新的分析框架和研究思路。第一层级复合产业发展同样需要创新宏观经济学的分析框架和研究思路。

（5）第一层级复合产业哲学——以杜仲橡胶资源培育复合产业研究为中心，对发展复合产业的战略加以研究。笔者认为，主要应在第一层级复合产业哲学方面开展研究，这是一种杜仲橡胶资源培育实践层面上的研究，是与中国林业科学院经济林研究中心、国家林业局杜仲工程技术研究中心的专家学者共同实践分不开的。研究中发现，一是对第一层级复合产业的研究中，地方政府没有起到有力的推动作用，没有形成配套政策，杜仲技术的研发和杜仲产品的应用存在一定问题。二是杜仲橡胶资源培育复合产业的法律体系不健全，现有工商登记注册跟不上经济发展的变化，20年未曾修改的注册范围制约着经济发展，凸显区域经济制度的不完善，政府对复合产业的管理概念和体制不健全。研究第一层级复合产业哲学——杜仲橡胶资源培育复合产业研究的对策是完善复合产业的法律制度。加强第一层级复合产业哲学——以杜仲橡胶资源培育复合产业的宏观指导；建立和完善促进杜仲产业发展的法律、法规体系；发挥市场机制作用，完善复合产业政策；在适宜区域加大以杜仲橡胶资源培育复合产业为主要内容的结构调整和技术改造力度；加快杜仲橡胶资源培育复合产业技术的开发、示范和推广应用；探索建立第一层级复合产业哲学及杜仲生态资源培育国民经济核算体系；开展杜仲橡胶复合产业的宣传推动工作；建立以市场为平台的杜仲橡胶及其制品的交易制度建设；通过市场机制与政府行为的有机结合，促进杜仲橡胶资源培育复合产业发展。

综观产业革命发展历史，众所周知，世界工业革命改变了世界历史的进程，任何区域的工业革命对世界环境和资源的破坏也是严重的。发展第一层级复合产业哲学——杜仲橡胶资源培育复合产业经济，需要提倡新的重视生态资源环境建设、重视区域经济林培育建设、重视区域生态农业建设的新型农林主义。杜仲橡胶资源培育复合产业应明确为国家、区域政府指导培育的建设行为，是第一层级复合产业哲学。是实现中国梦的区域优势及支柱产业和核心竞争力。因此，我们应适应中国国家战略发展需要，遵循第一层级复合产业哲学——以杜仲橡胶资源培育复合产业研究为例的发展规律，促进区域内外实现合作研究、推动杜仲橡胶资源培育产业的大发展，鼓励区域公众的经济参与。建立起杜仲橡胶资源培育区域经济活动的绿色生活和消费的动力结构；探索建立以科研院所技术支撑为新生产力的动力结构；探索地方政府支持的为保障企业投资效益和区域公众（消费者）为主体的杜仲生态资源绿色消费体系动力结构。在这些动力结构建设中，必须以生态经济学为依据，从生态经济学的基本思想，构建区域生态资源经济体系建设的政策制度，用生态经济学理论建立生态资源经济体系的新型发展模式，把生态学的理论和生态哲学思考应用到由区域政府、企业、公众及社会其他经济组织构成的生态资源经济体系实践过程中。

以上是笔者从第一层级复合产业哲学——以杜仲橡胶资源培育复合产业的内涵、理论基础、实践价值、产业价值、战略资源五个方面对以"杜仲橡胶资源培育复合产业"为例进行的生态哲学、经济哲学、管理哲学、社会哲学等角度研究的体会。由于复合产业本身具有产业集群的整体性的特点，又有集群产业实现生态资源经济体系的特征，因此，区域内丰富的经济林、生态资源可以各种复合产业模式进行研究实践，对第一层级复合产业哲学的有关方面问题的研究是有机的统一体。

2. 第一层级复合产业哲学——以杜仲橡胶资源培育复合产业研究为例，将成为区域新型生态资源经济和社会发展哲学研究的创新课题。

第一层级复合产业哲学的研究属于新的新型生态资源经济和社会发展创新课题的研究，目前相关的哲学研究资料很少。产业集群方面和循环经济方面研究的文章力图从哲学维度进行思考，阐述循环经济的含义，分析循环经济与可持续发展在内涵和目标上的一致性以及循环经济的哲学内涵和经济伦理观，但因观点缺乏对生态资源经济体系的深入思考，缺少生态资源培育和生态环境能量储备的实践经验，一些相关的复合产业研究对生态资源培育循环经济实践操作与哲学研究方法的相关的一些理论问题，并没有展开论述的成果，目前的研究仅局限于循环经济的层面。

笔者参与并组织历经7年的国情调研杜仲橡胶资源培育实践活动，具有原创性的实践与体会。

（1）构建第一层级复合产业哲学——以杜仲橡胶资源培育复合产业

研究为例反映了生态资源经济体系中经济林产业对人类生存贡献的哲学研究的意义。笔者认为，对其哲学基础进行探讨，选择将第一层级复合产业哲学研究的哲学基础分为"知识论基础和存在论基础"两个方面去解析。假如以张连国、栾贻信的《循环经济的哲学基础》（东岳论丛，2005 年第 2 期）、西方生态主义者康芒纳在《封闭循环》中揭示的生态学的四个法则为循环经济的一般知识论基础（即一是一切事物都必然要有其去向：物质代谢论。二是每一事物都与别的事物有关：普遍联系论。三是生态法则：强调自然界的自组织自演化自调节的生态规律。四是生态效率论：没有免费的午餐，任何生产都是有代价的）。生态存在论是一种以"内在关系存在论"为基础而不否认"主客体外在关系"的存在观，构成了循环经济的存在论基础。笔者同意很多学者的研究观点，"在这里，研究者把生态规律作为循环经济的哲学基础，对循环经济哲学基础研究的两个方面都是源自西方生态学家的思想，虽然西方生态学家的思想与马克思主义哲学世界观具有一定的相关性，但这种研究并不是直接从马克思主义哲学的角度对循环经济哲学理论基础的研究"。选择将第一层级复合产业哲学研究的哲学基础分为"知识论基础和存在论基础"两个方面，是从马克思主义哲学的角度对循环经济哲学理论基础的进一步深入研究。

（2）对第一层级复合产业哲学——杜仲橡胶资源培育复合产业的哲学价值的研究。第一层级复合产业哲学——杜仲橡胶资源培育复合产业中蕴含着丰富的马克思主义生态观。从马克思主义生态思想的角度分析了杜仲橡胶资源培育复合产业的哲学基础。独娟、刘波在《马克思的循环经济思想探究》[①] 中全面、系统地研究了马克思的生态学思想与生态经济理论和实践，通过分析并结合中国循环经济产业发展情况，提出创建中国特色的生态马克思主义经济学。张忠华、刘飞在《循环经济：马克思主义生态思想的重要实践平台》[②] 中提出"马克思主义生态思想是唯物史观在生态领域的表现形式，具有丰富而深刻的内容"。区域生态资源经济体系

---

① 《学术论坛》2012 年第 7 期。
② 《发展研究》2012 年第 6 期。

的建设和改善修复区域生态环境问题，都是正确认识和评价并进行充分发掘马克思主义生态思想的实践过程，对加强推进区域生态文明建设、实现区域经济社会可持续发展目标具有重大现实的指导意义。生态资源经济理念符合区域社会经济发展客观规律，是马克思主义生态思想重大课题研究的继续。

笔者认为，第一层级复合产业哲学——以杜仲橡胶资源培育复合产业研究，验证了马克思主义生态思想在生态领域的重要价值，杜仲橡胶资源培育复合产业研究具有丰富而深刻的价值内容。目前我国区域生态环境问题日益突出，研究第一层级复合产业哲学，对充分发掘马克思主义生态思想，对推进生态文明建设、培育可持续发展的新型生态资源经济体系和储备战略资源，实现区域经济社会可持续、和谐发展具有重大理论价值和指导意义。

3. 第一层级复合产业哲学——以杜仲橡胶资源培育复合产业研究为例的方法论研究。笔者赞同一些研究者从马克思主义生态思想中寻找引导实践的方法论研究。独娟、刘波认为马克思生态思想的核心是"废弃物的循环利用及不变资本的节约"，实质上完全体现了"减量化、再利用和资源化"原则。笔者认为"减量化、再利用和资源化"原则既是循环经济原则，同时也是生态资源经济体系建设和复合产业实践过程的重要方法之一，因为马克思这一思想虽然是在对资本主义生产过程进行详细考察而产生，其过程中的"经济性、科技进步和生产社会化"三大实现要素，具有可行性和实践性。通过对杜仲橡胶资源培育复合产业的考察，探索区域新型生态资源经济体系建设的科学方法具有基础建设的意义。

基于此，笔者认为，马克思关于节约生产资料的思想是发展以杜仲橡胶资源培育复合产业研究思想的理论基础。自然，马克思主义生态思想本身就是一个实践平台，是发展杜仲橡胶资源培育复合产业研究的指导思想。马克思主义生态思想在第一层级复合产业哲学中体现出的发展思想包括五个层级。第一个层级是杜仲橡胶资源培育种植的生产层级，第二个层级是杜仲橡胶资源培育的产品科学技术层级，第三个层级是杜仲橡胶资源产业服务社会、实现消费的层级，第四个层级是杜仲橡胶资源培育生态资源、实现生态环境能量储备、建设容量库的层级，第五个层级是区域社会经济可持续长期发展的优质生态环境层级。

笔者认为，开展对第一层级复合产业哲学——以杜仲橡胶资源培育复合产业研究，复合产业本身体现了哲学思考的特征。第一层级复合产业哲学的实质，是从复合产业经济活动形态的角度加以界定，杜仲橡胶资源培育复合产业的研究是在全球经济危机需要创新发展的新的起点上。生态环境、生态资源培育已经成为改变旧的经济增长方式制约环境，改变建设生态资源经济体系，是国家经济转型阶段的一种新的技术培育的新型生态资源经济范式，是社会科学和林业科学研究者合作研究探索建立在人类生存条件和福利平等基础上的、以全体新型知识化阶层为研究的全体社会成员参与的、以生活福利最大化为目标的、一种区域新型的复合产业经济形态。第一层级复合产业哲学的前景是通过复合产业研究制度创新建立一种新的生态资源经济体系和经济形态。对杜仲橡胶资源培育复合产业的研究不仅是区域中复合产业经济增长的动力，同时也是一种新型的生态资源经济体系培育的文化模式，其自然根源是中国古代的天人调协、自然发展的思想，也是第一层级复合产业哲学实践的重要基础。

笔者认为，第一层级复合产业哲学理论研究主要涉及几个方面的问题，其包括基本范畴、理论基础、实践价值、产业价值、战略资源等方面。对杜仲橡胶资源培育复合产业的研究所取得的成果是积极的、有价值的。关于第一层级复合产业哲学的理论研究仍存在两种缺陷：一是理论研究处于起步阶段、深度不够；二是理论研究没有突破复合产业旧有模式的影响。

第三节　层级与产业内容

杜仲橡胶资源培育复合产业研究本身是一个新型的复杂的社会经济研究的系统工程。对第一层级复合产业哲学研究的各方面理论问题的认识，不能局限于某一个层面，拓宽对杜仲橡胶资源培育复合产业研究的视野，奠定对第一层级复合产业哲学研究的基础也是很重要的课题。

1. 第一层级复合产业哲学的兴起及其范畴

第一层级复合产业哲学——以杜仲橡胶资源培育复合产业的研究，从哲学维度认识复合产业的兴起是历史进程的必然。杜仲橡胶资源培育复合产业作为一种新型生态资源，复合产业是人类在面对经济发展与生态环境保护的"两难困境"中，通过对当前生态经济环境和经济社会发展中的现实矛盾的分析，总结出来的新型生态资源经济体系培育模式。对第一层级复合产业哲学的兴起背景，既要从环境保护的视角进行分析，同时还要将其与人类社会发展中的现实困境，以及人类对自身发展的目标追求结合起来考察，并将杜仲橡胶资源培育复合产业研究的兴起与适宜种植杜仲橡胶资源区域的社会生产技术条件相结合，将第一层级复合产业哲学——以杜仲橡胶资源培育复合产业研究的兴起，放在人类重视对生态资源环境保护和发展新型复合产业的历史进程中进行系统研究思考。

对第一层级复合产业哲学——杜仲橡胶资源培育复合产业的研究范畴的科学理解和精深把握，可以从哲学维度进行研究其内涵和外延。以哲学思考来研究杜仲橡胶资源培育复合产业兴起的必然性，其生态哲学精神是对"第一层级复合产业哲学"研究的起点。"第一层级复合产业哲学"的兴起是为了摆脱传统能源短缺，以及旧有经济发展模式所导致的经济社会发展的现实困境的必然选择。"第一层级复合产业哲学"是构建可持续发展的区域生态资源经济体系的哲学结构，"第一层级复合产业哲学"的基本原则是"第一层级复合产业杜仲橡胶资源培育的原则，即第一层级原则、杜仲橡胶资源培育原则、复合产业原则、可持续循环发展原则"。正确把握这四项原则是科学界定"第一层级复合产业哲学"外延的基础。第一层级复合产业的哲学表现在杜仲橡胶资源培育复合产业经济活动和区域生态环境中的是构建"人与自然"的和谐关系；在培育公众生态意识中保护培育自然资源，实现"人与社会"环境的可持续发展。这一哲学精神的提升是进一步认识培育杜仲橡胶资源的基础。

"第一层级复合产业哲学"精神体现在"人与自然"的和谐相处，具有深厚的理论基础。

2. 从哲学的思考中研究第一层级复合产业哲学的理论基础

笔者在实践中，从生态学、管理学、经济学、社会学的不同角度对第一层级复合产业哲学的产生过程，及其自然性、必要性、合理性进行了深层解析。研究中用生态学和经济学的成果，从杜仲橡胶资源培育复合产业的资源情况、环境状况以及发展现状的角度来论证其资源培育的过程和必然性。从哲学的角度，笔者是首次对"第一层级复合产业哲学——以杜仲橡胶资源培育复合产业研究"的哲学理论基础进行探讨。尤其是首次以马克思主义哲学为指导探讨"第一层级复合产业哲学——以杜仲橡胶资源培育复合产业研究为例"的哲学基础。系统论、整体论是第一层级复合产业哲学——杜仲橡胶资源培育复合产业研究的理论基础。如何将这些理论与"第一层级复合产业哲学——杜仲橡胶资源培育复合产业研究"之间的内在联系进行深入细致的解析，进一步研究说明这些理论为什么能够成为第一层级复合产业哲学的理论基础，是当今区域生态资源经济体系建设的首要重大课题。

第一层级复合产业哲学——以杜仲橡胶资源培育复合产业研究为例应用哲学理论进行研究是非常重要的课题。复合产业经济作为国家、区域的一种新型生态资源经济体系，必须具有坚实的马克思主义哲学根基，具有深厚的中国传统文化基础，具有源远流长的世界文化资源。因此，对"第一层级复合产业哲学——杜仲橡胶资源培育复合产业研究"的哲学理论基础的研究可以从马克思主义哲学、中国哲学和西方哲学三个方面进行。

杜仲橡胶资源培育复合产业研究可划分为三个层级。首先是找出"第一层级复合产业哲学——杜仲橡胶资源培育复合产业研究"的方法论之源，也就是研究者通常的研究思考，是从马克思主义哲学、中国哲学和西方哲学中，寻找与第一层级复合产业哲学研究的四项基本原则一致的思想资源，通过对这个层级的研究，实现对杜仲橡胶资源培育复合产业中"人与自然"关系做出的理性思考。其次是深入研究杜仲橡胶资源培育复合产业研究的哲学精神，也就是从马克思主义哲学、中国哲学和西方哲学中分析与第一层级复合产业哲学精神一致的理论基础，有助于人们理解第一层级复合产业哲学发展模式的科学性。最后是通过深入分析十八大以来我国最新的社会发展理论成果对杜仲橡胶资源培育复合产业研究所具有的指导作用，有助于区域政府、企业、公众在复合产业经济活动中自觉地坚持以"生态文明建设"的重大理论为指导。

3. 以哲学思考来研究培育复合产业的战略意义

第一层级复合产业哲学——杜仲橡胶资源培育复合产业研究的实践价值，体现在杜仲橡胶生态资源培育价值和杜仲橡胶资源复合产业经济价值两大方面。从生态学、管理学来解析第一层级复合产业哲学杜仲橡胶生态资源培育价值；从市场学、社会学、经济学角度来看杜仲橡胶资源复合产业经济具有的非常重要的战略意义。而哲学思考来看，杜仲橡胶资源培育复合产业研究还具有重要的社会价值和人本价值，杜仲橡胶资源培育的生产过程将对人的生产、生活和思维方式产生持续的生态环境影响，对区域经济社会发展和对人类保护生态环境、利用自然生存技能的全面而自由的发展产生重要的积极影响。

从哲学的角度认识杜仲橡胶资源培育的战略意义，这包括两个方面。一是要研究第一层级复合产业哲学的"社会价值"。杜仲橡胶资源培育复合产业研究要构建区域产业及构建和谐社会，其中包括复合产业经济如何实现人与自然之间的和谐，如何实现复合产业经济的可持续发展，增强区域经济社会活力。通过杜仲橡胶资源培育复合产业的推进实现社会的安定团结，促进新型环境中人类健康文明新的生活方式的建立，促进社会公平和正义的实现。二是要研究以杜仲橡胶资源培育复合产业的"以人为本"价值研究。以人为本是自然生态环境中主体人的自觉生活选择。第一层级复合产业哲学的研究不仅能够体现良好的生态环境、推动区域杜仲橡胶资源产业经济的发展、构建和谐社会，最终将体现"以人为本"服务于人类主体环境的和谐存在和发展。因此，我们应当从哲学的高度来认识第一层级复合产业哲学是如何实现区域环境内以人为本的全面而自由的发展的战略意义。

4. 从哲学层面来认识第一层级复合产业哲学——杜仲橡胶资源培育复合产业研究的理论价值

对第一层级复合产业哲学——杜仲橡胶资源培育复合产业的研究，由于当前生态学、管理学、经济学、市场学、社会学的研究比较滞后，还局限在传统杜仲中药产业的理论认识阶段。其实，第一层级复合产业哲学重要的理论研究价值，体现在以杜仲橡胶资源培育复合产业研究对复合产业理论发展具有重要的推动作用，而且第一层级复合产业哲学研究作为新型经济关系中处理人与自然之间关系的发展模式，以杜仲橡胶资源培育复合产业研究必然对改变传统杜仲中药产业的哲学认识具有重要的启示。从其产业发展来看，其复合产业经济理论价值表现不突出，学界没有充分注意杜仲橡胶资源经济这个经济点，更没有进行深入研究这个产业。

从哲学思考分析，第一层级复合产业哲学——杜仲橡胶资源培育复合产业研究对新型资源培育的哲学世界观的转化具有重要的启示意义。"第一层级复合产业哲学"研究和实践活动同样对深化哲学世界观具有重要理论启示。（1）"第一层级复合产业哲学"研究有助于超越学界关于生态环境与自然的"环境代价价值"和"环境代价权利"的讨论，通过杜仲橡胶资源培育的实践活动，人们逐渐将生态环境的自然物质视为在实践活动中的"储备资源价值"与"资源贡献价值"的统一。（2）"第一层级复合产业哲学"研究同样提示人们应将"环境自然与自然环境资本"视为静态的物质资源，并从动态的实践活动中将其转化为能够实现自我增值的物质资源。（3）"第一层级复合产业哲学"研究实中同样面临大众研究的现代理性的人类中心主义，在处理"人与自然"的关系上，必须树立科学的人类主体意识；在"人与人"的关系上，同样需要关照人类的根本、整体和目标利益，并且将二者在研究实践活动中统一起来。

5. 方法论是研究杜仲橡胶资源培育复合产业的具体指导

杜仲橡胶资源培育复合产业研究是第一层级复合产业哲学实践中必然遇到的困难。笔者认为，要对杜仲橡胶资源培育实践中的难题做充分的估计，对杜仲橡胶资源复合产业发展应用对策的研究应与第一层级复合产业哲学实践中的现实难题的调研结合起来。对杜仲橡胶资源培育复合产业路径的思考要直观和具体，科学建立杜仲橡胶资源培育复合产业研究的空间格局。

从哲学角度理解杜仲橡胶资源培育复合产业的现实难题，能为复合产业实践提供科学的理论指导。复合产业实践活动中有很多具体的难题，这些问题都需要从哲学思考中分析解决。杜仲橡胶资源培育复合产业发展必须依靠地方政府的参与支持，开发杜仲资源复合产业作为一种集群式的产业经济活动同样必须在市场中产生竞争。复合产业资源培育要处理好政府与市场关系，即国家与社会的关系。这就是一个哲学层级的问题。杜仲橡胶资源培育复合产业是一个生态环境中体现区域环境内"主体人"怎么样处理"人与自然"之间关系的问题，在杜仲橡胶资源培育复合产业研究过程中必将同时处理"人与人"之间的各种利益、公平关系。即要处理好培育的生产关系，同时也要处理好人与人之间的其他协助、交易、生存方面的关系，更要处理好"人"本身的实践活动和生存价值的发展和完善的问题，必须从哲学角度进行思考。

　　杜仲橡胶资源培育复合产业要求人们正确认识"人与自然"之间的生态系统关系，就离不开全社会成员的自觉实践活动和保护生态环境，而不能仅仅依靠研究者呼吁、企业家的投资建设、林农户开荒造林，而需要全体社会成员都能够自觉实践，自觉行为。要求人们形成一种有利于第一层级复合产业哲学发展的伦理观念，而这种观念不是等同于环境伦理或生态伦理，等同于市场经济条件下人们的经济伦理，而是以一种新型的生态资源培育储备容量来适应人的生存发展的新型伦理的高级形态，也是第一层级复合产业哲学研究的高级形态。

第四节　战略地位研究

　　第一层级复合产业哲学——以杜仲橡胶资源培育复合产业研究为例是基于以上哲学思考研究其必要性，对杜仲橡胶资源复合产业哲学研究具有重要意义。

　　1. 第一层级复合产业哲学研究，必将推进区域生态资源经济体系培育、促进生态资源复合产业研究

　　对不同生态资源进行培育产业的理论研究具有不同的研究任务和实践功能（如杜仲资源经济产业特征与银杏资源经济产业特征的复合产业链

有显著不同，杜仲资源是橡胶资源和药用资源，银杏资源只是药用资源）。相关复合产业资源培育研究理论问题只能是由相关学科的理论工作者在实践中进行深化研究。如果以往"第一层级复合产业哲学——杜仲橡胶资源培育复合产业研究"课题是对经济学基础和"第一层级复合产业哲学"在促进复合产业经济理论发展中的价值的研究，只能由经济学理论工作者来尝试完成。当今，"第一层级复合产业哲学——以杜仲橡胶资源培育复合产业为例"研究是由跨部门、多学科的众多研究者打破封闭研究的视线和环境，在实践的第一线突出了该研究视阈中复合产业的特征和属性，同时在区域生态资源经济体系建设的实践行为中揭示了复合产业合作研究取得重要成果的核心竞争力。第一层级复合产业哲学研究进一步深化了对这些研究成果的认识，并且上升到哲学的高度进行深度思考。

第一层级复合产业哲学研究对其他复合产业的研究具有重要的推动作用。杜仲橡胶资源培育复合产业研究是对杜仲橡胶资源范畴的科学界定，研究杜仲橡胶资源培育复合产业，就必须打破学科的限制，超越生态学、管理学、经济学、市场学、社会学等研究的维度进行跨学科的研究，只有"第一层级复合产业哲学"研究才能实现区域经济活动的融合、超出以往对杜仲橡胶资源培育复合产业研究的四项原则。复合产业哲学角度的思考，根本目标是坚持四项发展培育原则，最核心目标是追求原则，即最核心的方法论原则。杜仲橡胶资源培育复合产业研究的战略目标，是进一步对第一层级复合产业哲学的外延分别做出广义和狭义的界定，打破经济生产方式的局限性，通过杜仲橡胶资源培育新型区域生态资源经济体系的复合产业方式，培育出一种新的社会生活方式。

第一层级复合产业哲学思维，是进一步提高对杜仲橡胶资源培育复合产业研究的哲学精神、理论基础以及实践价值等方面加以认识，推进杜仲橡胶资源培育复合产业的实践发展。

第一层级复合产业哲学研究，可以深化对杜仲橡胶资源培育复合产业各方面理论问题的认识，对其他经济林特征实现复合产业各思考维度的研究具有重要的启示。第一层级复合产业哲学的研究并不是以替代相关复合产业各哲学维度研究为目的，而只是力图对理论研究第一层级复合产业哲学中关于"复合产业特征、包含多个行业产业利益"等一些可以开展哲学思考的研究、能够进一步深化，从哲学研究角度给以关照。这样的资源培育产业化哲学研究不仅有助于深化对杜仲橡胶资源培育复合产业各形态维度的研究，也有助于为第一层级复合产业哲学研究实践提供更好的指导理论。

2. 研究杜仲橡胶资源培育复合产业系统工程

杜仲橡胶资源培育复合产业研究是一个系统工程，具有整体性特征。第一，杜仲橡胶资源培育复合产业的动力是培育资源，具有整体性特征。杜仲橡胶资源培育复合产业的目的不仅仅要实现生态资源的节约和环境的保护，更重要的是实现经济社会的发展以及人的全面发展。第二，杜仲橡胶资源培育复合产业的结果具有整体性特征。杜仲橡胶资源培育复合产业研究的实践结果既表现在生态资源培育价值和复合产业发展价值，还表现在以人为本和人与自然和谐生存的价值。第三，杜仲橡胶资源培育复合产业研究的实践活动具有整体性特征。杜仲橡胶资源培育复合产业研究是以工业、林业、农业、医药食品等跨行业的复合产业经济为基础，涉及国民经济各个行业以及服务社会各个层面的巨大的生态资源培育和利用的系统工程。其中表现在生态资源经济体系培育中的人与自然之间的关系，复合产业经济系统与生态环境储备系统之间的平衡是第一层级复合产业哲学的研究核心，要求培育者精心培育、和谐处理、调整发展。

第一层级复合产业哲学——以杜仲橡胶资源培育复合产业研究为例，要求建设者处理好复合产业经济系统与生态资源培育服务社会系统之间的资源环境容量关系，处理好人与人之间的生态环境资源共享的服务消费的社会关系。杜仲橡胶资源培育复合产业研究不能仅从复合产业经济本身出发，而且需要通过人类社会生态环境资源培育领域和其他复合产业资源培育领域的共同发展来实现第一层级复合产业哲学研究的发展。因此，适应第一层级复合产业哲学研究的整体性特点，必须加强哲学研究。

通过杜仲橡胶资源培育复合产业研究的实践，说明杜仲橡胶资源培育复合产业研究是一个综合的系统工程。第一层级复合产业哲学研究既是一个复合产业经济的发展问题，更是一个资源培育环境能量储备问题，同时涉及很多社会问题，中心是两个"人"的发展问题［胡文臻专著《企业文化软实力新论》中，研究了两个"人"的问题，即"自然人"和"企业（组织、社团）法人"］。第一层级复合产业哲学的研究需要立足于两个"人"的整体性思维，需要超越对复合产业及某一个生态资源经济活动维度思考研究的界限。集群产业、复合产业哲学研究的理论视野里，没有对复合产业形成一种整体性的认识。比如，产业集群研究只从经济学维度、生态学维度的研究中，揭示了产业集群的经济发展价值和市场意义，并不能全面反映跨行业复合产业的实践价值。再如，复合产业发展的研究，生态学和经济学的研究，只是提出了市场应怎样发挥作用，企业应通过什么样的技术实现加工产业产品等方面的问题。复合产业发展问题，不仅需要这些基本功能和实践活动，还需要每个人的积极参与，只有当区域公众普遍树立了良好生态资源培育的生产和消费方式时，诸如杜仲橡胶资源培育复合产业研究才会有内在的动力。良好生活方式的确立是建立在第一层级复合产业哲学实践的新伦理基础之上，这种高级形态和空间结构，只有靠哲学研究才能形成思考维度。第一层级复合产业哲学研究才能够适应杜仲橡胶资源培育复合产业研究的整体性特点，才能对其理论基础、实践价值、理论价值和实践应用等方面进行总体性认识和实践。

第一层级复合产业哲学研究无疑会吸收借鉴其他学科理论研究成果，正是由于将其他相关产业各思考维度研究的成果作为参考，第一层级复合产业哲学——以杜仲橡胶资源培育复合产业的哲学研究才得以顺利进行。

第五节　研究的方法和思路

第一层级复合产业哲学——以杜仲橡胶资源培育复合产业研究为例，必须坚持以马克思主义哲学的一般世界观和方法论原则为指导，具体有以下三个方面。

1. 培育生态资源经济、提升系统性思维方式

马克思主义哲学认识事物的基本观点就是辩证法的观点。区域内生态资源经济体系的建设和实践不断总结发展了系统、联系的观点，这是唯物辩证法的总特征和基本内容，坚持唯物辩证法的世界观，就必须坚持培育生态资源经济、提升系统性思维方式。杜仲橡胶资源培育复合产业研究也就是对杜仲橡胶资源培育坚持以系统、联系的观点来认识和研究，不仅应考虑杜仲橡胶资源培育内部各个要素之间的联系，同时考虑第一层级复合产业哲学研究与周围其他复合产业之间的联系。坚持系统性、整体性思维方式是适应杜仲橡胶资源培育整体性特点的需要。杜仲橡胶资源培育复合产业研究产生的"建设思考、培育生产、实践运行和产业结果"等各种因素，都具有系统性、整体性。提升系统性思维方式，是区域新型生态资源经济体系实现培育复合产业经济发展模式的新型资源经济的重要思考过程，杜仲橡胶资源培育复合产业就是人类系统性、整体性思维方式的结果。

人们通过实践认识到，有了人类社会经济发展与生态系统之间的统一整体性，复合产业发展的模式才得以确立。只有坚持系统性哲学思维，才能够深刻理解第一层级复合产业哲学——杜仲橡胶资源培育复合产业研究产生的历史必然性和进步性。第一层级复合产业哲学既是复合产业经济发展问题，也是生态资源培育环境能量储备保护问题，还涉及很多生态环境建设服务能量储备利用等社会问题。

只有坚持系统性、整体性哲学思维，才能实践好第一层级复合产业哲学研究的综合系统工程，也才能够确立科学的杜仲橡胶资源培育复合产业研究战略。

总之，杜仲橡胶资源培育复合产业研究的深化和对复合产业理论问题的认识的深化，需要坚持以系统性、合理性、整体性的哲学思维方式为前提和基础。目前，学术界对"第一层级复合产业哲学——以杜仲橡胶资源培育复合产业研究为例"的研究处于空白，从杜仲种植、加工技术、产品应用、消费服务等各环节坚持系统性、整体性的哲学思考。打破闭门造车式的研究方式，克服不思进取的惰性。坚持系统性、合理性、整体性哲学思考方式，以解决国家发展中的重大问题和生存环境中的主要问题为研究内容和成果标准。实践中以坚持马克思主义的唯物辩证法为主体，同时吸收和借鉴中、西方哲学世界观中有价值的整体的有机论思维的传统。中国哲学的"天人合一"自然观以及西方哲学中的有机论思维传统对"第一层级复合产业哲学——杜仲橡胶资源培育复合产业研究"都具有重要的方法论指导意义。

2. 体现马克思主义"以人为本"理念

马克思主义哲学认为，人不是世界本体论意义上的中心，但却是价值论意义上的中心，马克思主义非常关注人的生存和发展。只有坚持以马克思主义的"以人为本"理念为指导，才能深刻揭示杜仲橡胶资源培育复合产业研究的深厚的人文价值。

首先，杜仲橡胶资源培育复合产业研究是为了"人"的生存发展。第一层级复合产业哲学研究的正是"主体人"在看到了杜仲中药传统经济发展模式对人类社会和自身发展的影响后，自觉选择复合产业发展转型方式，认为只有坚持马克思主义的"以人为本"理念，才能在实践过程中看到"以人为本"的人文精神。

其次，杜仲橡胶资源培育复合产业要依靠"人"，依靠两个"人"（自然人和法人）的合力建设。以杜仲橡胶资源培育复合产业研究为例，要求正确认识"人"在杜仲橡胶资源培育中、自然界中的地位和作用。一方面，要求"人"尊重和敬畏生态资源培育产业和自然环境；另一方面，充分发挥"主体人"的资源培育和环境能量储备利用的能动性，实现对自然的改造。

最后，只有坚持马克思主义的"以人为本"的理念，才能为第一层级复合产业哲学研究探寻到本源动力。实现杜仲橡胶资源培育复合产业服务和造福于人类的目标。杜仲橡胶资源培育复合产业能够加快促进生态环境的恢复和保护，使工业、林业、农业、食品医药行业实现产业经济可持续发展，促进社会和谐，各方面的实践价值最终都将服务于人类自身的生存和发展。只有坚持马克思主义"以人为本"的理念，就会更清晰地认识到第一层级复合产业哲学的人文实践精神和促进"人"的全面发展的重要作用。

第一层级复合产业哲学的系统实践理论问题全部涉及"人"的问题，只有坚持以马克思主义的"以人为本"的世界观和方法论为指导，才能够实现对杜仲橡胶资源培育复合产业哲学研究的认识。

3. 唯物史观指导第一层级复合产业进行哲学实践

马克思非常重视实践的重要性，在今天全球经济持续危机状态下，区域面临生态资源经济体系建设任务的环境下完全需要马克思主义的实践观点的指导。马克思对自然界的理解坚持了历史进步的原则。以杜仲橡胶资源培育复合产业研究作为区域新型复合产业经济发展方式，培育生态资源经济体系体现在处理好"人与自然"之间的关系。马克思反对任何形式的抛开"人与自然"之间的历史性关系来理解自然界，认为那样是空洞的，唯物史观的基本原则也体现在马克思主义的自然观之中。第一层级复合产业哲学的研究必须坚持唯物史观原则。

我们知道，唯物史观的一系列基本概念和原理，科学揭示了社会历史发展的基本规律。没有唯物史观的基本原则，就不可能发现社会历史发展的基本规律。第一层级复合产业哲学——杜仲橡胶资源培育复合产业研究不仅要处理"人与自然"之间的关系，更要处理好"人与人（社会）"之间的·"生态环境资源培育的生产关系和生态环境能量储备的社会关系"问题。生态资源培育的生产关系是人们在杜仲橡胶资源培育中结成的"人与人之间"的关系。表面上，这种关系好像与"人与自然"之间没有什么直接关系。但是，生态资源培育的生产关系对生产力是有一定反作用的，必然对"人与自然"之间的生态资源培育和环境改善关系产生巨大影响。杜仲橡胶资源培育复合产业研究的调研、设计、规划，既要实现杜仲橡胶资源培育对"人与自然"关系的影响，其中包括为培育资源的生产力等因素做出准备，还要对包括培育生态资源的生产关系在内的社会关系进行完整的考察。

只有坚持唯物史观，才能充实第一层级复合产业哲学研究理论，实现杜仲橡胶资源培育的战略目标，实现对生态资源培育复合产业进行规划和分析，做出正确发展计划，对区域复合产业发展实践提供具有深层哲学意义的指导。

坚持唯物史观的原则对第一层级复合产业哲学进行研究，才能避免对杜仲橡胶资源培育复合产业的浅层理解，促使第一层级复合产业哲学研究实践建立在生态资源培育和培育生态环境的社会关系基础上，寻求更好地发展。坚持唯物史观，才能科学揭示第一层级复合产业哲学研究杜仲橡胶资源培育的历史地位和未来发展。唯物史观是评判杜仲橡胶资源复合产业是否符合历史发展规律的、最根本的理论依据。只有坚持唯物史观，才能够对杜仲橡胶资源培育复合产业研究的现状进行综合分析和全面评价。

第二章 第一层级复合产业的哲学思考

第一层级复合产业哲学——以杜仲橡胶资源培育复合产业为例，是我国经济发展转型期的新型产业形态的研究需要，是人类生态环境优化到一定层级的生态资源培育的重要产业工程实践活动，也是社会经济发展到一定历史阶段的哲学思考产物。第一层级复合产业是人类热爱自然进步的必然，也是经济社会发展的前进动力，迫使人类改变传统的杜仲中药产业经济发展模式的老套路，实现区域内生态自然修复、社会经济活动和人与自然和谐发展的基本需求。

杜仲橡胶资源培育历史可以追溯到 1952 年周恩来总理亲自指示青岛橡胶二厂研制杜仲橡胶的任务时期。解析第一层级复合产业哲学研究的历史、内涵、外延，以及哲学思考的精神和实质，是研究第一层级复合产业的理论基础。

第一节 战略资源的哲学思考

从杜仲橡胶产业研制发展的历史来看（见《杜仲产业绿皮书》大事记），第一层级复合产业哲学研究是对"人与自然、社会经济活动与生态环境"的冲突矛盾进行深刻反思的结果，是全球经济化时代人们对资源环境恶化，从而遵循对经济发展规律和生态规律的深刻认识的产物。从发展的角度来看，第一层级复合产业是解决转型期区域经济活动与生态资源培育和生态环境保护之间的矛盾，打破阻碍区域经济社会发展的藩篱，实现新型生态资源培育复合产业经济的可持续发展目标的必然选择。

一　杜仲橡胶资源培育发展的历史环境

人类经济活动的发展经历了原始农业经济发展模式向近代工业经济发展模式的转变过程，"人与自然"之间开始出现了"环境与发展"的两难困境。在我国50年代开始的经济发展和80年代以来改革开放30年来经济社会发展的奇迹来看，国家经济快速发展，人们生活水平不断提高，总成果大于出现的矛盾问题。目前，表现在生态资源环境"社会和人"的发展方面，出现了一系列矛盾和问题。如今，我们用理性反思经济发展模式、生态环境的历史演进、当今生态资源环境和社会发展中的矛盾和问题，对第一层级复合产业兴起的必然性认识和深入研究具有重要意义。

（一）反思杜仲资源自然进化历史

杜仲的身份来源：杜仲（Eucommia ulmoides Oliv）又名仙仲、木棉、丝棉树及玉丝皮等，是我国新型的生态资源复合产业重要资源、同时是重要的战略资源。既是我国名贵木本药用的树种，也是世界上极少数分布于亚热带和温带的优质天然橡胶树种。

杜仲在地球上只有一属一种，广泛分布于我国27个省（区、市），是国家二级保护植物。经科学研究，在第四纪冰川期来临时，地球上的动植物生命系统都相继消失，只有杜仲等少数植物存活至今，已有上亿年的历史。中国是现存杜仲的原产地，民间称为"中国神树"，科学研究者称为"活化石植物"。我国现有杜仲种植面积约为35万公顷，占世界杜仲资源总量的99%以上。

1. 杜仲是优质的天然橡胶资源

杜仲是生态资源培育中发展潜力最大的优质胶源树种。杜仲的"果、叶、皮"中均含有丰富的杜仲橡胶，其中杜仲果实内含橡胶量高达12%以上（而杜仲果皮含胶量更高达17%以上）。杜仲橡胶独特的结构与性能，可开发出三大类不同用途的橡胶材料：橡胶弹性（高弹性）材料、热塑性材料和热弹性材料。

（1）用杜仲橡胶改性的橡胶组合物具有耐磨、抗撕裂、耐腐蚀、防湿滑、滚动阻力小、节能等优点，不但能够替代普通天然橡胶，还是开发高质量和防爆轮胎的良好材料。

（2）杜仲橡胶被誉为高分子合金，具有优良的共混性、成膜性、透雷达波、可黏结性。

2. 杜仲是传统的中药材

杜仲中药材的使用，在中国已有两千多年的栽培和利用历史。是中国独有的纯天然野生的药用和食用的两用植物。

（1）杜仲树皮：名贵中药。中国第一部药书《神农本草经》和明代医圣李时珍所著《本草纲目》，都详尽记载了杜仲的药用与保健功能，称具有强筋骨、补肝肾、调节血压、久服轻身耐老等作用。杜仲无毒副作用，为中药上品，是古今誉满中外的地道药材。

（2）杜仲树叶：富含绿原酸、京尼平苷酸等活性成分，其中绿原酸含量达 5.28%。杜仲叶已被列入 2005 版中国药典。是生产中药和保健品的上佳原料，也是生产功能饲料和功能型食用菌的优质原料。

（3）杜仲树叶伴生的种仁：杜仲种仁油所含 α - 亚麻酸含量高达 67.6%，为橄榄油、核桃油、茶油中 α - 亚麻酸含量的 8 ~ 60 倍；而杜仲种仁中桃叶珊瑚苷含量高达 11.3%，是桃叶珊瑚苷含量最高的植物之一。

（4）杜仲树开的雄花：杜仲花粉是我国极其珍贵的药用花粉资源，富含大量活性成分和营养物质，其中杜仲黄酮（槲皮素）含量 3.5%，氨基酸含量达 21.88%，为松花粉内氨基酸含量的 2 倍以上。

3. 杜仲树干枝是上等的木材

杜仲树木材颜色白皙、光亮，木质坚韧、不易翘裂，纹理匀称、细致，无边材、心材之分，木材重（气干容重达 0.762g/cm3），是制造各种高档家具、农具、舟车、建筑以及加工各种工艺装饰品的上佳材料。笔者在调研实践中，发现杜仲木材在水中的湿度浸泡中，显现出赤、白、青、绿、紫、蓝、黑的彩色，十分养眼。目前市场上有杜仲材质牙签、杜仲材质筷子、杜仲材质按摩器、杜仲材质擀面杖、杜仲保健枕、杜仲药膳以及杜仲制成的各种工具手把柄和高档家具用品等。杜仲把柄具有光滑、耐用、硬中有韧、不磨泡，夏天用不易发热等优点，深受广大用户欢迎。甘肃、上海杜仲企业加工厂进行科研，将杜仲木制成沙发精品，预计每套市场售价高达 300 万元。

（二）杜仲橡胶资源与产业发展的过程

1. 杜仲橡胶资源与产业研究发展的简况

1952 年，我国面临百废待兴，橡胶产品资源的加工和应用是这个时期的重要问题，当时接受了苏联专家的建议，在青岛橡胶二厂开始生产杜仲橡胶。当时这项生产任务是作为一项绝密的军事任务经过组织下达的。由周恩来总理亲自下达给青岛橡胶二厂。之后，朱德、陈云同志曾亲自来到厂里视察生产情况。那个时期，我国有四个万亩的杜仲林场，资源比较丰富。后来，科研工作者提出了硬质胶，但是在提取弹性体时没有成功。之后 60 年来，我国科研工作者在杜仲橡胶资源产业化种植和杜仲橡胶制取技术，以及"弹性体提取"技术方面坚持技术攻关。

《杜仲产业绿皮书》指出：

1981 年年底，中国科学院化学院化学所严瑞芳副研究员在德国进修期间，首次将合成杜仲胶制成弹性体，1982 年在德国申请了发明专利，并于 1984 年获得了发明专利。

1983 年 1 月 10 日，方毅副总理在中国科学院简报 1982 年第 68 期《严瑞芳发明一种橡胶加工新硫化方法已在德国申请专利》上批示"应予大力支持"。

1992 年，针对杜仲胶生产存在的原料（杜仲叶）含胶量低，加工成本高等严重影响杜仲胶产业发展的突出问题，杜红岩从提高杜仲原料含胶量和产胶量入手，提出杜仲果园化栽培模式，并开展了卓有成效的系统研究。1998 年 12 月 10 日，杜红岩主持完成的"提高产果量和产胶量的培育方法"申报了国家发明专利。2002 年 10 月 16 日，获得国家发明专利，标志着我国杜仲高产胶栽培模式和技术取得重大突破。

1993 年严瑞芳教授应邀在美国佛罗里达召开的国际橡胶会议上做报告，引起国内外高分子学界及橡胶界的关注。随后应美国马萨诸塞大学名誉教授、美国高分子学会主任、太平洋高分子联盟主席 J. C. Salamone 邀请，在他主编的《高分子材料百科全书》上撰写"杜仲胶"专论，严教授在文中提出了以"杜仲胶材料工程学"为中心的一系列新观点，被编著者归纳为一系列新理论。这表明当时我国在杜仲胶材料科学领域的研究处于国际领先地位。

1994 年 5 月 5 日，受原国务委员陈俊生的委托，国务院副秘书长刘济民组织召开了关于杜仲资源综合开发有关问题的会议。国家计委、国家科委、国务院扶贫开发办、国家农业综合开发办的有关领导听取了农业部、中国农学会的汇报后，正式提出："杜仲的综合开发利用是贫困山区脱贫致富的支柱产业。"汇报后形成会议纪要，转发有关部委。会议决定安排资金，支持在北京办精胶示范厂，在贵州遵义、河南洛阳等地办粗胶厂，并要求各部委和地方支持这项工作。

1995 年 6 月 18 日，由杜红岩研究员主持完成的研究成果"华仲 1～5 号杜仲优良无性系选育"通过专家鉴定，1996 年荣获河南省科技进步二等奖，这是我国历史上第一批杜仲良种，填补了我国杜仲良种的空白。

1998 年 8 月 26 日，由杜红岩研究员主持研制的"杜仲雄花茶及其加工方法"申报了国家发明专利。2001 年 10 月 24 日，获得国家知识产权局授权。

2005 年，由杜红岩研究员主持完成的"杜仲高产胶良种选育与果园化栽培技术"通过国家林业局科技司组织的专家鉴定，标志着以果实利用为主的杜仲良种选育与利用进入新阶段。

2008 年 10 月，中国社会科学院学部委员、中国社会科学院哲学所所长、院文化研究中心主任李景源研究员和中国社会科学院社会发展研究中心主任孙伟平重视并着手安排组织研究杜仲橡胶及开发综合产业的国情调研工作。哲学所党委、所办公会议集体研究决定中国社会科学院社会发展研究中心副主任胡文臻特约研究员专事负责开展杜仲项目的国情调研工作。

2010 年 10 月，中国社会科学院成立了杜仲项目国情调研课题组。李景源任组长，孙伟平任常务副组长（第一副组长），胡文臻担任副组长兼办公室主任，负责具体日常工作。相关部委国家发改委胡恒洋司长、国家林业局黎云昆司长、中国林科院经济林研究开发中心副主任杜红岩研究员担任课题组副组长，成员有杜仲种植、产业开发和研究的相关院校、企业、行业协会、机构的研究人员及扶持杜仲产业的地方政府负责人。

2010 年 12 月 16 日，中国社会科学院社会发展研究中心在河南省人民政府支持下，在河南省林业厅召开了杜仲项目座谈会。探索了"国家研究机构研究—地方政府全力支持—企业规范投资建设"的合作课题项目推广机制。

2011 年 3 月，全国政协委员、中国社会科学院学部委员、中国社会科学院文化研究中心主任李景源向全国两会提案，建议运用系统思维，统筹谋划杜仲产业发展。提案被全国人大、全国政协评为优秀提案。

2011 年 3 月 27 日，中华人民共和国国家发展和改革委员会令〔2011〕第 9 号发布。形成了《产业结构调整指导目录》（2011 年本）。"天然橡胶及杜仲种植生产"作为单独一项列入鼓励类农林产业，杜仲橡胶产业已经成为我国十分重要的战略性新兴产业。

2011 年 5 月 12 日～16 日，中国社会科学院组织的杜仲国情调研重大项目赴甘肃陇南进行调研座谈。中国社会科学院社会发展研究中心、陇南市人民政府、甘肃润霖杜仲种植产业开发有限公司在陇南市举办了"中国陇南杜仲银杏种植产业开发示范园——灾后重建项目"调研座谈会。

2011 年 11 月，杜红岩研究员主持选育出的"华仲 6 号""华仲 7 号""华仲 8 号""华仲 9 号"杜仲良种通过国家林木良种审定，这是我国第一批国审杜仲良种；2012 年 12 月，"华仲 1 号""华仲 2 号""华仲 3 号""华仲 4 号""华仲 5 号"杜仲良种通过国家林木良种审定。

2012 年 6 月 25 日，由中国林业科学研究院经济林研究开发中心申报的"国家林业局杜仲工程技术研究中心"在河南省郑州市顺利通过专家评审。

2013 年 1 月 13 日，国家林业局正式批复成立"国家林业局杜仲工程技术研究中心"，依托单位为中国林业科学研究院经济林研究开发中心，参与单位有中国社会科学院社会发展研究中心、河南大学、中南林业科技大学、西北农林科技大学、山东贝隆杜仲生物工程有限公司、上海华仲檀成杜仲种植科技开发有限公司等，中心设在郑州。

2013年3月全国政协委员、中国社会科学院学部委员、中国社会科学院文化研究中心主任李景源向全国两会提案：《促进杜仲系统开发，做大做强杜仲产业》。

2013年5月，国情调研组杜仲项目组召集相关杜仲橡胶与产业开发企业专家座谈，重点讨论了杜仲橡胶培育和杜仲橡胶军民品应用问题。组长李景源和第一副组长孙伟平、副组长黎云昆指示副组长兼办公室主任胡文臻联系协调中国军事科学院、总装备部、国防大学等军队高校科研单位，邀请相关军民品应用研究专家、社会科学研究者和杜仲橡胶应用研究的专家，共同参与国情调研杜仲项目课题研究工作。

2013年6月9日～10日，国情调研杜仲项目课题组在苏州讨论了《中国杜仲橡胶资源与产业发展报告（2013）》的有关内容和章节安排。确定了《中国杜仲橡胶资源与产业发展报告（2013）》的内容。

2013年6月10日，国情调研杜仲项目组研究讨论了中国林产工业协会杜仲产业分会筹备申请的相关事宜及重要意义。

2014年3月6日，中国林产工业协会杜仲分会在北京召开第一次筹备会议。国家林业局、中国社会科学院相关专家参加。

杜仲资源培育的开发是跨学科、跨行业、跨部门的系统工程，它包容了第一、第二、第三产业，不仅可以带动杜仲产业的发展，还可以带动区域经济的发展。杜仲全树开发利用涉及橡胶工业、航空航天、国防、船舶、化工、交通、通信、电力、水利、建、医疗、体育、农林产业、畜牧水产养殖、生态建设等国民经济各部门，产业覆盖面极广。

2. 杜仲橡胶资源在我国国民经济建设中的地位与作用

大力发展杜仲橡胶资源培育产业，是解决我国天然橡胶资源匮乏的唯一途径。

橡胶是我国十分重要的战略物资，被广泛应用于工业、农业、医疗卫生及航空、军事等高科技领域。橡胶工业是我国国民经济最重要的基础产业之一。中国是世界橡胶工业大国，目前已超过美国、日本、欧盟，成为世界上最大的橡胶消费国，也是世界上最大的轮胎供应国。2002～2012年橡胶消费量连续11年居世界第一。

长期以来天然橡胶材料依赖进口的局面日趋严重，已成为影响中国橡胶工业健康发展的瓶颈。由于三叶橡胶（普通天然橡胶）属热带植物，主要产地在东南亚，在我国适生区域很窄，仅能在海南岛和西双版纳等地栽培，产能已达极限。据中国橡胶工业协会统计，2011年我国天然橡胶产量72万吨，创历史新高，但是进口天然橡胶数量仍达281万吨，我国对国外天然橡胶的依存度高达80%。每年仅进口天然橡胶就需要花费约60亿美元。原材料对进口的依赖导致价格暴涨暴跌，严重影响我国橡胶工业健康、稳定地发展。天然橡胶资源成了我国橡胶工业发展最主要的制约因素之一。在我国橡胶工业快速发展的今天，开发第二胶源已迫在眉睫。

杜仲果皮、树皮、树叶等部位均含有丰富的天然橡胶，其中杜仲果实的杜仲橡胶含量达12%（果皮含胶率高达17%），是世界上十分珍贵的优质天然橡胶资源。我国杜仲栽培面积占世界杜仲种植总面积的99%以上，具有独特的资源优势。

杜仲在第三纪晚期以前曾广泛分布于欧亚大陆。第四纪冰期的来临，使杜仲在欧洲和其他地区相继消失，由于我国中部复杂地形对冰川的阻挡，成为世界上杜仲的唯一栖息地。因此，现存于我国的杜仲是地质史上残留下来的孑遗植物，也是国家二级保护植物。经历第四纪冰川期考验的杜仲具有极强的适应性，自然分布在我国亚热带长江流域和暖温带黄河流域。杜仲在我国许多地区均引种成功，北至吉林，西达新疆南部，南至广西、广东、福建。目前除海南、台湾、黑龙江省、内蒙古和西藏自治区以外，我国27个省（区、市）均有种植，其发展潜力巨大。

发展杜仲天然橡胶产业，是提高天然橡胶产品质量的有效措施。

杜仲天然橡胶（杜仲橡胶）在国际上习惯称古塔波胶（Gutta-Percha）或巴拉塔胶，是普通天然橡胶的同分异构体，化学结构为反式－聚异戊二烯（C5H8）n，是一种具有特殊属性的天然高分子材料。

1984年，中国科学院化学研究所严瑞芳研究员"反式－聚异戊二烯硫化橡胶的制法"技术问世，标志着杜仲橡胶的研究与开发进入了一个新纪元。在此后的研究中，严瑞芳等围绕杜仲橡胶这一高分子材料进行了一系列基础与应用开发研究，取得了重大进展。杜仲橡胶具有低温可塑、形状记忆、透雷达波、耐磨、耐腐蚀、减振、隔音等多种特性，把与相关材料的共混、集成、改性等多种功能集于一身。针对杜仲橡胶硫化过程临界转变及受交联度控制三个阶段，开发出三大类不同用途的材料：热塑性材料、热弹性材料和橡胶弹性（高弹性）材料。杜仲橡胶作为热塑性材料具有低温可塑加工性，可开发具有医疗、保健、康复等多用途的人体医用功能材料；作为热弹性材料具有形状记忆功能，还具有储能、吸能、换能特性等，可开发多种新功能材料；作为橡胶弹性材料具有寿命长、防湿滑、滚动阻力小等优点，是开发高性能绿色轮胎的绝佳材料。这些特性的发现赋予杜仲橡胶独有的、其他任何一种高分子材料所不具备的"橡－塑二重性"，谱写了高分子材料科学在橡胶、塑料领域的新篇章，并把对杜仲橡胶材料的认识提高到材料工程学的理论高度。

杜仲橡胶三大类不同用途材料应用领域十分广阔。它的应用将解决传统材料长期无法解决的诸多难题。特别是杜仲橡胶高弹性材料用于轮胎的开发，将顺应国际上以反式胶为主发展长寿命、安全、节能的"绿色轮胎"的趋势，不仅可为我国提供新的、来源充足的后备胶种，改变我国因天然橡胶资源贫乏而长期依赖进口的局面，而且还将改变国际天然橡胶资源分布的格局。

发展杜仲产业，能够有效提高国民身体素质和健康水平。

杜仲是我国特有的名贵药材树种，也是我国传统的出口创汇商品之一。杜仲自古以取皮入药而著称，具有强筋骨、补肝肾、久服轻身耐老等作用，为中药上品。中国林业科学院经济林研究中心和河南大学药学院近年来开展合作研究。大量研究证明：杜仲皮、叶、果、雄花内均含有绿原酸、桃叶珊瑚苷、京尼平苷酸、松脂醇二葡萄糖苷、多糖、氨基酸以及 Zn、Mn、Cu、Fe、Ca、P、B、Mg、K 等多种矿质元素，其中杜仲叶绿原酸含量达 2.5% ~ 5.3%。杜仲花粉是我国极其珍贵的药用花粉资源，富含大量活性成分和营养成分，其中杜仲黄酮（槲皮素）含量达 3.5%，氨基酸含量达 21.88%，为松花粉氨基酸含量的 2 倍以上。而杜仲种仁中桃叶珊瑚苷含量高达 11.3%。杜仲油中高活性 α - 亚麻酸含量达 67.6%，为橄榄油、核桃油、茶油 α - 亚麻酸含量的 8～60 倍。

药理研究表明，杜仲 α - 亚麻酸油、桃叶珊瑚苷、绿原酸、京尼平苷（酸）、松脂醇二葡萄糖苷、杜仲黄酮（槲皮素）、杜仲提取物等都具有十分重要的生理（药理）活性。杜仲亚麻酸油在降血脂、降血压，抑制血栓性疾病、预防心肌梗死和脑梗死，保护视力、增强智力，抑制癌症的发生和转移，促胰岛素分泌、延长降糖效果等方面具有十分显著的疗效。松脂醇二葡萄糖苷为杜仲皮主要降压成分。京尼平苷酸具有预防性功能低下、增强记忆功能、抗癌、抗氧化（抗衰老）、泻下、促进胆汁分泌及降压作用。京尼平苷具有抗肿瘤活性，并具有抗补体性；桃叶珊瑚苷对革兰氏阴性菌和阳性菌均有抑制作用，具有较强的镇痛、抗菌消炎、抗病毒作用，对修复肝细胞和治疗肝损伤具有良好效果。绿原酸抗菌作用较强，具有利胆、降压、抗菌、消炎、止血、抗氧化及升高白细胞的作用。杜仲黄酮（槲皮素）具有降血压、对恶性肿瘤具有预防及治疗等多种作用，并且无毒副作用。

杜仲除了传统药用外，还是开发多种功能食品的优质原料。目前已开发的主要品种有：杜仲雄花茶、杜仲雄花茶饮料、杜仲叶茶、杜仲 α - 亚麻酸软胶囊、杜仲晶、杜仲冲剂、杜仲口服液、杜仲雄花酒、杜仲雄花干红、杜仲纯粉、杜仲酱油、杜仲醋、杜仲可乐、杜仲咖啡、杜仲面粉、杜仲米粉、杜仲香菇、杜仲木耳等。

另外，杜仲叶还是重要的畜禽功能饲料资源。杜仲叶饲料喂养动物，能够明显改善畜禽和水产品的肉质和风味。研究表明，鱼、牛、羊、鸡、猪喂养杜仲叶功能饲料，可增加体内胶原蛋白含量，其肉质得到明显改善；可使鸡蛋内胆固醇含量降低 10%～25%。杜仲叶饲料还可提高动物免疫功能，减少或避免抗生素等对人体的副作用和危害。

因此，大力发展杜仲产业，在促进民族工业发展的同时，能够有效提高国民的身体素质和健康水平。

发展杜仲橡胶产业，能够优化林业产业结构，促进林业三大效益有机结合。

杜仲具有耐寒、抗旱、耐贫瘠、适生范围广的特点，是区域选择绿化荒山、保持水土的优良树种。我国由南到北适应杜仲生长的地域十分广阔，可用于种植杜仲的土地达 1000 万公顷以上，发展潜力巨大。杜仲资源产业不仅能够直接为当地的林农带来可观的经济收入，还具有良好的生态资源建设和维护功能。笔者在完成本书稿时，恰逢国务院军队转业干部办公室推荐自主择业军官优先选择杜仲项目进行创业。安徽省金寨县积极支持百利企业开发 10 万亩杜仲苗木基地。目前杜仲已成为许多地区特别是生态脆弱地区农村产业结构调整的首选。杜仲种植业的发展能带动许多林产品加工企业，解决返乡农民工就业问题，缓解我国部分城镇就业压力，可谓经济效益、生态效益和社会效益三大效益兼备。既能促进农村经济发展，提高农民收入，维护社会稳定，又能绿化荒山、保持水土、促进生态脆弱区的植被恢复，显著改善农村生态和人居环境。尤其在目前我国耕地面积日趋减少的情况下，扩大杜仲种植规模，能够充分利用土地资源，促进国土绿化，有效改善中西部生态环境，实现经济效益、社会效益和生态效益的有机结合。

大力发展杜仲产业，不仅可以改变我国天然橡胶 80% 依靠进口的局面，而且可以发挥杜仲在造林绿化、医疗保健等方面的作用，对于加快国土绿化进程、促进农民就业增收具有重要意义。

二　市场对杜仲资源的需求

1. 橡胶是我国经济生活、国防建设中的重要的战略物资，橡胶工业是我国国民经济和新型生态资源经济最重要的基础产业之一。中国是世界橡胶工业消费大国，目前已超过美国、日本、欧盟，成为世界上最大的橡胶消费国，也是世界上最大的轮胎供应国之一。据中国橡胶工业协会统计，2011 年橡胶实际消费量达 690 万吨，其中天然橡胶 358 万吨，连续 10 年居世界第一；2011 年中国国内轮胎总产量达 4.56 亿条，居世界第一；2011 年橡胶制品业工业总产值约 4800 亿元。

长期以来天然橡胶材料十分紧缺、严重依赖进口，制约着中国橡胶工业的健康发展。由于三叶橡胶（普通天然橡胶）属热带植物，主要产地在东南亚，我国海南岛和西双版纳等地适宜栽培，适生区面积非常少，产能已达极限。据中国橡胶工业协会统计，2011 年我国天然橡胶产量72 万吨，创历史新高，但是进口天然橡胶数量仍达281 万吨，我国对国外天然橡胶的依存度高达80% 左右。每年仅进口天然橡胶就需要花费约60 亿美元。原材料对进口的依赖导致价格暴涨暴跌，严重影响橡胶企业经济效益和我国橡胶工业健康、稳定地发展。天然橡胶资源成了我国橡胶工业发展最主要的制约因素。

杜仲橡胶的高弹性体独具的"橡胶—塑料双重特性"和形状记忆等特殊功能，通过提胶、硫化改性及深度加工，可开发出一系列覆盖塑料、橡胶领域的新型功能材料，并可带动一大批以这些材料为基础的新产业，广泛应用于航空航天、军工、交通、通信、医疗、电力、国防、水利、建筑和人们日常生活中，产业化前景十分广阔。

国家林业局杜仲工程技术研究中心与上海华仲檀成公司合作研究生物提取杜仲橡胶技术；甘肃润霖杜仲产业开发有限公司投资建设杜仲系列食品、饮料生产线，国家林业局杜仲工程技术中心技术支持加工杜仲木耳、香菇、酱类产品，加工杜仲饲料，与兰州大学合作研究生物提取杜仲橡胶技术。这些项目的开展推动了区域生态资源经济建设。

2. 杜仲药品、保健品市场需求量大。据联合国卫生组织调查，2001 年以来我国成人高血压的发病率达20% 以上，高血脂的发病率达30% 以上，患者以每年5% 的速度增加，且有年轻化的趋势，15 岁以上高血压患者达2 亿人。高血压、高血脂已居国内大中型城市慢性病患病率的首位（其中北京市2012 年15 岁及以上居民高血压患病率约25%，排在全国第一位），这严重威胁我国居民的身体健康；西药治疗高血压、高血脂的副作用显而易见，开发纯天然中药产品，快速发展中药产业已迫在眉睫；降脂、降压效果明显，无毒副作用的杜仲亚麻酸油等产品的产业化开发是发展我国民族中药产业，提高国民健康水平的根本途径，市场容量巨大；我国杜仲药品和保健品产业化开发尚处于起步阶段，各项技术均需要快速提高和完善。

3. 杜仲功能饲料及其产品市场需求量大。杜红岩研究员提供的杜仲功能饲料的作用效果，可以根据中国农业科学院畜牧研究所测定的结果加以确定。

（1）杜仲叶粉粗蛋白质含量平均为 11.60%，高于玉米、高粱、稻谷籽实（一般为 7%～9%）；其粗脂肪平均含量达 7.96%，比所有普通谷物籽实的含量（一般为 2%～4%）都高；杜仲叶还含有丰富的钙（平均含量为 1.73%）、维生素、氨基酸等营养物质，能够满足动物生长大部分营养素的需求。

（2）杜仲功能饲料在我国拥有巨大的潜在市场。以杜仲树叶为主要原料生产的杜仲功能饲料已逐步应用到家畜家禽喂养中，并且取得了良好的效果。国内杜仲叶功能饲料喂养结果表明，鸡蛋内胆固醇含量可降低 10%～25%，明显改善鸡、猪、牛等畜禽肉质，还可提高动物免疫功能，减少抗生素等对人体的危害和副作用。

目前国内杜仲猪肉市场价每公斤 72～80 元，为普通猪肉的 2～3 倍；杜仲鸡蛋销售价更高达每公斤 60～70 元，高出普通鸡蛋 6～8 倍。杜仲畜禽功能产品市场供不应求，杜仲功能饲料是将来杜仲叶最重要的利用途径之一。

目前我国年出栏生猪约 6 亿多头，按每头出栏生猪消耗饲料 250 公斤计算，年需饲料粮 1.5 亿吨，如按每吨生猪饲料添加 2%～3% 的杜仲树叶计算，年需杜仲树叶 300～450 万吨。如果进一步在鸡、鸭等禽类养殖中推广应用杜仲饲料，其市场发展空间巨大，可扩展出新型杜仲饲料产业链。

4. 杜仲功能型食用菌市场需求量大。开发杜仲功能型食用菌产品。以杜仲树叶、杜仲树枝桠材等为主要原料生产杜仲新型食用菌。包括杜仲香菇、杜仲木耳、杜仲猴头菌、杜仲灵芝等。通过中国林业科学院经济林研究中心研究成果看，杜仲功能型食用菌不仅口感好，还含有多种杜仲活性成分。据科学测定，杜仲香菇等功能型食用菌中含有绿原酸、京尼平苷酸等杜仲活性成分。部分地区杜仲香菇一面世，就受到消费者的普遍欢迎，市场零售价比普通香菇高出 1～2 倍。杜仲功能型食用菌不仅能够有效利用杜仲叶及枝桠材等剩余物资源，更重要的是向人们提供了一种新型健康食品。

调研中了解到，适宜杜仲种植的区域内政府、企业通过科学合理的规划，杜仲橡胶资源培育产业在未来数十年将会形成一个 4500～6500 亿元的巨大市场经济体系，同时可以提供巨大的劳动力就业空间。按照 300 万公顷的发展规模，仅杜仲资源培育就能够提供 450 万个就业岗位，杜仲橡胶工业化生产能够提供 120 万个就业岗位，可有效推进我国城镇化建设和缓解就业的难题。

比如，产生新的就业岗位，包括：（1）杜仲资源的培育，包括杜仲种苗培育、种植、抚育管理以及果实、叶、皮的采摘、收集处理和运输等；（2）杜仲天然橡胶提取加工技术的研究与工业化生产；（3）杜仲橡胶在高性能轮胎、力车胎、输送带及胶鞋等领域的研发及应用；（4）杜仲橡胶在航空航天、军工、高速铁路等领域产品的研发与产业化，如高铁减震材料、军事保密材料、雷达密封材料等的研发、生产及销售，各种特殊橡胶制品的开发、生产及销售等；（5）杜仲医药、保健品及食品的产品开发、生产及销售；（6）杜仲功能饲料加工、畜禽养殖及产业化开发；（7）杜仲功能型食用菌产品研发与产业化开发；（8）杜仲木材加工及产品研发与产业化；（9）杜仲生态及文化旅游产业；（10）杜仲林经济产业；（11）杜仲资源及产品物流业和进出口贸易领域；等等。

可以看出，生态资源经济体系建设杜仲复合产业在国民经济和社会发展中具有十分重要的经济地位和积极的市场作用。

三 杜仲橡胶资源培育复合产业发展模式

杜仲橡胶资源培育复合产业发展模式是中国经济转型期的新型生态资源经济体系的必然发展趋势。

第一层级复合产业模式是继人类社会经济发展的"农业经济模式"、近代工业革命以后的"线型经济模式"以及"末端治理模式"三个阶段演化进步为新型"生态资源经济体系"发展模式。

从哲学思考来看，任何经济发展模式的推进和区域经济发展的历史都反映了"人与自然"长期形成的相互作用状态下不断演进的历史。我们知道，在早期的农业经济发展模式下形成了"人与自然"的"原始统一"环境自然结构生存状态。在工业革命以后，形成了"线型经济模式"的经济逐利结构以及"末端治理模式"的经济修复结构，直接造成了"人与自然"在生存环境过程中智斗的"对立冲突"的利益结构状态。杜仲橡胶资源培育复合产业发展模式，是在研究上述模式后，力图构建的新型"人与自然"的"和谐统一"的生态资源经济体系的生存环境结构状态。

本书从哲学研究的思考角度，将工业革命以后造成的"人与自然"对立冲突环境中的"线型经济模式"和"末端治理模式"定义为"环境冲突经济发展"模式。本书是从"环境冲突经济发展"模式造成的逐利的灾害危机中，解析出培育可持续的生态资源经济体系环境建设过程中的新型的"第一层级复合产业"发展模式。

1. 第一层级复合产业模式是人类在反思中推进的

我们来看，人类进行经济活动的过程，基础是生命的繁育发展进程。无论是早期原始农业社会经济发展形态，还是近现代社会经济发展形态，历史进程中的每一个环节都形成了特定的"人与自然"的生态环境关系，人们在一定的活动规律基础上认识了生存环境的状态。人们丰富多采的生存实践活动自古代农业社会延续发展到现代社会，活动的最大变化是技术手段由基础的低级发展到高科技手段。同时反映了人类活动关系在生命周期内进行的探索发现结果是"人与自然"的关系由原始的生存竞争环境阶段发展到现代的综合经济实力的较量时期。人类发展由原始概念起步，逐步到可上"九天揽月"。因此，人对自然界由畏惧心理发展到敬重大自然、进行合理的科学利用活动，这是基于人类的进步发展出发的。卡·马克思和弗·恩格斯在《德意志意识形态》（节选）中指出："全部人类历史的第一个前提无疑是有生命的个人的存在。因此，第一个需要确认的事实就是这些个人的肉体组织以及由此产生的个人对其他自然的关系。当然，我们在这里既不能深入研究人们自身的生理特性，也不能深入研究人们所处的各种自然条件——地质条件、山岳水文地理条件、气候条件以及其他条件。任何历史记载都应当从这些自然基础以及它们在历史进程中由于人们的活动而发生的变更出发"。①

我们认为，原始生存环境中的"人与人"的关系是人类社会的延续过程，是完全原始的表现出的血缘关系。人类对于自然界的认识是人类探索生存进步的实践过程。众所周知，人类因为生存的需要，逐渐在区域内利用自然和进化经验以栽培作物和驯养动物取代采集和渔猎，出现了早期的生存劳动过程即原始农业和原始牧业。当时人类生产活动受到生存环境和进步工具的限制，所产生的废弃物料和自然的排泄物对于生存环境的污染意识完全处于原始状态。人类进入有阶级概念的社会环境时代，即铁器工具的出现及其大范围的应用和推广，提高了区域生产力水平，超越了原始社会，实现了农业进步。笔者赞同一些学者的观点，一些人为的利益，催生了局部范围内的权威性经济霸权，有限地破坏了自然生态环境和生态原有的分布状态。"生存与原始利益"争斗的经济模式在一定区域出现。争斗经济模式在原始自然经济环境条件下，没有经济环境与利益关系的显著特征。自然支配着人类的基本的简单的生活，甚至某种程度上主宰着人类的生存命运，笔者认为，原始生存环境中的"人类与环境"的关系是完全处于原始自我生存实验的状态。

世界经济发展，或者说世界人类与自然的生存环境中，少数发展型的资本主义工场手工业的发展，是18世纪中叶英、美、法、德等国先后发生和进行产业革命的基础，产业革命的代表就是建立起了以"蒸汽为动力"和以"煤为主要能源"的近代社会大机器工业体系。

动力和能源是大机器生产时代的支柱。

首先，大机器生产时代给人类生存环境带来了新的市场，在社会化初级市场机制内，人们由木材燃料向化石燃料的转型中体会到革命的意义，科学家和研究者的、原始的、积极的因素全部参与人类改造自然的行为里，在人类初级经济社会格局中产生了新的生存环境和经济生活。

其次，大机器生产时代的来临，在区域环境中建立起了一种"单向流动的线型经济"模式。大家知道，其基本特征是"资源→产品→废弃

---

① 张彦修、李江凌：《新编马克思主义原著选读》，中央编译出版社，2012，第9页。

物"的单向式流程。在这种以单向式流程为基本特征，以区域争斗经济为基本模型的"线性经济"中，人类的原始劳动依然存在，表现在无规划的大量开采和消耗资源行为中，之后以简单的、不加任何处理的方式向自然界排放这些废弃物。在原始冲突式的争斗经济环境中，区域生态环境中很多不可再生资源面临耗竭的危险，造成了局部的和日益严重的环境污染，这种无序的没有科学布局的争斗经济模式在区域争斗中，毫不留情的打破了"人类与环境"之间的原始生态和自然相处的关系。

破坏环境的简单线性经济演进至 19 世纪末，所表现的直接后果是"公共危害环境"事件。英、美等国家是完成产业革命较早的国家，同时，先后发生了"公害"事件，对人们的生命和财产造成了较大的危害。大家知道，在 20 世纪 40 年代以后，由于现代大工业的快速发展，机器大工业生产向自然界中所排放的废物，不论在种类和数量上，还是在对环境污染的范围和程度及其所造成的危害上，都在极其迅速地扩大和增长着。

卡·马克思和弗·恩格斯在《共产党宣言》（节选）中指出："以前那种封建的或行会的工业经营方式已经不能满足随着新市场的出现而增加的需求了。工场手工业代替了这种经营方式。行会师傅被工业的中间等级排挤掉了；各种行业组织之间的分工随着各个作坊内部分工的出现而消失了。但是，市场总是在扩大，需求总是在增加。甚至工场手工业也不再能满足需要了。于是，蒸汽和机器引起了工业生产的革命。现代大工业代替了工场手工业；工业中的百万富翁、一支一支产业大军的首领、现代资产者，代替了工业的中间等级。①

生态资源环境问题是世界范围内面临的共同保护、修复、培育的问题。环境污染问题的日益加剧就是一场传染病，世界人类生存的范围里几乎全部存在环境污染问题。从 20 世纪 60 年代开始，简单线性经济的危害程度，很多人并不知道，甚至很多研究者也是一知半解，如何反思传统工业生产方式的局限性，是生态环境专家面临的重要课题。

在人们和学者反思的时候，简单线性经济模式的推进，使得生产技术

---

① 张彦修、李江凌：《新编马克思主义原著选读》，中央编译出版社，2012，第 29 页。

的进步因市场生存环境的需要，而简单线型经济发展模式自然发展到了"生产过程末端治理"模式。其市场环境中的基本特征是"先污染，后治理"，也就是强调在生产过程的末端采取污染治理措施。

"生产过程末端治理"模式是一些生产者和经济发展研究者被动采取的治理方法。是建立在生态环境代价基础上的资源再消耗。措施和方案虽然能够在一定区域里和一定程度上带来生态环境的改善，经过多年来生态环境灾难或公害事件以及垃圾处理问题等，证明该模式的成本大而没有实质效果。对"生产过程末端治理"模式，笔者认为，这是经济社会发展过程中"人与自然"冲突争斗的最后一场较量，是人类希望自然生态环境再次惠及人类的幻想。改变这种治理模式就必须从经济社会发展中彻底脱离"经济发展与生态自然环境"系统的单一的线性实验结构关系，必须坚决地毫不留情地彻底打破这种"环境冲突经济发展"模式。

2. 打破"环境冲突经济发展"模式，必须解决"环境"与"经济"的矛盾

"环境冲突经济发展"模式制造了不均衡的经济形态，造成了环境污染与经济发展之间的矛盾。首先来看该模式下的社会经济活动对物质资源的索取和废物排放，大大超出了生态环境系统的资源供给平衡能力和环境自我修复能力。暴露了"人与自然"的矛盾日趋尖锐。其次来看这一模式完全忽视生态环境生存形态下的社会经济结构内部以及各产业之间的有机联系和共生的关系，完全忽视了常态发展中生态环境下的社会经济系统与生态环境中的自然生态系统之间的生存市场、资源物质、交换能量和物流信息的传递、迁移、循环发展等生态修复规律，形成了脱离实际的单一的矛盾体型的"环境冲突经济发展"模式。

解析"环境冲突经济发展"模式及导致"环境"与"经济"之间的矛盾，笔者认为，社会经济需要建立市场发展的生态环境，就必须彻底解决市场中出现的各种矛盾。

首先，来看生态资源的市场消耗持续上升与生态环境资源减少之间的矛盾。经济学中惯用的将"自然资本"视为取之不尽的资源，理由是："人造资本"。石油开采是无穷尽的资源，我们缺少的是勘探器。煤炭资源可以大量开采，认为地下资源非常丰富。这种对资源的无知是最大的犯罪，是造成环境冲突和经济矛盾的元凶。大家都知道，资源在数量上是极其有限的，不可再生资源的减少就意味着该资源在生态系统中的完全消失。任何经济运行中，成套设备机器节约了大量人工劳动力，劳动生产率有了大幅提高，但是满足人类社会需要的生态自然资源已经成为全球环境中最稀缺的生产要素，制约生产的根本要素永远是生态资源容量的减少。经济的发展需要资源，生态资源的消耗总量在市场需求中不断上升。简单来看，就是区域经济或者国家经济较快上升，人们生存环境中的物质消费相对下降。如果用任何一个区域小镇的经济环境和市场供需来看，在大区域环境影响下，区域生活用品中，经济增长与物质消费重新同向发展，区域经济增长，物质消费量也增长，这里指标中表现的是经济关系常用的"生产单位 GDP 物质消费下降的速度，赶不上 GDP 总量上升的速度，就必然加剧资源消耗的总量"。通常说，技术是人类消费物质的基本手段，技术进步的净值结果是催生人类的消费能力和规模。笔者同意有关学者的研究，认为人类物质消费总量的上升是绝对的，区域内的技术的进步和经济发展生产效率的提高并不能从根本上解决生态资源的市场消耗持续上升与生态环境资源迅速减少之间的矛盾。

其次，来看人类生存环境容量的减少和生态资源环境价值之间的矛盾。人类生存环境容量减少和生态资源环境价值之间的矛盾，是人类生存环境容量的减少并不是生态资源环境价值的体现，生态资源环境价值的作用力在于提高储备生态环境资源容量，以生态环境资源储备力量催生生态资源生产效率的提高。笔者就"第一层级复合产业哲学—以培育杜仲橡胶资源复合产业为例"指出：复合产业经济是可持续发展的经济增长方式，但是这种培育型（生产效率）的增长模式是建立在生态效益（生态效率）经济行为基础上的。也就是我们通常所说："生态效率"要求的是单位产出所消耗的一定的资源量，而"生产效率"统计的是单位产出所消耗的一定的劳动量。

"环境冲突经济发展"模式中，无论区域环境，还是总体环境，生态效率是非常低下的，必然导致环境的污染。我们知道，自然生态环境所能够容纳的废弃和污染物是有最高数量界限的，也就是受生态平衡调节的"生态阈值"，如果超出了这个数量的顶级界限，自然界生态系统的平衡就会受到一定的破坏。由此来看"环境冲突经济发展"模式完全破坏了"生态阈值"的存在环境。所以说，强调生产效率，就减少生态资源环境价值。忽视生态效率，人类生存环境容量就减少。结果是在促进区域或整体经济发展中，也就造成了巨大的环境污染。

最后，来看经济活动的物质运行与自然界物质运行规律之间的矛盾。经济活动中的物质运行是在自然界的生物质量的进化中实现的最基本生存活动需求过程和最本质的记忆特征。其特征在社会经济的初级发展中，有人类在工具的使用中积累的经验并在实践中完善了与生态自然环境的各种结构。我们分析，经济活动推进的工业革命，线型经济发展设计、过程、应用模式尝试改变生态环境，自然违背了具有共同生命特征的"经济系统与生态系统"生命生存之间的规律，其活动范围和活动方式完全是"深挖开发、低燃利用、高污排放、简单快餐、白色污染、短期效应、低劣竞争"的有害生存生命系统的特征。"环境冲突经济发展"模式中一切活动根本没有实现自然资源的循环再利用，也没有实现人类需要的生存环境的消费与修复。经济活动的物质运行与自然界物质运行规律之间的主导者人类，无法解决生存环境中的"生产力活动关系的各类匠人、新型生存概念的消费者、利益分配集团和跨区域的投机趋利的商队（奸商）之间的矛盾，自然导致"区域社会经济活动消费与区域自然资源生存环境"完全发生了生命之源被污染致病的问题。

同时，我们看到"环境冲突经济发展"模式对"社会和人"的进步发展产生了不利于生存的消极影响。

"环境冲突经济发展"模式内包含"生态环境与经济活动"屏障困境和发展矛盾，造成了生态危机和经济发展的障碍，关键是直接造成了对"社会和人类"自身发展的负面影响。

这表现在以下方面。

1. "环境冲突经济发展"模式直接造成对社会发展的消极影响。"环境冲突经济发展"模式是与追求区域集团的利润和财富相辅相成的，社会财富的增加和自然资源消耗是同步产生的。举例说，一些个体或利益群体为了谋取利益，在取得合法执照和加工环节中制造产品和废弃物，即生产和消费过程中过多地排放或丢弃污染物，直接造成区域环境的污染和污染经济产生，环境与生产经济的矛盾瞬间积聚，其公害结果直接侵犯区域内人们的健康和生存环境，群体之间的矛盾由此引发。

2. "保护环境与经济开发"矛盾直接波及没有污染防治措施的城市和乡村环境，导致所谓的城乡二元环境矛盾积聚出现。笔者在基层工作时间较长，了解到，区域污染防治资金几乎全部投到工业和城市，生态环境最需要的农村环保培育和建设无人问津。直接的公害行为是农民的生存权利受到严重威胁，形成潜在的社会不稳定因素。比如，各类采矿作业就是典型的这类经济结构矛盾纠纷的主要来源。"环境冲突经济发展"模式下，区域环境中的地方政府和企业以经济利益利润为追求目标。为了个体和集团利益，商品生产者和经营者以环境与经济为代价，刺激人们对物质生活的追求，鼓励人们高消费。其结果：受经济活动的异化的社会生活方式又迎合了生产环境无限扩大的逐利趋势；被滥用了的科学技术加速了生产环境无限扩大趋势；生存环境中的市场调节功能被经济活动的利益驱使，诸如产品、文化、娱乐等助推逐利趋势的发展，在市场环境需要的价值规律作用下，生产环境变态地无限扩大了这种趋势。这就是利益驱动下的"生态环境与经济活动"矛盾关系，也是社会经济环境中不稳定、不和谐因素的温床。

3. "环境冲突经济发展"模式对环境中的"人"的发展也造成了伤害。

我们知道，"环境冲突经济发展"模式对经济社会发展造成了负面的影响，必然对"人"的发展造成障碍，这是恶劣的生态环境造成直接的负面影响。马克思对"人与自然"之间的关系问题的研究，不仅承认"人对自然"的依赖性，而且承认"人对自然"的积极改造作用。社会经济环境中，由于人类实践能力发展，人类在生态环境与经济活动中，调整了向"广泛维度和深入维度"两向结构的自然发展态势，这种深刻、广泛地人化发展方式是符合马克思的观点的。马克思认为人的"类本质"

的实现必须以正确处理好人与自然之间的关系和谐为前提，处理不好人与自然之间的关系必然导致自然的"反人化"。

生态环境与经济活动的内在矛盾，"环境冲突经济发展"模式造成的严重的生态破坏。人们享受的社会文明除了制度健康之外，根本目的是实现大众优质的生存条件。但是，现实中，良好的生态环境和自然条件变成了被污染的环境，"鄙俗的贪欲是文明时代从它存在的第一日起直至今日的起推动作用的灵魂；财富，财富，第三还是财富——不是社会的财富，而是这个微不足道的单个的个人的财富，这就是文明时代唯一的、具有决定意义的目的。如果说在文明时代的怀抱中科学曾经日益发展，艺术高度繁荣的时期一再出现，那也不过是因为现代的一切积聚财富的成就不这样就不可能获得罢了"。①

解析得出，任何区域的"生态环境与经济活动"之间的困境冲突及其反映出的对"生态环境、社会和人的发展"的现实矛盾，其根本的原因在于"环境冲突经济发展"模式的非科学设计造成，其根本目的是积累财富。应当看到，人类科学技术的不断进步和生产力水平的不断提高，生态资源环境面临的现代自然科学进步和现代工业技术手段改善了生态资源环境，基本结束了人们在"环境冲突经济发展"模式中的破坏行为。这是在"人与自然"的长期发展过程中的进步。有学者提到类似"人定胜天"的实践活动的结果，这是社会发展到一定程度的产物，是以单方面强调对自然的征服和改造，而忽视了对生态资源环境的保护，实际是又从新的经济活动关系中造成了"生态环境、社会经济及人类自身"发展的人与环境的矛盾。

对"生态环境、社会经济和人类自身"发展中的现实矛盾和困境的生成也有社会经济发展中制度缺陷的因素。现实生态环境与经济活动关系中的制度实践成功与否，需要在新型生态资源经济活动实践中进行验证。但是，我们有必要在经济活动中更加清晰地总结资本主义时代的危

---

① 《马克思恩格斯列宁哲学经典著作导读》，人民出版社，2012，《家庭、私有制和国家的起源（节选）》，第 345 页。

害。众所周知，资本主义生产关系中"资本增值"的逻辑是无节制的利润追求，资本与科学技术的结合，使得人们更加疯狂地从生态环境中去发现探索、占有利用、征服统治自然，企图使自然界成为服从于人类无穷欲望的奴隶，这就彻底改变了"人类与自然"的环境生存关系，并导致出现社会经济活动和"人的发展"中的障碍和对生态环境的严重破坏。

四　走出环境冲突困境需要新的培育模式

分析杜仲橡胶资源功能以满足人们需求的过程，可以看出杜仲树中药型的传统经济发展模式中存在的阻碍因素：一是杜仲树的传统中药应用内包含"杜仲制药保护开发和杜仲橡胶产业经济"发展之间的两种产业结构的调整困境。两个困境是自然的结果，也是历史发展的过程，随着社会进步，新型生态资源产业地位越来越重要，沿用杜仲中药的发展思路必然造成"人与自然"之间新的资源浪费。二是杜仲树皮的制药功能和中药作用带有传统经济发展的固定结构认识，造成对"社会和人"的发展的消极影响。如果不改变杜仲树皮制药发展的旧思维，就无法实现新型杜仲橡胶资源培育的社会经济发展的战略意义，也就无法实现区域生态资源经济活动过程中"人"与"自然"和谐全面而健康的发展目标。要彻底解决这两个困境，就必须调整发展框架，积极探索新的生态资源培育发展道路。

1. 走出"杜仲制药保护开发和杜仲橡胶产业经济"两难困境，唯一对策是培育可持续发展的生态杜仲橡胶资源复合产业

杜仲树皮制药经济发展所表现的"杜仲制药保护开发和杜仲橡胶产业经济"之间的矛盾，在今天来看，主要表现在两个方面。

一方面看，杜仲树皮制药经济在我国具有千年历史，在"人与自然"的历史发展中，杜仲树制药性质及资源利用率低下，没有显现出总体效益。杜仲资源在我国的种植面积较大，约占96%以上，但大部分是野生，品质不高，因地理、气候，时空分布不均，人均占有量很少。我国杜仲资源利用率与国际先进水平比较（与日本相比）较低。亩产杜仲产品的产出效益低，亩产杜仲资源消耗比较高（除开发杜仲茶之外，无其他成功的产品）。区域杜仲产业开发管理依然属于粗放型增长的管理方式，没有实现经济的转变，面对区域和国内外经济快速发展现状，从事杜仲产业开发研究的单位企业所付出的资源消耗和环境失衡的代价相当大。

另一方面看，改革开放以来的 30 多年间，我国各个行业保持了持续的高速增长，众所周知，我国发展的奇迹，是在"资源稀缺和生产效率低下"的条件下实现的。如果这种情况长期持续下去，将导致"自然环境与社会经济"之间两难困境矛盾的加剧，区域生态资源培育和总体经济的持续快速发展将导致生态环境的进一步恶化，而生态环境的不断恶化将会进一步导致社会经济持续发展的困难。如何才能解决生态环境与社会经济之间的矛盾，我们单从环境或经济中的某个方面去寻求解决问题的方法和途径是行不通的。仅从环境的角度，或者仅从经济的角度进行思考都是行不通的。

以杜仲橡胶资源培育复合产业为例，我们尝试以哲学层面来思考解决问题。

思考一，"杜仲制药保护开发和杜仲橡胶产业经济发展"的矛盾关系。如果强调杜仲制药保护开发的环境因素对杜仲产业经济发展的制约，必须从培育资源和建设环境的角度寻求生态资源环境的改善，只有这样，才能缓解"老产业与新资源"二者之间的矛盾。杜仲资源和橡胶能源都是稀缺的战略物资，自然，我们能够用"资源或能源生产率"代替"劳动生产率"，在尽量提高培育杜仲橡胶自然资源的利用效率和综合开发减少环境污染的基础上，实现区域经济和国家资源经济的持续增长。这不是要让培育劳动产业吸收更多的物质和能源，而相反，是让物质和能源吸收更多的产业。因此，提高培育杜仲橡胶资源生产率的基本途径就是依靠科学技术的进步。杜仲橡胶资源研究机构加大应用技术开发力度，利用杜仲橡胶资源的绿色制造和杜仲产业的环境友好技术，消除环境污染，以最小的投入获得最大的产出，是实现杜仲橡胶资源生产有效提高的根本途径。

科学研究是提高生产效率的关键因素，有助于缓解杜仲橡胶资源的稀缺给经济发展带来的压力。另外，杜仲产业的研究和技术进步也可以不断开发出新的杜仲资源经济型的替代物，开发更多的储量丰富的新资源。所以，技术因素在缓解二者之间的矛盾中具有重要的促进功能。依靠技术进步可以提高资源的生产率和生态效率，但是并不能解决杜仲制药环境和杜仲橡胶经济之间的两难困境。大家知道，经济生产和生态效率的提高以及环境的改善并不等于物质消费总量的减少，这是两个不同的问题，因为单纯依赖技术进步是不能解决资源稀缺问题的。如果仅仅实现资源生产和生态效率的提高而没有实现资源消耗总量的减少，那么可持续发展问题也是不能从根本上解决的。

思考二，"杜仲制药保护开发和杜仲橡胶产业经济"冲突困境中的解决思路。我国面临经济发展转型阶段的生态资源环境服务人类的重大问题，这也是寻找解决冲突困境中的新机遇。解决问题需要从新型生态资源经济体系的建设和生态环境的建设入手，分析缓解矛盾和解决矛盾方案。

我们尝试提出发展生态资源培育方式的新思路。

首先，明确中国改革开放的社会经济发展的道路在于国家与区域新型经济形态的优良结构，结构的稳定和经济发展的对策储备是解决经济发展和生态环境问题的根本。笔者认为，自然生态问题对于区域和整体经济发展产生巨大屏障作用，人类的"使用和保护"动态功能造成了"屏障对人类"的依从关系。表现在屏障生态环境对人类经济活动的依从需要，其直接结果是环境因经济发展而遭受严重破坏，同时暴露出环境保护依赖于经济的增长，因此，解决好环境问题，需要依靠经济的发展。但是依靠经济发展解决环境被破坏问题，理论上可以研究，实践中受到"环境冲突经济发展"模式的影响，这种依靠关系变得极其脆弱。笔者认为，经济活动中的研究完全受制于区域环境的影响要素，而且因地理环境不同，各个区域的经济活动特征因其区域资源的不同表现得不同，无论经济学家，还是社会学家、管理学家、哲学家，都无法用一种经济模式去解决依靠经济发展来解决环境的问题。在经济关系中的"生产力关系、生态环境保护关系、人与自然关系、人与自然利益冲突关系"的矛盾，都无法准确去预测解决。因此，笔者认为，"环境与经济"依从关系必须在区域的经济活动实践中，以"培育生态环境资源可持续服务人类"的生存理念来解决这对矛盾，这是可行的选项。

其次，通过限制经济的发展来实现生态环境保护的思路也不适宜人类经济活动的发展需要。西方古典与新古典经济学家认为，如穆勒就提出了"静态经济"的思想，主张自然环境、人口和财富均应保持在一个静止稳定的水平；舒马赫提出了"小型化经济"的发展模式，这种限制经济发展的思想虽然有利于环境的保护，但实质限制了经济的发展。经济社会没有经济的发展，社会生存环境和谐度和"人"生存需要的全面发展就根本不会存在。

通过解析，发现坚持形而上学的思维方式，以简单技术进步过程推动生态资源的生产率和生态效率的提高，或者说通过经济发展或限制经济发展的方法都是不可能从根本上解决"环境与经济冲突"的困境问题。

笔者同意有关学者关于"环境与经济"关系的哲学思考，指出形而上学的思维方式是无法解决问题的，"环境保护和经济发展是矛盾的，是不可以兼顾的"。形而上学的生态环境保护方法（即通过技术的进步实现资源的节约和生态效率的提高）的思维逻辑认为经济发展必然要以大量的资源和能源的消耗为基础；区域经济活动方法（即通过经济发展到一定程度来实现环境的自行改善或者是通过实行"稳态经济"以限制经济发展）的思维逻辑认为经济的发展必然导致环境的破坏。坚持这样形而上学的思维方式，最后必然得出悲观的结论。说明在"环境冲突经济发展"模式的思维活动框架内是不能解决这个矛盾的。

因此，解决经济活动造成的冲突困境，片面地强调生态资源环境保护或经济活动发展中的一个方面是不科学的思维方式。必须转变发展思维路径和坚持辩证统一的观点，把矛盾的两个方面统一起来看待，就必须选择一种能够把矛盾因素统一起来的新型生态资源经济发展模式。不同经济发展模式的选择对生态环境与经济活动冲突困境的解决具有不同的影响。解决生态环境与经济活动之间冲突困境的根本出路在于选择科学的新型培育生态资源经济发展模式。

新型培育生态资源经济发展模式要遵循如下基本思路。培育生态环境资源和保护生态环境与社会经济活动环境的发展是能够统一起来的，二者并不是矛盾的。其思考特征是：1. 培育的生态资源复合产业必须遵循自然界物质运动的基本规律；2. 培育的生态资源必须能够将有限的单一资源特征培育出复合产业的资源；3. 培育的生态资源必须能够把多形态的废弃物变为零污染（杜仲、银杏等多种经济林都可以实现零污染）。笔者第一层级复合产业哲学——以杜仲橡胶资源培育复合产业为例的研究具备这些特征。具有如此功能的新型培育生态资源经济发展模式，可实现解决：1. 能够解决生态资源消耗总量不断上升与生态环境资源稀缺储备下降之间的矛盾；2. 能够解决生态资源效率低下与生态阈值界限之间的矛盾；3. 不仅可以保证区域社会经济活动的可持续发展，而且还能够实现区域生态环境屏障的持续保护。

2. 第一层级复合产业是我国经济转型期的重要新型经济模式

通过解析，"环境冲突经济发展"模式对社会和人的发展造成的消极影响，反映在我国不同区域、社会经济生活的很多社会矛盾和问题中。众所周知，社会各阶层中"收入差距"在逐步拉大，发达地区之间，以及欠发达区域之间的生存环境问题没有得到解决，这些"生态环境和经济活动"的问题，直接对"人的发展"产生了消极影响。

"环境冲突经济发展"模式能够造成这样大的负面伤害和消极影响，主要原因是传统发展观指导下的经济活动模式造成的。其直接后果是片面追求经济的发展、非科学的经济活动。因利益的驱动和漠视生态环境带给人类的生存环境以消极影响，直接粗暴地破坏生态环境和危害社会关系。这种经济活动与生态环境中极其不对称的经济发展模式，使区域集团利益取得了一定程度上的经济利益，同时直接造成了生态环境的严重污染、社会发展的失调以及严重影响到人与自然和谐的全面发展关系。

人类经济活动、社会发展关系、人与自然环境的发展是密不可分的。经济活动关系是其他发展最重要的基础，同时其他方面的发展是支持经济活动发展的必要环境条件。实践中，只把经济增长作为唯一的发展目标，社会经济活动就会失去全面、和谐、积极和可持续发展，人类的全面发展需要良好的生态环境，和谐的社会关系，以及"人与自然"生活和实践关系的系统支持。"环境冲突经济发展"模式下，专注于对经济活动的追求，忽视了人对生态环境保护、人与自然的和谐相处，是直接导致当前经济社会活动的冲突原因。

威廉·莱斯指出，"长期以来，由于在宗教、哲学和文化上的灌输与侵染，加上人们动用科学技术手段在'征服自然'征途上的节节胜利，使'控制自然'这一观念已经内化到人们的意识中，成为一种毋庸置疑的、普遍的社会共识，成为人类理性胜利的证明。但是，熟知未必是真知，只要认真的反思，我们就会发现'控制自然'是一个矛盾的概念，它既有积极作用，又有消极后果。实际上，控制自然与控制人是不可分割的，控制自然是手段，而控制人，进而控制社会才是目的"。[①]

"环境冲突经济发展"模式的弊端和危害，是在实践中不断总结而逐步认识到其极端危害性的，代价是长期以来的生态环境受到了破坏，产生了不同区域的不同灾害。习近平总书记在一系列讲话中指出念，实现中国梦就是要建设"环境友好型的社会，建设新型生态资源培育体系，储备国家长期发展，用之不竭的自然生态资源，实现生态资源服务人类的可持续发展机制"。生态资源经济体系建设就具有实现中国梦的建设功能，这也是生态资源经济体系的内涵及其精神实质所在。

新型生态资源经济体系发展模式是既能够促进区域生态保护，又能够实现区域社会经济文化发展，同时还能够在促进区域新型生态资源培育的社会关系和谐以及人的全面发展中起到重要作用。

第二节　内涵和外延关系

第一层级复合产业哲学思考的应用基础主要是内涵与外延的关系。

通过研究杜仲橡胶资源培育复合产业哲学，来探讨"第一层级复合产业哲学"兴起的历史必然性及其培育哲学思考（精神）是对"第一层级复合产业哲学"研究的起点。"第一层级复合产业哲学"的兴起是为了摆脱传统能源短缺、资源紧张以及传统经济发展模式所导致的区域内

---

① 解保军：《生态学马克思主义名著导读》，哈尔滨工业大学出版社，2014，第17页。

"环境冲突经济发展"困境的必然选择。

"第一层级复合产业哲学"是可持续发展的生态资源经济体系建设的新型哲学思考。"第一层级复合产业哲学"基本原则就是"第一层级哲学——以杜仲橡胶资源培育复合产业研究为例的原则"。即第一层级原则、杜仲橡胶资源培育原则、复合产业原则、可持续循环发展原则。正确把握"四项原则"是科学界定"第一层级复合产业哲学"外延的基础。第一层级复合产业的哲学精神表现在"杜仲橡胶资源培育和生态环境建设是在自然生态环境保护利用中构建的'人与自然'的和谐关系;人类在热爱生命中保护培育自然资源,实现优良的'人与社会'的生存依存环境的可持续发展"。这一哲学精神的提升是进一步认识杜仲橡胶资源培育复合产业的功能与实质的基础。

"第一层级复合产业哲学"思考的内涵关系是:

1. "第一层级复合产业哲学"研究的第一层级原则是国家战略利益原则,其实践工程是建立科学指导培育资源的科研团队和企业生产者之间的可持续的创新长效机制。同时将"第一层级原则"的科学培育精神作为"生态资源服务人类的新型社会公众和新型的生活消费方式"的行为准则。其内涵精神是说,"第一层级哲学"思考是将"复合产业(原则)实践过程"视为区域内合理的"生产方式",同时将"第一层级复合产业实践成果"视为区域内可持续发展的公众需求的生态环境生存的基本"生活方式"。

2. 杜仲橡胶资源培育原则中将"第一层级原则、杜仲橡胶资源培育原则、复合产业原则、可持续循环发展原则"四项内涵原则和地位关系以及相互之间的层级哲学关系以哲学思考的维度给出了合理的关系分析(见各章节)。

"第一层级复合产业哲学"思考的外延是:

1. "第一层级复合产业哲学"思考的四项基本原则和系统的培育复合产业活动,提出了对培育复合产业的新型生态资源经济体系的研究。在这里,必须说明,笔者研究的新型生态资源经济体系培育的生态资源经济体系活动的"外延"是新型生态资源培育经济活动的系统,而不是广义的综合经济部门主张的将是否提高资源生产率作为区域经济的主要衡量标准；更不是另一种狭义的、认为区域经济就是地产经济、买资源经济。这是笔者必须说明或必须明确区别的。

2. 我们来看循环经济相关研究，有的研究者诸如吴季松在《新循环经济学》中提出了"5R"原则，即再思考（Rethink）、减量化（Reduce）、再利用（Reuse），再循环（Recycle）、再修复（Repair）。[①] 笔者认为，这些观点的合理性在经济活动的实践中会有检验结论，与笔者研究的生态资源培育（经济林杜仲橡胶资源）复合产业研究是两个不同的思考范围。笔者关于"第一层级复合产业"哲学思考的外延研究，是跨学科的经济林结构中实现的生态资源经济体系一次完成多个行业产业产品的研究，是对一个树种产品实现了跨行业的完全综合利用的新型生态资源经济活动的研究，有利于科学理解其"内涵和外延"的是哲学思考前提下的实践过程，这也是"第一层级复合产业"哲学思考的理论研究和实践发展的基础。

一　第一层级复合产业哲学思考的内涵

1. "第一层级复合产业"哲学思考的内涵关系来源于第一层级复合产业哲学研究的相关理论依据

第一层级复合产业哲学——以杜仲橡胶资源培育复合产业研究为例，是以笛卡儿"人是自然的主人和所有人"的理念为哲学思考中认识生态资源重要作用的基础。以杜仲橡胶资源培育的战略意义和资源服务效用为价值基础，实现我国橡胶资源培育产业的国家和区域内的合理生态资源经济增长，满足我国经济转型的初级需求，科学合理地发展杜仲橡胶资源培育和合理加工应用配置杜仲产业资源。

在理论体系上，经济学研究市场关系，应用于资源有效配置时，只将土地、劳动、设备以及技术知识等作为稀缺资源，而没把生态、环境等资源纳入分析视野。只强调市场机制在很多领域对资源优化配置的有效性，却忽视诸如市场结构、地域垄断、外部资源紧缺、区域公共物品以及各个

---

① 吴季松：《新循环经济学》，清华大学出版社，2005。

环节信息不对称等问题。由于生态问题无法与市场经济理论相融合，因此人们在论证亚当·斯密的原理时，环境问题就被视为一种"外生变量"，被排除在研究对象之外。"因为市场力量不能反映商品和服务的全部成本，所以市场提供给各级决策者的信息往往是一些误导人的信息。这样一种"因"已经酿成了一种"果"：为我们造就了一种与地球生态系统很不合拍的、被扭曲了的经济——一种正在戕害其自然支持系统的经济。"① 面对市场活动行为，这种"无法对接结构合理运转"的结果，使传统经济学无法在自身理论框架内找到解决办法，陷入了理论与实践的困境。

人类是大自然的产物，人类文明的演变始终紧紧围绕着两个主题，即如何处理"人与自然""人与人之间"的关系。

在"道法自然""天人合一"思想与"人定胜天"理念长期争论渗透的过程中，众所周知"人定胜天"的理念支配并推动了人类生产力的发展和区域社会资源财富的挖掘。但生态与环境的破坏也使人们重新审视过去走过的路，"人定胜天"的行为使人们重新思考生态环境与人类生存发展的结构设计，在艰苦探索中寻找新的出路。

今天，在"人与自然"和谐发展的生态资源保护利用的生存环境条件下，新型生态资源经济发展使各个区域内产生了一系列的生态资源创新理论，诸如"第一层级复合产业"哲学研究，对杜仲橡胶生态资源培育的生态资源经济体系建设起到了理论指导作用。笔者建构与解析的目的是使"第一层级复合产业"的思想体系更加系统化、科学化、合理化。

1.1　生态资源环境思想观

国内外大量研究经济学、生态学的著作中，对经济增长理论的研究均可以追溯到亚当·斯密为代表的古典政治经济学，在我国学者的研究成果中，也不乏其例。

我国学者张世英的《天人之际——中西哲学的困惑与选择》，倪端华的《英国生态学马克思主义研究》，黄贤金的《循环经济：产业模式与政

---

① 〔美〕莱斯特·布朗：《生态经济：有利于地球的经济构想》，东方出版社，2002，第84页。

策体系》，钱俊生、余谋昌的《生态哲学》，叶平的《环境的哲学与伦理》，孙文营的《循环经济哲学维度研究》，刘思华的《绿色经济论》，冯之浚的《循环经济导论》，韩立新的《环境价值论》等著作以及于群的《论我国循环经济发展中的瓶颈问题及解决对策》，吴飞美的《基于绿色消费的循环经济发展策略研究》，曲格平的《探索可持续的新型工业化道路》，诸大建的《生态效率与循环经济》，徐结春、车圣姬的《马克思的环境意识与社会发展观的转换》等专著和论文从不同的角度，分别论述了生态资源经济和环境建设以及循环经济发展的意义。笔者在本文中参考引用了这些学者的主要思考、部分观点和可以讨论的问题（提法），由于"自然、自然资源、生态资源、生态环境、循环经济、静态、动态关系，物质第一、意识第二、生态哲学、生态马克思主义"等词语的应用频率和思考角度的不同，笔者力求参考各位学长的精华，探索新的研究方法，使以区域"新型生态资源经济体系建设的经济活动过程实践意义"的思考反映笔者研究的应用哲学意义。

马克思主义继承了英国古典政治经济学的合理观点，即"土地和劳动"是构成国民经济增长源泉的思想，提出自然生产力理论和劳动价值论。指出自然资源是创造财富的物质基础、劳动是创造财富的唯一源泉、经济制度必须适应生产力才能促进经济的发展的观点。

马克思所处的年代是工业革命的早期，"生态与环境"问题还没有成为社会区域经济社会发展的主要矛盾。在研究马克思的思想体系中，对马克思是否提出了明确的"生态与环境"问题，国内外的许多学者有着不同的思考。

我们知道，美国《每月评论》的联合撰稿人，约翰、贝拉米·福斯特在《马克思的生态学：唯物主义与自然》一书中，对马克思关于生态学的零散论述进行了系统整理与分析，并明确得出三个结论：一是在马克思的著作中有比其他一些生态学家更仔细地对生态学的关注；二是人类与自然之间的新陈代谢或物质交换关系是贯穿整个马克思学说的根本观点，这是全面理解马克思学说的关键；三是马克思关于自然和新陈代谢的观点，为解决今天被称之为生态学的诸多问题提供了唯物主义和社会历史学的视角。这些问题包括可耕地施用化学肥料所带来的后果，城市和工业垃圾对河流的污染，大城市的空气污染以及可持续发展问题等。

在马克思的理论体系中，马克思生态资源环境思想关于"自然、人、社会"等概念构成了一个有机整体。马克思比前辈学者的高明之处，是他认为人类劳动是"人与自然"之间的本质联系并有机统一的纽带。正是人类劳动、物质生产才使人与自然不可分离，成为有机统一体。马克思主义理论的一个显著特点，就是把"人与人"之间社会关系的历史和"人与自然"的生态资源环境关系的历史一起加以探讨。马克思恩格斯在《德意志意识形态》中认为，自然、人、社会的统一是在历史中形成和发展的，是"人与自然以及人与人之间在历史上形成的关系"，并提出了自然史和人类史相统一的思想。恩格斯在 1873～1883 年之间完成的《自然辩证法》中，进一步明确了人的"自然和自然界的一体性"，比较全面系统地阐述了人与自然和谐共处的思想。中国传统文化包含着丰富的论述人与自然关系的思想。北宋哲学家张载认为："人类和自然界中的万物应是同根同源的，它们虽然各属其种，各行其道，但相互之间，共存共荣，而不能彼此敌视，互相残害。"这就是说自然环境是人类生存的必要条件和前提。①

学习马克思恩格斯在《德意志意识形态》中关于"自然、人、社会"的统一是在历史中形成和发展的，是"人和自然以及人与人之间在历史上形成的关系"的论述，结合现代生态资源经济体系建设实践，可以说延续现代的自然史相统一的理论是生态环境建设的积极思想。

所有学者和管理者从马克思的关于"作用和辩证"关系的论述中认识世界，"自然与人、社会、历史"相对立的局面，向人们提供了"自然、人、社会"相互依存、相互作用和辩证统一理论。人类历史发展到今天，自然界的发展和人类社会经济的发展，它们已经成为相互制约、

---

① 资料来源：中直党建网，www.zzdjw.com，宁洪、陈明富，"美丽中国"的理论内涵，2012 年 12 月 21 日。

相互作用、相互融合的统一整体，充分显示了马克思恩格斯研究的"自然、人、社会"相统一的生态资源环境的理论已经超越了时代的局限性。

人与自然之间的物质交换关系：自从人类社会出现以来，一直存在人与自然之间的物质交换。马克思恩格斯所处的时代，是生态学产生和形成的时期。19世纪初叶，法国生物学家马可率先提出了"周围环境"的概念。19世纪中叶，英国哲学家斯宾塞在《生物学基础》中把生命定义为有机体与外部环境的相互作用。1859年达尔文发表《物种起源》，提出了"生存竞争""自由选择"的概念，表述了生态食物链概念，提出了"生态位""生态平衡"的最初概念。1866年德国生物学家海克尔首创"生态学"概念。这些生态学理论对马克思恩格斯劳动概念的形成产生了深远的影响。在马克思恩格斯的视野中，生态系统的最重要的特点就是整体性与和谐性。在生态系统中，生物和环境协调地相互作用，形成生态系统的多样性、适应性和统一性；生态系统的各种因素相互依存、相互作用、相互制约，使之成为一个合作的、和谐的、有序的有机整体。他们用生态学的基本观点和方法观察人、自然与社会的关系，形成了"人、自然与社会是一个统一的有机整体"和"人与自然和谐统一"的思想。而恰恰是人类劳动才是连接自然、人与社会之间内在联系与有机统一的纽带，人类劳动追求的基本目标和目的，就是人与自然和谐统一的生态文明。尤其是马克思恩格斯把"新陈代谢"（物质变换）这一生态学概念吸收到劳动概念中来，使之具有生态学的科学含义。正如福斯特所说的，"在他关于劳动过程的定义中，马克思把新陈代谢概念作为他整个分析系统的中心，他把对劳动过程的理解根植于这一概念中"。马克思用新陈代谢概念描述劳动中人与自然的关系，"劳动首先是人与自然之间的过程，是人以自身的活动来引起、调整和控制人与自然之间的物质变换的过程"。马克思用"物质变换"表述劳动，从而把社会经济过程纳入自然生态过程中，使经济循环与生态循环紧密联系在一起。这样，人类社会的劳动过程呈现为自然生态系统中的物质变换和社会经济系统中的物质变换相互融合的生态经济过程。正如施密特评价的那样，"马克思用物质变换的概念把社会劳动过程描述为自然过程的状态。"①

　　杜仲橡胶资源培育复合产业实践活动说明了社会形态的存在和人类文明发展的必要前提，还在于"人对自然界"的实践活动。生存环境的改变首先是人的外部自然环境的改变，在此基础上的人类行为文明的一切进步过程和产物，是人类通过自己的劳动与自然之间进行物质交换相互作用的结果，即是"人"的物质生产实践活动改变自然界的结果。离开了"人"的实践活动，离开了自然界这个生态基础环境条件，人类文明进化就不可能存在，就不会有社会经济的发展结果。

　　关于马克思物质循环和生态利用的研究，有学者认为："马克思指出了资本主义的生产活动引起了环境污染，扰乱了人与自然之间的物质变换，危害了人的健康和生命。"资本主义生产由于把人口聚集到城市、由于消费废弃物的产生，"扰乱"了"人与自然之间的物质变换"。这种"扰乱"既是对"土地持久肥力的永恒自然条件"，即对自然的"扰乱"和"破坏"，也是对劳动者的"身体健康""精神生活"的"扰乱"和"破坏"。大量废弃物，特别是自然难以净化的人造物的出现，是近代资本主义产业化的结果。近代产业化只是服从资本的逻辑（把追求利润、积累资本当作最重要的目标，是使资本主义社会得以成立的逻辑）单纯追求经济效益。服从资本逻辑的产业化，以地球资源是无限的、大气和水可以无偿使用为前提，无视废弃物问题，进行了导致大量消费——大量废弃物的大量生产。因为，大量生产能带来利润这一点恰好符合了资本的逻辑。大量的废弃物造成了自然环境的破坏。自然环境的破坏有两层意思：一是指人的环境破坏，二是指自然的破坏。"人的环境破坏"，并不是指自然本身对人的环境破坏，比如说火山爆发，而是指人自身的活动制造出不适合人类生活的环境。这种不适合人类生活的环境，就会损害人的健康。如果大气和水受到污染，或者食物受到污染，人的健康将不可避免地受到损害，甚至会危及生命。所谓自然的破坏，并不是自

---

① 资料来源：理论园地网，http：//uzone. univs. cn，温莲香，《马克思恩格斯劳动概念的生态维度解读》，《文化经济研究》2012 年第 5 期。

然本身变迁中发生的生态系破坏，而是由人的活动所引起的地球生态系破坏。①

第一层级复合产业哲学研究是按照杜仲橡胶资源的物质循环与转化的生态资源规律，实行其综合利用和产业循环过程中的生态资源效果，化废弃物为再生产原料，实现废弃物资源化，这是符合马克思关于消除物质变换裂缝，减少环境污染和生态破坏，促进杜仲橡胶生态资源培育经济良性循环的理论依据和根本途径。这就是马克思物质循环的生态思想的新型阶段的实践意义，正是在这个意义上，说马克思开创了物质资源的综合利用与循环经济研究的先河。

众所周知，工农业生产的生态化是马克思物质循环生态利用思想的题中应有之义。排泄物主要来自生存环境中的自然界的动物生存活动以及人类的新陈代谢和消费品消费之后的排泄，如果人们进行废物利用，那么，利用排泄物对农业来说最为重要。工业生产的排泄物的生态利用，是区域生态产业环境的活动过程，其最根本的是发展生态工业经济活动过程，实现新型区域的生态资源环境支撑的工业生产的生态化，这是消灭经济恶性循环的基本途径。

科技进步与生态经济的发展关系是新型生态资源经济建设活动过程的主要途径。

马克思指出："城市和乡村的对立的消灭不仅是可能的。它已经成为工业生产本身的直接必需，同样它也已经成为农业生产和公共卫生事业的必需。只有通过城市和乡村的融合，现在的空气、水和土地的污染才能排除，只有通过这种融合，才能使现在城市中日益病弱的大众把粪便用于促进植物的生长，而不是任其引起疾病。"而且通过一定的组织形式可以发挥城乡的优点而避免二者的缺陷，"公民公社将从事工业生产和农业生产，将把城市和农村生活方式的优点结合起来，避免二者的片面性和缺点"。并且通过工业与农业的协调发展来消除城乡的差别，"把农业和工

---

① 资料来源：马克思主义研究网，莫放春，国外学者对《资本论》生态思想研究。《马克思主义研究》2011 年第 1 期。

业结合起来，促使城乡对立逐步消灭"。同时，马克思主义经典作家还强调了精神文化生产与物质资料生产的协调发展，认为物质资料生产的发展虽然决定了精神文化生产的发展，但是精神文化生产的发展也对物质资料生产的发展起到反作用。"要研究精神生产和物质生产之间的联系，首先必须把这种物质生产本身不是当作一般范畴来考察，而是从一定的历史的形式来考察……如果物质生产本身不从它的特殊的历史的形式来看，那就不可能理解与它相适应的精神生产的特征以及这两种生产的相互作用。"①

科学技术和创新对于杜仲橡胶资源培育和杜仲产业综合利用起着决定性的作用，培育杜仲橡胶资源不单是能够有效地解决生态环境问题，同时为发展杜仲橡胶产业、合理利用杜仲橡胶资源，为区域经济转型、发展区域新型生态资源产业提供了生存环境。

进一步学习马克思关于调研实践的论述，抛弃过去那种认为废物的减少，主要取决于生产环境里产业工人所使用的机器和工具的质量，还取决于各地汇集的原料本身的质量等议题来看时代环境中的废物减少的活动，我们可以结合现代经济发展的状况考察生态资源经济体系建设活动。对现有需要加工的原料本身的质量又部分地取决于生产原料的采掘业（经济林的采集加工环节）和农业的环境状况，个别部分取决于原料在进入制造厂以前所经历的过程的发达程度（杜仲橡胶资源的培育技术和无废弃物的杜仲资源加工过程）。这一思想使马克思主义生态思想极大地超越了时代的局限，社会发展与环境形态的变化，人类必须进行基本的社会生产，各个环节必须要有效地减少总废物的产生，保护生态环境的永续结构形态，充分运用科学技术进步手段，实现生态资源经济建设过程，实现提高区域工业经济增加和区域新型生态农业生产的生态化程度。

1.2 生态经济学理论

笔者认为，首先要了解西方经济学是怎样解释"生态经济学"的。

---

① 资料来源：中国共产党新闻网，http：//cpc.people.com.cn，程恩富、王中保：论马克思主义可持续发展，2009年4月21日。

笔者赞同某些学者的观点：西方经济学能够合理解释现代混合市场经济的运行机理与规律，但是始终不能把生态要素很好地纳入其研究范畴与学科体系，从而无法从根本上为解决人类社会经济活动与自然生态系统的矛盾和冲突提供决策。正是基于主流经济学的这一缺陷和人类面临的现实困境，生态经济学脱颖而出，并为社会经济理论研究的发展做出了巨大贡献。

现代意义上的生态经济学的概念，国内外专家、学者众说纷纭，至今仍然存在一些分歧。

我国研究生态经济学是在 80 年代后期开始，国内学者、专家从不同的视角诠释了生态经济学的现代含义，大家认可的相比较具有代表性的有以下表述。马传栋在《生态经济学》（山东人民出版社 1986 年版第 2 页）中认为"生态经济学是从经济学角度来研究由经济系统和生态系统复合而成的生态经济系统的结构及其运动规律的学科"；杨鹏、徐志辉在《中国生态经济学研究存在的问题及今后研究的建议》（《生态经济》2001 年第 1 期第 2 页）中认为"生态经济学力求将生态因素纳入经济学的分析框架中来，研究生态因素与经济现象的关系，寻求经济活动与生态变化的良性平衡及经济的可持续发展"等。上述著述均没有指出"应用与实践对策"的学科目标。笔者正是在众多学者研究中，分析发现了实质性的缺陷，由此首次提出了创新性的研究课题"第一层级复合产业哲学"思考。

笔者认为："生态资源培育经济学是生态学与经济学交叉应用发展起来的一门新兴边缘学科。其实践结果是从经济学的角度研究生态系统和从哲学的角度研究'人与自然'相结合形成的指导生态资源培育复合产业的实践过程，根本目标是检验实现可持续发展的新型生态经济系统中的复合产业的结构、功能及其规律的学科"。笔者研究相关的经济林产业形成的复合产业经济活动实践和以哲学方式思考的生态资源经济规律也可以在循环经济法规中找到研究的根据和创新型的思路。

1.3 第一层级复合产业与循环经济的实践关系

循环经济，是指在生产、流通和消费过程中进行的"减量化、再利用、资源化"的活动的总称。减量化（Reduce）、再利用（Reuse）、资源化（Recycle），政府与研究部门（人们）一般将之简称为循环经济的基本原则，即"3R"原则。

（1）生态资源经济与循环经济的关系说明双方都遵循"减量化"的基本方法论原则。在区域社会经济发展环境中，经济林的培育加工生产各个环节都需要这个基本的方法论，以指导区域经济社会文化发展。在区域社会经济发展过程中，体现在第一层级复合产业研究方面，这一原则要求杜仲橡胶资源培育者（生产者）在杜仲种植培育和加工生产中通过培育技术进步，尽量减少培育单位产品自然资源的消耗量。

杜仲橡胶资源培育是生态资源经济对循环经济"减量化"的实现，不仅需要以杜仲橡胶资源新型培育的种植技术和育苗、嫁接、培育生产工艺的技术为基本前提，而且也需要以社会科学研究和林业科学研究的科研者、生产者一定的"科学规划和生态意识"为指导培育生态资源经济的前提。具体来说，在提取杜仲橡胶之外的系列副产品中，尽量多地生产出生活必需的"杜仲食品、杜仲饮品，杜仲保健品、杜仲饲料、杜仲胶囊、杜仲挂面、杜仲啤酒、杜仲饼干"等对人类健康有益的系列产品，尽量少生产杜仲延伸产业中的化妆品等奢侈品。杜仲企业生产者执行"减量化"原则完全可以从产业结构上合理地进行调整，从产品功能方面研究，从源头上实现资源合理使用，减少消耗，探索杜仲资源能够完全利用的生产与消费途径。在区域经济社会生活的消费环境里，这一原则要求作为消费者的社会公众必须具备减少对其他"非环保、不宜食、不宜饮"的物品的过度需求和不合理消费的自我监视，选择包装较少、安全可靠的可循环使用的物品。同时提倡购买高质量耐用的物品。杜仲产业加工销售环节中采用减量化原则、在社会公众中普遍树立"简约的生活方式和消费观念"的观念。

物质产品的再利用原则（Reuse）。再利用原则也是双方遵循的循环经济的基本方法论原则。其概念是延长产品使用和服务的时间强度，以此来实现资源消耗的减量。"第一层级复合产业哲学"再利用原则，既要满足区域内消费者对生态杜仲资源加工的各类产品的需求，又要实现消费者与企业生产者的资源信任和互动关系，这是认识原则的第一层级复合产业哲学研究的高级形态。

杜仲橡胶资源培育的再利用原则，既可视为对杜仲橡胶资源培育产业生产领域企业培育种植和加工者的要求，也可视为对区域环境中众多消费者的基本要求。

在杜仲橡胶资源培育种植和产业加工过程中，再利用原则要求杜仲产业加工企业的生产者，在生产过程中能够延长杜仲橡胶提取的机器和杜仲产品生产工具的使用寿命，要科学、合理地对机器进行保养和维护，防止过早地遭到损毁或淘汰，从而节省生产工具生产杜仲产品的（物质）消耗。具体生产环节中，合理、合规的操作、处理好机器和生产工具的革新与维护的关系问题，表现在企业生产者坚持再利用原则是在紧跟时代技术革新的前提下的再利用。

杜仲产品要满足消费者的基本生活应用。再利用原则要求作为杜仲产品的消费者的社会公众能够尽可能多次使用杜仲系列产品或以多种方式使用同一个杜仲健康产品，防止杜仲产品（物品）过早地成为废物。杜仲产业产品的生产最终是为区域内外的消费者服务的。所以消费总量的多少影响到企业生产的规模和资源使用的数量。如果市场需求消费杜仲系列产品的总量持续上升，需求消息就会反映到杜仲企业，加快生产、加大对杜仲资源使用的数量。因此，培育杜仲橡胶资源，满足区域内社会和消费者的基本需求，是防止"环境冲突经济发展"模式再次出现的合理的经济活动规律。培育节约杜仲资源和保护杜仲资源环境，消费者是控制总需求量的调节器。

资源化原则（Recycle）。资源化原则也是双方遵循的循环经济（循环经济的核心原则）的方法论原则。即通过废弃物的循环再利用，把废弃物再次变成资源以减少环境污染并节约对原生资源的使用量。"第一层级复合产业哲学"研究的资源化原则既是杜仲橡胶资源培育者应当遵循的任务，同时又是杜仲系列产品消费者应当遵循的需求，也是认识理解第一层级复合产业哲学的重要途径。它是物质生产环节的资源化原则，同时也是社会生活环节中的资源化利益原则。从杜仲橡胶资源的（物质）生产领域来看，生产过程中存在大量可以资源化但却被遗弃的杜仲树叶、杜仲树枝，科学研究，这些废弃物可以制造出高级鸡猪饲料，杜仲鸡饲料可以降低 15% 的胆固醇。截至 2013 年 10 月，目前，科研机构还没有研究出超过此项指标的鸡饲料。因此，任何一项产业结构中的废弃物的资源化是非常必要的。循环经济的资源化原则就是突出强调废弃物循环再利用的重要性，这是循环经济与清洁生产的不同之处。

（2）杜仲橡胶资源培育的综合开发技术的应用，其没有废物的资源特征完全符合循环经济的概念。

"减量化"既是杜仲资源培育的生产过程中遵循循环经济的基本方法论原则，也是杜仲产业经济活动中实现区域生态资源经济体系建设全过程的资源节约使用原则。杜仲橡胶资源培育复合产业是发展区域生态资源经济体系的重要经济活动，同时也是循环经济的实践产业，就是通过实现杜仲资源和合理的资源消耗的减量化，进而在区域内完全实现没有生存冲突的"生态环境与经济活动"平衡和协调发展。

这些基本原则都是实现杜仲橡胶资源服务区域公众的预期价值，杜仲资源的"再利用"和杜仲资源的"资源化"原则都是为实现杜仲资源消耗的减量化服务的。都是在"减量化"这一节约目标追求下所进行的加工操作程序。杜仲橡胶资源培育加工产品的减量化原则既是杜仲产业实现循环经济的基本方法论原则，也是循环经济的核心目标的追求原则。它的应用意义和实践过程说明它的确统领着"再利用"和"资源化"原则，而"资源化"原则和"再利用"原则的经济化活动过程又实现着"减量化"原则，这是区域内产生的一种新型生态资源经济体系的生态经济的循环特征。

杜仲产品的"再利用"原则是消费过程中生态经济与循环经济的基本方法论原则。"再利用"的原则既满足购买杜仲产品的特殊生产加工和自我消费的群体，也可满足大量购买杜仲产品的生活消费群体。对杜仲资源加工产品体现"减量化"和"资源化"原则具有重要意义。杜仲产品的供需关系中体现的减量化原则，不论是在杜仲产品的生产加工自我消费环节还是在杜仲产品的生活需求消费环节，杜仲资源的顺式加工过程和资源的全部利用，是更好地推行"再利用"原则行为的检验尺度。科学、合理研究培育种植杜仲技术、合理开发杜仲产业，将在更为合理的生存供应空间里减少对杜仲资源（物质）产品的需求和供给生产，实现减少浪费杜仲资源的目标，科学规划实现生态杜仲资源环境能量的储量丰盈。对于开发类似杜仲资源的其他经济林产业来说，"资源化"原则是杜仲产业加工环节的"再利用"原则的基础实践活动和可持续发展的质量控制过程，其培育加工过程将直接影响到废弃物的产生量。杜仲资源培育与杜仲资源的合理应用完全可以在杜仲造林碳排放中实现较高的再利用率，这个过程将减少杜仲产业加工中的废弃物的排放量，从而有助于减少杜仲资源以及各类经济林资源化的负载量，实现合理的碳汇管理和交易。

通过对第一层级复合产业研究范围的四原则和内涵分析，杜仲橡胶资源培育和综合开发利用与循环经济的三原则具有相同的地位和作用。

第一层级复合产业内涵关系是建立在新型生态资源经济体系建设的生存环境需要和复合产业四项原则基础上的。相对于循环经济的三项基本原则结构，第一层级复合产业哲学研究的四项基本原则，具有新型生态资源经济体系建设的合理顺序，即"第一层级原则、杜仲橡胶资源培育原则、复合产业原则、可持续循环发展原则"，正确把握"四项原则"是科学界定"第一层级复合产业哲学"外延的基础。

二　第一层级复合产业哲学思考的外延

第一层级复合产业哲学思考的外延是指以杜仲橡胶资源培育复合产业为例的实践活动模式和服务人类可持续的生产和生活效益。第一层级复合产业哲学思考的外延与循环经济的外延，即产业模式与循环经济的延伸效果是一致的。目前学术界对循环经济"3R"原则的理解已经基本达成共识，但在以"3R"原则为标准对循环经济外延进行基本的界定，普遍认为很难得出科学的结论（笔者经过长期实践认为废物经济的产生和经济效能需要长时间的研究）。笔者通过对生态资源经济体系建设的研究，认为所有结果结论必须在长期的区域产业经济实践活动中进行一定时间的产业化检验后才可以得出科学的基本实践结论，才能符合基本的产业经济规律。

1. 第一层级复合产业哲学研究是生态资源经济体系建设的高级产业实践活动和新型区域经济形态

第一层级复合产业哲学思考的外延，是指以杜仲橡胶资源培育复合产业为例的产业实践活动模式和服务人类可持续的生产和生活效益。基于此，第一层级复合产业哲学研究的产业活动完全体现在新型生态资源经济建设的活动过程和资源利用的循环经济运行中，并不是单纯的实现废弃物的循环再利用的经济活动。杜仲资源培育环节和加工利用杜仲资源消耗的减量化过程新型生态资源经济体系建设的目标，同时也是对循环经济基本核心目标的追求。第一层级复合产业经济活动和循环经济的各基本原则都是为实现生态资源经济体系建设这一目标服务的。其中包括最核心的方法论原则，即资源化原则。结合杜仲橡胶资源培育复合产业经济活动实践，可以看出第一层级复合产业经济活动是资源化原则的延伸与扩大。实践中可以有"废物经济"是循环经济的说法，但循环经济绝对不等于是废物经济。第一层级复合产业研究的范围首先是将杜仲橡胶资源全部有用的资源进行完全的合理开发，在设计产业加工源头阶段就着手合理设计"杜仲橡胶、杜仲饮料（杜仲茶）、杜仲药品（保健品）、杜仲食品（挂面、饼干）、杜仲饲料、杜仲板材"六位一体的初级集约化的产业结构形态，完全将产业链中产生的废弃物全部综合利用，最终目标是将杜仲树全身为"宝"的价值转化为服务人类生活的生存价值资源。可以说，第一层级复合产业哲学研究的产业活动关系是对循环经济的高级实践活动关系的研究，是循环经济范围中的第一层级的高级循环经济形态。关于学术界将废物经济视为循环经济的狭义理解："狭义的循环经济，主要是指废物减量化和资源化，相当于'垃圾经济'、'废物经济'范畴。"笔者在此不作讨论。

分析可以看出，循环经济法规中有需要修改完善的方面，如果只提出废物的资源化、是循环经济的"资源化"这一个原则的基本要求；如果误导经济林产业、清洁能源产业、生态资源修复产业和研究循环经济等同于废物经济，实际上就是把"3R"原则中的减量化和再利用原则彻底的、完全的废弃了，只保留了"资源化"原则，这是对循环经济概念的极其片面化理解。

全球经济危机和全球资源紧缺状况，反映在我国的资源利用方面是利用技术水平程度很低，区域发展废物经济就不能实现经济与环境协调发展的目标。区域循环经济与生态资源经济体系建设、生态资源产业活动和资源节约的综合利用、产业污染治理、清洁能源项目规划，是经济发展环节中的重要实践过程。杜仲橡胶资源培育复合产业是在我国经济转型期工业化和城市化加速、人均生态资源占有量低于世界平均水平的环境条件下，以杜仲橡胶资源培育复合产业经济活动，探索实现的第一层级的生态资源经济体系建设的新型生态资源经济活动。在这里，我们看到，第一层级复合产业的高级实践经济活动过程不仅解决了杜仲资源培育过程中的正向资源的充分加工应用，同时还解决了杜仲饲料等副高产业的资源的完全合理应用。循环经济中的废弃物的循环再利用，使物料的加工过程自然融合在各个产业阶段，实现了追求生态资源经济的高效利用目标，从而达到提高资源利用效率和减少废弃物排放、保护环境的目的。因此，第一层级复合产业哲学研究的思考外延是我国经济转型发展中具有深度和广度的可持续发展的新型生态资源经济体系建设的产业模式。

2. 第一层级复合产业的内涵与外延的关系

第一层级复合产业的内涵是外延的基础和依据。其外延的依据是第一层级复合产业的四项原则。

第一层级复合产业的四项原则，是杜仲橡胶资源培育复合产业的经济实践活动，其中含有循环经济活动的完全条件，而非必要条件。四项原则的基本精神是满足生态资源环境能量储备的实践活动，是杜仲橡胶资源培育复合产业的循环经济活动的扩大、延伸和服务人类的基本生活需要。

第一层级复合产业实现的核心目标，是区域生态资源经济体系建设和实现广义的核心目标，是以生态资源经济满足区域公众生活消费需要。实践中的方法是运用第一层级复合产业的合理产业化培育规划实现循环经济中的资源消耗的"减量化"。实践中可以看到，杜仲橡胶资源培育复合产业经济活动直接有利于提高区域的生态资源的生态效率。在这里，我们必须清楚，生态资源的合理应用，根本目的是对"生态效率"的再提高，而不是对"生产效率"的再提升。通过杜仲资源培育和产业化的实践，可以看到"生产效率"的设计、管理、提升、增加不可能拉动"生态效率"的增加比值，也就是说，较高的生产效率有可能产生比较严重的环境污染后果。

第一层级复合产业研究杜仲橡胶资源培育经济活动的实践，充分注意到有利于提高资源生态效率的行为，有效地将"提升生产效率和提高生态效率"的行为有机地统一起来，应用哲学的思考方式将其纳入第一层级复合产业的生态资源经济体系建设活动之列。实现这一目标的前提是将杜仲橡胶资源培育复合产业的外延"静态关系"（废弃物资源产业），通过在生态自然资源和杜仲橡胶资源培育开发过程中有效地实现资源节约，形成高级形态的能够保证生态资源的生态效率进行环境能量的储备。两种统一的关系就是第一层级复合产业的内涵和广义的概念，同时反映了内容丰富的外延关系。

三　第一层级复合产业的可持续应用

对第一层级复合产业的内涵和外延的研究，是第一层级复合产业的重要概念，是区域生态资源经济体系建设的需要，是从我国区域新型生态资源经济结构和环境发展的现实状况出发的重大课题研究。掌握第一层级复合产业的内涵和外延是科学理解第一层级复合产业范畴的两个最基本的方面，对于深入第一层级复合产业的深层次理论研究，合理稳步推进杜仲橡胶资源培育复合产业，实现第一层级复合产业的可持续应用具有重要的战略意义。

1. 第一层级复合产业的范畴和深化理论研究

（1）第一层级复合产业的范畴和深化理论研究有助于提升对第一层级复合产业四项原则的方法论认识。实践中第一层级复合产业原则既适用于因生存需要的杜仲企业生产者，也适用于杜仲产品的社会消费公众。四项原则在杜仲橡胶资源培育的产业活动中充分体现了科学的"生产和生活"实践观。杜仲橡胶资源培育的复合产业活动的生产实践观是以实现杜仲资源节约和提高杜仲林的生态效率为进步核心价值取向，是以杜仲产品的需求服务和资源利用的节俭生活方式为主要生活内容。

（2）第一层级复合产业的范畴和深化理论研究有助于深化对杜仲橡胶资源培育中特有的精神实质的张扬。大家知道，经济活动与"环境冲突经济"模式的直接后果是环境破坏和资源浪费。第一层级复合产业四项原则是以区域建设新型生态资源经济体系建设为节约资源、保护环境为最终目标，真正表达了人类社会对自然界的敬畏。第一层级复合产业的范畴和深化理论研究也离不开人类主体能动性的发挥，离不开人类实践能力和水平的进步。第一层级复合产业的实践活动体现了人类对自然的合理改造的特征。

第一层级复合产业的经济活动范畴和深化理论研究在设计"人类必须敬服大自然"的生态环境关系方面，第一是实现区域生态资源的环境保护，第二是在良性循环中的环境能量储备基础上改变人们征服自然的思考方式，其成果是合理的生态资源环境服务和谐的人类经济活动发展。这样的结果在冲突经济的环境模式中，是不可能实现的，因为环保与发展历来被视为不可调和的对立因素。第一层级复合产业经济活动完全实现了二者的统一。这样的哲学思考体现了第一层级复合产业的范畴和深化理论研究中特有的辩证思维方式。

（3）第一层级复合产业的范畴和深化理论研究，有助于深化对第一层级复合产业的经济活动与实质的进一步认识。实践中可以看到第一层级复合产业的实践活动，展现出了其特有的精神实质，在杜仲产业化的活动实践中对其特有精神实质的充分把握是完全认识其经济活动功能和实质的关键。第一层级复合产业的范畴和深化理论研究同样敬服自然规律。它具有区域经济活动中基本的生态资源培育和环境保护的功能，是一种自然生态资源培育和环境能量储备发展的新型经济活动过程，通过经济活动实现对自然的培育改造，以保证新型生态资源经济活动的可持续发展，建立起第一层级复合产业的新型生态资源产业模式。我们清楚地认识到，新型生态资源经济体系建设中，杜仲橡胶资源培育的复合产业经济活动的发展和生态环境资源的修复和对环境能量储备的保护是人类社会和谐发展的基础。因此，第一层级复合产业的范畴和深化理论研究也是一种社会发展新型模式。推广这个新型模式，需要以区域政府、杜仲橡胶资源培育企业和群体公众的新的生态资源文化价值体系的确立为基础，所以第一层级复合产业的范畴和深化理论研究同样也是一种创新生态文化工程发展的新型模式。

通过分析，就可以深刻地理解"环境冲突经济发展"模式向"第一层级复合产业"模式转变的历史趋势和重要战略意义。也就是说，科学界定第一层级复合产业的范畴和深化理论研究，有助于我们更为清晰和深刻地理解、为什么代替"环境冲突经济发展"模式的新型资源培育经济活动发展模式，是第一层级复合产业模式，而不是其他的经济发展模式。

2. 第一层级复合产业的范畴有助于区域生态资源经济体系活动的实践发展

认识第一层级复合产业的范畴和深化理论研究，才能深入开展杜仲橡胶资源培育复合产业的实践活动。科学分析第一层级复合产业的内涵和外延，其内容不仅是培育杜仲生态资源经济生产的义务，而且也是区域群体公众生活的基本生态环境责任，实践中只要符合第一层级复合产业的四项基本原则，基于第一层级复合产业的研究和哲学思考，同样提出，杜仲橡胶资源培育企业要能够在培育的物质生产过程中努力节约生态资源的消耗；对于区域公众来说，构建完全节俭的生态化生活方式，减少消费欲望和奢侈的消费需求，以实现区域环境中合理平衡的生态消费形态。

第三节　生存与辩证关系

第一层级复合产业经济活动的实践过程，实现了对"环境冲突经济发展"模式的生存环境的辩证扬弃。

第一层级复合产业模式的提出，是我国新型生态资源经济体系建设过程中培育经济活动理论的重要突破，彻底打破了"环境冲突经济发展"模式的理论观点——视经济与环境系统为不可调和的冲突理念，根本目标是追求"人与自然、人与社会"和谐发展。第一层级复合产业哲学思考研究中体现着深刻的哲学精神，以其辩证的发展统一关系实现了对"环境冲突经济发展"模式的辩证扬弃。因此研究第一层级复合产业的哲学精神，就必须解析第一层级复合产业特有的经济活动过程。

一　第一层级复合产业模式中的哲学价值

"环境冲突经济发展"模式在一定阶段创造了巨大的经济成就，同时也造成了严重的自然生态环境的危机。其根本原因是对生态环境中的自然界的物质运行规律的长期漠视，活动中又将人类的主体能动性进行了无节制的扩张，以致危害自然生态环境的生存系统，既没有尊重和敬畏自然，又没有能够实现自然界与人类自身发展的统一。

第一层级复合产业经济活动模式与"环境冲突经济发展"模式相比较，具有不同的哲学环境和精神。第一层级复合产业模式不仅能够坚持对自然生态资源培育和自然环境能量储备的修复保护，实现对自然的敬服和尊重，同时也能够重视人类主体能动性的合理发挥，在实践中合理地对自然生态资源进行培育和修复性的改造，最终实现第一层级复合产业经济活动模式中的环境保护与经济发展的统一。

1. 复合产业中"人与自然"的和谐关系

在人类经济活动的早期，人类由于认识环境和自我发展水平的限制，其经济活动的范围相对有限，人类几乎没有造成环境的污染，经济活动对环境和生态系统功能的影响处于自然状态。随着社会发展、人类进步，人类的生活欲望和多种经济活动的占有领域的逐渐扩大，环境中的人类以"自然"的主人来占有自然资源，在实践中以各种非科学的"冲突式"的利益争斗实现对自然界的征服，人类制造的污染物的排放，"环境冲突经济发展"模式造成了严重的环境污染，人类的健康和社会环境的可持续发展受到前所未有的破坏。

人类在没有科学规划的进步过程中、与自然的利益争斗中形成了"发展与破坏"环境的冲突模式，在这样的历史进程中，人们逐渐觉悟，人类生活的环境和经济系统是一个开放性的系统，需要不断地从周围生态系统中吸收物质和能量，并制造排放出废弃物。事实是，环境中可供人类生活的生态系统的能源和资源存量都是非常有限的，这就形成了新型的有限的环境资源关系，即出现了人类面临如何协调"经济系统与环境系统"之间的关系的问题。如何解决环境冲突经济发展模式中存在的大量的冲突代价，以实现人类需要的可持续发展的目标。因此，彻底解决改变"环境冲突经济发展"模式，发展一种能够正确处理人类"经济活动系统与生态环境系统"关系的新型区域生态资源经济体系发展模式，就可完全解决人类生活需要的可持续发展。

如何实现"人与自然"新型结构关系中生态资源经济体系建设的环境优美的目标，改变视自然为人类征服与改造的对象，视"人"是绝对的自然的主体，从而忽视自然界自身固有物质运行规律，实现"人与自然"关系的和谐，就必须彻底改变对自然一味征服和改造的盲目行为，转换为对自然规律的"敬服和尊重"，在遵循自然规律的前提下改造自然。

第一层级复合产业哲学的意义在于，充分实现了区域公众积极参与生态资源经济体系建设。第一层级复合产业哲学，首先在认识上，将经济林产业的生态资源的培育和环境的能量储备提升到国家战略层面进行系统规划，充分认识到自然资源和能源的稀缺性。区域生态资源经济建设是人类在生存资源开发、利用自然资源发展区域经济的时候，认识到生态资源培育必须具有长远眼光，必须珍惜所有的生态自然资源。杜仲橡胶资源培育活动既是"生产活动和生活消费"的过程，也是区域环境中公众实现对自然的敬畏和尊重的过程，这也是第一层级复合产业哲学思考与实践的全部内容。

第一层级复合产业经济活动与循环经济的"再利用"原则是实践活动的有机关系，生态资源培育是第一层级复合产业实现对资源和产品的节约使用，减少废弃物的产生量的基础产业活动。如果不合理的使用生态资源和环境资源，产生的废弃物必然增多。人类与自然的权利责任应当是和谐共生、持续发展，因此，人类不能将大部分精力投入研究如何产生大量废弃物以推动生产发展的恶性循环怪圈。循环经济的"再利用"原则是用"资源或能源生产率"代替"劳动生产率"。实践中的结果不是让生产者、消费者吸收更多的物质和能源，而是让物质和能源更多地服务于生产者、消费者。这种对资源利用效率的提高既不是"环境冲突经济发展"中的生产效率，也不是新型生态资源经济体系建设的合理形态，而是愿望生态效率，反映了对生态自然资源稀缺性的普遍关注。这也是区域生态环境建设中、通过生态资源经济体系建设培育，实现生态资源经济活动效率的途径之一。

第一层级复合产业哲学研究的新型生态资源经济体系建设的"生态环境资源培育"实践活动，从系统建设来看，反映出研究目的是对生态资源经济培育运行规律的遵循。第一层级复合产业哲学研究的意义在于，通过培育杜仲橡胶资源，以及橡胶资源所延伸的产业链，实现对资源和废弃物的循环再利用，这既是对资源稀缺性的重视，同时反映了对自然界物质运行规律的认识。因此，研究者普遍认为，只有将非废弃物转换为原料的"动脉"产业还不行，还需要有将废弃物转化为再生资源的"静脉"产业。循环经济通过"资源化"原则建立"资源→产品→废物→再生资源→再生产品"的循环生产系统，与第一层级复合产业的模式同样体现了"自然界物质变换"的基本规律。

生态资源经济体系建设活动中的"产业物质"和"生活能量"，都要在这个不断进行的区域经济活动中得到合理而持久的利用，在实践中合理解决"生态阈值和资源稀缺"的矛盾关系。第一层级复合产业哲学研究的"四原则"和循环经济活动的"3R原则"共同体现了人类对自然生态系统的基本原则。第一层级复合产业哲学研究的杜仲橡胶资源培育的区域经济持续活动区域系统与区域生态环境系统的稳定，都是建立在以"有机联系"为前提的基础之上。杜仲橡胶资源培育的实践活动将突出工业生产整体及其各个环节的整体关系，通过工业生产与自然生态环境的关联关系，建立起长期研究"生态系统对经济活动"的制约机制，通过培育杜仲橡胶资源的产业活动丰富区域生态资源经济的实践内容，建立科学合理的"人与自然"的关系。

第一层级复合产业哲学研究"人类对自然的敬服关系"是全球经济活动非常丰富之际，这与农业社会中对自然的畏惧和服从的关系完全是两个概念。我们知道，农业社会对自然界的畏惧则是由于人类不了解自然界的基本规律，人类的经济实践也是在自然界的支配之下进行的生产。第一层级复合杜仲橡胶资源经济产业发展活动中，属于对自然界基本规律的正确认识的基础上的新型生态资源产业活动，基本遵循了"自然资源→生态资源培育→生态资源加工→生态资源能量储备→生态资源服务消费公众"的经济活动规律。

2. 复合产业中"人与社会"的发展关系

"环境冲突经济发展"模式的实践活动是社会经济环境的自然储量受到不对称的使用后，人对自然界的"利益征服"完全违背了自然的生存运行规律，使生态环境遭到破坏。"环境冲突经济发展"模式的行为反映出人类对自然环境的直接利用所出现的破坏式、移位式、虚假保护式、项目异化式的异态。生态环境遭到破坏，后果是被征服的不是自然界，而是人类自身被自然界所惩罚。人类对自然的改造和征服是为了实现人类自身的发展，而社会经济活动的结果却是"环境冲突经济发展"模式导致了对"人和社会"发展的负面影响，体现的是一种被异化了的人类主体性和各个矛盾产生的主要原因。

第一层级复合产业发展模式的先进性在于追求"人与自然"关系的和谐，追求社会关系和谐以及人的全面发展，突破"环境冲突经济发展"模式下社会和人的发展的局限性。实践中，要把杜仲橡胶资源培育产业作为生态环境建设的首要课题认真研究，同时要合理开发生态资源经济区域，不能把生态资源当作任意索取和处置的财产。在实践中要把"区域、政府、企业、环境、人口、资源、信息、功能、利益"等要素联系起来认真思考，不能以牺牲后续的发展和子孙后代的生存环境为代价，来实现生态环境的恶性发展。

第一层级复合产业哲学实现"人与自然"和谐生存关系，同时实现对"人与社会"的发展环境的追求，这必须以可持续发展为基本研究原则，"可持续发展"主要是指经济活动发展的问题。

首先，第一层级复合产业哲学研究"可持续发展"的原则，能够实现"人与自然"行为的和谐相处。复合产业需要的环境从特征来看同样是发展问题，环境经济活动与社会环境活动是两个不同行为的经济特征，都需要在发展过程中检验环境生存数据，因此环境问题在生态化的发展过程中的解决是复合产业的重要内容，所以说，没有科学的实践经济社会行为，生态环境问题就不能科学的解决。

其次，第一层级复合产业坚持生态环境优先的发展原则，将"人与社会"的行为建立在生态环境的生存基础上。复合产业的发展中，杜仲橡胶资源培育和杜仲产业活动方式完全是遵循唯物主义的发展观点，杜仲橡胶资源培育经济活动的实践，是区域和谐的"社会关系和人的全面发展"的物质基础。如果区域没有生态经济活动的发展，就没有"人与社会"优质关系发展的物质基础。

我们需要思考，实现区域经济活动的优质发展环境，要在承认并坚持人类对自然界的科学改造的前提下。如果否定人对自然的主体地位，不认同人类对自然界的改造行为，发展就是空谈，是没有科学性的行为。

第一层级复合产业实践活动在对自然改造的过程中，同样面临"人与自然"关系的两重性。众所周知，人类不去主动的改造自然界就不能获得必要的基础生活资料，就无法生存。同时，人类去改造自然界，就会破坏自然生态系统的稳定，而自然生态系统的稳定平衡也是人类生存的必要条件，改造自然同样会造成人类无法继续生存的局面。这种人与环境的"生存悖论"，是对人类经济活动的必然争论，第一层级复合产业经济活动就是将自然被"异化"改造和征服的老路彻底废弃，探寻培育新型的生态环境的路径，以建立与人类共生的合理的、科学的新型生态资源经济体系发展关系。

第一层级复合产业哲学思考在需要尊重自然的同时，解除限制区域经济发展的限制，合理科学地对自然进行改造和利用。实现经济活动中人对自然的主体能动性。这里需要注意，第一层级复合产业哲学思考发展与"环境冲突经济发展"模式下的人类主体性是有实质性的不同。第一层级复合产业经济活动是在充分发挥"人类能动性"的同时，完全尊重与遵循自然界运行规律。复合产业在实现对自然界修复改造的同时，主动承担起维护自然界生态环境建设与平衡的责任，从新型生态资源经济体系建设的角度逐步实现"人类"对"自然界"的真正意义上的征服与改造，实现"自然界"为人类的生存和发展服务的科学性与可行性。第一层级复合产业哲学思考是在此基础上，承认人类能动性实现了对自然征服与改造。所以说，第一层级复合产业的杜仲橡胶资源培育产业活动是以"实现区域经济社会活动以及人类自身发展的高级目标追求为基础，全面健康的促进区域'人与社会'的发展和进步"，同时实现了对"经济活动系统与生态活动系统"之间关系的合理统一，合理建设"人与自然"之间的生态环境。这种对自然的新型理性"改造与征服"实践活动还体现在可以正确处理区域生态资源经济体系建设的"经济活动系统与社会活动系统"之间的关系问题。

第一层级复合产业经济活动从产业属性来看是以新型结构的工业经济为基础，服务于区域经济活动中的各个行业以及社会生活消费各个层面的较大的社会活动性质的系统工程。第一层级复合产业哲学思考研究的不仅仅是处理生态修复环境活动中"人与自然"之间的关系问题，而是实现区域环境中"人类的社会科学责任和生态资源培育领域的生存发展环境需要的基本实践活动过程"。

第一层级复合产业经济活动在区域内实践"人与社会"关系中逐步建立合理的生产、生活方式以及实现人的自身全面发展的基本目标，探索科学的生态资源经济体系建设的规律。

3. 第一层级复合产业的辩证关系

第一层级复合产业的哲学思维方式，是建立在培育杜仲橡胶资源复合产业的哲学理性的认识方式之上。其思考本质是"主体把握客体"的一种生态环境修复和生态资源培育的认识过程，是人类保护生态环境实践方式在人脑中的内化活动。区域经济实践活动中，人类因时代不同、经济活动的实践方式也不相同，形成了不同的思维方式，成为人类"认识的启动、运行和转换"的内在机制，这决定了人类的思维角度和侧重点。第一层级复合产业哲学思考在杜仲橡胶资源培育产业活动中，体现出了其特有的辩证思维方式。

解析一，第一层级复合产业经济活动实现了追求"人与自然"关系的和谐向度，实践了区域生态环境资源储备的全局观念和整体性哲学思考。体现在从全局整体上把握杜仲橡胶资源培育的产业活动方向及产业运动、变化和发展规律的思维方法。复合产业的核心是在杜仲橡胶资源培育的发展过程中从哲学思考的向度，在区域内政府、企业、全体参与者、建设者、保护者完全真正理解"事物"的各具体方面在事物整体中所具有的性质、关系、地位、作用、趋势基础上，认识并按照"事物"所在区域的整体规律去促进其环境与产业结构的改变和完善，以满足"人"的主体性（能动性）发展的需要。同时也反映出整体性思维是全局性、辩证性和可持续发展的战略思考。

整体性思维体现的是辩证法的整体有机论世界观。根据唯物辩证法的基本观点，杜仲橡胶资源培育产业活动中的各个"事物（杜仲产业活动关系体）"都是相互联系的，复合产业中事物（杜仲产业活动关系体）组成了一个较大的系统，系统内部的各要素之间相互联系，构成不可分割的有机整体。从逻辑关系来看，复合产业的系统整体之中的局部要素同样不可能成为系统整体中的主体，同样"人"不可能把自然界系统整体作为实践对象。"人"只能作为社会与自然界系统整体之中的一个要素在参与整体的运动。

从实践中来看，"人与自然界"的整体关系中，自然界是决定者，作为区域经济活动中局部要素的"人"是被决定者。"人"的活动完全在自然界整体的规律性和动态结构的范围内活动。在这个关系中，杜仲橡胶资源培育经济活动处于自然界的自然合理结构中，而"人"不过是这个系统整体中的一个局部要素而已。第一层级复合产业研究的全部意义在于改变"人与自然"之间的主客体对立关系，以第一层级哲学思考的精神在更高层次上、更广的范围内与生态自然环境建立统一和谐的关系。

第一层级复合产业经济活动标志着彻底抛弃了在环境冲突经济发展中"人"的统治，确立了"人与自然"共同生存、培育生态环境、统一发展的理念观，真正提升了整体性哲学思考的第一层级的向度。

解析二，对立统一性思维的实践意义，体现在第一层级复合产业哲学思考在培育杜仲橡胶资源产业经济活动中如何科学地改造自然，实现区域环境中"人类和社会"的全面、健康发展，实践科学的对立统一性哲学关系。对立统一性思考就是区域经济活动中的矛盾统一思维方式。我们知道，"矛盾"是事物存在和发展中对立面之间的对立统一关系，这种关系具有客观性，即具有不以人的意志为转移的、按其本身所固有的规定性运动。但这并不意味着人们在矛盾面前不能有所作为，听任矛盾发展，甚至使矛盾发展成危机。面对矛盾，"人"可以充分发挥主体的能动性，积极地去认识矛盾的规定性和运动规律，树立生态资源培育的生存市场信念，建立新型生态资源经济体系建设服务公众的价值体系，运用对矛盾的规定性和运动规律的认识，通过对生态资源经济活动过程的调控手段，对矛盾的运动过程施加影响、进行调控，以使矛盾的运动向有利于主体发展。也就是说，对立统一性思维需要把握矛盾的客观性原则与主体能动性原则的辩证统一。

第一层级复合产业哲学研究"生态环境发展与生态资源修复（环保）"之间的矛盾关系。"环境冲突经济发展"模式下的经济增长不足或增长方式不当非常容易造成环境污染、生态破坏，环境污染、生态破坏又会反过来制约经济的增长。如果处理不好二者的关系，就会进入恶性循环，人类经济发展的历程已证明这一点。根据唯物辩证法的矛盾学说，相互对立的矛盾双方也具有统一性。处理好二者之间的关系，就会使二者相互促进。培育良好的生态环境可以成为区域新型生态资源经济增长的基础和条件；第一层级复合产业经济活动的实践与健康发展也是环境保护的重要推动力量。实现二者的辩证统一，必须解决好经济活动中的"两难困境"。"两难困境"的产生是由于"自然界客观因素的制约（自然资源的稀少和生态阈值）"和"区域政府非科学规划生态资源经济建设和人类经济行为的影响"两大方面的原因造成的。"两难困境"的解决不仅需要在复合产业经济活动发展中实现"资源的节约和环境的保护"，修复改善生态环境为复合产业经济活动的健康、可持续发展提供支撑，也需要在"资源节约和环境保护"的同时追求区域经济的健康发展。实践证明从经济发展入手来解决环境的问题，才能把二者的对立性消除到最小状态，从而实现"生态环境发展与生态资源修复（环保）"二者的良性互动与和谐统一，充分认识并把握"经济发展和环境保护"的内在科学规律。第一层级复合产业是把"存在矛盾的因素"统一起来发展的过程，同时也是一个蕴含矛盾思维的实践过程。

第一层级复合产业经济活动的实践行为实现了人类"尊重"和"改造"自然的辩证统一，具有"环境冲突经济发展"模式所不具有的哲学思考功能与复合产业实践的活动实质，根本目标是促进"自然、社会和人"的全面、协调、可持续发展。破解困境，不能简单地将对自然的"敬畏"视为"正题"，把近代工业社会人类对自然的"征服""统治"视为"反题"。"第一层级复合产业"发展模式能构建"人类与自然"之间的"和谐向度"，可视为"向度合题"。

第一层级复合产业经济活动作为"生态资源环境修复与保护"的更高级的产业化阶段，复合产业既是对"环境冲突经济发展"模式的否定，同时也是对原始人类一味服从于自然"统治"的否定。实践证明，这种否定关系是辩证法关系中的扬弃，内含对"环境冲突经济发展"模式所有积极成果的自觉保存。构建"人与自然"之间的和谐关系，必须吸取古代原始人类"敬畏"自然的合理内核，即尊重自然的同时，舍去其不作为的消极性；吸取"环境冲突经济发展"模式中人类"征服"自然中的"改造自然"的积极性，舍去其企图统治自然的狂妄性、破坏性、自毁性。

二 第一层级复合产业的特征与认识

第一层级复合产业哲学思考，从杜仲橡胶资源培育的复合产业经济活动中反映出两个方面的基本特征。

一是生态资源培育特征，第一层级复合产业实践活动必须遵循杜仲橡胶资源培育的生态环境系统的基本规律。

二是生态环境能力技术特征，第一层级复合产业的发展依存于杜仲橡胶资源培育技术路线和杜仲产业加工体系技术路线等复合技术体系，完善其技术支撑体系并实现可持续发展。

杜仲橡胶资源培育经济活动的这两个方面的特征，是基于对生态资源经济体系建设实践过程的基本认识。第一层级复合产业的基本特征是笔者首次提出，考虑到学界研究和在区域实践中应用的需要，在这里，对其特征实质进行解析，分为两种观点进行研究。

1. 第一层级复合产业哲学思考的提出是在对"环境冲突经济发展"模式的反思中提出，是对区域"生态资源经济体系建设"的进一步研究和思考，是以培育杜仲橡胶资源为例进行的可持续发展的新型生态环境能量储备经济活动。其实质特征具有生态经济的基本属性特征，同时具备第一层级复合产业培育经济活动的特征，它同样要求在实践中运用"生态学规律"而不是机械论规律来指导区域经济社会的生态资源经济活动。

2. 第一层级复合产业哲学思考的提出同样是基于对"环境冲突经济发展"模式中的生产技术性的范式革命。生态环境问题不仅在区域内、而且成为全球范围内的突出矛盾。人类赖以生活、生存和消费的各种资源逐步从稀缺走向枯竭死亡，人类创造新型经济与环境活动自然由以资源稀缺性为前提构建的"末端治理范式"，它逐渐被第一层级复合产业经济活动模式所代替。这种模式结构变化的出现，符合唯物辩证法的基本原理，即本质是被表现出来的，现象是表现本质的。第一层级复合产业研究杜仲橡胶资源培育和生态资源环境需要是以对生态资源培育（事物）的本质的清晰认识为基础的。

认识第一层级复合产业的实质，既要坚持这样的哲学思考方法，又要坚持科学的生态资源培育和生态资源技术的应用。

实践活动中，全面并深刻地揭示第一层级复合产业哲学思考的本质，必须将第一层级复合产业哲学外在表象的反映与对杜仲橡胶资源培育复合产业经济活动的现实意义的认识紧密结合起来。也就是说，对第一层级复合产业的本质的揭示，既要反映复合产业外在的基本特征，更要反映复合产业的基本功能。

第一层级复合产业经济活动能够为社会所认可并推广，这种新型的经济培育实践模式代表了新的发展理念，通过经济活动实践，最终达到合理服务于"人的利益和需求的实践"。

第一层级复合产业的基本特征是在复合产业的实践过程中表现出来的，复合产业的开发功能在复合产业发展初期是不易被人所认识，只有通过杜仲橡胶资源培育的产业活动实践，才能够逐步被区域和生存环境的人们所认识。这主要体现在六个方面。一是生态资源经济体系培育。复合产业经济活动遵循生态学的基本规律进行生产和消费活动，生态资源培育是可持续生活和消费的关键，其核心价值是生态资源经济和环境的生存保护功能。二是生态环境经济功能培育。复合产业必须在遵循经济规律的前提下发展，生态环境经济是在多种橡胶资源培育产业链中逐步实现发展的，同时逐步实现区域的经济增长的目标。三是生态环境与社会环境培育。复合产业的发展会对生态环境社会的"生产方式和生产关系"的调整提出更高要求，实践中通过生态环境的修复和社会环境中自觉对生态环境的保护，必将对区域经济社会环境的进步与生态资源经济活动的利用发展产生积极的重要的推动作用。四是生态文化资源培育。复合产业的经济活动发展离不开社会环境与公众科学环境的"文化生态和生态文化"价值观的确立，"文化生态"是"人类与自然"的生存关系，"生态文化"是"人类与社会"的和谐关系。这两个关系必将推动生态环境保护和社会文化的进步与繁荣。五是生态环境能量储备培育。复合产业经济活动的关键是培育生态资源、储备生态环境能量，为人类生活、消费提供持续的资源，实现人类与环境的美好向度价值。六是第一层级复合产业经济活动实践培育。第一层级复合产业经济活动将对区域环境保护、生态资源修复、区域经济增长、生态资源保护、社会文明进步以及社会综合发展等起到重要的积极推动作用。将这些培育功能的认识上升到第一层级复合产业的高度，笔者研究结论如下。

1. 第一层级复合产业经济活动实践具有培育和修复生态资源环境的保护功能，以杜仲橡胶资源培育复合产业为例是第一层级的高级生态发展模式

"环境冲突经济发展"模式反映的是经济发展历史中的"取得资源→加工产品→污染排放"的"线性的粗放型的开放式经济活动"过程。众所周知，人类经济活动中高强度地把物质和能源从生态系统中提取出

来，根本不考虑人类的长远生存环境，把"污染物和废弃物"不加任何处理地排到生态系统中，使生态系统既是"利益掌权者的原料箱"又是"利益消费者的垃圾箱"，污染物的排放最后超出了生态的阈值承受能力，行为活动的特征是直接破坏了人类生存的生态环境。如果，人类在污染物产生以后进行末端治理，这种治理模式只是一种简单的环境保护行为，不能解决区域生态资源建设的实质问题，不能从根本上改善生态环境。

第一层级复合产业经济活动完全遵循生态系统的互联互利的基本发展运行规律。复合产业经济活动是生态系统的一个完整的可持续发展的子系统，通过培育杜仲橡胶资源以实现减少资源消耗、合理使用生态资源，通过杜仲橡胶资源培育技术的进步实现对废弃物的"资源化"管理为基本手段，组建新型的生态资源培育经济活动体系，组织成一个"培育生态资源→生态链式结构产品→新型生态化再生资源"的正向式的生态资源经济活动系统。将所有的生态环境物质（资源）和生态环境能量（服务功能）通过第一层级复合产业经济活动使人们得到合理和持久的利用，同样实现减少"废弃物"的产生环境，将"人和自然"的物质变换合理地调整控制在最小的经济活动范围。

第一层级复合产业经济活动实现了社会经济的可持续发展，实现了培育生态资源和培育生态环境能量，使自然界的生态系统维持在一个合理的修复与平衡线上。可以说，第一层级复合产业是一种高级的生态发展模式。

2. 第一层级复合产业经济活动实现可持续发展，是一种高级形态的经济发展模式

第一层级复合产业经济活动的重要特征是对生态环境的保护，重要功能是对生态资源环境能量的储备。实践中，我们既要坚持实现社会经济的健康发展，同样，也应当遵循一般经济规律。

第一层级复合产业哲学思考离不开人类的生存需要和市场经济制度。人类在改造自然的同时，自然要追求自身效用能量的最大化。培育杜仲橡胶生态资源，如果可以作为"免费的生产条件"使用的话，

"生产者"毫不犹豫地倾向于违背"生态学规律"而无节制的使用它们，由此获得更多的经济利益。由此来看，复合产业经济活动中只提倡"生态伦理和道德价值"会显得无力。因此，第一层级复合产业经济活动是以培育杜仲橡胶资源为特征的经济活动，即"培育生态资源和生态环境能量储备"的经济活动，通过"培育生态资源（伦理）和生态环境能量储备（价值）"来实现"生态伦理和道德价值"的高级精神形态。

我们知道，生态资源的自然资源数量是有限的，杜仲橡胶资源培育受地理、环境、自然条件等因素影响，不是所有区域都可以实现种植。第一层级复合产业经济活动是为了实现人类对生态资源利用的可持续发展、生态环境能量储备和生态资源保护，以培育杜仲橡胶资源和杜仲链式产业发展的市场经济需求为目标、创新性的新型复合产业模式。确定杜仲资源等"自然生态资源"为社会共有的"生产要素"，并进行合理的定价指导制度，建立起"生产者"按照"费用最小化的原则"节约使用杜仲生态资源，实现生态环境的保护。

第一层级复合产业经济活动作为新型生态发展模式的实质内容，必须是以遵循经济规律为前提条件，遵循经济发展规律，复合产业经济活动才能实现其生态发展的功能。第一层级复合产业经济既要完全尊重生态经济学研究者主张用生态学规律指导人类的经济活动的意见，使人类活动在完全不改变自然的情况下发展生态资源经济体系建设。同时也要正确面对区域内各种现实问题，这是难以实现的，因为"人类经济活动"遵循的是"经济规律"，而不是"生态规律"。这也是第一层级复合产业哲学思考的重要问题之一。

第一层级复合产业的发展必须依靠"生态规律和经济规律"进行经济活动，在进行"生态规律和经济规律"的共同实践中，通过处理好两个规律运行和遵循经济活动中所涉及的一系列生态资源经济问题，才能够在实现培育资源和生态环境保护的基础上，实现人类与社会经济的可持续发展。基于此，第一层级复合产业经济活动也是一种高级形态的新型生态资源经济体系建设过程。

3. 第一层级复合产业经济活动完全以促进社会和谐发展为目标，是一种高级形态的社会文明发展过程

第一层级复合产业经济活动实践完全改变了"环境冲突经济发展"模式中的环境异化生存形态。在破坏环境式的经济活动模式里，企业"生产者"为追求利润最大化，以各个破坏式手段努力刺激区域内人们对物质、生活的追求欲望，导致了人们生活在"生活方式的异化和社会的畸形发展"生存环境中。

第一层级复合产业经济活动模式是在新型培育生态资源经济转型模式中实现的复合产业经济活动，可以说对社会主义和谐社会的建设具有重要的、积极的推动作用。

"第一层级复合产业"与和谐社会建设具有内在的一致性。表现为，（1）二者具有一致的第一层级复合产业的高级形态的目标追求。和谐社会建设以实现"人与自然"以及"人与人（社会）"之间关系的"和谐向度"为目标，实现"社会生产力"的发展是实现和谐社会的最重要的物质基础。作为"高级形态的生态发展模式和高级形态的经济发展模式"的第一层级复合产业经济活动实践，同样是以实现"培育生态资源和生态环境建设"的生态保护为前提，以生态资源经济的可持续发展为目标的高级形态。（2）二者具有第一层级复合产业经济活动的共同的指导理论。我国经济发展结构表明，构建社会主义和谐社会要以"科学发展观、以人为本"为基本指导原则，第一层级复合产业经济活动是在以坚持"科学发展观、以人为本"的原则中追求实现目标，实现可持续发展所采取的重要战略举措。（3）二者具有完善的制度和实现条件。构建"和谐社会"与"第一层级复合产业"发展必须以市场经济为基础，以完善的法律制度为保障，以"生态文明、社会文明"作为精神动力。这些内在的一致性，证明第一层级复合产业必将在社会主义和谐社会建设中发挥重要作用。解析来看，复合产业经济活动是促进"社会生产力"发展，增强社会活力的基础。第一层级复合产业的发展，通过培育生态资源，可显著改善和提高区域内人民的生活水平，有效促进社会公平正义的实现。第一层级复合产业的发展符合生态文明建设要义和经济规律，同样需要

"培育生态资源环境立法"的大力支持，积极有效地推动相关法律制度的调整，进一步推进社会主义民主和法制的完善和制度设计。

第一层级复合产业经济活动有助于社会公众形成"合理的生态资源生产和生态资源消费观念"，积极促进"安定有序环境和诚信友爱社会氛围"的形成，具有积极的推动作用。基于此，"第一层级复合产业"在构建"和谐社会"中所具有的重要的生态价值和储备功能，说明第一层级复合产业经济活动是高级形态的社会文明发展模式。

4. 第一层级复合产业包含了丰富的新型的高级形态的生态文化价值体系

"第一层级复合产业"与"生态文化因素"具有内在的紧密联系。

首先，反映在第一层级复合产业中含有深厚的文化力量。第一层级复合产业是追求经济发展与生态保护的统一，也就是追求实现"人与自然"的协调统一、"人与社会"的和谐相处，这种内在的一致性完全符合中国传统文化中的"天人合一"思想以及马克思主义哲学的自然观。

其次，反映在第一层级复合产业经济活动对区域社会文化的发展具有积极引导力。因为，第一层级复合产业的发展中区域政府的推动和引导是关键，同时非常需要社会公众普遍的环境忧患意识、节约意识和发展生态资源经济体系建设的观念，需要具有高度文明意识的有责任的社会成员的积极参与。

在"环境冲突经济发展"模式下，畸形的社会文化价值观也随之出现，诸如浪费资源等挥霍型的生活方式。第一层级复合产业的发展需要重新审视"冲突环境为代价的工业文明"下的社会文化价值体系，对区域经济发展和人类存在的关系重新定位，通过市场经济活动，将培育生态资源智慧和伦理道德观念融为一体，建立一种能够整合区域经济增长、生态资源经济活动的健康和满足区域社会环境发展基本需求的新型高级形态的文化价值体系。第一层级复合产业经济活动要求"生产者"形成生态资源的培育观，具有培育生态资源，构建符合区域市场经济发展要求的新型经济伦理观念，构建具有新型市场经济和生态环境和谐发展的关系，构建严格遵守区域市场经济规则的伦理道德体系。对于社会公众来说，第一层级复合产业经济活动反映了新型的文化价值体系的形成。具体表现为"培育生态资源的修复保护意识"和"生态文化的消费观和幸福观"。实践活动中要求人们在消费过程中对环境进行无条件的保护，体现出具有高度的社会主义生态文化建设和精神文明的核心价值观念。复合产业活动中形成的这种新型的文化价值体系，可以看作是区域内的新型公众参与的生态资源经济体系建设的文化活动，由此可以说，复合产业中的人类思想观念发生了深刻变革，其结果是对"环境冲突经济发展"模式的反思，是回归自然法则的正确途径。基于此，第一层级复合产业经济活动发展对于社会经济和生态文化的发展具有重要的促进作用，可以说是高级形态的生态文化发展模式。

第一层级复合产业的发展模式和复合产业经济活动证明了复合产业的实质特征，具有重要的可持续发展的战略意义。培育杜仲橡胶资源和开发杜仲产业链式产品的生态资源经济体系建设活动必须在第一层级的层面进行。第一，认识和实践第一层级复合产业目标特征（产业实质）。研究目的是使人们清楚地认识到杜仲橡胶资源培育复合产业在生态资源培育和生态环境保护中的重要价值和功能，提升人们保护生态环境和修复生态环境的价值观念。其次，从高级形态的经济发展层面来认识复合产业的实质，帮助人们看清第一层级复合产业与市场经济的依存关系，为市场经济条件下的第一层级复合产业经济提供基本的方法论指导。第三，通过社会发展的层面来认识复合产业的特征，进一步深化对复合产业经济活动现实意义的认识，构建社会主义和谐社会，在历史发展的背景下发展复合产业，培育人们的自觉性和坚定的信念。第四，培育生态文化发展理念来认识复合产业的特征，通过复合产业实践活动中主动建立适应复合产业发展的新型文化价值体系，培育良好的生态环境保护意识和生态伦理观念。

第一层级复合产业哲学——以杜仲橡胶资源培育复合产业为例，研究人的"自然"属性和"社会"属性。其哲学思考的第一层级是"既有物质需求关联，也有精神需求关联，同时还有社会文明秩序的需求关联"。以培育生态资源和生态环境能量储备为生存价值的"生态价值、经济价值、社会价值和文化价值"的实现不仅是区域经济活动的生态资源培育实践过程，同时实现了生态资源转化的服务功能充分满足了"人"的各方面需求，实现了"人"将在第一层级复合产业的实践活动中逐步完善自身，并积极融入生态化的新型"生态资源社会"环境。

笔者通过哲学思考提出了"第一层级复合产业"的兴起环境，通过对第一层级复合产业的内涵和外延的哲学思考，定义第一层级复合产业的经济活动实践范畴："第一层级复合产业的研究是生态资源环境能量储备发生危机后，人类与社会生存系统面临巨大的生存困境，必须认真自觉反思'环境冲突经济发展'模式下的各种行为，坚持以辩证的思维理念为指导，遵循生态学的基本规律，在物质生产和社会生活领域坚持以培育杜仲橡胶资源为例的四项基本原则为生态资源培育的基本模式，建立新型的'生态环境资源培育和生态环境能量储备'新型生态资源经济体系建设模式，实现'人与自然、人与社会'的全面发展，追求全球经济活动复杂环境中的人类新型的'生态、经济、社会和文化'发展的新型生态资源经济体系培育模式。培育新型生态、经济、社会和文化发展的服务人类生存的功能，最终实现第一层级复合产业的高级形态的价值宣扬，即促进和服务于'人'的生态生活质量的全面发展"。

第三章　第一层级复合产业
哲学研究理论

　　第一层级复合产业哲学——以杜仲橡胶资源培育复合产业研究为例，是改革开放 30 年来在取得巨大成果基础上，以及国家经济转型时期探索培育新型生态资源经济体系产业经济活动，主导新型生态资源培育和可持续保护发展生态环境的重大战略性的产业经济活动，是具有领先世界的哲学思考的生态资源经济复合产业实践活动的重大研究课题。

　　"第一层级复合产业"经济活动的实践完全符合生态资源培育经济活动方法论原则，是复合产业的第一层级哲学思考之源。第一层级复合产业具有科学的世界观基础，马克思主义哲学唯物辩证的"自然观"和唯物主义"历史观"是复合产业经济活动的最重要的世界观基础。实践中，需要积极吸取中、西哲学自然观中的合理成分，具有确立第一层级复合产业哲学思考理论基础的意义。

　　第一层级复合产业的发展，研究建立"第一层级复合产业"发展方法论原则，明确"第一层级复合产业"的世界观基础，明确科学发展观、中国梦价值观对第一层级复合产业经济活动具有重要价值，具有重要的战略意义。

第一节　第一层级复合产业的方法论

　　第一层级复合产业经济活动是建立在培育新型生态资源经济体系建设

基础上的、遵循生态自然运行规律进行的新型生态资源经济活动的实践过程。以第一层级复合产业的方法论原则,第一层级复合产业的四项基本原则具有哲学研究的积极意义。"第一层级复合产业哲学"是生态资源经济体系的哲学结构研究的可持续发展的重要课题,"第一层级复合产业哲学"基本原则是第一层级复合产业杜仲橡胶资源培育的四项基本原则,即"第一层级原则、杜仲橡胶资源培育原则、复合产业原则、可持续循环发展原则"。正确把握"四项原则"是科学界定"第一层级复合产业哲学"外延的基础。第一层级复合产业的哲学精神表现在杜仲橡胶资源培育和生态环境建设是在自然生态环境保护利用中构建"人与自然"的和谐关系;在热爱生命中保护培育自然资源,实现优良的"人与社会"环境的可持续发展。这一哲学精神的提升是进一步认识其杜仲橡胶资源培育的功能与实质的基础。

第一层级复合产业培育生态资源经济体系建设的四项基本原则与循环经济中的"减量化""再利用""资源化"三原则共同体现于社会物质生产领域,也体现于社会生活领域。其科学结果是:涉及"生产过程"如何减少资源消耗;涉及"消费过程"如何延长消费品的寿命,以及在"生产和消费之后"如何实现废弃物的循环再利用。第一层级复合产业培育生态资源的四项基本原则,表明其思想来源于马克思主义哲学以及中国哲学和西方哲学思想中相关观点,支持"第一层级复合产业"方法论原则的相关论述。

一　培育观

杜仲橡胶资源的培育观是人类在生产生活的总环境中实现的。是基于生态资源的"培育节约和储存需求"的现状产生的生态保护意识中的新型培育观念。这种观念是科学的、合理的、生态的、有效的、可持续的,同时也是建立在区域人员结构对生态资源总量的消费需求矛盾必须合理解决的基础上的价值观念。实践中,我们必须面对"人类使用生态环境资源的总量是有限的,而人类的生态资源环境的需求是无限的这对尖锐矛盾"。当人类有限的资源和无限的需求之间的矛盾非常尖锐的时候,人类的生产活动也将无从谈起。合理的培育生态资源和储备生态环境能量是人类永久生存的需要，这就是利用历史提供的条件发展生态资源经济体系建设的新生产力关系，在加工生产过程中科学合理规划、限制对生态资源的过度开发和利用。因此，建立杜仲橡胶资源培育观的前提是必须在完全理解"培育节约和储存需求"的哲学关系中寻求基本的生态资源经济活动的科学方法。

"中国要实现现代化，是不是也要走西方走过的以牺牲人本身发展为代价的资本主义道路？马克思认为，在一定的历史环境下，某些民族可以避免资本主义的灾难，以人道的方式汲取资本主义的文明成果，走上社会主义道路。由于十月革命的巨大影响，由于有中国共产党的伟大能动精神，20世纪的中国没有失去历史提供的通向社会主义的这种'最好的机会'。新中国成立后的半个多世纪的历史，以铁的事实雄辩地证明：只有社会主义才能救中国，只有社会主义才能发展中国。但是，'什么是社会主义，怎样建设社会主义'，一直是从毛泽东到邓小平的中国共产党人不断探索的问题。经历了巨大成功和严重挫折，终于开辟出了中国特色的社会主义道路。马克思所谓利用历史机遇，简而言之，就是利用历史提供的条件发展生产力，以人道的方式解决资本主义用非人道的方式解决的问题，以人道的方式汲取资本主义的一切积极成果。这种有别于资本主义异化方式的社会主义别无选择"。[①]

1. 马克思生态思想阐述

第一，马克思关于生产过程中节约劳动时间的生态思想体现了生态资源经济体系建设的重要意义。对杜仲橡胶资源培育（生态资源经济活动和生态物质资源节约）具有重要的指导意义。

马克思明确指出："真正的经济—节约—是劳动时间的节约（生产费用的最低限度—降低到最低程度）。而这种节约就等于发展生产力。可见，决不是禁欲，而是发展生产力，发展生产的能力，因而既是发展消费

---

① 资料来源：实践与文本网，刘奔，《从马克思主义历史观、真理观和价值观的内在有机联系看科学发展观》，《黑龙江社会科学》2006年第2期。

的能力，又是发展消费的资料。消费的能力是消费的条件，因而是消费的首要手段，而这种能力是一种个人才能的发展，一种生力的发展"。①

实践中，我们体会到，"节约劳动时间与提高劳动生产率"是生态资源经济体系建设中紧密联系的两个方面。"节约劳动时间"就意味着"劳动生产率"的提高。杜仲橡胶资源培育复合产业就是追求生态环境中的经济效益，也就是节约劳动时间。生态资源培育是自然资源环境建设的过程，其对"节约时间"具有较大影响。杜仲橡胶资源培育的生产反映了自然资源是有限的，也反映了自然资源的品质有"优劣之分"。自然资源（杜仲橡胶资源种苗培育）的优劣程度与单位产品（杜仲橡胶资源苗木生长）所耗费的劳动量之间成反比关系。

因而作为生产资料的杜仲橡胶资源培育在使用过程中的节约表现为尽可能少的消耗和占用，表现为"劳动生产率"的提高，就意味着"劳动时间"的节约。可以看出，马克思对劳动时间节约的重视，体现在他对"节约自然资源"的生态意义的强调。

第二，马克思的扩大再生产理论体现了杜仲资源培育观中的生态资源节约的思想。马克思所生活的时代是资本主义时代，他的关于"资源节约的生态思想"主要是通过对资本主义工厂的分析中表现出来。马克思阐释了社会发展环境中的资本主义扩大再生产的两种类型，即"外延的扩大再生产和内涵的扩大再生产"。在经济活动区域里，在没有先进的生产技术的情况下，资本家是通过利益性"外延"的扩大再生产，即通过扩大生产规模来实现榨取剩余价值的目的，但这样的生产就始终陷于低水平、低效益的恶性循环。随着发展环境和生产技术的进步，"内涵"的扩大再生产逐步成为扩大再生产的主要形式。"内涵"的扩大再生产意味着劳动生产率的提高。马克思在《资本论》中指出："劳动生产率的增长，表现为劳动的量比它所推动的生产资料的量的相对减少，或者说，表现为劳动过程中的主观因素的量比它客观因素的量的相对减少……对劳动的需求不是由总资本的大小决定的，而是由总资本可变组

---

① 冯华：《马克思劳动时间节约理论形成简析》，《马克思主义理论研究》2010 年第 12 期。

成部分的大小决定的，所以它随着总资本的增长而递减，而不能像以前假设的那样，随着总资本的增长而按比例增加。对劳动的需求，同总资本量相比相对地减少，并且随着总资本量的增长以递增的速度减少。"一方面，资本有机构成提高后，既定的资本额形成对劳动较少的需求；另一方面，增加的资本投入也形成相对减少的资本对劳动力的需求。这种过程表明，再生产形式中的"不变资本"在企业总投资中所占比重就越来越大，产品中由"不变资本"转移来的"价值"也就相对越来越多，所以"不变资本"的"消耗程度"就成为决定"产品成本高低"的主要因素。在这种情况下，资本家的目的是获取更多的利润，在各个运转环节就必须减少"不变资本"的消耗程度。这种对"不变资本消耗程度"经济活动的控制也就是对资源消耗的控制。

需要指出的是，资本家对"不变资本节约"的控制与狂热需求，不是出于"生态保护和可持续发展"的目的。第一层级复合产业经济活动实践正是源自"生态资源经济和节约消费资源"的基础上，自然需要在杜仲橡胶资源培育复合产业经济活动过程中对"不变资本"加以合理、科学的使用。

2. 中国哲学中的生态思想

在中国哲学的研究与发展中，谈及有关"资源节约"的思想与"天人合一"的理念基本一致，提倡"人与自然"的和谐相处，尊重自然发展的客观规律，以达到保护自然资源，促进自然生态健康、和谐发展的目的。我国历史进程中把"节约资源"和"保护自然生态"视为民族的精神，其完全体现在处理"人与社会"的关系以及处理"人与自然"的关系上的伦理智慧，提供了发展复合产业的伦理资源和道义支持。

中国古人十分重视"天与人"的依从关系，十分重视对生态环境的保护与利用。

《吕氏春秋》有《十二纪》。有人问及其中的思想要点，吕不韦明确回答，就是要调整天、地、人的关系，使之和谐，要点则在于无为而行。《吕氏春秋》的《十二纪》系统地介绍了一年十二个月的天象规律、物候特征、生产程序以及应当注意的诸多事项。其中涉及生态环境保护的内容，特别值得我们重视。例如，孟春之月，要祭祀山林川泽之神，所献祭品不得用雌性禽兽，当月还禁止伐树，不得毁坏鸟巢，不得杀害怀孕的动物和幼小动物，不得取禽类的卵。仲春之月，禁止破坏水源，也禁止焚烧山林。季春之月，禁止用弓箭、网罗、毒药等各种形式猎杀禽兽，也不许伐取桑树和柘树。此外，又有孟夏之月不许进行大规模的围猎，仲夏之月不许烧炭，季夏之月禁止砍伐山林等规定。成书于先秦秦汉时期的《逸周书》的《周月》《时训》《月令》等篇，以及《礼记·月令》《淮南子·时则》等，也有相近的内容。

以《月令》为指导制定政策，可能在西汉中期以后更为明确。《汉书·宣帝纪》记录元康三年（公元前63年）六月诏，其中宣布春夏两季不得破坏鸟巢，探取鸟卵，射击飞鸟，这正是《月令》所强调的保护生态环境的禁令。大致成书于西汉中晚期的《焦氏易林》有关于"秋冬探巢"的文字，说明春夏两季不得破坏鸟巢的制度得以实行。《汉书·元帝纪》记载，汉元帝初元三年（公元前46年）六月，因气候失常，"风雨不时"，诏令行政部门认真监察，不许违犯"四时之禁"。永光三年（公元前41年）十一月，因地震雨涝，诏书严厉责问百官为什么不遵行"时禁"。唐代学者颜师古解释说，所谓"时禁"，就是《月令》中所规定严令禁止的内容。近年甘肃敦煌悬泉置汉代遗址发掘出土的泥墙墨书《使者和中所督察诏书四时月令五十条》，其中有关于生态保护的内容。如"孟春月令"有"禁止伐木"的条文，又解释说，直到八月，大小树木都不得砍伐，待秋后"草木零落"时才可以有选择地砍伐。当月又有不许破坏鸟巢的禁令，规定甚至空巢也不许毁坏。破坏空巢的禁令执行到夏季。如果砍中有鸟和鸟卵，则全年都禁止破坏。又规定，只要是不伤害人类的蛇虫，在九月之前都不得杀害。不许杀害怀孕有胎的动物，则是全年"常禁"。不得杀害幼鸟的规定，也同样是全年"尽十二月常禁"。保护幼弱走兽的禁令，则执行至九月底。这篇文字的日期为"元始五年五月甲子朔丁丑"，时在公元5年，是明确作为太皇太后的诏书颁布的。书写在墙壁上，是为了扩大宣传，使有关内容为众人所知。

爱惜和保护生态环境，在唐代开明士人中可以说已经形成了某种共识。郎士元诗"门通小径怜芳草"，皇甫曾诗"独悲孤鹤在人群"，都隐约体现了这种意识。对于生态的破坏，有识见的诗人是取否定态度的。韦庄《天井关》说到修筑关城而使当地植被和相关自然生态受到破坏的情形："太行山上云深处，谁向深云筑女墙。""劚开树绿为高垒，截断峰青作巨防。"有人评价这首诗时，试图从其不务德而务险的视角来分析。其实，如果以生态保护的眼光观察，应当看到这是对"劚开树绿"，"截断峰青"的批评，也曲折表达了保护自然生态的观念。

关注天人关系的观念在中国古代社会有广泛深刻的影响。司马迁在创作《史记》时曾表示要将"究天人之际"作为自己毕生的文化责任。从某种意义上说，"究天人之际"作为一种科学目标而为人文学者所看重，也体现了中国文化精神的一大特点。

汉初名臣晁错在一篇上奏皇帝的文书中发表了有关生态环境保护的意见。其中说道：让德政普及，使得天上的飞鸟，地下的水虫草木等都为其蒙被，然后才能使得"阴阳调"，"风雨时"，维持良好的生态秩序。这种试图以人为因素影响"天"的意志的主张，其实体现了比较开明的生态意识。汉宣帝时，御史大夫魏相上书引述《明堂月令》的内容，主张顺应阴阳四时执政。他说：执政者的行为"奉顺阴阳"，则"风雨时节，寒暑调和"，"灾害不生"，五谷丰登。所谓"风雨时节"，是汉代民间对理想生态的习惯表达形式。汉代铜镜铭文中常见"风雨时节五谷熟""风雨常节五谷熟""风雨时节五谷成"等文句，都表达了同样的社会愿望。中国古代生态保护意识较早成熟，正与农耕生活对自然生态条件的高度依赖有关。这种追求人与自然和谐的理念，本身就是具有科学意义的。而中国早期的农学和医学，正是在这样的思想基础上得以发达。

在反映中国古代生态保护意识的种种文化遗存中，如果剥去神秘主义的外壳，可以发现其科学思想的内核。《孟子·告子上》说，齐国都城临淄附近的牛山曾经草木茂美，但因为位于都市的近郊，人们随意砍伐，还能够茂美吗？当得到雨露的润泽，又会生长新芽嫩枝，然而在这里放牧牛羊，就又变得光秃秃的了。所以说，得到滋养，万物都会生长；失去滋养，万物都会消亡。孟子富有哲理的名言："苟得其养，无物不长；苟失其养，无物不消"，包含着生态平衡的思想。古人认为山林可以保持水土、调节气候。如果砍伐林木没有"时禁"的话，是会导致水旱之灾的。可见古人很早就已经发现山林植被有涵养水分，提高空气湿度，增加降水的作用。古代护林的礼俗制度还包括定时采伐，以保护山林的再生能力；禁止野焚，以保护山林以及鸟兽昆虫；禁止砍伐幼树，以保护山林的天然更新。[①]

《荀子·天论》也指出："强本而节用，则天不能贫；本荒而用侈，则天不能使之富。"班固在《汉书·货殖传》中提倡"育之以时，而用之以节"。

中国哲学中关于"保护环境、平衡生态"的理念，是通过生产过程中的"时禁"意识表现出来。据《礼记·祭义》记载，曾子曰："树木以时伐焉，禽兽以时杀焉。"夫子曰："断一树，杀一兽不以其时，非孝也。"

中国古代人民在长期的农业、渔业、林业市场的经营活动中，不断总结经验，特别是古代的学者、哲人有关生态环境和资源节约的思想与"天人合一"生态保护理念是完全一致的，古代护林的礼俗制度还包括定时采伐，以保护山林的再生能力；禁止野焚，以保护山林以及鸟兽昆虫；禁止砍伐幼树，以保护山林的天然更新。强调了"人与自然"的和谐相处，尊重自然发展的客观规律，以达到保护生态自然资源，古人强调礼俗制度实现顺从、保护自然生态环境，视为人类对自然环境的共存美德，体现了在处理社会关系以及人与自然关系方面的伦理智慧，这种纯美的哲理关系为今天区域内发展生态资源经济体系建设，提供了伦理资源和道义支持。

3. 西方哲学的生态思想意义

英国生态马克思主义者戴维·佩珀是西方生态伦理观研究的权威学者，戴维·佩珀对生态伦理观的时代实用性和积极性方面进行了分析，他进一步提出了马克思主义生态伦理观较之其他流派所具有的理论优越性，也就是说生态马克思主义在生态实践过程中充分地研究了马克思主

---

① 摘自新华网，2010 年 3 月 3 日，王子今：《中国古代的生态保护意识》。

义生态伦理观的时代实用性和积极意义，戴维·佩珀对此做出过有力的说明，进行了充分的解剖。佩珀反击了所谓正统马克思主义观点已经过时的论点。他认为，马克思主义对生态危机根源的分析仍然具有启发意义，因此绝不能采取抛弃的态度。马克思主义生态伦理观对生态问题的解决实际上也是一剂解药，因为马克思主义生态伦理观能够消除绿色主义的各种纷繁芜杂而又含混不清的观念，具有指导性的意义。佩珀进一步提出了马克思主义生态伦理观较之其他流派所具有的理论优越性。他认为，"马克思主义生态伦理观能够准确地阐述资本主义所造成的生态危机，因而在实践和理论上都具有可操作性"。佩珀认可了社会主义能够解决资本主义的生态危机。他认为，人们一般地认同社会主义在理想上已经和污染无缘了，其原因则在于经济所有制的原因。在理论上，社会主义的所有制不仅实现了资源利用的计划化，而且能够避免资源的任何浪费，由此，佩珀强调，从时间上来看，"二战"后，资本主义生态危机的发生已经为生态社会主义的生成提供了先在性的条件。生态危机一旦与社会主义结合便能够终结人对人的剥削关系，终结生态学层面的各种矛盾。①

西方哲学中关于"节制生产、节用资源、保护环境"的思想对今天实践新型生态资源经济体系活动具有重要的理论参考价值。在区域生态资源培育经济活动的发展过程中，是区域公众消费现有资源经济与实现生态环境资源自我修复过程的统一，其中，必须应用生态资源经济关系的调整方式，合理地实现生态环境技术的科学应用。

第一层级复合产业经济活动只有在实践应用中完全避免纯"技术应用"的资本主义性质，其发展目标才会在区域内真正实现。西方学者有关为实现"节用资源"而提倡"节制生产"的思想体现出消极适应自然的行为，没有展现新型发展理念。现在提出"节制生产"的目标是为了发展新型"生态资源经济"，就是将彻底关闭过去的破坏性经济行为以换

---

① 张立影：《试论生态马克思主义的方法论基础、立法根基与核心主题》，《山西高等学校社会科学学报》2012 年第 3 期。

取现今的培育自然和谐的生态资源经济环境。

西方消极的行为与复合产业经济活动，与区域企业实践新型生态资源经济体系建设活动在实质上是两个完全不同的概念。通过科学分析来看，在西方哲学中，早在古希腊罗马时期的哲学家就对生产行为活动结果直接造成对生态环境的破坏结果进行了研究。将生命形态分为三个形式，一是自然界生长的活的和有灵魂的生命体；二是人类与动物同处的生态环境，竞争是生存活动过程；三是矿物材料及金属是比植物和动物更低级的生命形式，反对开采金矿，甚至批判由于开采所导致的环境后果。众所周知，普林尼在他的《自然史》中表达了对人们开采自然的担忧，他甚至天才地设想，地震是地球母亲对人类过度开采的愤怒表达。罗马诗人奥维德的《变形记》记载的是铁器时代下人类暴力所导致的自然之"形"的恶化以及人类自身之"形"的扭曲等。

我们来看，近代工业生产所产生的经济活动思考，一方面，西方有些经济学家和一些西方马克思主义哲学家都提出了"稳态经济"的思想，其主要表现在主张"自然环境、人口和财富"必须保持在一个"静止稳定的水平线"上，体现了一种时代特征的生态环境革命的生态危机观。

赵卯生、杨晓芳在其《阿格尔建构生态学马克思主义的四重维度》论文中指出，阿格尔将马克思主义的本质界定为一种方法，"一种把解放理论和关于社会主义可能性的设想与被压迫人民的日常斗争联系起来的方法"。这种方法就是马克思的辩证法，亦被称为理论和实践的辩证法，它是马克思主义方法论的基石。阿格尔认为，马克思的辩证法主要由三个方面的内容构成：（1）异化理论和人的解放观；（2）资本主义"内在矛盾"的规律理论；（3）使内在矛盾的逻辑向经验方面发展的危机模式。这三个方面体现了马克思在不同层次上对社会主义革命根本要素的思考：异化理论侧重于从哲学层面思考革命的主观因素，即革命的意志动力。马克思关于革命可能性的信念，恰恰就寄托在工人阶级不能忍受自身的片面畸形发展，人的本质与自由的丧失，以及失业、贫困等形式的过度异化这一点。由于马克思把异化与造成这种异化的社会结构和经济结构联系在一起，因此，消除异化就意味着对资本主义私有制的超越和共产主义的实现；"内在矛盾"理论侧重于从经济层面揭示资本主义发展的客观规律，即革命的结构动力。

马克思的科学理论揭示了资本主义生产过程的"固有规律"——资本主义是一种矛盾的、逐渐自我毁灭的社会制度。当然，内在矛盾的成熟仅仅有助于导致资本主义危机的爆发，至于这些危机能否为革命的工人阶级所识别并据以采取革命行动，则将是另外一个问题；危机模式理论在经验层面上思考社会主义胜利的可能性，即社会主义革命既不会自动地发生，也不只是工人意志的产物，即使具备了革命的主客观条件，如果没有结构的危机趋势，仍不能把资本主义改造成为社会主义。阿格尔指出，马克思的辩证法的三方面内容是有机统一的，即社会主义革命既离不开主观意志动力（因为马克思所讲的"资本主义必然灭亡"还仅是一种逻辑上的"必然"，只有处于异化中的工人阶级奋起革命，才能将这种逻辑上的"必然"转化成为现实），又离不开客观结构动力（因为工人阶级如果不能从理论结构——这个理论结构为人类指明如何通过认识资本主义的内在矛盾并采取行动去争取社会主义变革——上说明他们自身异化之所在，工人阶级即使被异化也不会奋起革命），同时还需要联结这两大动力的经验危机模式。总之，"马克思的辩证法只有在把异化理论、内在矛盾理论和危机模式（它把对结构性崩溃的认识与能动的阶级斗争联系起来）结合起来的时候才是完整的"。

在阿格尔看来，西方马克思主义诸流派的各种发展可以被看作是对马克思的辩证法的修正和改造。第二国际中"科学的马克思主义"的根本错误，在于其对马克思主义作了机械决定论的理解，没有正确评价"内在矛盾"与危机趋势之间的差异，未能区分逻辑意义上的马克思主义和经验意义上的马克思主义，造成了无产阶级的意识形态危机，丧失了指导和帮助欧洲无产阶级革命斗争的潜在能力。卢卡奇和科尔施试图拯救马克思的辩证法，扶持无产阶级的阶级意识进而完成国际社会主义革命的愿望，由于早期垄断资本主义的兴起和资本主义国家控制在国际范围内的巩固而未能成为现实，其结果是理论的马克思主义逐渐失去了与政治的马克思主义之间的密切联系,法兰克福学派的支配批判理论就属于这样的研究成果。①

法兰克福学派代表马尔库塞认为"人类必须改变社会经济增长"方式,强调必须采用符合"生态学"要求的"生产模式"去取代资本主义"过度生产"的模式,其根本目的是缩小工业规模,减少对各种资源的消耗。

技术理性批判是生产过程中实现环境保护的重要途径。西方马克思主义者霍克海默、马尔库塞等人主张通过发展新型、实用型技术来解决生态和环境污染问题。在他们看来,生态危机之所以得不到根治,甚至越来越严重,其原因就在于在资本主义制度下作为人类本质力量象征的科学技术必然反过来成为支配和奴役人的工具。

二 合理消费观

第一层级复合产业哲学研究——以杜仲橡胶资源培育复合产业为例的研究复合产业经济活动,以区域生态资源经济体系建设需要新型生态生产者,需要新型生态资源培育技术,需要区域内社会公众形成良好的生态生活方式,树立科学的合理的消费观,实现品质生活幸福观,其根本目标是实现树立崇尚节俭的合理的"生态资源消费观"。

1. "生态消费观"

杜仲橡胶资源培育经济活动是基于人的本质认识的绿色消费观基础之上的生态意义的"生态消费观"。

2011 年 12 月 5 日,中国改革论坛刊载董立清《浅析马克思主义消费观》文章中指出了马克思主义关于消费及与消费相关问题的根本看法或总的观点。马克思主义消费观是马克思主义关于消费及与消费相关问题的根本看法或总的观点。在《资本论》及《政治经济学批判》中,马克思对消费观进行了丰富而深刻的论述,主要包括消费与生产、分配、交换的辩证关系,消费与人的素质和发展的辩证关系,消费与环境的辩证关系等。

---

① 赵卯生、杨晓芳:《阿格尔建构生态学马克思主义的四重维度》,马克思主义研究网,2011年9月21日。

　　笔者参考董立清"浅析马克思主义消费观"文章的部分观点，提出"生态消费观"的见解。马克思关于消费与生产的辩证关系的论述有两方面：第一，消费与生产直接统一。马克思认为，生产直接也是消费媒介，消费直接也是生产。这就是说，没有生产就没有消费，没有消费就没有生产。第二，消费与生产相互媒介。马克思认为，生产影响着消费，消费也影响着生产。笔者结合生态资源经济体系建设经济活动理解如下。

　　（1）通过马克思、恩格斯对资本主义社会消费问题和对资产阶级消费理论的批判以加深认识。马克思认为人类的生产环境形态是消费环境，在整个社会再生产过程中具有建构生存形态的重要地位。笔者认为马克思在分析消费环境结构时，首先对消费需求环境结构进行分析，将消费环境形态作为整个社会再生产过程中的有机形态，十分清晰地分析了"生产与消费"结构形态中反映的"作用与反作用"的内在关系，指出消费在社会再生产中的重要性，在建构消费环境形态理论结构基础上，科学地对经济制度的消费因素、消费的适度性等关键问题进行调整。

　　（2）马克思在论述"消费与生产、分配、交换"的辩证关系时，将消费行为要素作为"生产、分配、交换、消费"整体消费环境的稳定性基点，抛弃了就消费研究消费的方法，形成了通过相互作用力、构成目标消费经济体系。

　　（3）马克思关于"消费与生产"的辩证关系的论述，主要有两方面观点：首先，"消费与生产"直接统一。笔者理解，马克思认为，"生产与消费"是互为依存的，其关键点是消费环节过程。生产是消费的基本行为，消费是生产的环节过程。基本行为就是"一方面要耗费原料、燃料等资源和能源，另一方面也要消耗劳动者的体力和脑力"。环节过程就是公众消费，生活的基本过程，也就是"劳动力"的生产和再生产过程。其次，"消费与生产"是互为对象。笔者理解，马克思认为，"生产与消费"是相互消费的，"生产消费了消费"是指生产者创造出的消费产品第一时间消费了生产者（例如，拍摄照片就是第一时间成为生产者消费了消费者，各种产品的加工生产的制造过程是间接消费过程）。"消费生产了生产"，是指消费为生产的产品创造出消费者主体即生产者（例如，买苹果吃，购买者去市场购买的行为过程，其交换货币过程就是生产了生产者的过程），没有公众的消费主体参与行为，就不存在产品行为。

（4）关于"消费与分配"的辩证关系，马克思认为，在产品和生产者之间出现了分配，分配借社会规律决定生产者在产品世界中的份额，因而出现在生产和消费之间。笔者理解，消费就是一定社会分配关系的体现，同时也是在"人与社会"环境关系基础之上的消费过程。实践中可以体会到，消费决定分配的过程，分配的过程也影响着消费者。生产决定消费的同时，须经过分配及交换这个中间环节而对消费起作用，同理，消费也需通过交换和分配反作用于生产环节。

（5）关于"消费与交换"的辩证关系，马克思还认为："交换只是生产和由生产决定的分配同消费之间的媒介要素。"交换在"消费与交换"形态关系中具有相互依存的特征，也是"生产与消费"之间的中间环节。交换的目的在于实现消费，消费必须通过交换方式来实现，如果没有交换，消费也就无从谈起。

由此解析来看，"生产、分配、交换和消费"虽属不同的行为状态，却构成了一个既对立又统一的生态消费状态的有机整体。

马克思主义生态消费观体现在人与自然和谐统一的适度消费观。马克思在论述劳动力的节约时精辟地指出："真正的经济节约就是劳动时间的节约。"而这种节约就等于发展区域生态资源经济活动的生产力。发展区域生态资源经济活动生产力与发展区域环境公众消费能力（同时又是发展消费资料）是同步的。

马克思在论及相对剩余价值时明确指出，要求生产出新的消费，要求在流通内部扩大消费范围，就像以前（在生产绝对剩余价值时）扩大生产范围一样。第一，要求扩大现有的消费量；第二，要求把现有的消费量推广到更大的范围，以便造成新的需要；第三，要求生产出新的需要，发现和创造出新的使用价值。但马克思也反对超过生产力发展水平的过度消费，即反对奢侈浪费。马克思深刻地指出：奢侈是自然必要性的对立面。必要的需要就是本身归结为自然体的那种个人的需要。恩格斯也特别强调消费要与人类本性的自然需求相称，与生态环境的承载力相匹配。在一种与人类本性相称的状态下，社会应当考虑，靠它所支配的资料能够生产什么，并根据生产力和消费者之间的这种关系，来确定应该把生产提高多少或缩减多少，应该允许生产或限制生产多少奢侈品。

马克思和恩格斯既反对奢侈消费，又反对破坏生态环境，反对以超过生态资源荷载能力的过度欲望去生产。只有适度的、遵循生态环境资源能量的消费观既利于社会再生产的发展需要，也符合生产力发展规律的客观要求。体现了"人与自然""人与社会"的和谐统一，这是生态消费观念的理论基础，也是马克思主义在当代实现新型生态资源经济体系建设的重要体现并具有积极的研究意义。

马克思主义消费观与区域生态资源经济体系建设的实际相结合，形成了中国化的马克思主义"生态消费观"。中国化的马克思主义"生态消费观"研究必然要通过区域生态资源经济体系建设活动过程，逐步形成并发展成为一个完整的"生态消费观"思想体系，这对于转型发展生态资源经济体系建设的中国来讲具有重大的理论意义和实践意义。

2. 中国古代生态观

生态与环境问题早在两三千年前的先秦历史发展时期，就已经产生了治理与保护的生态意识。认识研究古代先哲们建立的生态意识观，对当今的生态经济活动将会产生积极的思考与实践。

先秦时期对生态环境的保护利用理论在《周易》，孔孟、老庄以及管子与荀子的思想中，均有体现。学者陈智勇在《论先秦时期的生态意识》中论述了《周易》《老庄》《孔子》《孟子》《管子》和《荀子》的生态意识观点，具有积极的合理生态理念①，笔者引述评析。

（1）《周易》的生态意识。宇宙的生态循环规律是《周易》生态伦理意识的基点。《系辞上》曰："一阴一阳之谓道。""一阴一阳"指阴阳两种自然形态生态资源及万物的相互作用和转化。"道"就是规律。即宇宙间的一切变化都是阴阳这两种形态结构在光合作用下形成的，其结构规律

---

① 陈智勇：《论先秦时期的生态意识》，《青海社会科学》2002年5期。

的转化构成了宇宙整体和人们生活的和谐循环环境，这就是宇宙万物生成和发展的基本规律。《周易》"一阴一阳"揭示生态循环的运行规律，反映在人类的实践关系中就是"天人合一"的基本生态价值观。"天人合一"是中国哲学以至中国文化中最古老、最广泛的概念。"天"即自然之天与道德之天，"人"即圣贤之人与普通人。即"人与自然"的关系是有机整体，其关联性与和谐性是有机整体内构成要素之间的相互影响和作用关系的基础。《系辞下》曰："天地之大德曰生"，合理使用生存需要的所有自然资源，这是天地赐予的大德。我们知道，清代王夫之对《周易》的研究，进一步深化了生态伦理价值概念，认为"天地以和顺为命，万物以和顺为性，继之者善，和故善也。成之者性。和顺者斯成矣"。"和顺"亦即"太和"，是构建宇宙间人类、社会、自然界万物的和谐环境的最佳状态的基础生态思考。

（2）老庄的生态意识。"道与德"是老庄哲学思考的核心。它体现了老庄对自然界的逻辑构成以及人与自然关系的生态认识。老子说："道生一，一生二，二生三，三生万物"①，"道与德"是来自于生态环境，实践于生态环境，服务于生态环境。"道与德"的基础是天地万物之间形态结构的基本生成环境。"人法地，地法天，天法道，道法自然"②，"自然"是自然而然、本来如此之意，天、地、人、"道"是自然规律而不断发展变化的结果，发展变化的规律是通过"自然无为"体现出来的，是一个具有合理循环特征的动态的生态运行过程，人类也必须遵守的一定的生态运行规律。同时，自然也以可持续发展的生存观来告诫人类，如果破坏生态平衡就必然要付出沉重的代价，人类必须要时刻警惕，保持忧患意识。老子认为，"甚爱必大费，多藏必厚亡"③，过分地消耗自然资源，必然导致资源消耗殆尽。而"祸莫大于不知足，咎莫大于欲得，故知足之足，常足矣"④，告诫人类破坏生态环境平衡的后果是非常可怕的。庄

---

① 《老子》第 42 章。
② 《老子》第 25 章。
③ 《老子》第 44 章。
④ 《老子》第 49 章。

子对人类破坏生态环境平衡引发的生态环境灾难，提出了独到的"不知足、不善行"的观点，其忧患家国的情怀表达值得后人铭记："天下皆知求其所不知而莫知求其所已知者，皆知非其所不善而莫知非其所已善者，是以大乱（《胠箧》）。"

（3）孔孟的生态意识。孔子是儒家思想的创始人，孔子对"天"以及"天人关系"的认识和表述，"天何言哉？四时行焉，百物生焉，天何言哉？"① 天即自然，"天人合一"是其基本哲学思想。明确指出"人与自然"的生态环境关系特征，强调系统建设的分割性与关联性。孔子的哲理思想中的"智者乐山，仁者乐水"②，体现了孔子对自然环境意识的价值善行思想。《论语·微子》记载，"夫对天然曰：鸟兽不可与同群，吾非其人之徒，而谁与？"对生态学的意义在于孔子思想区分了人和动物的不同，这种对生物进行初步的分类以及对生态链的初步认识，反映了孔子思考生态问题的哲学功力。孔子在谈到对国家的治理关系时，提出要"使民以时"③，这一"时"与"四时行焉，百物生焉"的"时"一样，均是指在农事中体现的季节规律性。表达了针对具体的生态环境问题，要善行对自然资源的节约意识，孔子的生态哲理思想构建了其生态伦理学的基本形态。

孟子继承了孔子的生态伦理思想。"尽其心者，知其性也，知其性则知天矣"④，以"尽心知性"认识"天"的主要途径，把"知天"作为道德的自我修养的结果。很多学者研究认为，孟子研究生态环境问题的着力点不在认识自然之天的深刻内涵和内容丰富方面，而是将其导入人伦社会、个体修养之中。由于重农意识浓厚，《梁惠王上》中所说的"不违农时"以及"斧斤以时入山林"，指出人类进行农作物种植的季节性与山林砍伐的季节性，具有极其典型的生态资源环境保护利用的生态的循时性特征，表达了国家治理生态环境的目标意义。

（4）管子和荀子的生态意识。在《管子》一书中体现了春秋时期齐

---

① 《论语·述而》。
② 《论语·雍也》。
③ 《论语·学而》。
④ 《孟子·尽心上》。

国管仲的生态思想，主要表现在以下方面。

《管子》提出，"天不变其常，地不易其则，春秋冬夏，不更其节，古今一也"，"其功顺天者，天助之；其功逆天者，天违之"①，认为自然环境有其运行的基本规律，人类在对自然环境进行利用时要以自然规律为依据。这展现了管子的具有整体性的农业生态观，反映了中国古代很早就形成了农、林、牧、副、渔有机结合，使自然资源充分利用的大农业的生态观。

就保护改善生态环境、鼓励植树造林，管仲曾向齐桓公提出建议，"民之能树艺者，置之黄金一斤，直食八石"。对植树造林的好手，要给以重金奖励。《地数》篇还主张制定严厉的法令来保护山林，"苟山之见荣者，谨封而为禁。有动封山者罪死而不赦。有犯令者，左足人，左足断，右足人，右足断"，对违反禁令进入山林的要予以严惩。《立政》篇云"修火宪，敬山泽林薮草木，天财之所出，以时禁发也"，"山林虽近，草木虽美，宫室必有度，禁发必有时"。这种为保护生态资源的可持续发展所制定的防火限伐法令，今天依然具有借鉴意义。这是注重生态保护的制度建设的典型法律实践过程。

荀子对时令很重视。他说"养长时，则六畜育；杀生时，则草木殖"，是说养长和杀生必须进行循环利用和顺其自然的需求。荀子还强调节约资源的重要性，"疆本而节用，则天不能贫"，"本荒而用侈，则天不能使之富"②，"足国之道，节用裕民，而善藏其余。节用以礼，裕民以政"③，"恭俭者，摒五兵也。虽有戈矛之刺，不如恭俭之利也"④。这种哲理思考完全表达了对保护环境、禁止乱伐、取之有时、用之有度的生态资源的合理性和节约性使用的意识。

3. 现代西方哲学的生态理念

霍尔姆斯·罗尔斯顿（Holmes Rolston）是美国环境伦理学会与该会会刊《环境伦理学》的创始人，美国国会和总统顾问委员会环境事务顾问。

---

① 《管子·形势》。
② 《荀子·天论》。
③ 《荀子·富国》。
④ 《荀子·荣辱》。

罗尔斯顿是西方环境伦理学的代表人物，被誉为"环境伦理学之父"。罗尔斯顿的生态价值理论基础是对"有机哲学"的跨越研究，它是怀特海创造性理论的一种延续和发展。他认为人类最高的价值就是自然价值，而自然价值又是被生态系统的生态结构要素行为创造并实现的，即创造性是存在于生态系统本身的，而系统价值作为一种核心价值也要高于工具价值和内在价值。这是因为生态系统的价值必须是基于自然界的实践过程，它既是个体有机生命价值的实践，也是大自然的全部内容实践过程。

罗尔斯顿的生态哲学思想展现了新型哲学范式，它突破了传统的事实与价值截然两分的观念，从价值导出道德，将道德哲学与自然哲学紧密结合。他创建了系统价值的概念，突破了传统的价值主客的二分性，建构了生态整体主义的世界观。他将生态哲学理论融入社会经济活动实践，探讨了环境伦理学与现实生活相结合的具体途径，是研究区域生态资源经济体系建设可持续发展的基本理论之一。

马兆俐在其《罗尔斯顿生态哲学思想探究》一文中探寻了其思想演变的阶段性特征，笔者分析如下。

第一阶段是从20世纪60年代至80年代初，罗尔斯顿从研究生态过程结构入手体验生态自然关系。以论证生态伦理存在的合理性为逻辑起点，开始产生研究生态哲学，并构建了科学理性与道德理性的转换通道，形成其哲学思想。

第二阶段是从20世纪80年代到90年代中期，罗尔斯顿创建了生态哲学思想的理论核心——自然价值论。他从研究破坏性的生态环境以及传统的价值论出发，论证了价值存在的特征结构及区域内的客观性问题，提出价值是事物的一种属性，研究了价值属性的最主要特征是它的创造性意义。他认为自然生态系统拥有客观的内在价值，在生态系统中，除了工具价值和内在价值外，罗尔斯顿创造性地提出了"系统价值"的概念，这就是影响至今的三种价值构成一个金字塔形的价值模型。在此基础上，建立了"人本主义序列和自然主义序列"相结合的价值评价模型。

第三阶段是从20世纪90年代中期到现在，罗尔斯顿针对20世纪社会生物学将人类的文化现象还原为生物现象，他通过研究区域生态环境和生态伦理的"生存"意义，以及可持续生存环境的建设，科学地设计了进一步追问价值的起源的课题。他围绕价值在"自然史"和人类"文化史"中的创生与传递，将生态环境里的文化创生同自然结构中的自然创生联系起来，通过"自然史"和"文化史"，特别是在科学、伦理和宗教这三个产生、保存与分配价值的领域环境中，探究了价值的起源，论证了价值的客观属性，为其自然价值论作了后续性的补充。

罗尔斯顿不仅从哲学层面阐明了人对大自然的基本态度和义务。而且把生态哲学理论系统地应用于政策抉择、商业活动和个人生活领域，探讨了生态哲学与现实生活相互结合的具体途径。这是罗尔斯顿生态哲学思想中较具有现实意义的部分。

一些学者研究认为，在西方环境伦理思想史中，罗尔斯顿继承了利奥波德的大地伦理思想，他把利奥波德没有充分论述的关于自然的思想发展成为一种完整的理论体系。他的生态哲学思想完全不是那种简单地研究并凌驾在人类中心主义、动物解放权利论、生物中心主义等之上，其观点完全不是与它们相互矛盾、相互排斥，而是与它们相互补充、并行发展。所以，普遍的共识，是认为罗尔斯顿的生态哲学思想，是建立在生态资源环境的建设需要的基础上，在生态系统结构因人类生存的整体性需求基础上建立的，可以说是一种生态整体论的环境伦理思想。

现代西方哲学家和西方马克思主义者关于理想生活（生态资源与节约消费）方式的论述，反映的是一种适宜"环境保护和经济发展"的生活方式。今天来看，杜仲橡胶资源培育复合产业的经济活动完全是人类对生活方式的基本延伸的要求，是与马克思主义的理想生活愿望相符合的。

我们通过研究可以看到，西方马克思主义理论家对现代资本主义"生产和生活"方式中的"消费主义文化"做出了准确而深刻的批判。他们认为，当代的西方的"消费主义文化"和"生存方式"，完全是时代环境下的资产阶级的新型意识形态，在其生态环境结构中变相地宣传西方的"消费主义文化"和"生存方式"，以实现维系其统治的合法性和逐利的异化消费方式，即使用一种"异化消费"的观念，置消费者沉醉于异化状态，服务于资本追求利润的异化消费行为这种异化消费活动将直接导致更为严重的"生态危机"，其故意掩盖的公众的异化消费行为，将直接弱化公众的生态环境保护意识。在马克思所处的时代中，马克思主义者为了避免"生态危机"的持续深化，研究改变"生产、消费和人"的需要之间的关系，实践一种新的"消费价值观"，实现理想的幸福观，尽可能地使人们从受"支配、被牵引"的需要中解放出来，将追求理想建立在创造性的劳动过程中，而不是"异化消费"中。例如，法兰克福学派代表马尔库塞认为，现代资本主义的消费政策是"强迫性消费"，诱导消费者挥霍无度。认为"对自然的征服减少了对自然的盲目性、凶残性和掠夺性，这也意味着减少了人对自然的凶残性。耕作土地在性质上不同于破坏土地，获取自然资源在性质上不同于浪费性地开发资源，清理森林在性质上不同于大规模地砍伐森林"。①

三　生态资源经济体系建设与劳动关系理论

第一层级复合产业哲学思考的四项基本原则，可以确保杜仲橡胶资源培育和可持续发展。这是杜仲橡胶资源培育原则中将"第一层级原则、杜仲橡胶资源培育原则、复合产业原则、可持续循环发展原则"四项内涵原则的哲学思考维度给出了合理的关系分析。复合产业关系中包含有生态资源经济体系建设与劳动关系的基本思想，这在中西哲学中都可以找到其基本关系。

1. "人与自然"之间的生产劳动关系

"人与自然"之间的生产劳动关系是区域生态资源经济体系建设的基本劳动关系。这是生态资源经济活动关系在区域生态环境建设中由国家层面，上升到"哲学思考的高度"。区域社会经济发展必须面对生态资源经济，经济发展过程中，对"生态资源经济"可以理解为以"人的生态基本观念进行的劳动"过程，是建立"人与自然"之间关系的新型区域经济社会发展环境的"新型劳动关系"。

---

① 〔德〕马尔库塞：《单向度的人》，刘继译，上海译文出版社，1989，第69页。

"人与自然"的关系实质上是人与生态环境相互的作用过程。我们知道，马克思对劳动过程的研究是将其置于物质变换概念的基础上，简单说，就是把劳动过程比喻为物质变换的过程。今天我们理解"劳动"关系，认为"劳动"不是简单的工具活动，也不是一个抽象的学术概念。劳动与生命体是共进退的关系，人的劳动过程是指"人"借以实现"人和生态环境"之间的新型劳动工具层级的劳动方式，这种劳动方式是关系人类生存基础的基本生产活动，是以人的生存为前提，不会受到任何破坏过程的约束。我们在实践中的学习理解也是建立在马克思对"劳动和劳动过程"的周密而科学的论述之上。新型生态资源经济的劳动过程是一个"人和生态环境"之间的实践关系过程。是指生态资源的"形式、形态"或生态环境的"内容、特征"由一种形态变为另一种环境形态。它强调的是"人和生态资源"之间的相互利益影响关系，人类在生产劳动中改变区域生态资源形态或者形态特征，是相互转化和帮助关系，是相互依存的关系。

我们讨论"人和生态环境"之间的关系，必须认识"人"完全具备"生态环境互动关系"的能力，不能片面地理解生存结构关系中的"人"的积极作用，那种认为"人"仅仅是因为生存需要去"改造"和"控制"生态资源，同生态资源环境逐利，并成为向生态资源环境"索取"的破坏者的认识，是极其荒谬的。"人和生态资源环境"是相互转化的关系，是生态界的物质变换、相互影响、相互利用、兼容共生、相互配合、依存给予的和谐的生态环境关系。

可以说，"劳动经济需求"过程就是生命体的生存活动过程，可以将生存环境中内外的要素实现同化，同时也可以将吸收同化的要素转化后再排到外面的结构形态进行异化过程。人与劳动的关系中，"人"是一种自然力，是与生态资源环境相对立的因素。因为，人通过劳动改变自身并改变自然时，同样积累了对自然界发展变化规律的认识，提高了劳动技能，改变了外界自然的同时也改变了自身的自然环境。从生态资源经济活动的能量特征来看，生态资源经济活动能量进入人类社会形成服务功能，其使用价值完全被彰显，即被人赋予了属于"人"的外在价值影响形式，但其活动方式和经济属性并没有被公众消费和社会环境消费，这种经济行为只有贯穿人类社会发展的全过程，最终回归到原始自然形态。因此，我们说，生态资源环境是自然界存在、变化和进化的最基本的过程，完全反映了人类与自然界最基本的沟通形式和交流环境，同时也说明了人类自身发展和完善的实践过程，具有积极的意义。

自然物质变换规律，也就是生态资源经济体系活动建设的运动规律。对这一规律的遵循是区域公众坚守生产实践对自然规律遵循的重要内容。这也是马克思处理"人与自然"之间关系的"社会生产实践"是一个物质变换的基本经济规律过程。

研究生态学意义上的或者理解生态资源环境建设发展理论，第一层级复合产业的"四项原则"与众多的研究是一致的。第一层级复合产业生态资源培育模式是生态系统中"人与自然"的生存链的基础模式。

复合产业以生态资源培育为主，本书中以杜仲橡胶资源"生命体"为维持其生命活动的生态环境能量储备为基础，研究的意义是将人与自然进行代谢、交换、结合、分离的活动科学化。

在"自然和生态系统环境"中，包含人类在内的所有生物体都处于相互联系、相互依存的关系中，共同构成了一个由自然要素组成的生命循环体系。其结果就是把所有"生命体"的延续理解为一个生态资源环境建设的过程。

培育杜仲橡胶资源和储备杜仲产业生态环境能量，是"人与自然"生态关系的重新构建的新型生态资源经济活动。这种修复活动在马克思主义的物质变换理论中，在"自然界和人类社会"观点中获得了研究证实。

自然界生态圈正是因为"劳动者—劳动者消费—劳动者循环分解—劳动者再循环生产"为特征的物质循环的复合产业系统关系，自然必须处于良性发展状态。地球就是一个有限的物质生态环境，在亿万年的演化过程中，正是因为生态物质的循环平衡才使得地球的有限资源成为服务于人类生存和发展的"无限"资源环境。物质变换理论在人类社会领域也得到了验证，社会领域中所有物质的运动趋向也表现为循环的特征。"人民群众是物质财富的创造者"，这个唯物史观的基本原理并不是指"人"

能创造出物质财富，而是指通过"人"的劳动实现了物质的基本生态经济活动。

培育杜仲橡胶资源产业是在"人类生产和生活"中的新型生态资源经济产业，它不会像过去的产业项目那样，生产了大量废弃物。培育杜仲橡胶资源产业完全实现了"物质由废弃物状态"向服务于"人的状态"的转变，对生态环境的修复和培育具有重要意义。

第一层级复合产业作为人类发展阶段的新经济发展模式，其目标是实现"人与自然"之间的社会性物质变换关系，以修复生态环境为发展方向，减少或杜绝废弃物，实现生态资源经济服务于社会发展的总目标。

2. 自然界必须符合"劳动价值"的原则

"劳动价值"的原则是人与自然的各资源活动关系中的物质变换关系，完全符合区域基本生态资源经济体系建设的原则。第一层级复合产业经济活动关系反映的是人类在与自然进行物质变换的过程中，如何从总体利益出发来考虑关系问题，这是生态资源培育者的合理要求和自由生存需要。

马克思指出："没有自然界，没有感性的外部世界，工人什么也不能创造。自然界是工人的劳动得以实现、工人的劳动在其中活动、工人的劳动从中生产出和借以生产出自己的产品的材料"。① 可以看出，马克思将"自然界是工人的劳动得以实现、工人的劳动在其中活动、工人的劳动从中生产出和借以生产出自己的产品的材料"的过程看成经济活动的劳动实践过程，显示出马克思对自然界以及物质变换必须符合"劳动价值"意义的强调。

"劳动价值"原则要求劳动必须是进行物质的最小消耗量的生产过程。如何实现这一过程，第一层级复合产业经济活动的每一个阶段不仅增加了生态橡胶资源培育的有用数量和产业链的用途，通过环境能量的储备使资本的增长扩大到生态资源培育的投资环境中，实现这种"生产过

---

① 张彦修、李江凌:《新编马克思主义原著选读》《1844 年经济学—哲学手稿》（节选），中央编译出版社，2012，第 53 页。

程和消费过程"中的生态资源综合利用（无废弃原料加工过程）的自然生态经济的可持续生产环节过程，实现生态环境中的小无资本，大无风险，就地创造的生态橡胶资源培育的产业体系。可以说，第一层级复合产业经济活动是以最小消耗来实现目标，它依赖于科学技术，科技进步将使生态资源经济活动（物质变换）带给人类更为合理的利益与消费环境。

通过解析，可以看到：马克思的关于物质代谢理论完全能够运用在复合产业经济实践过程。马克思关于物质变换最优化的基本原则与第一层级复合产业经济实践活动具有内在的一致性。具体表现在：（1）人与自然的取舍关系变换必须符合"劳动价值"条件，第一层级复合产业经济活动是以区域公众即"人"的根本利益和全面消费与发展为目标的。（2）生态杜仲橡胶资源培育的过程是"人与自然"的生态资源交易变换的过程，提高生态资源的利用效率是前提，复合产业经济活动实践关系是以追求最小的资源消耗来实现最大的生态资源产出为目的的新型生态资源环境的革命。

第二节　第一层级复合产业的哲学力量

第一层级复合产业的哲学研究基础是第一层级研究的世界观问题，表现在"人与自然"的生态形态结构层面的生存关系方面，其形态关系是一方面强调对自然的敬畏和尊重，另一方面强调结构层面对自然的征服和改造关系。表现在"人与社会"的结构和谐关系方面，是以实现"人与自然"关系的和谐经济生活为目标，促进"人与社会"和谐环境的发展。这两个方面必须以马克思主义唯物辩证的自然观、中国哲学"天人合一"的自然观以及西方哲学自然观中的整体性思维为理论基础而进行研究。

第一层级复合产业经济活动的发展是符合历史前进的发展规律的新型生态资源经济体系建设的发展模式，而不是短暂的过渡性效益经济，也不是短暂的过渡性结构经济模式，是以马克思主义的唯物史观来对此进行认真分析的生态资源经济体系建设的可持续的经济。

一　复合产业的哲学精神

复合产业的哲学精神是中国哲学自然观和西方哲学自然观内在要求的新型资源经济体系建设活动的新型哲学向度精神。

自然观是人关于自然界运行状态以及"人与自然"关系的总体结构型的认识。马克思主义唯物辩证的自然观科学揭示了自然界物质运行的基本规律，是处理生态资源经济体系建设环境中"人与自然"之间关系的基本原则，成为第一层级复合产业经济活动实践原则的理论基础。

在中国哲学和西方哲学的自然观中也含有一定的积极的生态价值因素，这些价值因素都是复合产业的哲学精神来源，是第一层级复合产业经济活动的重要的理论依据。

我国学者余谋昌认为："生态学，或生态学世界观，它是运用生态学的基本观点和方法观察现实事物和理解现实世界的理论。"他在所著的《生态哲学》一书中对生态哲学的特点作了如下全面概括："生态哲学是一种新的哲学方向。它产生于人们对当代生态危机的哲学反思，以及生态学发展的理论概括。生态哲学是一种新的世界观，它用生态学整体性观点去观察现实事物和解释现实世界。生态哲学是一种新的方法论。它以生态学方式思考，是科学的生态思维。"

1. 自然与整体性思维关系

自然与整体性的哲学精神表现在思维关系的必要性与科学性的理论论证，是从马克思主义哲学自然观、中国哲学自然观以及西方哲学自然观三个方面进行研究。

首先，马克思主义哲学自然观是在长期的实践中逐步形成的科学的唯物主义自然观，也是坚持辩证思维方式的自然观。自然观中的唯物主义原则及其辩证思维方式的结构形态、资源特征、公众消费需求等内在要求人们在进行生产活动时，必须遵循自然界的生态环境平衡的物质运行的基本规律。马克思主义哲学自然观是唯物主义自然观，其生态资源经济活动的根本前提是必须坚持自然界的客观先在性。具有客观先在性的自然界，是人类生存形态结构和新型发展经济环境的永恒态势，是基本的生态（物质）生存环境的前提。人类创造历史的实践活动是借助于生态自然界的客观环境的存在而进行的经济活动过程。

在《资本论》中，马克思把外界自然条件分为两大类。国内学者庞元正引用指出，自然资源分为生活资料的自然富源和劳动资料的自然富源两类。马克思把自然资源又称为自然富源。他依据自然资源对人类经济社会发展的不同作用将其分为两类。他指出："外界自然条件在经济上可以分为两大类：生活资料的自然富源，例如土壤的肥力，渔产丰富的水等；劳动资料的自然富源，如奔腾的瀑布、可以航行的河流、森林、金属、煤炭等。在文化初期，第一类自然富源具有决定性的意义；在较高的发展阶段，第二类自然富源具有决定性的意义。"① 他认为，"农业是整个古代世界的决定性的生产部门"，农业最直接地受到生活资料富源的制约；而工业的发展与劳动资料富源密切相关，河流、森林、金属、煤炭等资源，成为工业社会不可缺少的资源。

自然资源在生产力的发展和社会进步中具有重要作用。马克思关于在文化初期第一类自然富源具有决定性的意义、在较高的发展阶段第二类自然富源具有决定性的意义的思想，实质上已经论及自然资源在推进生产力和社会发展中的作用。他在谈到近代劳动生产率和自然条件的关系时进一步指出："如果把不同的人的天然特性和他们的生产技能上的区别撇开不谈，那么劳动生产力主要应取决于：①劳动的自然条件，如土地的肥沃程度、矿山的丰富程度等；②劳动的社会力量的日益改进，这种改进是由以下各种要素引起的，即大规模的生产，资本的集中，劳动的联合，分工，机器，生产方法的改良，化学及其他自然因素的应用，靠利用交通和运输工具而达到的时间和空间的缩短，以及其他各种发明，科学就是靠这些发明驱使自然力为劳动服务，并且劳动的社会性质或协作性质也是由于这些发明而得到发展的。"② 马克思的这一论述表明，劳动生产力的发展和社

---

① 《马克思恩格斯全集》第 23 卷，人民出版社，1972，第 560 页。
② 《马克思恩格斯选集》，人民出版社，1972，第 175 页。

会的进步，一方面要取决于自然条件、自然资源，另一方面也取决于人们对自然资源的应用，"驱使自然力为人类服务"的能力和水平。[①]

通过区域生态资源经济体系建设过程来看，区域内杜仲资源种植生产力大体相似；种植技术和苗木培育技术、种植管护和种植嫁接技术没有技术质量和先进行区别，区域内相关文化社会环境及生态资源保护应用的条件没有鼓励公众去积极参与生态资源培育建设过程；或者种植环节、办法基本相近、没有区别的前提下，这种区域内生态资源与自然资源的状况和环境，将直接影响到杜仲橡胶资源培育和综合开发杜仲产业的生产效率，可以说是低技术水平的生产方式，长期以这种低层级的技术进行培育生态资源、开发生态资源，将最终影响区域经济和社会的可持续发展，甚至影响区域公众的生存状况和生活方式。

自然界的生态资源自我平衡的优先地位以及自然界物质本身运行的基本规律，决定了人类的一切生产实践活动都必须遵循自然界的固有规律。进入实践领域中的自然及其物质和生态资源，就必须依靠人的能动性进行实践活动。"人"在生态资源的自然结构中寻找加工的利益关系，就必须彻底将生产中的各个环节过程进行自然的属性结构解剖，只有这样进行实践活动，才能彻底改变生态资源的物质活动的形式。在这种改变生态资源的物质形态结构的劳动过程中，人的本身加工技术必须依靠自然力的生存环境条件的支持。所以说，人类对待自然生态资源的破坏方式或者是节约使用资源方式，或者是保护生态资源应用方式，都必须接受自然界的评价与淘汰过程。如何以合理的生态资源服务人类的方式应对自然环境和生态环境建设的固有的本质规律性，即保持人的思想去适应生态环境的固有属性。

马克思主义自然观还是具有辩证思维方式的自然观，是与劳动创造的意义形成感性的外部世界。普遍联系的观点是辩证思维的重要内容，在揭示自然界之间的相互联系时，"没有自然界，没有感性的外部世界，工人

---

① 资料来源，中国共产党新闻网，庞元正《可持续发展与唯物史观》，《中国党政干部论坛》2012 年第 3 期。

什么也不能创造。自然界是工人的劳动得以实现、工人的劳动在其中活动、工人的劳动从中生产出和借以生产出自己的产品的材料"。①

马克思主义自然观不仅将自然界（包括生态状态、生态资源环境、生态资源结构、生态资源物种生存环境、生态资源平衡关系等）、人类历史（包括人类进化历史、人类改造自然的发明、战争历史、人类工业化文明成果历史等）看成是相互联系的统一整体，而且将"人与自然"的关系结合起来视为统一的整体。将自然界视为人的无机身体是马克思主义自然观整体性思维的重要表现形式。"只有在社会中，自然界才是人自己的合乎人性的存在的基础、才是人的现实的生活要素"。②

自然界的客观先在性及其"人的无机身体"属性决定了自然界与人类自身发展的关系。在区域进行新型生态资源经济体系建设过程中展现出人与自然的全面关系，不仅包含人的主体能动性的培育生态资源力量，展现出生态资源的区域环境因素、建设过程因素以及区域生态资源建设规划的活力和合理性的结构关系因素等多种客体属性关系，同时还包含了区域政府资源的应用和建设，企业、公众资源的合理发挥等整体与种植杜仲资源的生态、地理环境因素的局部关系，以及系统和要素之间的关系等。所有这些关系形成了自然界整体的向度的规律性和生态资源动态结构的生长期的合理范围，这种有限度的实践活动就是人类实践活动的生态形态结构。因此，以区域社会公众自愿参与方式实践着生态资源经济体系建设的活动关系，即受到社会经济环境内在的伦理道德的制约因素，而且也必然要将这一种关系推及生态环境改变的自然的领域，这就形成了"人"的自然伦理观。也就是说，在"人与自然"的关系问题上，公众、政府、企业开发杜仲橡胶资源经济活动过程中必然存在特定的伦理价值取向，在处理"人与自然"之间的关系时，区域生态资源经济活动的实践者在超越自然的同时必须担负起对生态环境的建设、应用、保护的责任。

---

① 《马克思恩格斯列宁哲学经典著作导读》，《1844 年经济学—哲学手稿》（节选），人民出版社，2012，第 42~43 页。

② 《马克思恩格斯列宁哲学经典著作导读》，《1844 年经济学—哲学手稿》（节选），人民出版社，2012，第 58 页。

第一层级复合产业经济活动行为过程，使我们看到了"人与自然"之间的和谐的整体结构关系。马克思强调在认识和改造自然的过程中强调重视"人类主体"和"自然物客体"的对象关系。区域生态资源经济活动过程中，在处理人与自然之间的关系时，同样必须保持尺度平衡，否则必然导致人与自然之间出现分裂。综观整个近代资本主义工业化的过程，各个环节的表现在生态环境中已经失去了平衡。在《1844年经济学—哲学手稿》中，马克思从异化劳动的角度思考人和自然的伦理关系，"但是，对社会主义的人来说，整个所谓世界历史不外是人通过人的劳动而诞生的过程，是自然界对人来说的生成过程，所以关于他通过自身而诞生、关于他的形成过程，他有直观的、无可辩驳的证明"。[1]

其次，我们来看中国"天人一体"的自然观。通过实践活动证明"人与自然"是不可分割的一体关系，是与马克思自然观的辩证思维具有完全的一致性，"敬畏和尊重"是其基本的内在要求。

《周易·系辞上》："生生之谓易。"宋·周敦颐《太极图说》："二气交感，化生万物，万物生生而变化无穷焉。"说明古代期待生态环境的变化和新生事物的不断发生，不断地生长、繁殖。

"天人一体"的自然观是中国哲学的思想来源之一，其自然观的最大特征是强调人与自然的一体化。

中国古代思想家们当然离不开从人的利益出发阐述"生态伦理"思想，因为生物和自然界对人是有价值的。这也体现出中国古代思想家的人类生态思想，开始把人独立于自然界，即有了人本思想。儒家和道家都把爱的伦理原则，推广到生物和自然界。把生物和非生物作为两个范畴提出，而非生物则主要是指现代生态学中的环境。可见中国古代思想家从一开始就注意到了生态的本意，只是用中国古代特有的语言表达生态含义。例如，把"混沌"世界尚未认知的规律称作"道"。这里的"混沌"是指生命产生之前的自然界。这样对生态概念的表达，较之2000年后的西方

---

① 《马克思恩格斯列宁哲学经典著作导读》，《1844年经济学—哲学手稿》（节选），人民出版社，2012，第65页。

自然观，更加富有理性。

（1）道家提出"爱人利物之谓人"①，把"爱人"和"利物"作为道德要求，并把两者结合起来。用现代生态学语言表达，就是：人类既要利用生态资源，又要保持生态，更新自然资源，达到永续利用目标，这才是有道德的。

（2）儒家提出"爱人及物"，"仁者，爱人之及物也"。"仁"是爱人，但五谷禽兽之类，皆可以养人，故"爱"育之。这就是"仁民爱物"。可见，儒家、道家对待包括人在内的自然界的基本态度是：爱万物，永续利用万物，人天地万物是一个有序的整体。这和现代的生态系统的基本原理有极为相似之处。

（3）儒家学者在说"仁"时，把道德范畴扩展到自然界。这就是由"仁民"到"爱物"。例如，曾子引述孔子的话说："树木以时伐焉，禽兽以时杀焉。"孔子说："断一树，杀一兽，不以其时，非孝也。"② 我国夏代制定的古训："春三月，山林不登斧斤，以成草木之长"；"川泽不入网罟，以成鱼鳖之长"。孔子正是依据这一古训，把伦理行为推广到生物，认为不以其时伐树，或不按规定打猎是不孝的行为，宣扬"国君春田不围泽，大夫不掩群，士不取麛卵"③。这里把保护自然提到道德行为的高度，对于自然资源这是一种永续利用的观点。

（4）"礼"这一伦理范畴，也被推广到尊重自然。"礼也者，合于天时，设于地财，顺乎鬼神，合于人心，理万物者也"④。这里的"礼"包括了天、地、人。荀子说：礼有三本，"天地者，生生之本也"；"先祖者，类之本也"；"君师者，治之本也"。"尊先祖而隆君师，是礼之三本也"⑤。他的"礼"的范围包含天地人万物，而且它是生生之本、类之本、治之本。因而他说：不合时宜过早宰杀动物是不符合礼的。

---

① 《庄子·天地篇》。
② 《礼记·祭义》。
③ 《礼记·曲礼下》。
④ 《礼记·礼器》。
⑤ 《荀子·礼论》。

《孔子集语》中有这样一个故事，大意是：季子这个人在捕鱼时，把小鱼放生了。孔子听后说："季子真是道德完备呵。"这里把对待动物的行为视为道德问题，强调捕鱼时应捕捉大鱼而放生小鱼。这个包含资源永续利用思想的故事发生在 2000 多年前。

（5）儒学发展，就其生命哲学而言，可以说是完成了"仁"从"爱人"到"爱物"的转变，用生态伦理学的话来说，道德关心从人的领域扩展到整个自然界。他说："质于爱民，以下至鸟兽昆虫莫不爱。"① 把"仁"的范畴扩展到了鸟兽鱼虫，这是极为难得的。宋代以后的伦理思想家，不仅把人类的伦理道德看成是人为的社会规范，而且还把其看成是宇宙的本体。他们对"仁"的论述，与先秦儒家相比，有重大发展，其中之一是把"仁"与整个宇宙的本质和原则相联系，把"仁"直接解释为"生"，即解释为一种生命精神和生长之道。例如，朱熹在《仁说》中说，天地之心要使万物生长化育。它赋予每一种生物以生的本质，从而生生不息。清代思想家戴震进一步提出"生生之德"就是仁。他说："仁者，生生之德也……所以生生者，一人遂其生，推之而与天下共遂其生，仁也。"② 即人人都能遂其生，不是只求人类遂其生，而是让天下的万物共生，这便是"仁"。

中国古代思想家把"仁"等社会伦理扩展到人对自然现象与生物的伦理，这就是中国古代哲学与古代文化中的生态思想。这对现代生态学来说，仍然具有重要意义。③

第一层级复合产业经济活动实践了"人"与"自然"在环境中的修复改造愿望，完全否定那种"人类"去破坏自然生态环境的行为，否定那种只顾区域局部、只顾短期利益的无知行为。培育生态资源环境的理念完全是建立在一种从自然界整体出发的观点，是新型的现代生态环境保护行为方式，目标是实现美好的生态环境。第一层级复合产业经济活动是追求生态环境能量储备的新型经济。

---

① 《春秋繁露·仁义法》。
② 《孟子字义疏正·仁义礼信》。
③ 2013 年 12 月，中文百科在线，"中国古代生态思想"（节选 1~5）。

　　我们看到，第一层级复合产业经济中的生态杜仲橡胶资源培育是对"人"的爱护与服务；杜仲橡胶资源培育规划和产业发展是对生态环境能量储备，以供人类长期生存需要，是对"天（自然）"的保护与修复。

　　实现"天"与"人"的统一，完全体现了"天人一体"的世界观，是第一层级复合产业哲学研究的传统哲学精神。

　　最后，研究西方哲学自然观，其内含的整体有机论的思维方式，与马克思主义的唯物辩证法思想具有相通性，与第一层级复合产业经济活动实践的哲学精神具有一致性。

　　古希腊时期，人与自然关系的研究形成了处于支配地位的有机论世界观，其核心观点是认为万物是相连和循环发展的。

　　保尔·昂利·霍尔巴赫（1723～1789），原名亨利希·梯特里希（Heinrich Diefrich），18 世纪法国启蒙思想家、哲学家，无神论者。

　　霍尔巴赫从唯物主义自然观和认识论出发，断然否定上帝的存在。他认为，只有物质才是唯一的真实存在；只有能被我们感官感知的东西，我们才能确信其存在。上帝既然是非物质的、无法被我们感官感知的东西，那么它肯定也是不存在的。那些吹嘘看见过上帝的人，在霍尔巴赫看来，不是说谎者，就是把自己的梦幻当作真实东西的狂人。

　　霍尔巴赫的无神论思想具有鲜明的反封建专制主义性质，其锋芒直指法国封建专制制度的精神支柱天主教会和基督教义。霍尔巴赫一针见血地指出，天主教会和基督教神学是封建专制主义的帮凶，王侯们"正是在神本身之上建立起自己的极大权力和崇高称号"。宗教一方面赋予专制君主胡作非为的权力，把他们的权力神化，另一方面又劝导人民安于专制制度的统治。因此，"专制主义、暴政、王侯们的腐败和特权，以及百姓们的盲目"，"所有这些，都应归咎于神学的概念和牧师们的卑劣的谄媚"。

　　当时法国的僧侣和贵族，同属特权等级，是封建专制制度的社会基础。霍尔巴赫在著作中，无情地撕下僧侣们的伪善面纱，把他们贪婪、残忍和种种丑恶行径暴露在光天化日之下。他尖刻地指出："教会掠夺人民，以便他们能够得救；它使人民陷入贫困，以便他们能厌弃尘世幸福并向往来世幸福。"霍尔巴赫的无神论著作，如匕首投枪，直刺宗教的要害，令其威信扫地。由于霍尔巴赫的无神论思想富有战斗性，因而得到列宁的高度评价："十八世纪老无神论者所写的那些锋利的、生动的、有才华的政论，机智地、公开地打击了当时盛行的僧侣主义。"

霍尔巴赫的唯物主义自然观深受笛卡尔物理学的影响。他也像笛卡儿一样，认为物质及其运动是宇宙唯一的存在。他说："宇宙，这个一切存在物的总汇，到处提供给我们的只是物质和运动。"在他看来，宇宙中的一切事物，都是由物质构成的，不但无生命的东西如此，就连人也是"一个由不同物质组织而成的有机整体"。

当时有一些唯心主义者口头上也不否认物质世界的存在，但是认为在物质世界之上还有一个更高的精神性本原，它创造和形成了物质世界。霍尔巴赫针对这种唯心主义观点指出，"把物质的创造和形成归之于一个精神的东西"是完全错误的。物质是不能被消灭的，同样它也不能被创造出来。因此在物质世界之上没有，也不能有一个精神性的本原作为世界的创造者。精神不但不能创造物质世界，而且它还是物质发展到一定阶段上的产物，是由各种不同物质组织起来的人的肉体的功能。霍尔巴赫的这些观点坚持了物质第一性、精神第二性的唯物主义原则。

霍尔巴赫的认识论继承了洛克感觉论中积极的一面，抛弃了洛克的唯心主义渣滓。他认为认识起源于感觉经验，是客观世界的反映。如果离开感觉经验，堵塞反映客观外界事物的通道，从主观本身是不会产生出任何认识的。

因此，人的一切观念都是从后天经验中获得的，即使像"全体大于部分"一类的公理，也"永远是获得的"。从唯物主义反映论出发，霍尔巴赫批判了笛卡儿宣称的人具有"先天观念"的唯心主义先验论，指出那种认为"不反映客观外界事物，从人的灵魂本身就可以产生出观念来"的观点，完全是宗教偏见。[①]

20世纪80年代是环境哲学的确立时期。这一时期，人们在研究环境保护问题方面"地球第一"的概念已经形成。许多哲学家、科学家继续

---

① 霍尔巴赫：《健全的思想》，王荫庭译，商务印书馆，2006。

以自己独特的环境哲学思考方式论证自己的环境价值观念，提出自己的生态建设研究思考、环境保护方式，并开始确立起相对稳定和比较完整的思想理论体系。

1981 年，斯可利穆卫斯基（Henryk Skolimowski）在伦敦出版了《生态哲学：设计新的生命策略》。1983 年，汤姆·雷根出版了在动物权利理论方面的重要系统著作《动物权利的情形》。罗宾·阿特弗尔德（Robin Attfield）出版了专著《环境问题的学》。

环境或生态哲学的突破之代表首数阿伦·奈斯（Arne Naess）提出的深层生态哲学。深层生态哲学的目的在于克服西方二元论哲学，摧毁西方哲学关于自然的陈旧的思考范式，变革西方的制度。"深层"相对于"浅层"而言，浅层生态运动局限于人类本位的环境和资源保护。阿伦·奈斯说，"我用生态哲学（ecosophy）一词来指一种关于生态和谐或平衡的哲学"。

德国哲学家萨克塞在 1984 年出版了《生态哲学》一书。他认为，生态哲学研究的是广泛的关联。由于广泛的生态关联，每个人都在更高的程度上成为整个体系的一部分；另外，人与人之间变得更陌生了，每个人在这个庞大的体系中生活都感到更不安全，更无保护。这里我们面临着一场根本性的转变：面临着争取建立人际相互理解的任务。因此，萨克塞认为"生态哲学所探讨的正是在这一关联中如何行动的问题，人如何发现他的作为社会的房子——这就是世界——以及在其中共同居住应怎样去布置和安排"。他强调，"人在生态关联网中遇到了严格的控制。我们意识到我们不是作为主人面对这一发展，我们自己也是整体的一部分。虽然我们成为近化的帮手，可以影响其方向，但是自然不是我们可以随意摆布的物体，而是我们得适应自然，以便使自然根据其规律按照我们的意愿起作用"。所以，生态哲学的任务是人们在自然—技术—社会的关联中"加强对我们生存基础和我们人类基础的反思"，在技术的运用上趋利避害，在顺应自然的基础上利用自然，重新确立人与社会发展的方向，创建人与自然和谐发展的新生活。

美国学家卡普拉（F. Capra）认为，生态哲学是现代科学世界观，是科学最前沿的人的观点。他说"一种新生态世界观正在形成，其科学形式是由系统理论赋予的"。他把生态哲学理解为生态世界观,是转变以往价值观而形成的新的生态世界观。它的特点,一是强调世界的整体性;二是认为世界是运动的,过程比结构更为基本。

除此之外,值得一提的还有其他几种环境哲学理论,如:福格特的生存哲学、海德格尔的"拯救地球"和"诗意地安居"的哲学思考、罗马俱乐部的新价值论、詹奇的自组织进化宇宙体系、拉塞尔的地球生命系统理论、罗尔斯顿的自然系统价值创新理论等。青年马克思,特别是恩格斯有关人与自然关系、自然观、自然保护的观点也重新受到关注,还产生了生态思潮。生态哲学家强调人类应对人与自然的关系、人类社会与自然环境的关系以及现代社会的价值观与组织方式中违背生态规律之处进行深刻的反思和深层的改造。受此影响,一些环境学专家对传统的社会学提出批评,并试图进行新的理论建构,把自然环境与社会的关系纳入社会学研究的范围。其中,卡顿和邓拉普在建立环境社会学的理论框架方面作了较多努力,将其中的"环境"明确定义为自然环境,指出环境社会学研究的核心问题应是环境与社会间的相互作用。

现代科学技术高度发展的成果之一,是在人与自然之间形成了一种隔离,使人不易受到自然力量的侵害。这种隔离也使得人们不易看到自己的生活与自然的密切联系。但如果我们走出自己直接生活体验的范围,在深层次上反思人与自然的关系,将不难看出人类的生命活动在终极意义上是依赖于其自然环境的。①

区域生态资源经济体系建设活动过程是完整研究区域社会组织结构、经济形态、文化思想、生态环境结构与消费行为投资特征和规律的科学经济活动方式。实践过程将在其复合产业的理论建构与生态资源培育过程中和谐地有机结合起来,将生态资源经济体系建设活动的系统思维和经济活动规律放在自然生态系统中加以全面研究验证,这是区域探索新型生态资源经济体系建设的一个重要内容。面对全球环境不断恶化的大环境,进行生态资源培育的哲学思考活动,以研究人与自然、人类社会与自然环境关

---

① 博才网,hbrc.com,生态哲学对社会学的影响与启示,2013年11月6日。

系，将新型生态资源经济体系的建设活动纳入第一层级复合产业哲学研究理论的建构中，是区域政府、企业、科研工作者、公众必须高度重视的问题。

2. 中西自然观中的改造自然

第一层级复合产业哲学研究杜仲橡胶资源培育复合产业为例，研究的实质意义是区域生态资源经济体系建设中的哲学实践行为关系。今天研究复合产业经济活动行为对自然敬畏和尊重的同时，同样也强调对自然的改造和征服，但是这种对自然的改造和征服是基于对生态资源培育的基础之上，不是破坏性的改造。完全体现出复合产业经济活动的主体能动性。所以，马克思主义哲学、中国哲学和西方哲学自然观中对"人"在今天的自然中的地位和作用的合理认识，依然指导复合产业在生态资源经济体系建设中发挥主体能动性。

首先，"人化自然观"是区域新型生态资源经济体系建设中马克思主义哲学自然观在实践中的体现。这种生态资源经济活动中的哲学精神在于"人"在自然界中地位和作用，创新是第一层级复合产业经济活动能动性主体关系的理论基础。

从实践角度来讲，区域生态资源环境是自然界给予人类生存生活首选的实践场所。通过生态资源经济体系建设的经济活动实践，人类认识掌握了生态资源环境与自然环境之间的依从规律，促进了区域社会经济和区域文化与人类文明的进步。

我们研究第一层级复合产业经济活动，以哲学的思考思维向度来解析自然和人的生存关系。以杜仲橡胶资源培育复合产业来看今天的自然界，我们清晰地看到工业革命的成就，也看到工业革命的破坏痕迹，这些都是人为的实践活动的结果。通过摆在我们面前的环境破坏的"自然状况"，看到反映社会生产力的水平和管理水平，以及反映人类的实践能力的差距和人类的无知逐利行为。

笔者认为，复合产业是区域内政府管理者必须思考的新型生态资源经济体系建设。如果从本体论的角度来看，人类生存和发展的根基是自然界，"人"是自然界的一部分。实践中，我们必须做到将"人与自然"

"人与社会"看成是彼此关爱互惠的生物环境关系，不能割裂其和谐相处的生存环境特征。区域生态环境结构和公众的生态资源经济体系建设实践行为，对区域"人"来说，是生活于自然环境中的自然过程，人类进步过程是通过工业（即人类技术应用的自然工业化过程）所形成的自然界的相互生存过程。在《巴黎手稿》中，马克思强调了共产主义的社会特征，并扩展了人与社会和人与自然之间的关系："……只有在社会中，自然界对人来说才是人与人联系的纽带，才是他为别人的存在和别人为他的存在，才是人的现实的生活要素；只有在社会中，自然界才是人自己的人的存在基础。只有在社会中，人的自然存在对他说来才是的人存在，而自然界对他来说才成为人。因此，社会是同自然界的完成了的本质的统一，是自然界的真正复活，是人的实现了的自然主义和自然界的实现了的人道主义"。① 由此来看，马克思研究自然，不是就自然看自然，他是将社会和自然的生存形态以有机统一的形式，通过人类生存的活动来正面解析其实践应用关系。目前，国情调研杜仲项目实践活动的全部意义就在于深入基层、长期研究，就某一个议题进行一案一年的详细调研和哲学思考。

第一层级复合产业经济活动是人类改造自然进入新型时代的历史性经济活动过程，这种经济活动过程是以培育生态资源经济体系，以杜仲橡胶资源等经济林种植为主要经济活动内容，而进行生态修复和保护为目标的生态经济活动，这种人的生存实践活动，是真正人类学意义上的保护生态的实践活动，完全区别于一般的生物活动。复合产业是根据人类的需要进行的区域生态经济活动关系，充分体现了"人"的生存活动价值。人的实践活动的哲学精神体现了"人的自觉性和创造性"行为过程，证实了"人的主体性"首先要在改造和征服自然世界的过程中得到确立和体现。"人化自然"的哲学意义在于，第一层级复合产业经济活动实践清晰地表明人要顺从自然，按自然规律办事，在不违背自然规律的同时也可以按照自己的需要，把自然合理地改造为适合"人的需要"的"人化自然"，使自然的发展服务于人类的需要。

① 〔英〕戴维·麦克莱伦：《马克思传》，王诊译，中国人民大学出版社，2006，第123页。

　　从哲学的角度来看，第一层级哲学思考的方式是在社会实践活动中人类如何不断改变自身的生存现状，实现自身价值的最大化。这种思考，表现出自然对人的限制，同时表现出人的主体性超越了自然的一面。复合产业是"人"需要以劳动来作用于自然，以不断地生产消费资料和生产资料来实现人的生存和发展，表明了人与自然的关系，是人与自然的一体性实践。所以，第一层级复合产业哲学思考是建立在"人与自然"的实践意义上的主客体关系，并不消除人同自然在存在上的部分与整体的关系，改变不了人类对自然界整体的依赖性和不可超越性的空间依存结构。

　　"人与自然"之间的关系一方面表现在"改造与被改造"的层级关系，而且在进行区域生态资源经济体系建设过程中自然融入了人类改造自然的长期的历史活动过程，另一方面"人与自然"的关系还表现在"认识与被认识"的关系。

　　认识是"主体反映客体"的一种认知活动。区域经济活动中，反映了人在改造自然的实践活动中不断探索自然界的本质和规律，它既构成了科技产业的主要内容，同时也是生态环境修复的重要方式。我们知道，"人"的认识活动完全具有能动性，"人"不仅要认识自然环境或者环境生成的过程，同时还要在哲学的思维中实现"自然的人化"思考与实践过程。

　　马克思的自然观首先是坚持自然界的优先地位，以实践原则来强调人类实践活动应尊重自然的必要性，同时指出"人"通过劳动实践对自然界进行改造，提出了自然界的"人化问题"。

　　结合目前的全球经济危机和局部的战乱，来看马克思实践的人化自然观，可以看到马克思主义自然观有关社会与自然界动态平衡的论述，完全不同于当代消极自然保护主义，那些伪善的生态环境保护者没有能力制止战乱和政客利益保护行为。他们呼吁对自然采取保护的活动是自私的偏执的自然主义做派。

　　因为"人"要表现出服务"为人"的高级特性，就必须在实践活动过程中坚持对自然的改造以体现自身主体能动性。实践第一层级复合产业经济活动即是保护生态环境的需要，也是区域生态资源经济体系建设中经济、社会、文化的根本需要。第一层级哲学思考在尊重和保护自然的同时，必须坚持发挥复合产业在修复生态、改造生态过程中的人的主体性。

我们再来看中国哲学思考的空间结构，中国古代哲学自然观中"制天说""天人相参"的理想境界，体现了对人在自然界中主体能动性的理性思考。但自古至今演绎着生态环境变迁的历史过程。今天来看，实践第一层级复合产业经济活动，既是生态资源经济体系建设活动，也体现了面对生态环境资源消费者的主体能动性。

从薛正昌对宁夏历代生态环境变迁的论述中，可以看出中国古代社会经济活动管理者进行的哲学思考。

历史上的宁夏，地处中原农耕与北方游牧民族融汇过渡的地带。游牧民族的南下与农牧界线推移密切相关，畜牧与农耕交替出现。西周时期，宁夏境内气候温和湿润，生态环境良好；秦汉时期，由于移民与屯垦，生态环境开始变化；南北朝时期，是生态恢复的重要时期；隋唐时期基本是农牧并举，生态平衡发展；宋元时期南部生态逐渐恶化，北部相对得以保持；明代由于军屯和战争，是宁夏生态环境恶化最厉害的时期；清代中前期有所恢复，后期再度遭战乱的毁坏，尤其是南部黄土高原。宁夏生态环境的历史变迁，为西部大开发提供了历史借鉴。

历史上的宁夏，是开发较早的西部地区之一。从所处的地理位置看，正好位于农耕民族与游牧民族相接过渡的地带；这里既属边地，也是历代统治者非常关注和尽力经营的地区。在这一偌大的空间内，是历代北方游牧民族南下或北上的主要区域，是传统意义上农耕与畜牧的分界地带，也是或驻牧或农耕的地区。如果北方游牧民族南下内迁，农牧界线就随之南移，这一区域几近成为畜牧区；如果中原政权向固原以北移民、驻军和屯田，农牧界线就随之北移，曾一度到达阴山以北。近3000年来，农耕民族与北方游牧民族反复多次在这一地区进退往复，相互较量。在这样一个历史发展过程中，历代中原政权的强盛或衰落的变化，在客观上为宁夏境内带来的是畜牧与农耕的反复变迁，农牧业生产方式一再改易，农牧界线屡有推移。这种畜牧与农耕的变迁，就导致生态的变化。

（1）西周时期，森林资源十分丰富，"夫周，高山、广川、大薮也，故能生是良材"。历史地看，宁夏境内生态很好，南部固原森林资源十分丰富。这一时期，国家垄断山林川泽，森林资源是国家的财富。由西周在固原进行的反击北方游牧民族的战争，到西周"料民于固原"，宁夏南部固原已纳入西周版图。研究资料表明：西周时期陕西的森林覆盖率达45%，那么，与关中相依的宁夏固原境内六盘山系、泾河、清水河流域也不会低于40%。

其实，从生态的角度看，早在周以前的夏王朝，已经制定了保护环境、保护自然资源的法规："春三月，山林不登斧，以成草木之长。夏三月，川泽不入网罟，以成鱼鳖之长。"到了周代，已经将山川生态与国家统治联系在一起。"夫国必依山川，山崩川竭，亡之征也。"尤其是周族的精耕农业很快取代了土著民族的"焚林而猎"的带有破坏性的原始生存方式，有利于环境和生态的良性发展。

（2）秦汉400年间，我国人口空间分布、经济和文化格局都发生了很大变化，尤其是移民，包括政治性移民、军事性移民、商业性移民等，其规模之大、次数之多、影响之广，为历代罕见。宁夏为移民的主要地区之一。在这一历史过程中，一方面促成了被移民地区的开发，另一方面却带来了生态的消解和毁坏。由于经济的发展、土地面积的扩大、移民人口的增多，再加上统治者大兴土木，生态环境不断遭到破坏，诸如森林被毁、自然灾害频频发生等。宁夏南部是适宜于畜牧的地区，畜牧之外也适宜于农耕。

西汉以后的宁夏生态环境就逐渐发生了变化。依竺可桢先生的研究，西汉时期的黄土高原，气候正处在温暖期。这一时期，宁夏南部六盘山一线南部为暖温带落叶阔叶林带，森林广布，间有草原；六盘山以北为温带森林草原，草木茂盛，降水量也多。但从开发的角度看，秦汉时期多次向宁夏境内移民屯垦后，传统的农牧分界线一再向北推进，宁夏平原及河谷地区得到了充分的垦辟，尤其是宁夏平原，代之而起的灌溉农业生态环境成为人类生存和发展的主要地区之一。宁夏成为秦始皇时被称为"新秦中"的发达农业区。这样一来，北部边境安宁了，西汉王朝也达到鼎盛期。但随之而来的大量移民，带来的是大规模的屯垦。宁夏境内的北部地区到西汉末年，仅黄土高原地区的移民和原有居民人口总数已达 1128 万。遗憾的是在经济发展的同时，草原和森林的大片土地为栽培植被所取代，天然森林和大面积的草原消失了，宁夏生态环境已由轻微的地质侵蚀变为强烈的土壤侵蚀。汉代人面对这种现状，有识者已有了环境意识的萌生和生命意识的崛起，认识到了毁坏森林会加剧水旱之灾。

西汉末年，王莽专权，关中乱离，边衅再起。西汉政权覆亡之际，给黄土高原带来的是经济的衰退与生态环境的恶化。之后，宁夏北部被南下的匈奴等游牧民族所占据，原屯田耕垦的汉族军民大都南撤，南部固原还有不少羌族等少数民族居住。《后汉书·邓禹传》载："上郡、北地、安定三郡，土广人稀，饶畜多牧。"这种现状基本涵盖了宁夏全境。所以，随着土地资源利用方式的重新改变，会有次生植被逐渐来替代过去被毁坏的生态。到了东汉后期，包括以后晚些时候，农牧界线大体恢复到战国后期的态势。这是由于大批游牧民族入居宁夏全境，原来的农耕民族内迁，许多土地退耕还牧，次生植被开始恢复的缘故。这种农牧相兼的发展格局，在宁夏基本持续到北魏以前。

匈奴的内迁，也是宁夏生态恢复的主要原因，尽管是短暂的。汉武帝元狩二年（公元前 121 年）秋，匈奴昆邪王率 4 万余人降汉，政府在 5 个边地郡境内设立了"五个属国"，宁夏境内的三水县（今同心县东）就是五属国地之一。在属国内，匈奴人可以保持自己的风俗习惯，继续从事传统的畜牧业。据专家研究结果推算，在当时"三水属国"境内生存的匈奴人也有五六万之多。东晋太兴年间，也有不少匈奴人迁入宁夏南部。这样一来，宁夏中南部各民族持续发展的畜牧业，就会起到延缓生态恶化的作用。汉代的思想家们已经注意到了自然与人的依存关系，尤其是已经有了环境意识的萌芽与生命意识的崛起。晁错在他的《新书》中说："焚山斩木为时，命曰伤地。"刘向在他的《别录》中也说："唇亡而齿寒，河水崩其坏在山。""斩伐林木无有时禁，水旱之灾未必不由此也。"这些都表明汉代人对人类赖以生存的自然环境的整体思考。

（3）南北朝时期，又是数百年的战乱。由于战争和北方林立的割剧，东汉后期以来形成的农牧分界的格局，持续了很长一段时间。这期间，北方游牧民族政权不断更替，游牧文化是其主流。《晋书·文帝纪第二》记载，魏末晋初，北方民族归附的人数达 870 余万人。北魏以后，长期生存在宁夏境内的部分游牧民族开始向农耕转化，逐渐农业化。

（4）隋唐时期，依自然地理划分，西北多属半农半牧地区，宁夏南部固原最具特点。按司马迁当时的经济区划看，固原属游牧地区的南界。隋唐时期，固原在经历了南北朝特殊时期之后，更为明晰地体现着自身半农半牧区的特点：从事游牧生涯的少数民族进入固原，即可为牧；从事农耕族类统治固原时，这里就成为农业区。从历史发展的过程看，这也是宁夏生态历史发展变化的规律。唐代立国后，对于宁夏地区的政策是农牧兼并的，尤其是固原。因为对于唐朝中央政府来说，这里不仅需要粮食，更需要繁殖马匹。固原所在的平凉郡，就是当时唐朝在西北设置的四大畜牧地之一。当时的宁夏，虽是半农半牧地区，但农耕地区再扩大，也不会超过畜牧地区。后来的西夏国，就是兼有畜牧和农耕的。

从生态的角度看，即使在隋唐兴盛的时期，统治者都是在借固原的地理环境以弥补农业地区的不足，即这里的生态环境与战马的繁殖最为相宜；从牧马的有利条件看，要比将牧马地放在平原灌区条件好得多，而且经济上合算。隋唐两代都有强大的军队，其中骑兵占有重要地位。唐代重视养马业，固原是当时西北牧马四大基地之一，政府在固原广设牧监、牧坊，充分利用这里的自然环境作为草原和牧区。据《新唐书·地理志》载：到了唐玄宗天宝年间，黄土高原的人口总数已达 1015 万。那么，宁夏南部固原的人口密度也不会太小。同时，由于农牧并举、以牧为主的经营结构，加之较长时间的和平发展，南部固原的生态环境仍保持着良好的发展态势。

从固原自然条件本身看，半农半牧区，畜牧业位置重要；从军事的意义看，更重要。唐代，固原属关内道，京畿之外围，至关都城安危。战马就是当时的军需储备。所以固原唐代牧马草场还具政治意义。因此，当时固原不仅要发展一般畜牧业，还要繁殖战马，尤其是后者。唐玄宗天宝年间爆发"安史之乱"后，吐蕃占据六盘山一线，宁夏南部固原成为吐蕃往来的战场，原来的牧监撤废，耕种的土地荒芜，前后达 86 年之久。唐朝政府收复宁夏南部三州七关后，即颁布诏书，听任老百姓开垦，荒地再度变成了农田，不再设置牧监，草场也随着毁坏。这样，固原境内的森林草场开始受到了极大的损害。

（5）宋朝建立初期，面对的是百业凋敝的衰败景象。宋朝政府首先实行林木资源的利用和保护政策，奖励耕殖，林农并举。之所以有这样的举措，主要因为：一是林木是薪炭的来源；二是随着造纸、造船和建筑行业的发展，木材的需求大量增加；三是宋代人已有了朴素的生态观；四是战争所致。对于宁夏来说，因战争造林，尤其要紧。宋夏战争中，宋王朝一直处在被动防御的境地。因此，营建和保护军事防护林"以限胡马""以捍奔突之势"，成为宋朝统治者巩固西北边防的重要措施。

元代，是固原历史上的特殊时期。成吉思汗时就已经看重了固原的军事地理位置，奠定了固原在元统一南宋过程中的地位，尤其是安西王府的设立。在这个过程中，军屯是固原历史上较厉害的时期之一。固原驻守规模较大的军队，使大量的荒地先后得以开垦；安西王府的修建，使六盘山森林资源也遭到一定程度的砍伐，生态环境在宋代毁坏的基础上更为加剧。在统一南宋之后的和平安定的年代里，军屯相对减弱，生态逐渐得以生息恢复，尤其是草场生态得以恢复。元代后期，明显侵占畜牧地的掠夺式经营形式已明显弱化，就是对农耕地区的田亩，政策上也已经宽松了许多。但北部却不完全一样。宁夏北部，同样是大力推行屯田。忽必烈受中原汉文化思想的影响，保护农业生产，虽然是马上民族，却禁止占农田为牧地。元代宁夏北部屯田，主要是招募无业农民开垦；而南部固原主要是军屯。元代宁夏平原的灌区得到了大规模开发，尤其是水利的修复，采用和推广了新的工程灌溉技术，对宁夏农业生产的恢复和发展起到了很大的推动作用。

（6）明清时期，明代以前，宁夏南部的生态状况是这样的：六盘山一带仍有大片森林覆盖，树木的品种也很多，即使在明代初年还保存有相当的林区。但到了明代中叶以后，生态环境就急转直下，这是一个无法弥补的损失。从西周到明代中期，这期间经历了2300多年的变迁，不断遭人力和自然力的破坏，固原境内的森林景观早已不同于先前，平原、高原上的森林基本消失殆尽，丘陵地区也只剩下一些规模不大的残林。明代前期，宁夏北部贺兰山一带保存有一定规模的林区，中叶以后，由于战争和人为的破坏，同样遭到严重的毁坏。

明朝建立，面对的是元末战乱之余的荒凉景象：赤地千里，经济凋敝。与其他朝代一样，朱元璋在明朝建立之初就推行奖励垦荒、移民屯田的政策。尤其是朱元璋在位时，从国防需要出发，对西北边关林区曾下令封殖为禁山，采取了地区性的保护森林措施。这种政策一直延续到正统年间，前后持续约80年。80年的保护措施，对宁夏生态的保护和发展起了一定的延缓作用，呈现出"延袤数千里，山势高险，林木茂密"的景象。

明代宁夏生态环境的破坏，主要源于这样几个原因：一是明朝政府一面在边地实行林禁政策，一面又盲目地无限制推行垦殖屯田政策，向山林争田。结果，林禁中道废弛，林地让位于耕地，大量的土地被开垦，植被破坏，森林砍伐，越来越少。

明代屯田垦殖犹如一柄双刃剑，在大量实行各种名目的屯田、大力发展农业的同时，使自然生态不断恶化。当代环境学家认定明代是"环境严重恶化的时期"。人为的作用就是砍伐森林、开垦土地。砍伐之后的土地，或为沟壑，或者逐渐沙化。

清代前期，西北多有战事，但宁夏北部尤其河东地区生态状况相对尚好。这从康熙皇帝亲征噶尔丹时的沿途所见即可看到。公元1697年康熙第三次亲征噶尔丹时，由山西保德州渡过黄河进入宁夏境，到了兴武营一带，野兔、野鸡非常多，不时地合群而过。康熙在这里作了短暂的停留，并颇有兴趣地进行围猎活动。用康熙给京城太监信里的话说："满围都是兔子，朕射三百十一支。二十三日到清水营……朕只射一百有零。"可见距今300年前宁夏黄河以东的地区，生态环境相对还是不错的。另外，康熙离开宁夏返回北京时，是沿黄河乘船前往内蒙古包头的。由宁夏到内蒙古这一河段，黄河沿岸的生态环境，康熙同样看在心里，也留在了他给太监的信里："黄河中鱼少，两岸柽柳、席芨草，芦苇中有野猪、马、鹿等物。"康熙皇帝的这次行程，如同考察黄河及其沿岸生态，留下了这些让后人追念和对比的文字。在西部大开发的今天，300年前康熙笔下的各种生物都成了历史生态的参照，极具启示意义。

南部固原是另一种情形。清代立国后，明朝时期的生态环境未来得及恢复；乾嘉中兴之际，稍有恢复，又毁于同治以后的战乱，这一次应该说是毁灭性的。其实，康熙年间就裁撤了在固原沿袭千年的监牧，也取消了明代的藩府牧地，土地大量开垦，军马厂设置沿六盘山一线摆开，生态进一步毁坏。

清末，受左宗棠兴水利、造树林的影响，固原数任直隶州知州如王学伊、张祥、萧承恩等人，在固原城郊搞育苗试验场，育树苗栽树，在现在的西兰公路六盘山、和尚铺、平银公路、清水河沿线等栽种了大量的杨、柳、榆、椿、杏等树木；固原城周围、东岳山等处也栽种了不少。在这个过程中，驻固原的军队加入了植树行列，也是有贡献的。同时，还恢复马场，以恢复生态。但由于各种原因，比起偌大的固原山川，终属杯水车薪，恢复生态建设不可能有多少起色。民国年间，马由民间养牧，牧业依附于农业。牧马场不存在了，草场就不存在，生态空间就越小。这种掠夺式的经营，使草场越来越小，生态退化越来越严重，留给后人的是"童山濯濯，沙土皆紫色"的山川。

追溯宁夏清代以前生态演变的历史过程，是一部游牧民族与农耕民族在华夏地域上争夺生存空间的历史。①

最后，我们来看现代西方哲学在"人与自然"关系问题上的争论。体现了对人类主体地位和作用的理性思考，对第一层级复合产业经济活动主体能动性的确立也具有积极的重要的价值启示。

"人类中心主义"是以人类为本位思考，设计为一元化的价值主体，其思考范围和研究极其抽象。他们的目的是实现人对自然的征服，结果是，人的因素直接造成了对生态环境的严重破坏。"非人类中心主义"坚持以"地球优先"为本位思考，来表达"自然第一"的理念，在人与自然的空间结构中，看到了自然环境危机及生态破坏性的严重后果。其忧患

---

① 中国经济史论坛，薛正昌：《宁夏历代生态环境变迁述论》（节选1~6），转自中国生态环境史学网。

生态环境、思考生态资源合理应用问题，研究结果是人的劳动对象空间环境的生态意义造成了对人的社会性的重视不够，通过社会环境的公众消费活动，要求放弃自己的主体地位和改造自然的实践活动，这也是不可取的。笔者认为，今天的生态环境改善是"人类中心主义"和"非人类中心主义"的实践诉求在人与自然的空间环境结构中，完全显现的是保护生态环境、建设生态资源经济活动的积极过程。以第一层级哲学思考的角度来看，是要"突破对立而谋求统一"的哲学形态。今天我们以杜仲橡胶资源培育的复合产业哲学思考这样的"人类中心主义"和"非人类中心主义"对立的本身，我们看到这样的生态资源经济活动的空间结构中产生了"两个对立面"的整合态势，这种态势是对生态伦理哲学的空间结构的重新调整和研究，通过杜仲橡胶资源培育为例的生态资源的培育和生态环境能量的储备经济活动实现"生态伦理哲学"的重构形态。

　　第一层级复合产业经济活动实现"生态伦理哲学"的重构形态。以"人类中心主义"角度来说，完全将区域公众社会生活和消费利益提升到"人类保护自然环境"的出发点和归宿点，突出"人"的主体地位和能动性，强调对生态环境和自然的修复改造，强调自然复合第一层级复合产业的哲学精神。以"非人类中心主义"角度来讲，将"自然"看成与"人"平等的合作伙伴，没有设计破坏行为，将自然变为那些所谓征服和统治的对象，其科学意义在于在"伦理学"上承认"自然的价值和权利"，承认"自然对于人类生存和发展的价值"，基于此，要求人类承担起保护自然的道德责任。由此来看，在生态资源培育的环境中，"非人类中心主义"的尊重自然理念完全与第一层级复合产业研究的哲学精神是一致的。

　　通过解析，我们看到，第一层级复合产业经济活动的实践关系包含了丰富的哲学精神，一方面反映了对生态环境和自然的尊重，另一方面反映了对人类主体能动性的力量平衡。结果是第一层级复合产业的哲学精神实现了对这样"两极对立思维方式"的"辩证扬弃"。

　　现在让我们再来分析"生态环境"被破坏的原因。大家知道，西方哲学的发展分别形成了"以人为中心"和"以自然为中心"的两大学派，这是在不同自然观的影响下形成的。笔者赞同很多学者的看法，从历史来看，在中世纪机械论自然观影响下，形成了"人类中心主义"的世界观，非常重视人类的主体力量，将"人与自然"的关系确定为"对象"关系。例如，一是基督教传统在创世说中认为上帝把人从自然界中剥离出来，突出了人在宇宙中的中心地位。二是自文艺复兴以来，上帝一直被视为全知全能的绝对存在。人要接近上帝，就必须相应地把自己理解为知识和意志的"主体"，把自然理解为能够被人所认识和征服的消极"客体"。三是培根提出"知识就是力量"的口号。四是笛卡儿提出"我思故我在"的命题。这些都是在一定时代背景条件下基于生态环境建设进行的对人类主体性进步张扬的结构解析。

众所周知，牛顿的罕见的思考运算，创造性地集成智慧、合成式的研究分析综合了哥白尼、培根、笛卡儿的研究成果，研究发现了"机械论自然观"的数学公式，奠定强化了"人类中心主义"的信念。由此开始，拉开了"人"对自然的统治和征服的战争帷幕。世界的各个生存关系体随着生态环境的逐步破坏，传统的"人类中心主义"开始逐步向"现代人类中心主义""弱势人类中心主义"的转化。

我们承认，在"人类中心论"的影响下，设计发展了人类的物质文明和生存环境的人造环境，这种发展模式带来了巨大的环境污染和生态危机。在这样的历史背景下，一些哲学家对传统的"人类中心主义"进行了严厉批判。"人与自然"的和谐生存关系发展到近代，表现为多种学派的"非人类中心主义"，代表学派有：以辛格为代表的"动物解放主义"、以雷格为代表的"动物权利主义"、以施韦泽为代表的"敬畏生命的伦理学"、以泰勒为代表的"尊重自然界的伦理学"、以奥尔多·利奥波德为代表的"大地伦理"说、以罗尔斯顿为代表的"自然价值论生态伦理学"等，不同视域的对"人类中心主义"的各学派进行了尖锐分析和批判。

二 复合产业的唯物主义历史观

第一层级复合产业经济活动是新型生态资源经济体系建设活动，是新型的生态资源培育产业模式。选择以杜仲橡胶资源培育为例的复合产业发展模式，将其视为经济转型时期实现人类可持续发展的根本战略选择。第一层级复合产业的经济活动是以哲学思考的向度，站在唯物史观的高度对第一层级复合产业经济的研究发展进行生态意义的合理的研究评价，给出明晰的以培育杜仲橡胶资源产业为例的新型发展模式的合理性和科学性思考。今天的国际形势和国际生存市场的特征必须考虑站在唯物史观的高度来研究思考第一层级复合产业的经济活动体的发展目标，以此进一步指导人们认识理解加快发展培育生态资源经济和发展复合产业的生态意义。

发展第一层级复合产业的重要意义和实践价值，需要我们从局部区域的复合产业经济活动实践得以研究探索实现。目前以杜仲橡胶资源培育复合产业为例的新型生态资源经济体系建设活动处于起步阶段。一些省区的部分区域具备一些经济林和具有生态资源复合产业特征的资源，还没有发展成为一种比较成熟的、普遍的复合产业经济发展模式。第一层级复合产业的经济活动模式就是将其在经济发展和环境保护中的重要价值完全展现在全球范围内，以复合产业的经济活动实践证明第一层级哲学精神的正确思考。

1. 复合产业的新型经济关系评价

复合产业的新型经济关系评价的依据是马克思关于认识和区分社会环境历史发展过程的理论，特别是以"社会生产"的物质技术水平（生态资源环境过程）的理论为基础，划分不同"社会生产时代"。笔者研究第一层级复合产业经济活动实践关系，完全是以新型生态资源经济体系建设活动来实现生态环境修复，进行"科技进步和生产工具"革新，并以此为基础进行复合产业的"社会生产新型经济时期"，笔者称为"第一层级复合产业新型经济活动时期"。

今天的世界正处于这样的时期，因为"第一层级复合产业新型经济活动时期"将会实现把工业革命以后造成"环境冲突经济发展"模式完全彻底的结束。笔者认为：应将"人与自然"对立冲突环境中的"线型经济模式"和"末端治理模式"定义为"环境冲突经济发展"模式。本书是从环境冲突中解析出"第一层级复合产业"的新型发展模式。

"第一层级复合产业新型经济活动时期"（即新型生态资源经济体系建设发展模式）主要特征是：第一层级复合产业经济活动所依存和发展

的"科学技术和生产工具"与"环境冲突经济发展"模式下的"科学技术和生产工具"具有完全不同的性质。

"第一层级复合产业新型经济活动时期"的发展模式和实践活动必须以"科学技术的进步和生产工具的革新"为产业基础和第一前提,没有科学技术的进步以及生产工具的革新,"第一层级复合产业新型经济活动时期"的活动将无法实现。

今天来看,对"人与自然"关系的重新思考说明"第一层级复合产业新型经济活动时期"的实践活动,充分证明复合产业实践离不开新的"科学技术和生产工具"。与"环境冲突经济发展"模式不同的是,"第一层级复合产业新型经济活动时期"的全部经济活动显现内在追求的是生产技术和生产工具的革新,而不再是追求对自然的"征服和改造",是完全侧重于生态环境保护和新型经济活动关系的和谐发展。以杜仲橡胶资源培育复合产业为例说明既能够保证和促进生产力的发展,又特别注重实现对生态环境的修复保护。"第一层级复合产业新型经济活动时期"的实践活动完全是"新型生态科技力量",这也是第三次工业革命的核心内容。

"第一层级复合产业新型经济活动时期"的生态科技力量强调和特别指向的是生态资源培育式的资源的节约使用和生态资源培育式的生态环境能量储备,可以完全结束以单纯地对资源的开发和使用程度的提高为目的破坏生态环境的行为。

"第一层级复合产业新型经济活动时期"所实践的这种生态科技和生产工具的革新,具有积极的促进经济与自然和谐发展的生态价值。

让我们现在分析马克思的社会发展理论中关于根据社会生产的物质技术水平对社会发展阶段进行划分的思想,也就是通常所说的以社会生产的物质技术方面的不同特征为尺度来划分不同的社会历史时期。

马克思在其研究中,多次提到社会发展的"渔猎时代""石器时代""铁器时代""经济时代""社会生产时代"。我们知道,在石器时代,人们的生存手段是靠原始的自然环境条件中的生产工具,如捕鱼狩猎;在铁器时代,人们的生存手段是靠镰刀、锄头等生产工具从事农业生产,如种植粟米;在蒸汽机时代,人们的生存手段是靠大机器等生产工具从事工业生产，如生产布匹。在 1857 年 8 月写的《〈政治经济学批判〉导言》中，马克思曾使用了"游牧民族""渔猎民族""农业民族""商业民族"等概念，可以看出马克思的研究成果是以社会发展进步特征和经济活动特征研究不同生产技术水平为标准划分不同生产时代的形态结构。

通过分析看到，马克思所生活的时代，对科技进步和生产工具革新在保护环境中的作用进行了分析。今天，以杜仲橡胶资源培育复合产业经济为主的生态资源环境能量储备服务人类，新型的科技进步和新型生产工具为基础的复合产业的新型经济活动生产模式，将能够在第一层级研究的环境保护中发挥重要和积极的作用。在复合产业中充分发展生产力，以生态资源经济体系建设活动的培育方式来检验"科学技术是第一生产力"的科学论断。第一层级复合产业经济活动对生态资源环境的保护和对生态经济资源能量的储备，是第一层级复合产业经济活动依存生态科技进步和新型生产工具的生态资源培育新型经济的主要特征，它一定能够实现"人与自然"生存环境和"人与社会"的社会和谐环境。

"第一层级复合产业新型经济活动时期"是以新型的杜仲生产工具和科技方法培育为基础的，完全清楚地勾画出了今天第一层级复合产业发展模式、新型知识时代和科技生产力层面实现杜仲橡胶资源培育技术的进步与新型生产工具的应用。

第一层级复合产业经济活动实践将伴随着以生态资源经济体系建设为主的第三次工业革命，在中国适应种植杜仲资源的区域内实现普遍种植，区域内的这种生态资源培育的科技进步和新型生产工具的应用，将在区域生态资源经济活动关系和区域生态环境建设中起到积极的务实的引导示范作用。笔者以亲身实践的经历和对杜仲橡胶产业的研究总结，将现阶段市场的"第一层级复合产业新型经济活动时期"的实践过程进行研究，这是符合我国的生产力发展要求的生态资源培育特征的，反映了第一层级复合产业在资源培育的生产过程中的物质技术方面的超越，是对第一层级复合产业经济活动和杜仲橡胶资源培育基本特征的科学总结。所以，第一层级复合产业哲学思考是符合唯物史观基本精神的，既有效地避免对第一层级复合产业的盲目提升，同时合理地从"第一层级复合产业新型经济活动时期"的高度认识出发，科学预测生态资源培育与生态环境资源储备体系发展的前景。

我们在杜仲橡胶资源培育的实践活动中要区分"第一层级复合产业新型经济活动时期"和"经济形态"的关系。

如果将第一层级复合产业定位于"经济形态"，为时尚早，也不科学。因为，第一层级复合产业经济活动是现社会发展阶段新型生态资源培育的产业活动，是渐进式的生态资源修复培育的经济活动，是对自然资源的保护利用，是地方政府积极行为的实践阶段，但还没有直接上升到新型生态资源经济并进行合理规划建设的国家层面。目前笔者进行的国情调研杜仲产业项目活动就是新型生态资源经济体系建设的活动过程，其实践结果旨在为国家和区域政府提供可以借鉴的思考，逐步形成生态资源经济体系建设国家形态结构的重要经济活动。目前条件具备，2014 年提案国家成立杜仲工程办公室，统一管理实践，这也是对生态资源经济体系建设重要经济活动的科学管理、合理推动，是国家经济形态结构的合理完善过程。

笔者亲身经历杜仲橡胶资源培育的产业活动，在工业、农业、商业活动中，有许多所谓的"经济形态"提法，如果大家在研究经济发展模式中以"经济形态"来解释和研究，是可行的。

笔者在此提示研究者：任何忽视基本层面的社会生产的物质技术方面的革命（生态资源经济实践活动）在实现人类社会发展中的基础作用，超越了所研究的新型生态资源培育经济活动在社会生产发展过程中的经济技术方面的特征和功能，直接跃进到对社会生产关系层面的理解，不切实际地强调或抬高其对社会生产关系方面的变革，就是一种超越第一层级复合产业研究现实发展水平，而对之进行无原则拔高的错误做法。

马克思主义认为，"经济形态"是有特定含义的，也就是将之理解为生产力和生产关系的统一，所以"经济形态"就是属于社会经济基础的概念。简单来说，目前第一层级复合产业经济实践发展处于科研试验应用使用阶段，还看不出杜仲橡胶资源复合产业对"生产资料与生产者"之间归属关系以及"人与人之间的生产关系"的变化能产生根本性的影响。目前它的影响力是局部区域杜仲资源产业对区域政府、企业、公众的影

响，是国家逐步重视、支持、培育，实现局部区域杜仲产业化，稳步实现
经济效益 2000 亿元，带动区域就业 100 万人的新型区域生态资源经济体
系建设规划。以渐进式的修复生态环境为目标，实践第一层级以杜仲橡胶
资源培育复合产业模式，实现"第一层级复合产业新型经济活动时期"
基本目标，是科学的、进步的战略产业，以增加区域经济增长。从这点来
看，杜仲橡胶资源经济活动实现了"经济形态"的哲学思考目标，其思
考价值精神是具有重要意义的。

2. 复合产业的新型经济模式

笔者提出，"新型的生态资源经济体系建设发展模式"具有生态资源
培育和生态环境能量储备的双重新型构建的经济特征，是新型的生态经济
发展模式。以杜仲橡胶资源培育复合产业的经济活动实践和产业发展的社
会需要，其发展前景就是新型的"新经济形态"。

世界进入全球化经济时代，社会"新型的生态资源经济体系建设发
展模式"与社会"经济形态"是密切相关的。"新型的生态资源经济体系
建设发展模式"的发展，在于社会需求的生态资源培育生产的科学技术
方面，实现杜仲橡胶资源培育产业活动的生产技术水平，反映不同的各历
史时期的种植、培育和产业开发建设过程的发展水平。"经济形态"的主
要目的在于社会生产的社会关系方面，这里指杜仲橡胶资源种植、橡胶产
业开发的不同历史时期的技术应用与社会的积极互动关系。

"新型的生态资源经济体系建设发展模式"与"经济形态"之间的关
系，从深层次上来解析，依然是生产力和生产关系之间的关系。

笔者提出，"第一层级复合产业哲学——以杜仲橡胶资源培育复合产
业研究为例"是"新型的生态资源经济体系建设发展模式"，其必然推动
"新经济形态"的发展。基于此，第一层级复合产业的哲学思考需要坚持
唯物史观的基本原理。

学习理解唯物史观的基本原理的根本目的是必须清楚"劳动者与生
产资料的关系，是生产关系中最基本的方面"。在具体的生产过程中，生
产力是生产的物质内容和社会发展的决定力量，标志着"人与自然"的
关系；生产关系则是生产的社会形式，反映了"人与人（社会）"之间的

关系，而其中劳动者与生产资料的关系，是生产关系中最基本的方面。生产关系的不同状况是进行社会"经济形态"区分的最主要的依据。"经济形态"的变化主要是基于生产资料与劳动者一定结合方式的变化。生态资源经济体系建设的目标就是促进新型区域生产的社会进步形态，是全体劳动者和生产资料始终起主导作用的经济活动过程。劳动者和生产资料的合理配置、结合，在区域生态资源经济活动建设实践中，不是指区域劳动者如何去改造生态资源环境等基本的生产资料，而是应理解为区域各要素环节如何实现合理的生产资料与不同的劳动者的归属利益方式，即杜仲橡胶资源经济活动关系中杜仲资源权属问题和土地、林地权属问题，以及相关杜仲产业的基本生产资料合法合理归谁所有（流转）的问题。这个问题的解决需要进行复合产业经济活动思考，如果处理不好，政府与区域企业、政府与林农关系、政府与生态资源关系、企业与林农户关系、企业与企业关系都会发生变化。所以二者结合方式的变化，会进一步导致劳动者之间关系的变化，也就是"人与人"之间的生产关系的变化，这是区域政府、企业必须思考的重大问题。

笔者认为，区域生态资源经济体系建设问题，是历史发展中必须面对的问题，企业和政府管理者必须清楚不同时代的生产力决定不同的生产关系，而不同的生产关系又是"各个不同的经济时期区分的标志"。因此，以生产力和生产工具发展为基本标志的生产时代必然是推动以生产关系为基本标志的"新经济形态"形成的物质技术基础。在这里，有必要指出，杜仲橡胶资源经济活动是新时代的特征经济，是新型历史发展阶段的生态资源经济体系建设活动，所有这些生态资源经济活动特征，都是中国区域生态资源经济体系建设过程中科学、合理、逐步发展的新型生态资源经济。这是"新生产时代"与"新经济形态"在区域生态环境与消费环境中完全和谐的相处。

第一层级复合产业经济活动所要求的这种"新经济形态"具有两个方面的特征：一方面，即处理"人与自然"的关系方面，既要实现生产力的发展，也能实现"人与自然"关系的和谐；另一方面，即在"人与人（社会）"的关系方面，能够实现社会关系的协调，能够有利于人的全面发展。复合产业对"人与自然"和谐以及对"人与社会"发展的两大追求目标在第一层级复合产业经济活动的"新经济形态"中完全可以实现。第一层级复合产业经济活动是符合社会历史发展规律的，也可以从马克思关于社会发展"三形态说"和"五形态说"中寻找到合理逻辑关系。

众所周知，从所有制关系的视角划分社会的形态，马克思曾经有过两个著名的观点。其中一个是在早期的《德意志意识形态》中提出的部落所有制、古代公社所有制和国家所有制、封建的或等级的所有制，再加上资本主义的所有制和共产主义的所有制。另一个是在 1859 年的《〈政治经济学批判〉序言》中表述的："大体说来，亚细亚的、古代的、封建的和现代资产阶级的生产方式可以看做是经济的社会形态演进的几个时代。"马克思的这些提法后来首先被苏联理论界概括为原始社会、奴隶社会、封建社会、资本主义社会、社会主义社会和共产主义社会这五种社会形态，即所谓"五形态论"。马克思在《经济学手稿》中，从社会主体层面上，根据人自身发展的状况，把社会历史过程划分为这样三大形态：人的依赖关系是最初的社会形态，以物的依赖性为基础的人的独立性是第二大形态；建立在个人全面发展和他们共同的社会生产能力成为他们的社会财富这一基础上的自由个性是第三阶段。后来在《资本论》中，马克思又把这三个阶段表述为：人身依附关系的社会、人的关系成为物的关系的社会、自由人的联合体。这就是所谓"三形态论"。本文得出结论，社会的所有制形态的发展是一种自然的历史过程；社会的主体形态的发展是一种自然的历史过程；社会形态的逻辑结构是一个有机统一的整体。①

在"环境冲突经济发展"模式下的社会经济结构形态是，人处于"依赖性"社会形态空间里，生产力水平低下，人类没有足够能力去征服自然，生态危机的发生概率小。"人与自然"关系是处于一种"原始的协调"环境状态，人与人之间形成了实质的依赖关系，这是一种"迂腐生活"的自然主义和"迂腐思维"的人道主义。在人具有的特定"自我生存开发"的社会形态里，随着区域社会生产力的不断发展调整，人的生

---

① 高飞乐：《马克思社会形态演进理论的逻辑结构探析》，《福建论坛》1999 年第 6 期。

产劳动关系破坏了人和自然界的原始统一状态，出现了生态失衡和人与自然的尖锐对立，并且因为生产力的发展出现了剩余产品，为占有更多的剩余产品，形成了以物的依赖性为基础的人的自我开发的独立性（不规则的生态资源破坏性），从而也导致了对社会和人的发展障碍。在人的"自然自由个性"社会形态里，由于科学技术的进步，人和自然界又重新处于和谐统一的状态，自然主义得以实现，人也将在"共同的社会生产能力成为他们社会财富"的基础上获得全面而自由的发展，人道主义将获得全面的实现。这样的一种经济形态符合未来新经济形态的基本特征。

根据社会化产业阶段和社会进步阶段界定人与人之间的生产关系的同时，马克思还划分了社会经济形态发展的五大历史进程阶段。依照历史进程，从马克思所揭示的社会发展的一般规律来看，完全可以实现共产主义社会形态。在《1844年经济学—哲学手稿》中，马克思认为，为了实现人与自然关系的和谐统一，必须消除异化劳动，必须消灭资本主义私有制度，实现共产主义。也就是说，到了共产主义社会，社会进步关系使自然界与人将进入一个全新的生态生存环境，自然界能够促进人的全面发展；全面发展的人能够成为人与自然关系和谐的基础。这样的"自然、社会和人"全面发展的理想的社会经济形态图景，体现了人类历史发展进程中的经济价值（包含新型生态资源经济体系建设价值）所起的重要作用。

通过以上分析说明，"新型的生态资源经济体系建设发展模式"以全新的生态资源经济体系建设形态实现"人与自然"关系，实现区域生态和谐以及"人与社会"的全面发展为价值追求，其生态资源经济活动行为符合唯物史观所揭示的人类社会发展的一般规律。这种"新经济形态"的新型生态资源培育发展道路，在归于"三形态"发展的"人"的"自由个性"形态以及"五形态"发展的"共产主义"社会形态里，人类社会会得以充分体现其合理发展规律。这个图景是"自由个性"形态和"共产主义"社会形态的实现目标，完全可以在第一层级复合产业经济活动实践的"新经济形态"模式过程中实现这一目标。

笔者认为，研究者必须在第一线进行长期观察，特别是从事经济哲学、管理哲学、文化哲学、艺术哲学、社会哲学、消费哲学、法哲学等方面的研究人员，没有在基层一线坚持一年以上的调查研究和亲身实践，就无法撰写出可以准确分析情况、给出合理建议的总结报告，更无法撰写出可以发现问题、解决问题的几万字、十几万字的对策建议，或者研究专著。因为，区域政府管理者、企业者学习相关哲学文章，理论分析或者方法论时，他们普遍反映的一个基本道理是，一些学者"凭空臆造、闭门造车"，"采用不真实的数据"，"喜欢引用哲学名家语言来解释现存问题"。因此，建议研究者以负责的态度走进生产一线体验 1~5 年，而不是与地方政府开几个座谈会、参观几个工厂、社区、实验点，写一个发展报告了事。特别是参照引用那些无法解决实际问题的空洞理论，甚至某些研究人员的作品存在着欺骗行为。

"新型的生态资源经济体系建设发展模式"研究是以杜仲橡胶资源培育研究为例反映区域生态科技进步（培育技术、科技创新）为基础的活动，充分实现"生态资源培育和生态环境能量储备"与转型经济发展协调统一的目标，是以"新经济形态"为基本发展模式，探索新型的生产关系的时代环境模式。

第一层级复合产业经济活动实践的深化过程是新型生产活动的过程，再次说明了"人类"在依赖自然界的同时，将完全超越自然界。其哲学思考的根本意义在于，"人类"不仅能够保护依存的自然生态环境，而且能够同时实现"经济、社会以及人"的全面发展目标。

因此，第一层级复合产业经济活动实践成果的预测和目标的实现及以新经济形态发展前景的实现是基于唯物史观基础之上的，是充满活力的新型生态资源经济体系建设活动培育的新型经济活动体。

第三节　第一层级复合产业的指导理论

科学发展观是实现"第一层级复合产业哲学——以杜仲橡胶资源培育复合产业研究为例"的现实指导理论。

中国共产党人经历了建党时期、长征时期、抗日战争时期、解放战争时期、新中国建立时期、三年灾害时期、改革开放时期的经济活动实践过程。总结不同时期社会发展的经验教训，吸收借鉴中外思想家，特别是马克思的科学的哲学世界观和社会发展理论，在现基础形成当代中国的最新社会发展理论。

"科学发展观是马克思主义同当代中国实际和时代特征相结合的产物，是马克思主义关于发展的世界观和方法论的集中体现，对新形势下实现什么样的发展、怎样发展等重大问题作出新的科学回答，把我们对中国特色社会主义规律的认识提高到新的水平，开辟了当代中国马克思主义发展新境界。科学发展观是中国特色社会主义理论体系最新成果，是中国共产党集体智慧的结晶，是指导党和国家全部工作的强大思想武器。"[①] 作为马克思主义中国化的最新理论成果，科学发展观也将对第一层级复合产业哲学思考——以杜仲橡胶资源培育复合产业为例的新型生态经济模式的发展，起到积极的理论指导作用。

1. 发展复合产业

复合产业发展的历史，如果从应用技术来说，古代社会就有应用。例如，防洪治理的都江堰水利工程，将"水"资源以"产业"的功能作用充分应用，将治理洪灾与水利建设完美结合起来。至今仍然造福人类。如果从科学技术发展来说，第一层级复合产业中包含有初级的生态经济成分，是科学发展观的基础之一。可以说第一层级复合产业的方法论原则具有深厚的历史渊源。复合产业的实践活动出现在 20 世纪 60 年代的中西方国家产业经济活动中，因为复合产业活动中一材多用的类经济循环方式早就已经在工业活动和人们生活消费活动中出现。

科学发展观是马克思社会发展理论在当代中国的具体运用和发展。第一层级复合产业经济活动就是以科学发展观为指导，科学发展观与第一层级复合产业经济活动实践关系具有内在的一致性。二者具有一致的生态资源培育的理论基础，具有一致的生态资源环境能量储备的价值追求。事实上，第一层级复合产业经济活动实践完全体现了今天的时代下的中国梦

---

① 胡锦涛：《坚定不移沿着中国特色社会主义道路前进——为全面建成小康社会而奋斗》，《人民日报》2012 年 11 月 18 日。

的、科学发展观的生产和生活实践观。第一层级复合产业经济活动也是落实科学发展观的重要内容。

第一层级复合产业经济活动与科学发展观之间，一方面是基于二者具有一致性，另一方面反映了科学发展观是对传统发展观的总结发展，也是对解决区域经济社会发展中的经验总结，是当代中国社会发展理论的最新成果，完全具备对第一层级复合产业经济实践活动的指导作用。

2. 世界观的哲学一致性

第一层级复合产业哲学思考是复合产业经济活动实践层面的应用性对策与建议，科学发展观是宏观指导理论层面的成果。二者不是同一层级的概念。但是，二者之间具有一致性。因为，科学发展观"是我们党根据马克思主义辩证唯物主义和历史唯物主义的基本原理"提出来的，第一层级复合产业哲学思考与科学发展观具有一致的世界观基础，科学发展观是第一层级复合产业经济活动的依据和指南。

之前我们解析了自然观和历史观，从这两个方面的研究成果分析了第一层级复合产业经济活动实践的世界观基础。自然观中的唯物主义原则和整体性思维方式要求对自然界的敬畏和尊重，中西哲学自然观关于"人与自然"关系的理论影响复合产业经济主体的能动性。运用唯物主义历史观解析杜仲橡胶资源培育复合产业，可以看出它是符合区域生产力发展要求的、新型生态资源经济体系建设的发展模式，完全符合社会历史发展的基本规律。通过分析看出，唯物辩证的自然观和唯物主义历史观是第一层级复合产业经济活动最重要的世界观基础。

当全球进入新经济发展阶段，第三次工业革命的生态经济活动将主导人类的生活和消费，主导市场经济发展模式。我们用社会发展进步观念来理解"科学发展观"的指导意义，可以看出第一层级复合产业经济活动是以唯物辩证的自然观和唯物主义历史观为理论基础的。

首先，第一层级复合产业经济活动遵守科学发展观指导原则，符合唯物辩证的自然观的根本要求。第一层级复合产业实践生态资源经济体系建设活动，其目标是追求复合产业发展的生态性、全面性、协调性、合理性。复合产业发展的全面性就是要以生态资源培育经济为主改变以往以经济发展为唯一指标的缺陷，追求科学生态合理的社会、经济、政治、文化、生态全面发展的目标。复合产业发展的协调性就是全面追求新型经济、政治、文化、生态之间的良性互动。

其次，第一层级复合产业经济实践活动获得科学发展观的指导，其重要性在于发展和创新，发展是解决复合产业一切问题的关键。展现了科学发展观指导复合产业经济实践的唯物史观丰富的底蕴。

同时，科学发展观也强调发展的可持续性，第一层级复合产业研究的目标是追求在更深的层次上、更广的范围内建立起"人与自然"的和谐关系。从历史观角度看，复合产业经济活动是"人与自然"的统一、是唯物史观"三形态"理论所揭示的"人与自然"发展的历史必然。"三形态"理论说明人类能够通过认识和改造世界的社会实践活动实现人和自然的统一，使自然界由单纯的客观性变成具有丰富的社会历史性，从而使人不仅依赖自然界而且超越自然界。因此，科学发展观也是唯物史观的基本要求。

《第一层级复合产业哲学——以杜仲橡胶资源培育复合产业研究为例》，是以辩证唯物主义和历史唯物主义为理论基础的科学发展观。杜仲橡胶资源培育复合产业的实践活动即要求区域生态修复经济实现科学、全面、协调与可持续性发展，在培育资源的实践活动中要求实践活动者能够敬畏和尊重自然；同时以科学发展观指导培育资源的发展，复合产业实践中要求实践活动者能够合理地征服和改造自然，以此来检验对"人和社会"合理的发展的关注和研究。

因此，复合产业与科学发展观一方面具有一致的理论基础，同时二者通过培育实践活动关系也具有一致性的哲学思考视域，这是科学发展观是指导复合产业经济实践活动的核心依据。

3. 复合产业的实践活动

首先，第一层级复合产业经济活动是体现科学发展观的"生产实践"活动。杜仲橡胶资源培育活动是科学发展观的科学生产实践活动，也就是马克思主义的生产实践观。不同历史时期的生产活动阶段，具有不同的实践观特征。

　　人类的历史、经济、社会发展活动是在"正义与非正义""科学与非科学""理智与非理智"的竞争性环境活动中逐步实现的。东西方哲学家演绎了很多思考，排除了人的强制性等特点。我们梳理"生产力"的线索来看，在古代生产力相对落后，自然经济占统治地位的条件下，正义与非正义的实践活动发展彻底影响了伦理主义的发展观。生产力相对发展的工业革命时期，在"环境冲突经济发展"模式下（线型经济发展模式）代表的是以物为中心的利益集团主义的实践观。这种单一线性经济活动的发展观在刺激区域环境生产力的发展，推动社会进步方面发挥了积极作用，同时产生了环境污染的不良社会后果。这种后果带来的代价是非常沉重的。

　　复合产业经济活动符合人类社会发展的基本经济规律。杜仲橡胶资源培育生产实践活动是生态环境改善和新型产业活动的最重要的实践形式，同样它也离不开复合产业链生产实践活动的支持。复合产业经济活动所进行的是资源培育的生产实践活动，是人们在经过生态环境遭到破坏，对必须修复生态环境的反思中必须进行的新型经济活动方式，进行哲学思考是前提。

　　复合产业经济活动是区域经济社会关系中维持自身存在和发展的最佳的经济活动方式，实现这种方式必须调动区域经济社会关系结构中的积极要素和调整人类自身的生产实践活动行为。第一层级复合产业的经济活动目标是以生态资源经济体系培育的自然生产经济活动与实践活动为目标的。

　　复合产业经济活动是人们认识到符合人们健康需求的生态修复工程，需要投入培育资源。生态资源培育的生产实践活动也是非常重要的新型经济活动。我们必须懂得，人们在物质生产中只要做到不破坏生态环境，就可看作是一种生态的生产实践活动。同时，也要提升到生态资源培育的高级阶段去看。因为科学的复合产业生产实践观，包括杜仲生态资源培育、复合产业经济领域的资源培育生产活动，包括精神生产、人类自身生产、生态自然生产等实践形式，均是复合产业全面的共同发展内容。

　　由此来看，复合产业经济活动是实现中国梦的生产实践观，并通过杜仲生态资源培育和复合产业经济活动的实践得到了体现。因为，复合产业经济活动在杜仲资源培育的生产过程中资源的节约和环境的修复，既体现了新的资源培育的物质生产观，同时也实现了生态自然的生产活动内容。复合产业经济活动是在以培育资源、设计控制新型资源消耗的情况下，实现区域生态资源培育经济的增长，其经济活动完全需要人类主体能力的提升和增强，需要实现人类自身的生态观念的转变，复合产业经济活动就是尝试使人类能够更好地认识和把握自然界规律。

复合产业经济活动也是人类自身生态环境的需要。发展第一层级复合产业经济还需要人们首先有发展生态经济的理念，树立紧迫发展意识、忧患生存意识、长远战略意识，这些方面体现了生态资源培育的精神内容。总之，复合产业经济活动的实践体现了生态杜仲资源培育的第一层级复合产业实现科学发展观的全面积极的实践活动。

其次，复合产业经济活动是科学发展观的实践活动，其中不仅包括科学的生产实践观，而且也包括科学的生活实践观。

复合产业实践活动以树立科学的生活实践观为目标，具有重要意义。"环境冲突经济发展"模式下的实践观是在以"生产中心论"的思维方式下去理解人类各种实践活动，将实践局限于生产实践，把生产看成"人"以外的工具和手段，出现了对环境保护的忽视。在"环境冲突经济发展"模式下存在的实践观，是片面性的，表现为不了解真正属于"人"的活动特征，往往把消费、享受作为生活实践的最重要的目标追求，完全忽视了实践本身的意义，结果使生产实践失去了动力和目标，这就是大家所看到的企业陷入了"为生产而生产"、消费者陷入了"为消费而消费"的困境，即影响到"人的生活质量"的提高，又不能实现保护生态环境条件下"人的全面发展"。

复合产业的经济活动实践观即要树立科学发展观，重新确立完整的科学的马克思主义生产实践观，在杜仲橡胶资源发展实践活动中要改变以往的只注重生产实践，而忽视生活实践的片面实践观。彻底改变"环境冲突经济发展"模式下人们生活中的不良生活方式和消费观念。科学合理、自由自觉地实现"人"的生活目标，推动社会历史的发展。

　　复合产业经济活动是新型生态资源培育的区域经济发展模式，既是培育企业生产者的物质生产实践活动，也是区域普通百姓的日常生活实践活动（体现在类似杜仲生态资源培育工程中经济林的产业链中）。

　　分析发现，在"环境冲突经济发展"模式下，人们的日常生活方式中缺少生态资源节约和生态环境保护意识。复合产业的经济活动，以培育生态资源为前提，使人们养成勤俭节约、合理消费的新型生态化的生活方式。生态环境修复培育过程体现的是一种新的生活实践观。复合产业经济活动的生态培育的生活实践观与科学发展观的精神是完全一致的，其结果是"环境冲突经济发展"模式下以重视物质生产的观念实现了向复合产业科学发展观内在要求的生态资源培育的"生产和生活"实践观并重的合理转变。可以说，复合产业经济活动就是在践行科学发展观的科学生产和生活实践观活动，复合产业经济活动就是落实科学发展观、实现中国梦的具体生态资源经济体系建设的实践活动。

　　由此来看，复合产业是新型生态资源经济体系建设的产业活动，合理的体现了实现中国梦的"生产和生活"的实践观。说明人在追求实现自身发展的过程中，必须通过其特有的实践活动来推动发展目标的实现。实质上就是要树立科学的实践观：一是要树立科学的生产实践观，二是要树立科学的生活实践观。这两个方面的实践关系体现在生态资源经济体系建设的实践过程中。

第四章　第一层级复合产业
生态环境哲学

第一层级复合产业的哲学研究——以杜仲橡胶资源培育复合产业研究为例，是以修复培育新型生态资源为基础展开的新型经济实践活动。目标在于科学实践"生态资源培育与生态环境能量储备"的生态文明建设成果服务人类的核心内容。起步阶段以解决现实中的环保与发展问题为思考，研究现实中的突出问题。给人们提供一个认识新型生态资源培育经济活动和实践环境保护和发展经济的平台。

第一层级复合产业的哲学研究实质是，将复合产业的生态资源培育价值观念和新型生态资源培育经济价值作用加以分析研究。生态资源培育价值观念和生态资源培育经济价值作用是建立在复合产业的实践活动基础之上的生态化的价值实践活动。培育生态资源的过程是第一层级复合产业的实践层级，如何设计和把握实践价值，建立新型生态资源培育价值观是极其重要的哲学研究问题。

以哲学思考角度来看，生态文明建设是国策，生态资源培育是区域发展的核心，生态资源能量储备是生态文明建设的直接成果。这些全部体现在建立新型的生态资源培育经济活动的实践价值中，其实践价值特征同时反映了人的积极社会性作用和功能，体现出生态文明建设和生态资源培育的共生关系。

第一节　生态文明建设是实现中国梦的高级形态

生态文明建设是中国梦的丰富内容之一，是基于第二次工业革命带来的生态环境破坏的重要教训。我们承认"环境冲突经济发展"模式曾经是人类历史进程中的经济发展模式，在经济增长和社会发展方面起到了重要作用。由于忽视生态环境问题给人类的重要影响，经济活动中产生了许多"环境与发展"之间矛盾，并且集中反映在生活和社会经济活动中。

中国共产党的第十八届三中全会提出综合改革方案，总体部署全面深化改革。着力实现中国梦和社会主义和谐社会的总体社会发展目标，确保实现这一宏伟的系统建设工程，生态资源培育和生态环境能量储备是这一伟大工程的重要内容。积极建设生态资源的第一层级复合产业实践活动，是构建生态资源培育和生态环境能量储备的重要活动。

一　实现中国梦与建设复合产业的内在关系

实现中国梦与建设复合产业的内在关系，体现在认识生态资源培育和生态资源环境能量储备与实现中国梦的统一性的哲学关系。生态资源培育体现了复合产业发展的新型经济发展模式，是实现中国梦的新型生态资源培育第一层级战略需求，是实现和谐社会发展目标的深层次要求。

第一层级复合产业经济活动是实现和谐社会发展目标的基础之一。复合产业经济活动的实现同时承担着建设中国梦、实现生态文明建设的重任，第一层级复合产业经济活动具有实现中国梦的实践功能，其哲学内涵是实现中国梦与建设复合产业是共同实践生态文明建设的内在的统一关系。

1. 实现中国梦

中国梦是第一层级的国家概念。复合产业是第一层级的生态资源经济发展模式，复合产业的概念是属于新型经济活动的范围。中国梦是实现全社会生态文明建设成果的核心价值观念、是实现社会发展总目标的理想追求，是建立"人与自然"和"人与社会"的新型生态资源培育关系的生态文明建设的伟大目标。两个概念之间是相互联系的，生态文明建设是为国家实现中国梦的总目标服务的，复合产业是实现总目标所需要的新型生态经济活动。新型生态资源培育经济发展活动将积极影响区域社会经济发展的合理布局，是对实现社会发展总目标的理想追求。所以，实现中国梦的重要内容之一是以生态文明建设为总目标的生态资源培育的新型经济发展。

生态文明建设与复合产业经济关系二者之间有着必然的内在的统一联系。

实现和谐社会的目标在于，既要追求"人与自然"之间和谐的目标；又要追求"人与社会"关系和谐的目标。"人与社会"的关系和谐程度必须建立在以新型生态资源培育为重要内容的"新生产力"的发展基础之上。第一层级复合产业经济活动是以促进中国梦的实现为核心目标，其要素是实现和谐社会建设的两个方面的目标，实践完全符合中国梦建设的核心内容。

首先，复合产业的经济活动目标体现了实现中国梦与生态文明建设之间的统一关系。以杜仲橡胶资源培育为例的生态资源培育复合产业经济活动，使我们清晰地认识到了"环境冲突经济发展"模式下经济与环境之间的矛盾，以及当前实现中国梦的经济社会发展中的矛盾和问题。实现中国梦与发展复合产业经济活动的目标追求，以及建设和谐社会家园的目标追求是具有统一性的关系。生态资源培育经济活动是为了生态环境的保护和能量储备，实现人类的生活与生态环境的和美度。在区域和国家层面实现生态文明建设系统工程的价值，是全面实现新型经济关系中"人与自然"之间关系的和谐度。在生态资源培育与生态资源环境能量储备层面，努力提高生态资源的培育使用效率和新型经济增长方式的转变，使新型生态经济活动出现持续增长的生态功能。所以，实现生态资源培育目标和生态资源环境能量储备目标，是实现中国梦与生态文明建设的统一。

其次，第一层级复合产业经济活动的生态资源培育的实践过程和生态资源环境能量储备的实践要件是实现生态文明建设建设的关键。从哲学的观点来看，其结果必然能实现社会和谐建设的目标。

我们认为，新型经济活动关系体现的是生态资源培育的价值观念和实现生态目标。其过程是生态资源培育环境能量储备是实践活动必须实现的成果，这与实现建设生态文明目标是一致的。

复合产业是新型经济活动关系中实现中国梦的丰富内容之一，其生态资源培育的经济价值和生态资源培育环境能量储备的成果价值，是复合产业经济活动的关键的两个层级。从复合产业的实践技术层级来看，生态资源培育过程必须重视二次附带的环境、气候、灾害污染源的修复技术、再加工技术、废物利用和清洁生产技术。从复合产业的社会功能层级来看，复合产业的经济实践活动同样需要以社会的政治、文化、社会生活等方面相应的变革为条件，需要建立实现中国梦的"人与社会"关系条件。这是生态文明建设、实现中国梦的核心实践活动，也是复合产业实现生态资源培育的成果。

2. 复合产业的实践理论与应用

共建社会主义和谐秩序和幸福家园是全面实现中国梦的重要内容。复合产业的基本特征与中国梦的精神实质具有内在的逻辑统一性，复合产业的经济活动目的是构建社会主义和谐社会。建设中国梦和复合产业经济实践活动的价值关系有以下两个方面。

（一）实现中国梦与发展复合产业经济活动是中国梦指导理论中的核心目标内容。中国梦倡导追求实现经济社会的全面发展，没有发展也就没有中国梦。实现中国梦就必须以复合产业生态资源培育的经济活动为主要内容，以建设社会主义的和谐社会家园。其主要特征是生态资源的培育，包括培育以生态资源为主的经济活动区域体系，或以生态资源培育为主要经济活动的区域经济模式。以积极的创新创造活力为生态文明建设提供发展的动力，建设活力充足的可持续发展的生态社会环境，其前提是必须以生态资源培育作为经济社会发展的基础。

以生态资源培育经济活动为主要内容的复合产业模式作为新型经济发展模式，既要实现"人与自然"的和谐生存，同时也要实现"人与社会"的协调发展。要在实践活动中的更高层级上全面实现经济、社会的可持续发展，建立起一个"公平正义、和谐秩序、民主平等"的新型生态社会关系。这就是全面实现中国梦的第一层级的目标。

（二）国家"生态文明"建设是实现中国梦的重要发展政策。构建和谐社会家园与实践复合产业都需要实现"生态文明"建设。以杜仲橡胶资源培育生态资源的"复合产业"经济活动是为了构建中国梦的空间结构。和谐社会家园建设需要"生态文明"的成果支持，生态文明建设需要在中国梦理论指导下的"复合产业"的实践成果。"生态文明"与"复合产业"的关系是统一的，"复合产业"是"生态文明"的内涵要件之一。实现中国梦的前提是生态资源培育和生态环境能量储备的"秩序、安全、和谐、利益、公平、消费、交易"的生态文明建设特征，同时也显现了实现中国梦的全面、协调、可持续发展的本质特征。实现中国梦应以发展第一层级复合产业作为基础建设指导，实现培育生态资源的经济、健康、全面的可持续发展。

实现中国梦要以"以人为本"为核心理念。和谐社会家园与复合产业经济实践活动都离不开这一理念的指导。和谐社会家园建设目标是群体大众能够实现享受和谐居住环境、工作环境的"生态性生活和生态化工作"。生态性生活是为了充分调度"人"在社会经济活动中的全面发展，因为社会发展离不开"人"的建设；生态化工作是对"人"在生态环境中实现中国梦目标的完全展示，人的全面发展就是为了实现"人"的梦想。

"中国梦"应包含第一层级复合产业实践活动建设和谐社会家园的共同目标内容。以生态资源培育为目标的生态文明建设是以和谐社会家园与复合产业共同发展为目标。建设生态文明、创新和谐社会家园建设与复合产业的实践活动，完全是以"以人为本"为生态文明建设的实践原则。生态资源培育经济活动的建设实践过程，是实现中国梦的基础工程和历史的进程，发展生态资源培育经济活动体系与创新发展和谐社会家园目标，这二者关系也是在中国梦的理论指导下的生态文明建设和生态化居住、良好工作环境建设的共同的实践。

3. 复合产业的空间格局

复合产业经济活动与实现中国梦的和谐社会家园建设是同一实践过

程，是一个科学的系统工程。以杜仲橡胶生态资源培育经济活动为例，其复合产业的实践活动涉及经济、政治或文化的广泛领域，要实现工业结构调整、改革的顺利进行，必须研究生态资源培育和生态资源环境能量储备的复合产业经济活动体系的不同的或相同的全部要件。

（一）复合产业实践活动中生态资源培育产业活动与生态资源环境能量储备的成果必须以生态文明建设的市场经济体制作为基础。复合产业经济活动的目标是实现全面的和谐社会的小康生活水平。生态资源培育的系列生产活动是建立在坚持社会主义市场经济体制，以市场化改革为动力的基础之上。以生态资源培育为主的新型经济实践活动为主的经济社会的转型，是为了在区域内建立完善的生态资源培育社会主义市场经济体制。十八届三中全会制定的改革政策包括对生态文明建设制度、新型农村土地管理制度、国有企业产权管理制度、收入分配管理制度、社会保障管理制度、税收管理制度等不完善制度进行的改革，以避免造成新的社会矛盾。中国梦的建设过程将是一个设计合理、科学规划、层级开发的、以市场化改革为取向的、生态资源培育为主要方向的制度变迁和体制完善的创新实践活动。

复合产业的实践活动是新型的经济发展模式，是以培育生态资源为主的生态资源建设与生态市场相联系的自然过程。复合产业的生态化的经济活动，不能只有生态概念，而要有生态文明的长期建设目标，要有生态资源培育的价值概念，既要靠国家的生态资源培育力量，又要靠人与社会的道德力量来实践。在这里只有充分以生态资源培育复合产业为指导，充分借助市场的力量，杜仲产业资源企业和区域内的其他相关企业，在价值规律和供求关系的准则指导下，结合对生存行为中的价格的调节，才能实现生态资源培育和生态资源环境能量储备的建设目标。

实现生态经济建设成果，必须彻底解决生态环境修复问题与生态市场建设问题，这是建设生态文明、建设生态经济的基础，是治理环境污染问题的基本手段，是有效遏止和根治地方政府只注重眼前利益的短视行为的重要措施。合理的科学的建立起以生态建设资源市场为服务交易平台的资源培育制度对建设复合产业经济，实现杜仲橡胶资源培育复合产业经济的可持续发展具有至关重要的作用。

（二）杜仲橡胶资源培育的生态经济实践活动与建设生态型的和谐社会家园必须建立起合理规范的生态秩序。杜仲橡胶资源培育的复合产业经济活动首先是在科学研究基础上实现技术的革新，并将其转化为杜仲产业经济发展的助推力。如何实现杜仲橡胶资源培育的经济行为服务于人类生态资源建设，科学的合理的稳步推进生态资源的修复与消费的市场建设，就是构建新型生态资源社会和谐关系的主要法律制度建设的基础。

杜仲橡胶资源培育是在区域内实现的复合产业经济模式，同样也是在我国第一层级复合产业经济活动中实现的重要经济转型模式。在生态文明建设中出现的一些不稳定因素，主要来自区域政府，一方面是区域内法制教育流于形式，法制不健全、导致有法不依、执法不严造成的，另一方面是政府管理者为既得利益诱惑而直接造成的，某些社会不法分子无法无天，利用可乘之机，迫使政府管理者参与和支持违法行为。杜仲橡胶资源培育复合产业经济活动目标的实现，必须加强法律和制度的建设，创造法律制度健全的生态社会环境。

我们来看美国的生态经济的发展，美国是生产大国，同时也是消费大国。美国是世界上最大的能源消耗国。1962 年美国作家蕾切尔·卡逊发表著作《寂静的春天》，这标志着美国社会上下开始关注生态遭到破坏的问题。

美国海洋生物学家蕾切尔·卡逊（1907～1964），她于 1935～1952 年间在美国联邦政府所属的鱼类及野生生物调查所工作，接触到许多环境问题。其间，她曾写过一些有关海洋生态的著作，如《在海风下》《海的边缘》和《环绕着我们的海洋》。这些著作使她获得了第一流作家的声誉。《寂静的春天》是一本引发全世界重视环境保护和生态修复的著作。书中描述人类可能将面临一个没有鸟、蜜蜂和蝴蝶的世界，该书于 1962 年出版。这本书在世界范围内引起人们对野生动物的关注，唤起了人们的生态环境保护意识，这本书同时引发了公众对生态环境问题的思考。环境保护问题得到了各国政府重视，各种环境保护组织纷纷成立，从而促使联合国于 1972 年 6 月 12 日在斯德哥尔摩召开了"人类环境大会"，各国共同签署了《人类环境宣言》，人类开始了艰苦的修复环境、培育生态资源的环境保护事业。

中国的环境保护事业也是从停止沙城农药厂的 DDT 生产开始的，并全面禁止了 DDT 的生产和使用。

美国对生态经济的重视是基于资源破坏、环境污染、能源紧缺、社会危机等多种现象出现的情况下，积极采取措施，政府、民众积极行动，在生产、生活、消费领域采取了果断限制措施，取得了节约资源、合理使用能源的效果。

奥巴马主政后，同样积极实行"绿色新政"。主要措施有：

1. 推行绿色大气目标。制订了限制温室气体排放的具体实施步骤，第一步启动了"总量控制和碳排放交易"系统；第二步实现每年制定的目标，在 2020 年前将温室气体排放降低到 1990 年水平，到 2050 年再减少 80%。

2. 推动绿色农业目标。重视农业，加大对农业的环境保护和支持，废除有害的有机化肥和农药，科研发展安全低毒的化肥和农药，注重研发产量高的可以抗病虫害的新型品种。

3. 推动绿色汽车目标。减少对石油的依赖，是美国重视绿色汽车发展的直接原因。指定了汽车行业节能性产品的再造与替代的发展计划。要用 10 年时间，投入 1500 亿美元资金发展无污染的混合型机动车，2015 年实现 100 万辆销售目标。

4. 推行绿色建筑目标。推行节能改造政策，改造政府办公大楼，改造各地学校设施，对全国公共设施加以改造，更换代行环保和节能型设备。

5. 使用绿色电力目标。奥巴马提出使用风电和太阳能等清洁能源，2012 年，美国 10% 的电力来源于再生能源，2025 年将比例提高到 25%。2013 年生产出 20 亿加仑的高级生物燃料。

党的十八大以来，我国高度重视积极推动生态文明建设工程，开展深入广泛的保护生态资源、建设生态经济的宣传普及和试点生态县、市、省的制度建设工作。生态环境友好型的经济理念逐步成为区域经济活动的重点。由于第二次工业革命带来的短视经济利益和区域政府管理者短视的政绩观念，生态经济的概念及生态经济建设的思路不清晰，培育生态资源经济和培训指导生态经济建设任务已经成为我国生态经济建设的重中之重。

杜仲橡胶资源培育复合产业经济活动是近 60 年来，我国国家领导人高度重视和科学家积极研究的新型资源培育活动。2006 年笔者参与主持杜仲橡胶资源培育调研工作，6 年中，通过亲身体会和实践，看到老一辈革命家对生态资源培育工作的高度重视。笔者提出"生态资源培育和生态环境能量储备"是第三次工业革命的核心内容，是基于对我国因工业效益使生态环境遭到破坏、人们消费处于生态食品非安全因素考虑，联合主持跨学科研究杜仲橡胶资源培育重大课题。这是一个新型的生态资源培育实践活动，是造福我国经济、社会发展和区域经济社会发展的生态绿色资源的培育行为。建立生态资源培育环境，充分调动科研力量和政府管理及生产者的生态建设的自觉行为，科学引导市场建设和利益行为，建立起杜仲橡胶资源培育复合产业的相关法律法规和政策体系，促进第一层级复合产业经济实践活动的秩序性、法制化、规范化已刻不容缓。

（三）第一层级复合产业哲学研究——以杜仲橡胶资源培育复合产业研究为例，其核心的经济价值与复合产业建设的认识价值是以生态文明作为合理支撑的。杜仲橡胶资源培育是生态资源服务于社会主义和谐社会建设，以建立公平、平等、诚信、友爱的生态社会秩序环境。杜仲橡胶资源培育的过程是人们和谐相处的生态环境工程，着眼于"人与自然"的生态人文素质的提高和"人与社会"生态文明环境的进步。

杜仲橡胶资源培育产业是具有提高人们的生态资源培育价值观念、生态文明建设价值意识，增进区域公众之间的生态资源使用和消费的信任度，培育社会公众普遍认同的生态环境友好价值观念和合理、平等的生态意识的作用。通过杜仲橡胶资源培育的活动，把分散的区域社会力量引导到建设培育生态资源环境友好型社会的共同目标上来，合理地解决社会生活中的利益矛盾和资源冲突，以生态生活的观念来表达利益诉求和处理利益关系的方法，营造和谐的"人与社会"的生态环境氛围。

复合产业经济活动同样需要健全的制度法规等强制性约束行为，同样需要区域内公众人文素质的提高和精神文明的进步。实践中的"生产和生活"的关系体现出人们高度的精神文明建设成果。杜仲橡胶资源培育工程的实践活动是"生产和生活"关系的利益交会点，引导区域人们正确对待杜仲橡胶资源培育的合理规划布局，形成生态资源合理利用价值意识和生态资源合理消费价值习惯。

二 复合产业与"人""社会""创新"的关系

第一层级复合产业是实现中国梦的基础工程之一。复合产业经济活动与实现生态和谐环境的目标都是为人类生态生活服务的。杜仲橡胶资源培育的经济活动是通过"人"的积极作用和创新工作实现的，实践中同样具有相同的目标追求。这是我们建设"人与自然"的生态经济，为"人与社会"友好环境建设创造的条件，二者具有内在统一性。"人与自然"的统一为培育生态资源经济活动转型，"人与社会"统一为培育生态环境能量储备的、以建设生态文明为主要生态经济的历史进程丰富了认识。生态经济发展模式不是简单的资源节约和环境保护问题的，其核心功能是实现国家长治久安的社会环境安全与消费环境安全的建设成果。

1. 复合产业与"人"的关系

中国一方面受益于工业化快速发展的成果，另一方面又在反思生态环境经历破坏、趋于恶化的结果。区域内经济社会的发展和人民生活水平的提高对生态资源的需求越来越高，对各种资源的约束力不断增强。我国人口密集，区域内的政府管理者如果片面强调经济增长速度，完全忽视区域内经济与社会、人与自然的协调发展，在项目开发、工程建设中对自然资源以及环境保护的认识不足、加之缺乏科学技术和建设资金的投入，都会使区域内的生态资源培育工程严重滞后。全国县级城市规划和生态资源建设的项目至今还没有一个成为"生态资源培育和生态环境能量储备"可持续发展的实例。这就说明我国的环境数量和质量的区域总体规划仍然处于认识的低级阶段。

目前，区域经济的发展，一是对资源的掠夺性开发，经济发展了，环境却更加恶化；二是地方利益关联者的合作破坏，地方政府管理者对生态资源的保护与建设基本没有法制约束，只要实现了 GDP 发展，可以无视环境保护。比如，国家重视的生态林培育工程，有哪个县在已废弃的工业场地上建立了扭转区域经济指标的生态资源产业的综合绿色经济示范效益基地，回答是没有。我们以县为单位的建设为例，政府管理者只有决心以生态资源培育为主要发展目标，重新制定全县的生态产业 GDP，科学合理规划、逐步建设，即使一两年内财政收入相对减少了，但是区域生态环境能量储备增加了，区域生态资源产业链延伸发展了，区域生态产业化水平逐步提高了，人们的生态生活质量才能得到真正提高，这才是政府应该重视和必须做的"人"与"自然"的和谐生存的生态产业。

第一层级复合产业经济活动实践价值在于，具备促进"人与自然"关系的和谐。杜仲橡胶资源培育复合产业经济活动是依据我国国情，根据我国目前生态资源紧缺、人们消费生态资源安全的现实情况，以科学的发展规律指导区域生态资源培育和社会经济活动的开展。复合产业实现经济转型要与生态环境建设协调发展。建立起生态资源培育的立体产业链和生态环境友好的社会关系。杜仲橡胶资源培育复合产业经济活动的特征是生态资源培育和生态环境能量储备的自然利用，是一种生态资源经济、生态节约经济、生态消费经济。杜仲橡胶资源培育经济打破了"环境冲突经济发展"模式的 GDP 规则，将破坏式导向的经济模式，引导向以杜仲橡胶资源培育为特征的生态资源培育 GDP 模式，和以生态资源利用市场为导向的生态资源经济体系发展模式，逐步建立起生态资源安全的"人与社会"的协调关系。

杜仲橡胶资源培育复合产业是以杜仲资源橡胶产业、杜仲资源医药产业、杜仲造林"碳汇"产业等为基础的生物产品产业链。该产业链开发的产品涵盖国防、交通、医药、食品、保健等国民经济许多部门。杜仲用途之广，经济效益之高，是其他任何一种天然植物所无法比拟的。杜仲产业是典型的新兴工农业复合产业经济体系。

著作前述指出，我国杜仲栽种面积约有 400 多万亩，占世界杜仲资源总面积的 95% 以上，具有得天独厚的优势。我国以杜仲树为橡胶资源的培育取得了重要成果，具备区域内发展工农业复合产业经济的充分条件，如果以政府或林业主管部门科学规划、合理布局，可以在 10 年内培育起一个年产出 2000 亿～2500 亿元的大型生态资源培育的绿色经济产业体系。可以解决 100 多万人就业，可以改变种植加工区域的经济社会发展方式，有效地促进三农问题的解决和生态文明的发展，改善日益恶化的区域生态资源环境，杜绝区域内污染物的排放，提高生态资源的利用效率，有利于降低生产成本，减少或消除生态资源破坏和环境污染造成的区域和延伸区域的经济损失。

2. 复合产业的"创新"关系

杜仲橡胶资源培育经济活动是以复合产业的经济形态存在的，实质是以人的社会文化生存环境形态存在。杜仲橡胶资源培育产业涉及橡胶工业、林业、农业、水利、食品（饮料）行业、医药行业、畜牧业和家具行业。其产业链涉及复合产业的广泛领域和消费结构中。实现杜仲橡胶资源培育产业链的创新，就必须以第一层级复合产业的哲学思考解决现实中的各种问题。

创新关系点1 杜仲橡胶资源培育经济是区域经济可持续健康发展和激发社会活力的基础。区域内人们生活、消费充满了活力，表明区域是积极、健康的经济不断发展、人民生活水平不断提高的生态社会环境。区域生态经济建设主要是推进以生态资源培育经济体系建设为中心，大力发展生态资源延伸经济活力的新生产力，用创新思考来创造出更多、更好的生态资源产业，增加区域社会的物质财富。

地方政府管理者在实践中必须认清"环境冲突经济发展"模式带给社会的破坏性后果，理解以提高生态资源培育经济效益为核心，转变区域生态资源培育为主的经济增长方式的核心内容。杜仲橡胶资源培育的经济活动是以杜仲橡胶资源培育为目标、集合各种积极要素投入区域经济发展，将"环境冲突经济发展"模式下的生态经济结构失衡的状况成功地引导转向以杜仲生态资源培育为主的生态资源培育和劳动生产关系新型组合的生态资源经济体系发展模式。

第一层级复合产业研究培育杜仲橡胶资源经济正是对"环境冲突经济发展"模式的彻底革命。复合产业的经济活动的生产关系和生态效率都是在实践基础上完成的，是第一层级的生态革命。杜仲橡胶资源培育经济与现有市场经济的关系，是新型生态资源培育经济指导市场经济并积极参与市场调整的新型市场活动，是与市场规律相符合的。复合产业经济活动在实践中主要从市场经济活动规律中寻找适合生态资源培育经济发展的道路和有效途径，第一层级复合产业研究的目标正是要实现由"环境冲突经济发展"模式下的粗放式的破坏生态环境的增长方式，向生态资源修复为主的复合产业型的生态资源培育的经济增长方式的转变。

创新关系点 2 复合产业经济活动是区域内政府与市场建立新型人类生存资源市场的优良经济结构活动。生态资源的培育行动，一方面积极调动人类参与区域和谐社会环境建设的积极性，另一方面通过培育生态资源的经济活动实现市场创新和资源的新型配置。第一层级复合产业的经济活动目标是通过生态资源培育活动实现修复被破坏的生态环境和生态资源，实现重建人类生存环境的优良经济结构。其修复和培育的经济活动是通过跨行业、跨学科的社会实践活动，实现区域自然经济活动和区域生态环境的修复，其目标是提供人类良好的生存环境和服务人类的生存需求。

杜仲橡胶资源培育经济活动是第三次工业革命在中国实现的创新经济活动，其实践的意义在于巩固国家的长治久安和满足人类生存需求，是新型的复合产业经济活动发展模式。政府与市场各个要素必须在满足区域人们生活实践的基础上总结出区域生态资源修复和培育的标准，检验"人与自然"的和谐生存度和"人与社会"的协调环境度。

复合产业经济活动是以满足人们生活需求为目标的生态经济服务，新型经济活动关系坚持"以人为本"的实践原则，符合生态资源培育的经济意义，符合生态资源修复活动的实践意义，符合实现中国梦的科学发展观。第一层级复合产业经济活动在实践中使人们完全享受到新型复合产业经济活动的利益，享受到政府在转型中应用市场关系带来的新型资源配置环境，区域新型经济活动的市场化再分配、要素再流动，使参与市场生存建设者在新型区域环境中完全实现了建设者价值的最大化。《中国杜仲橡胶资源与产业发展报告（2013）》中指出，利用杜仲高产橡胶良种，采用果园化栽培技术，杜仲产果量比传统栽培模式提高 40～60 倍，每公顷产胶量达 400～600 千克。如果将杜仲栽种面积扩大到 300 万公顷，杜仲橡胶年产量可达 120 万吨以上，可以使我国天然橡胶资源匮乏问题得到根本缓解。我国如果减少 120 万吨天然橡胶进口，按 2011 年初的进口价格测算，每年可为国家和企业减少外汇支出 280 亿美元。同时，杜仲橡胶及其配套产品年产值约可达 1770 亿元以上，约为目前全国油茶年产值 200 亿元的 8.85 倍，产业化前景十分广阔。

第一层级复合产业经济活动带来了新型的"人与社会"协调环境关系，这一切全部建立在"人与自然"的生态生存关系基础上。这些关系的建立具备了生态资源培育劳动、生态修复环境知识、人与社会关系建设的人才、懂得生态资源服务社会的创新设计、实现充满活力的社会环境，实现中国梦的资源配置和生态化流动的合理要素。

创新关系点 3　复合产业经济活动具有新型生态资源培育和生态环境能量储备的创新价值关系。橡胶资源培育也是区域新型经济活动和新型管理创新活动。第一层级复合产业经济活动，以研究杜仲橡胶资源培育复合产业为创新实验，其核心实验要素是创新价值，创新价值的理念表现形式是新型复合产业实现"人与自然"和谐生存关系和"人与社会"协调的环境关系。

"环境冲突经济发展"模式下的生态经济结构失衡的情况众所周知，区域环境政府、企业、既得利益者、投机者等经济相关者，沉溺于二次工业革命带来的物质享受里。在这样的氛围里，人们只知道利用各种手段去拼命赚钱，一些敢于负责的政府官员、企业负责人感慨道："现在的银行、公共资源掌握在部分官商勾结者手中，套取骗取资源钱财的行为依然普遍，基层或者一些窗口单位人员素质低下、不会办事、不懂得办事、缺乏起码的行业知识，是导致部分区域群体事件多发、生态环境资源遭到严重破坏的直接根源，是导致生态自然生存环境被破坏的重要原因。曾有法律学者愤然谈起，要对局、县、科级，以及全体公务员、银行高级职员、社会各个市场功能管理人员进行"德能勤绩年度素质窗口披露"，并将其制度化，特别是对基层公务员、银行中高级职员办事窗口实行素质与业务年度考评机制。彻底改变"一些机关现在办事依然是前台是敷衍透明窗口，后台是新型腐败者交易的墙角"的现象。因此，国家必须同时抓好公务员队伍、社会各个组织行业从业人员的素质建设，建立严格的奖惩制度。

笔者认为新型生态资源培育经济活动的实践有利于区域政府管理者认真思考政府管理、服务的机制与建设问题，认真思考政府服务的职责和市场资源配置问题。因为，任何一个区域里都没有多余的生态资源，人们居住的区域环境是一个完整的生态资源系统，要在和谐的"人与自然"的生态环境里生存，就必须尊重自然生态环境，合理地、科学地利用生态资源、修复生态资源、调整错位的生态资源结构。实现协调的"人与社会"的生活环境配置，建立长期的生态自然规律与和谐生态要素配置的宣传教育，建立以复合产业经济活动培育生态资源的内涵式增长模式，彻底代替"环境冲突经济发展"模式下的生态环境结构失衡的经济发展的经营方式。

复合产业生态经济培育的创新价值在区域经济活动中，通过区域政府与市场要素的经济活动的创新设计，实现人类社会的新型生态资源培育经济增长方式。通过杜仲橡胶资源培育的复合产业集合的跨橡胶工业、生态农业、保健食品（饮料）业、医药业、轻工包装业等资源要素，使人们逐步认识到"人与自然"的和谐生存关系是极其重要的，既是人类生存休息的环境，也是人类食物的来源。人类生存区域的资源，是人类合理地应用生态资源环境的结果。

第一层级复合产业经济活动中，杜仲橡胶资源培育复合产业的应用领域非常广泛。相关行业的生态经济建设目标应在这样的新型经济活动过程中实现"人与社会"的生态培育实践、生态资源生产管理、生态资源产品经营管理、生态生活服务方式和生态生活消费方法、生态社会资源配置合理结构等多方面要素的协调处理。第一层级复合产业经济活动模式中，以杜仲橡胶资源培育为例的研究模式是中国经济转型期的新型生态资源经济体系建设的经济活动发展的新方式。

3. 第一层级的"环境和美"关系

第一层级的"环境和美"关系核心内容是"人与社会"的公平关系问题。也是和谐社会的内在本质需要。具有显著的美学经济的创新特征。环境是国家、区域、家庭等任何人类生存环境中的核心利益所在。"环境和美"的基础是社会公正，环境是否公正是和谐社会建设的重要内容之一。通俗地讲是让人人在环境平台上享有平等的权利，同时也承担保护环境的义务。第一层级复合产业经济活动完全是以建设社会公平为重要目标的生态资源培育经济，"环境和美"的功能是建立在公平、正义的平台基础上的，以环境公正的向度来实现第一层级的"环境和美"。

工业革命带来了丰富的物质生活享受，更多的是模糊了人类对"环境和美"区域珍惜度。社会普遍认为"环境的不公正"是中国社会不公正的重要表现之一。笔者认为，环境不公正的主要表现在两个方面，即"环境公平"平台和"环境正义"平台的结构问题。笔者不完全赞同学术界和一些政府人员的看法诸如，1. 关于城乡环境建设的不公平，认为农村人均资源收入消费低，农村污染排放少；城市人均生活消费水平高，污染排放多，所以环保基础设施和环境管理也主要集中于城市。2. 关于区域发展不公平，认为西部长期以来开发森林和矿产，生态资源遭到破坏，贫困大量存在，带来更加严重的环境问题。对西部地区不断提出保护环境的要求，环保成果却主要被发达地区无偿享用。3. 关于社会阶层不公平，认为城乡富裕人群的人均资源消耗量大、人均排放的污染物多，贫困人群往往是环境污染和生态破坏的直接受害者。那些富裕的人群可以各种方式享受医疗保健，以补偿环境污染给生活质量带来的损害，很多贫困人群根本没有能力选择生活环境，没有能力应对因环境污染而带来的健康损害等。

环境不公正是"环境冲突经济发展"模式下的生态经济结构失衡造成的。笔者认为，区域内的市场要素是区域里的"人"和"区域里的资源"是否建立了"环境公平"平台，这个平台应当是基于国家法规的支持和区域政府建设政策的支持为主要支柱，同时加入"人"与"区域里的资源"两个支柱，形成四柱支撑的"环境公平"平台。实践的结果是，这个合理的平台结构却被人为倾斜了。这种倾斜首先是"利益关系"的结合打破了四柱平台结构的稳定关系，是区域政府的政绩目标与"三人集团"（政府管理者、银行管理者、企业管理者）资源利益结合压垮了平台、失去了平衡。这些区域里的结合者敢于打破平台的平衡，主要是政府管理者可以主导或者干预司法的介入，使三人集团形成了实质的区域主宰者。以区域企业主（包括外地入住区域企业）建设项目为标志，实质形成了不公平的环境，这种环境形成的直接结果是以牺牲多数人，特别是区域里的弱势群体的生态资源及生存环境利益为代价的。

近年来，一些区域爆发的经济纠纷、群体事件，直接起因是这个平台的倾斜造成的，区域里的"环境公平"平台的倾斜，而没有倒下的主要原因是，还有大多数企业家、自由职业者在维护区域的"环境公平"，他们敢于向这些社会资源抢占者挑战。是区域环境平台建设中的自发的经济和社会关衡的正能量起到纠偏作用，这些公众的社会管理和环境公平价值观是建立在守法、规范的职业劳动基础上，他们是区域里最稳定的经济和社会构建者。也是新型市场活动中的最具美学经济特征的消费者。

环境的不公正的另一个因素是"环境正义"平台发生了倾斜。"环境正义"平台是由国家法规制度支持和区域管理（包括政府公务员、科研机构人员、教学人员）队伍两个支柱支撑，加上区域生活消费物质资源支持和区域生产人力资源（包括农民、工人、自由职业者、老年人）队伍两个支柱，形成了四柱支撑的"环境正义"平台。

"环境正义"平台的建设是与"环境公平"平台建设是同时建立的，是社会发展关系调整的结果。"公平与正义"在面对具体事件时，表现形式是通过"人"与"区域里的资源"两个"公平"支柱，与"区域生活消费物质资源"支持和"区域生产人力资源"支持两个"正义"支柱之间的环境能量储备发生了较量，其关键点在于"人"与"资源"的合理占有问题，这是衡量区域社会环境能量是否合理流动的根本性指标。

笔者认为，资源型极端贫困是造成区域环境能量中"人"与"人"差别、区域内"城镇与乡村"差别、"区域之间生存资源"差别的三大因素，其实质是"环境能量"的不公平拉大了社会资源利用的差别。我们可以以最简单的"双增加"模式分析说明：在区域里出现不公正的情况下，政府或科研单位试图采用"以增加经济总量的办法"来"促进区域居民福利增加的途径"是违背环境能量储备规律的，由于环境关系是以规则与生活结合的社会发展关系，所以"双增加"是不可能实现社会公正的。环境公正是一个系统的合理建设关系，要以科学手段来缩小三大差距，必须在实现环境能量储备的公正基础之上。这也是"社会公正"实现的基本前提，社会发展必须以环境公正为基础。

第一层级复合产业经济活动是建设环境公正的必要基础。

首先，"环境公平与环境正义"是第一层级复合产业经济活动实践的核心要素。笔者从哲学的视域，思考"环境公平"实际上是区域生活资源符合企业人员消费结构，由此产生"社会公平"，就是"人人享有环境生活的平等的权利，同时必须承担环境能量储备的相等的义务"。只有认识到环境问题的重要性，建设环境并享受与环境利益相等的权利，承担起相等的对环境建设与保护的责任，才能体现环境资源合理流动上的社会公正。

第一层级复合产业经济活动需要以建设环境、实现环境公正为基本前提。以杜仲橡胶资源培育复合产业经济活动为例，生态环境资源培育与生态环境能量储备是环境公平与环境正义的基本内容。如何积极解决社会发展中部分存在的环境破坏问题和区域里环境问题的冲突矛盾，积极建立第一层级复合产业经济活动实践机制，培育生态环境资源和培育环境能量储备两大资源系统合理发展，在区域里实现复合产业经济增长，合理配置市场中的各种资源，调动区域企业、生产者和消费者的环境能量培育和使用积极性，充分发挥市场作用，以市场为主重新建立社会资源关系，重新配置社会关系中的每一主体，在享有合理的环境能量权利的同时承担起相应的环境能量储备的义务，实现平稳运行复合产业生态资源培育的目标。

生态环境资源培育和生态环境能量储备是一个国家和民族生存的根本，是我们赖以生活的美丽家园的核心内容。目前区域社会生活中，存在一个区域里和社会内部一部分人只享用生态环境资源而不承担环境能量储备责任的情况；而是让另外一部分人承担起所有人的生态环境资源培育建设任务，这是极其不合理的。

第一层级复合产业经济活动是生态资源环境培育和生态资源环境能量

储备的人类社会发展的必然要求，形成环境公平与环境正义的和谐环境，社会才有正义，人们才会有奉献。

其次，第一层级复合产业经济活动实践对实现"环境公平与环境正义"具有积极的推动作用。我们来看以杜仲橡胶资源培育复合产业活动为例的产业活动，是如何实现区域复合产业经济活力，实践中应以区域生态资源培育活动为例，城镇化建设或者经济发达区域的生态环境资源充足，已有生态资源建设与服务功能能够有效提高区域生态资源的潜在活力，可以建立起生态环境资源能量储备培育功能和机制，有效阻断各类环境污染由宽带资源地区向生态良好的区域流动，阻断城市向城镇或者农村扩散、阻断由城镇、农村富裕地区向贫困区域流动。将环境与能量的不公平指数阻断在净土净地以外，从而建立起合理的优良的环境能量流动区域，防止出现新的环境不公正要素。

建立新型生态资源培育与生态环境能量储备的生存培育机制，同时也是区域环境改善和提高贫困地区人民的生活质量的基础。第一层级复合产业经济活动实践必须要以"生存市场"来规范、调整政策、法律、制度，统筹政策的制定和实施，通过生态资源的培育来培育社会人文环境的各方面利益需求，以生态环境能量储备来满足区域内人们对生态资源产品消费的基本需要。

我们知道，中国粮食问题也是公众生存需要的第一层级问题，中新社电讯，2013年9月6日，联合国粮农组织驻华首席代表张忠军在2013'哈尔滨世界农业发展论坛上表示，亚非拉等地区的发展中国家是将来全球粮食供应与消费的主要国家，到2050年时，中国乃至全世界将面临粮食安全的挑战。张忠军表示，到2050年世界人口将增长34%，达到91亿，其中中国人口将达到14.57亿。比较2012年，全球粮食产量需要增产70%才能达到平衡，亚非拉等地区将会在2050年承担全球粮食产出的主要部分。中国作为目前最大的产粮国之一，未来的地位毋庸置疑。张忠军认为，全球发展生态农业的模式是比较成功的。中国需要总结经验并结合中国现状，解决理论基础、技术体系、政策引导、设施建设方面存在的不足，最终达到中国生态农业的产业化、规模化和现代化。①

国务院印发第三版《全国土地利用总体规划纲要（2006～2020 年）》，对未来 15 年土地利用的目标提出 6 项约束性指标和 9 大预期性指标。6 项约束性指标集中在耕地保有量、基本农田保护面积、城乡建设用地规模、新增建设占用耕地规模、整理复垦开发补充耕地义务量、人均城镇工矿用地等主要调控指标中。其核心是确保 18 亿亩耕地红线——中国耕地保有量到 2010 年和 2020 年分别保持在 18.18 亿亩和 18.05 亿亩，确保 15.60 亿亩基本农田数量不减少，并质量有提高。

第三版土地利用总体规划修编始于 2005 年，2006 年 7 月上报国务院。当年第 149 次国务院常务会讨论后决定暂缓批准，其中一个最为关键的指标就是，18 亿亩耕地红线必须守住。中国耕地面积从 2005 年的 18.31 亿亩，到 2020 年的 18.05 亿亩，差额只有 2600 万亩地，而这 15 年中国将新增建设用地 1 亿多亩，必然要突破占地红线。

2014 年 4 月 17 日，环境保护部和国土资源部联合发布了全国土壤污染状况调查公报。调查结果显示，我国土壤环境状况总体不容乐观，部分地区土壤污染较重；耕地土壤环境质量堪忧，重污染企业用地、工业废弃地、工业园区、固体废物集中处理处置场地、采油区、采矿区、污水灌溉区以及干线公路两侧 150 米内，都是污染重灾区。（1）2005 年 4 月～2013 年 12 月，环保部、国土部开展首次全国土壤污染状况调查。调查点位覆盖全部耕地，部分林地、草地、建设用地等，实际调查面积约 630 万平方公里。（2）公报显示，南方土壤污染重于北方；长三角、珠三角、东北老工业基地等部分区域土壤污染问题较为突出，西南、中南地区土壤重金属超标范围较大；镉、汞、砷、铅 4 种无机污染物含量分布呈现从西北到东南、从东北到西南方向逐渐升高的态势。（3）调查发现，全国土壤总点位超标率为 16.1%，轻微污染点位占比大，为 11.2%，轻、中和重度污染土壤点位比例分别为 2.3%、1.5% 和 1.1%。林地和草地土壤点位超标率分别为 10%、10.4%。以无机型污染为主，超标点位数占全部

① 资料来源，国际在线网，张忠军，2013 年 9 月 6 日，《2050 年中国将面临粮食安全挑战》。

超标点位的82.8%，有机型次之；镉、汞、砷、铜、铅、铬、锌、镍8种无机污染物点位超标率分别为7%、1.6%、2.7%、2.1%、1.5%、1.1%、0.9%、4.8%；六氯环已烷、DDT、多环芳烃3类有机污染物点位超标率分别为0.5%、1.9%、1.4%。（4）对于公众关心的耕地污染问题，公报显示，耕地土壤点位超标率为19.4%，其中轻微、轻、中和重度污染点位比例分别为13.7%、2.8%、1.8%和1.1%，主要污染物为镉、镍、铜、砷、汞、铅、滴滴涕和多环芳烃。（5）环保部有关负责人说，本次调查根据"七五"时期全国土壤环境背景值调查点位坐标，开展了对比调查。结果表明，表层土壤中无机污染物含量增加较显著，其中镉含量在全国范围内普遍增加，在西南地区和沿海地区增幅超过50%，在华北、东北和西部地区增加10%～40%。（6）我国土壤污染是在经济社会发展过程中长期累积形成的。工矿企业生产经营活动中排放的废气、废水、废渣是造成其周边土壤污染的主要原因。特别是尾矿渣、危险废物等各类固体废物堆放等，导致其周边土壤污染。汽车尾气排放导致交通干线两侧土壤铅、锌等重金属和多环芳烃污染。（7）农业生产活动也是造成耕地土壤污染的重要原因，污水灌溉，化肥、农药、农膜等农业投入品的不合理使用和畜禽养殖等，导致耕地土壤污染。此外，自然背景值高是一些区域和流域土壤重金属超标的原因。该负责人说，矿山开采，金属冶炼等排污是粮食重金属含量超标的主要原因之一。（8）为解决土壤污染问题，目前环保部正在会同有关部门编制土壤污染防治行动计划，国家还将在典型地区组织开展土壤污染治理试点示范，逐步建立土壤污染治理修复技术体系等。①

笔者认为，依照张忠军为代表的专家研究预测，到2050年世界人口将增长34%，达到91亿，其中中国人口将达到14.57亿，中国人均约有1.235亩可耕地，如果没有外来粮食补充，没有第二食源的培育储备，中国人均只有一亩半的可耕地状况，是无法满足生存需要的，民以食为天，粮食问题大于天。公众也经常讨论提问，即使中国有了补充粮食，又能维

---

① 资料来源，《全国土壤污染状况调查公报》，《科技日报》2014年4月17日。

持多少时间，是以长期进口补充为主，还是培育品种品质粮食为主，无论怎样计算，18 亿亩耕地必须守住，将来 14.57 亿人口必须要有充足的粮食，这是保证基本生存需要的底线。除了粮食资源，当然涉及人类延续生命生存需要的资源还有水、气候、环境、食物、衣服等。中国经济奇迹的成果，最重要的是满足了 13 亿人口的吃饭问题，但是这种现状是含有多种要素的，有些要素是无法复制的，有些要素是拿生态环境为代价换来的。

笔者曾经在 2007 年 11 月 ~2008 年 6 月，多次在陕西汉中略阳县调研杜仲资源利用状况，与县长及相关部门负责人座谈时，首先提出了粮食资源型的"生态资源药食共用性培育（此处指杜仲橡胶资源中兼有药食两用特征资源）与粮食培育具有同等重要地位，可食用的杜仲生态资源，在我国 27 个省市区都可以种植，可以开发成为人类生存的第二大食用资源来源"。

建立科学的生态资源培育与生态环境能量储备的培育机制，是建立生态补偿机制的核心内容，培育机制必须在依靠国家规划前提下的市场运行机制来推进，通过市场的调节作用逐步建立开发区域的生态环境指标，建立保护地区、受益地区的生态环境能量储备数据，建立对应的受损区域的生态环境利益补偿值域数据。通过第一层级复合产业经济活动满足生存市场的需要，建立起国家管理的产业补偿制度，实现末端产业对强化生态产业的利益补偿，使影响生态环境的污染产业逐步退出所有区域市场，建立真正的"环境公正"的生存性的经济活动和可持续的环境秩序。

生态环境资源培育的生存理念与社会环境公正的实践是密不可分的。生态环境的恶化其根源于在于社会环境的市场建设产生了不公正的利益。笔者认为，生态资源培育与生态环境能量储备是人类生存市场关系中的最基础的生命支撑要素，体现出"人与人"的环境利益博弈关系。生态环境资源培育问题反映了"人与自然"之间的生存关系问题，如何使生态环境培育实现新型的公平环境，彻底消除"环境冲突经济发展"模式下的污染环境和破坏生态的行为，因为这种行为其实质反映了"人与人"之间的社会环境关系的不公正。生态环境资源培育必须建立在公正的环境条件中，从源头上必须保证公正的社会环境。环境公正，培育生态资源行为自然会推动社会环境的建设。重视建设环境生存理念与社会环境公正的和谐关系，是生态环境资源培育产业化的重要基础条件。

4. 复合产业需要"法治"环境

"法制"环境是第一层级复合产业的哲学——以杜仲橡胶资源培育复合产业研究为例的众多复合产业必须依循的生态"法制"环境。有了这个生态"法制"环境，才能保障以修复培育新型生态资源环境为基础的新型经济实践活动。

笔者首次提出"生态环境资源培育与生态环境能量储备"是第一层级复合产业发展的主要内容，同时也是第三次工业革命的核心内容，是引领生态环境资源培育建设、实现中国梦的和谐发展道路。我国目前生态环境资源培育与生态环境能量储备的现实状况不容乐观，需要加快建立和完善有关"生态环境资源培育和生态环境能量储备"培育保护和资源开发利用方面的法律法规。笔者赞同国内有关学者意见，我国相关的"环保法规"存在生态资源培育与生态环境能量储备的生存市场需求的设计缺陷，以《中华人民共和国环境保护法》为例，其中设计没有充分考虑第二次工业革命的"环境冲突经济发展"模式下的隐患可能产生的灾难结果，缺乏对第三次工业革命到来的研究和第一层级的设计，特别是没有充分研究第三次工业革命的核心内容是"生态环境资源培育和生态环境能量储备"的生存价值问题。虽然在各个法规中有涉及生态环境问题，但是均停留在"环境保护和生态修复"的低层级政府总结报告方面，根本没有提出对国家社会文化生存市场产生重大影响的研究观点和对策意见。导致出现在实施法规中的引导缺陷问题，使区域各个生态资源建设环境或者区域各级政府管理部门在履行监督管理的职责时，错误地理解或盲目地套用制约性的法律条文，直接扭曲了法律制度的形态结构设计和实施中的预防、依法进行监管的形态结构震慑力。

众所周知，《中华人民共和国环境保护法》中规定各级政府应对本辖区的环境质量负责，也就是说必须负全责。但是在具体实际走向中，地方政府一味的片面追求 GDP 增长，甚至区域政府主要管理者故意包庇、纵容一些企业的污染行为，根本没有健全的政府设计的环境保护目标责任制的问责制度和严格的考核指标。被包庇、纵容的企业的违法违规的污染行为大量的存在，直接后果是：造成了对区域内的生态环境的破坏。由于公民的环境权法意识不强，法律制度规定了一切单位和个人都有保护环境的义务，并有权对污染和破坏环境的单位和个人进行检举和控告，但区域生态环境污染的实际情况出现后，一是由于法规中没有明确规定环境"权与法"的权法内容，区域环境中如果有环境违法的行为，行政处罚是唯一的处罚措施。二是如果区域环境中发生了严重的生态环境污染和生态资源损害问题，对重大环境污染事故必须追究刑事责任，对重大民事赔偿判决承担经济责任，但现有权法中依然没有清楚的具体依据的条文。第一层级复合产业经济活动实质是重视建设"生态环境资源培育与生态环境能量储备"生存市场环境资源，而不是简单的环境保护和资源管理。因此，第一层级复合产业研究也是"生态环境资源培育与生态环境能量储备"建设对法律、制度的创新研究。

笔者认为，第一层级复合产业的经济活动实践过程就是新型生态环境中建立社会主义民主法治国家的实践过程。在实践中，还需要调整、建立和完善复合产业生态资源经济体系建设的法制体系。目前我国生态环境资源培育与生态环境能量储备的意识薄弱，培育储备的法制化还没有确立，探索建立具有中国特色的区域"生态环境资源培育与生态环境能量储备"的综合利用的法律体系，是生态环境资源培育的内在要求，是生态环境能量储备的外在需求，是《宪法》关于生态环境资源培育和生态环境能量储备的保护以及合理利用生态资源的规范进行修改的基本内容。笔者认为在实践中，通过生态环境资源培育的建设，现行的《民法》《森林法》《环境保护法》《刑法》等法律的相关条款必须进行调整，通过生态环境能量储备的建设，给予人类生活消费基础的生态环境能量储备建设与各经济运行的基本法相抵触的较低层次的法规必须清理，以调至满足第一层级复合产业经济活动以实现服务人类的目标。

笔者在县检察院（政法部门）工作 10 年多的时间里，机关驻地生态环境优美，基本没有严重的生态破坏。笔者在党校学习、办理案件的过程中与同事经常以法哲学的思考角度来讨论、研究生态资源培育的法制环境问题。这些自觉意识是良好机关工作作风的体现，也是机关负责人（此指已经去世的榆中县人民检察院马国勋检察长）对生态资源的自觉保护意识和重视生态环境的责任体现。记得一次外出执行任务，途径麻家寺村路边，几个停在路边修车人正准备砍伐路边一棵直径约8厘米的杨树当作修车工具，检察长立即让司机停车，严肃教育破坏者，其中印象很深的一句话是"育树就是育人"，今天你们敢折断这棵树，就得就地拘传你们。这些人停止了折树、认识到了毁树行为的严重性。

笔者提出建立生态环境资源培育与生态环境能量储备的研究课题，其基本保障是通过建立法制环境来实现。复合产业需要"法制"环境，首要的法制环境建设管理者、实践者是区域政府。区域政府是区域民主管理制度的实践者，是吸引区域公众积极参与政府生存市场建设活动、监督政府以及各个经济活动关系者实现区域环境公正管理制度的评价者。生态资源经济体系建设需要法制环境，需要民主的积极参与意识，这样生态环境资源培育发展就有了足够的保障。通过复合产业的生态资源经济体系建设法制环境的不断完善，第一层级复合产业经济活动，以及新型生态资源经济体系建设中的社会主义民主法制也不断得到完善。

生态环境资源培育的过程是政府管理的过程。生态环境资源培育建设需要区域环境里全体资源投入建设与维护，使公众建立起新型资源经济体系建设活动的环境意识，促进区域公众在生态资源培育建设中以平等参与者的的身份参与生态环境、生态消费和生态经济社会问题的决策制度和生态环境建设。在区域里实现生态环境资源培育的公示制度，公布区域环境生态资源培育情况、建设进度、资源回报收益、环境资源储备情况、区域环境实现公平交易情况、生态环境资源培育与生态环境能量储备的库存情况、满足区域生态消费情况，以及公开区域环境质量、区域环境综合整理情况、公开区域环境污染情况等，科学公正地建立起区域公众的"管理权、建设权、知情权、听证权，参与权、监督权、评价权"。同时要保障公众完全充分了解区域内政府及环保部门在新闻媒体和网站上及时公示区域环境资源建设与环境能量储备的项目审批情况，充分了解区域公众意见，并做出正确决策。

复合产业需要"法治"环境，是区域内社会环境正义的表达，公众的广泛参与与自觉的行动，通过生态环境资源培育的实践活动把自己所享有的生态环境建设权利和在生态环境建设中所担负的社会责任，以及生活消费通过"环境公平与环境正义"的平台有机地统一起来。国家环境法规给予公众宪法赋予的环境保护的全部权利，在生态环境资源建设中充分运用宪法赋予的权利，积极地参与环境立法、环境行政决策和区域环境执法。在区域环境建设中要实行生态环境建设信息公开化，生态环境建设决策民主化，通过建立环境公益诉讼制度，减少区域环境资源破坏或浪费事件。积极探讨在区域建立环境公开透明的渠道沟通机制，建立公众的监督权制度。建立健全区域生态环境建设的组织领导机构，保证公众参与机制的顺利实施，使区域公众完全享有管理权、知情权、参与权和监督权，真正建立起区域公民民主权利的监督保障制度。公众参与是区域政府的民主决策的重要条件，也是发展社会主义民主法制建设的重要推动力量。

复合产业发展与社会主义法制建设是密不可分的。复合产业经济活动中存在杜仲橡胶、杜仲药材、杜仲食品、杜仲饮料、杜仲材料等涉及工业、农业、医药、食品、包装行业发展中的一些利益冲突，依然存在由于利益矛盾和冲突引起的利益追逐状况。区域政府引导管理者树立"生态环境资源培育与生态环境能量储备"的生存理念，因为这种理念是生态环境资源培育服务人类生存的法制理念，是国家系列生态环境法规从法律方面支持复合产业发展的健康理念。"生态环境资源培育与生态环境能量储备"的生存理念是探索发展生态环境资源复合产业、生态资源经济体系建设的重要立法要件之一。

《中华人民共和国循环经济促进法》已由中华人民共和国第十一届全国人民代表大会常务委员会第四次会议于 2008 年 8 月 29 日通过，自 2009 年 1 月 1 日起施行。其中第一章总则的第一条明确指出，为了促进循环经济发展，提高资源利用效率，保护和改善环境，实现可持续发展，制定本法。第二条中指出本法所称循环经济，是指在生产、流通和消费等过程中进行的减量化、再利用、资源化活动的总称。

　　促进法明确，该法所称减量化，是指在生产、流通和消费等过程中减少资源消耗和废物产生。该法所称再利用，是指将废物直接作为产品或者经修复、翻新、再制造后继续作为产品使用，或者将废物的全部或者部分作为其他产品的部件予以使用。该法所称资源化，是指将废物直接作为原料进行利用或者对废物进行再生利用。

　　"减量化、再利用、资源化"是循环经济法的三原则，也是生态资源培育建设的基本法律依据之一，其中第三十五条明确"县级以上人民政府及其林业主管部门应当积极发展生态林业，鼓励和支持林业生产者和相关企业采用木材节约和代用技术，开展林业废弃物和次小薪材、沙生灌木等综合利用，提高木材综合利用率"。第四十八条明确"县级以上人民政府及其有关部门应当对在循环经济管理、科学技术研究、产品开发、示范和推广工作中做出显著成绩的单位和个人给予表彰和奖励。企业事业单位应当对在循环经济发展中做出突出贡献的集体和个人给予表彰和奖励"

　　环境保护部、国家发展和改革委员会、财政部〔2013〕16 号文件《关于加强国家重点生态功能区环境保护和管理的意见》。文件中明确其重要意义，在于构建国家生态安全屏障，促进"人与自然"和谐，推动生态文明建设，促进区域协调发展。并确定了基本原则，坚持生态主导、保护优先。把保护和修复生态环境、增强生态产品生产能力作为首要任务，坚持保护优先、自然恢复为主的方针，实施生态系统综合管理，严格管制各类开发活动，加强生态环境的监管和评估，减少和防止对生态系统的干扰和破坏。探索区域生态功能综合管理的新途径，创新区域保护和管理的新机制。提出了主要任务，要求严格控制开发的强度。必须按照《全国主体功能区规划》的要求，区域政府及各个区域对"国家重点生态功能区"范围内各类开发活动进行严格管制，使人类活动占用的空间控制在目前水平并逐步缩小，以腾出更多的空间用于维系生态系统的良性循环。明确指出要依托资源环境承载能力相对较强的城镇，引导城镇建设与工业开发集中布局、点状开发，禁止成片蔓延式开发扩张。要严格开发区管理，原则上不再新建各类开发区和扩大现有工业开发区的面积，已有的工业开发区要逐步改造成低消耗、可循环、少排放、"零污染"的生态型工业区。

文件中明确，国家发改委要组织地方发改委进一步明确国家重点生态功能区的开发强度等约束性指标。在不影响主体功能定位、不损害生态功能的前提下，支持重点生态功能区适度开发利用特色资源，合理发展适宜性产业。根据不同类型重点生态功能区的要求，按照生态功能恢复和保育原则，国家发改委和环境保护部牵头制定实施更加严格的产业准入和环境要求，制定实施限制和禁止发展产业名录，提高生态环境准入门槛，严禁不符合主体功能定位的项目进入并加强生态功能评估。

文件中指出，国家和省级环境保护部门要会同有关部门加强国家重点生态功能区生态功能调查与评估工作，制定国家重点生态功能区生态功能调查与评价指标体系及生态功能评估技术规程，建立健全区域生态功能综合评估长效机制，强化对区域生态功能稳定性和生态产品提供能力的评价和考核，定期评估区域主要生态功能及其动态变化情况。环境保护和财政部门要加大对国家重点生态功能区县域生态环境质量考核力度，完善考核机制，考核结果作为中央对地方国家重点生态功能区转移支付资金分配的重要依据。区域生态功能评估结果要及时送发展改革、财政和环境保护部门，作为评估当地经济社会发展质量和生态文明建设水平的重要依据，纳入政府绩效考核；同时作为产业布局、项目审批、财政转移支付和环境保护监管的重要依据。

文件明确，建立天地一体化的生态环境监管体系，完善区域内整体联动监管机制。全面落实企业和政府生态保护与恢复治理责任。严禁盲目引入外来物种，严格控制转基因生物环境释放活动，减少对自然生态系统的人为干扰，防止发生不可逆的生态破坏。对生态环境造成严重后果的，除责令其修复和损害赔偿外，将依法追究相关责任人的责任。

文件中明确，健全生态补偿机制。加快制定出台生态补偿政策法规，建立动态调整、奖惩分明、导向明确的生态补偿长效机制。中央财政要继续加大对国家重点生态功能区的财政转移支付力度，并会同发展改革和环境保护部门明确和强化地方政府生态保护责任。完善配套政策体系。地方各级政府要建立健全有利于国家重点生态功能区环境保护和管理的各项政策措施及法律法规，统筹协调各类生态环境保护与建设资金的分配和使用，发挥各项政策和资金的合力，促进区域整体生态功能改善。地方各级发展改革、财政和环境保护部门要制定实施有利于重点生态功能区保护的财政、投资、产业和环境保护等配套政策，支持开展有利于重点生态功能区生态功能保护和恢复的基础理论和应用技术研究，推广适宜重点生态功能区的生态保护和恢复治理技术，加强国家重点生态功能区建设。

文件中明确，鼓励开展试点示范。国家发改委会同财政部、环境保护部等部门在不同类型的国家重点生态功能区中，选择一些具有代表性地区进行试点示范，指导地方政府研究制定试点示范方案，引导限制开发区域探索科学发展的新模式。国家从政策、资金和技术上对试点示范地区给予支持和倾斜，并及时总结经验，促进交流和推广，发挥试点示范地区在重点生态功能区建设方面的先行和导向作用。

笔者认为，国家环境保护部、国家发展和改革委员会、财政部下发的文件，完全说明了着手"生态环境资源培育与生态环境能量储备"的立法研究紧迫而严肃，广泛征求意见，建立具有法规指导的体系，是人类生存环境的需要，也是人类生存市场的需要。从法律角度界定复合产业经济活动的含义并赋予其相应的法律地位是人类生存环境的需要。把复合产业建设纳入法制化、规范化和科学化的轨道，才能够明确消费者、企业、各级政府在生态环境资源培育方面的权利和义务。这对增强区域公众的法制建设和参与生态环境建设的意识，同样具有促进社会主义法治国家建设的重要意义。

5. 建立新型"人与社会秩序"环境

生态环境秩序是新型生态环境资源培育经济活动的产物，使"人与自然""人与社会"关系在建设生态环境能量储备的环境中实现了和谐生存。这种积极和谐的生态环境关系自然减退了依靠法律制度强制约束的社会环境。自然，生态环境资源培育过程中产生的"精诚团结与互助友爱"的生态环境化的社会氛围的形成，是生态文明建设的进步作用显现出了强大的生态价值理念。

第一层级复合产业经济理念，是生态环境资源培育的理念并不断深入人心，长期坚持使其在区域生态环境的公众中形成生态化的简约生产和消费观念。区域生态环境资源培育的科技工作者、生产者以提供生态绿色产品为生存理念，建设生态环境能量储备的长效机制，使区域的消费者自觉的改变传统的消耗式的生活消费模式。生态环境资源培育的经济活动模式特别注重人们消费过程中对环境的期望，以形成自觉选择绿色消费产品，放弃对无效占有消耗性、污染性物质资源的生态空间。通过生态资源培育提高区域公众生活消费质量，通过对生态环境能量储备，实现生存环境的消费，真正实现从物质需求为主转向生态化的精神生活的满足。自然消退"人与社会"或"人与人之间"因区域利益、物质利益不均引起的矛盾冲突，用法制的手段阻止区域内恶性竞争的事件。为区域环境中的人们提供生态环境资源培育的机会和宣传生态环境能量储备的生态环境知识。把更多的闲暇时间和精力用来与社会交流，这对于诚信友爱和建立安定有序的社会氛围，具有重要的积极的进步意义。

生活在不同社会家庭，生活在不同社会环境中，每一个人都期望能够有和谐社会的"安定有序、诚信友爱"的社会环境所折服，这里既有生态环境资源培育的成果，同时又有生态环境能量储备的丰硕储备成果，是能够正确处理个人利益和集体利益、局部利益和整体利益、当前利益和长远利益关系的生存型的生态环境。生态环境资源培育与生态环境能量是区域内企业组织诚信友爱的社会氛围的生存条件和基本的环境功能，环境能量的储备同时也是调整区域社会环境、塑造生态生存环境资源并进行能量配置的技术与手段。

生态环境资源培育与生态环境能量储备的建设经济活动，完全实践了复合产业经济活动中林业（经济林）、工业（橡胶－工业橡胶－军工应用－医药应用）、农业（林农套种）、医药保健（中药－保健品）、食品（饮料－茶）、畜牧饲料、包装材料、造林碳汇、城市景观林等九大种类近百种产品的应用加工型的生态资源经济体系建设活动，实现了复合产业以高科技的互联方式进行物质和能量的交换。第一层级复合产业经济活动以完全充分可利用的新型生态杜仲复合资源进入人类生存需要的物质和能量的生命建设系统，将杜仲资源的利用率提升到100%。在杜仲产业的加工生产过程中，每一个环节都能够体现出生态资源培育的国家战略资源意识和供给人类生存的食用资源意识，实现杜仲环境能量储备的最大库容量，实现有效地应用进入生态环境系统服务消费和国家战略需要的物质和能量，实现新型复合产业资源服务人类的最大效益。

生态环境资源培育是一个长期稳定的可持续发展的新型资源经济模式，从建设源头上要建立好防范措施，阻止不法利益集团的进入。区域政府要与生态杜仲资源培育科研机构、企业建立长期管理服务关系，以培育资源为导向，正确处理好杜仲生态环境资源培育的局部利益与生态环境资源培育的（杜仲产业、银杏产业、油茶产业及其他经济林产业等）整体利益，以及农林户个人利益和区域政府、企业集团的利益的关系。

杜仲橡胶资源培育的实践过程就是生态环境资源培育与生态环境能量储备的建设过程。笔者在多年的国情调研中，多次指出，区域政府抓好经济工作，首先要有生态资源培育的价值意识，通过政府管理者制定一些必要的管理、指导生态资源经济培育的措施，培育区域内的新型资源市场机制，甚至在一定外部干预条件下，敢于制定区域内的干预措施，这不是区域内的地方保护主义，而是探索建立一套行之有效的生态环境资源培育模式，这是考验地方政府官员是否具备"为人民服务"的意识和管理一方、治理一方的领导智慧。

如果我们的区域政府善于学习，具备足够的分析问题、解决问题的能力，制定科学规范合理的生态资源经济体系建设的政策，通过强制力实现对区域经济活动的市场干预，将生态环境问题的外部制造效应转化为内部解决，外部利益链下的破坏生态环境的产业现象就会在合理的生存市场需求的制度建设中实现有效纠正。人类赖以生存的生态环境和区域经济就会健康发展，就不会透支子孙赖以生存的环境，也不会透支公众积极投入生态环境能量储备的资源。建立起协调修复环境利益和培育资源的长远利益的关系，建立可持续发展的生态环境资源培育经济模式，积极有效协调各方面的利益关系，实现可持续的友好型"人与自然""人与社会"的全面建设生态生存环境的协调发展。

生态文明建设是实现中国梦的丰富内容，中国梦与复合产业的内在关系是构建和谐的"人与自然""人与社会"关系中的理论指导与实践关系。第一层级复合产业经济活动实践与生态环境资源培育建设是相互促进的关系，与生态环境能量储备建设是相互生存的关系。复合产业经济活动的实践性是"人与自然""人与社会"的协调关系全面进入了生态环境与和谐社会环境，实现生态环境资源培育经济体系构建、实现中国梦的历史过程，也是生态环境能量储备建设实现可持续发展第一层级复合产业的经济活动过程，二者是同一过程的两个方面。因此，新型"生态资源培育与生态环境能量储备"经济活动发展模式是第三次工业革命的核心内容。这个核心内容是完全化解区域内甚至较大区域内利益矛盾、生态资源经济冲突，促使社会放弃一切恶性竞争，为人类共同的生态生存环境利益和可持续发展服务的市场共享而共建美丽的和谐环境，贡献可持续发展的生态资源经济活动能量。

第二节　第一层级复合产业哲学研究完善
"人"的两个属性环境

生态环境资源培育与生态环境能量储备是新型的经济活动模式，其生态资源培育的过程是"以人为本"的社会实践需要和经济活动需求的过程。生态杜仲橡胶资源培育的过程历经 60 年，社会资源、科研机构、企业及区域政府等各种资源属性，主要集中在杜仲橡胶科研方面，一方面集中在研究杜仲橡胶资源树种的高产橡胶培育工程，一方面集中在杜仲橡胶提取和应用方面。

杜红岩、胡文臻、俞锐主编的《杜仲产业绿皮书》，即中国杜仲橡胶资源与产业发展报告（2013 年度）2013 年 9 月 18 日在北京中国社会科学院举行了新闻发布会，人民网报道 11 支上市公司股票受到利好消息影响纷纷上涨，其中，青岛双星、软控集团等 4 只股票涨停。新华社、中央电视台、《经济日报》等 500 多家纸质媒体、网络媒体的报道，引起了全社会的关注。

《杜仲产业绿皮书》的发布，影响了区域的生态资源经济体系建设。

杜仲橡胶树种资源培育新品种的主要科学研究者杜红岩主持杜仲橡胶资源培育项目团队 30 余年，与副主编乌云塔娜、李钦等数位专家学者科研攻关，完成了多项填补世界空白的科研成果和发明专利，研究成果逐步应用于市场实践与服务消费者。

上海华仲檀成杜仲种植科技发展有限公司董事长俞锐参与整合外国碳汇资源与相关科研机构管理技术，与杜仲企业、工程研究中心全面合作，与相关区域政府、企业合作建立杜仲橡胶资源培育基地和探索研究建立杜仲"造林碳汇"交易管理平台。

甘肃润霖杜仲产业开发公司、恒瑞源杜仲公司、第派斯杜仲公司、老龙洞杜仲公司等全国各地约 20 多家杜仲产业开发企业，分别使用当地资源，使这些企业开发的杜仲资源可以共享，杜仲资源可以支撑区域经济活动实现近百种产品的循环加工，成为区域政府科学引导支持，以科研机构主导，企业投资经营的新型生态资源经济体系。

杜仲产业历经 60 年的发展过程，杜红岩研究员主持的杜仲项目团队经过 30 年的努力，终于取得了新型杜仲"产果、产皮、产花、产叶、产胶"的系列技术成果，使每公顷可提取杜仲橡胶 400～600 千克，其生物提胶技术正在进行降低成本和合理使用的实验中。国内其他研究杜仲产业的科研机构不同程度地进行种植、培育、提取杜仲胶的试验生产。

杜仲产业的发展现状迫切需要一个指导手册，需要一个健全的技术指导标准，需要一个全面的客观的年度发展报告。通过每年发布一个《杜仲产业绿皮书》形成杜仲产业发展报告，为全社会详细介绍指导、应用杜仲橡胶资源的生态环境资源培育与生态环境能量储备的建设成果。笔者认为，杜仲橡胶资源培育是区域生态环境建设全面、协调、可持续发展的新型生态资源经济体系建设模式，是新型生态经济关系中实现生产发展、生活富裕、生态优良的文明发展道路。第一层级复合产业经济活动实践是集合跨行业资源，实现人类新型环境社会物质生产方式和社会生活消费方式的独特创造。通过复合产业经济实践活动完善人的属性，实现人的全面发展，体现人的全面创造性。

一　第一层级哲学研究 "人" 需要的生态环境

第一层级哲学研究完善"人"的两个属性。"人"具有自然属性和社会属性。"人"的属性是人全面发展的需要，是对人的衣、食、住、行等各方面的自然性需求的满足，人的价值实现是对人的社会性消费需求的满足。人的自然性和社会性需求的满足需要一定的客观条件，前面论述"人与自然""人与社会"的生态环境建设关系分别揭示了复合产业的生态价值和经济价值实践意义，其核心意义在于为"人"的全面发展创造了必需的客观条件。

1. 良好的社会秩序是人生存的基础环境

"劳动创造了人本身"的著名论断说明了人和社会的生存关系，同时也说明马克思研究的人是社会性的存在物。"马克思从科学的世界观出发，以社会历史的视角，对现实存在的人的本质进行探讨，提出人的本质，不是单个人所固有的抽象物，不是所有人之间的抽象共同性"，"在其现实性上，它是一切社会关系的总和"。① 首先，"人"是在适宜生存的社会生存环境中产生的，人是社会环境和劳动过程的产物。其次，"人"也是在适宜生存的社会环境中生活的，社会环境决定着"人"的意识和意志，决定着"人"的生活消费的活动及所有的动机和行为。笔者认为，人的意识活动必须产生于"适宜人类生存的环境"中，这样才能了解"在其现实性上，它是一切社会关系的总和"的哲学意义。如果没有"适宜生存"的环境和社会环境，就没有思考的基础前提。

"人"在适宜生存的社会环境中产生，具备这个生存条件，人在社会环境中才可以存在，在社会环境中才能实现人自身的全面发展。

良好的社会秩序是人生存的基础环境，新型生态环境资源培育"人"的生存环境和历史地位，建立新型的社会环境关系，确立生存地位，接受良好的社会生存环境秩序。新型生态环境资源培育人的全面发展，指导人

---

① 《马克思恩格斯列宁哲学经典著作导读》，《关于费尔巴哈的提纲》，人民出版社，2012，第97~98页。

在具体的社会关系的变革中实践复合产业经济活动，指导人的社会活动处理各种人与社会的各种关系与遵守社会秩序。新型生态环境能量储备建设是人在社会环境中实现了生存价值，实现了团结合作、复合产业发展的新型生态社会关系，彻底抛弃了人在狭隘利益驱使下出现的离群索居状态，同时解放了矛盾冲突中的自私狭隘的人，通过生态环境资源培育与生态环境能量储备的生活消费成果积极引导个人参与生态环境中的各领域、各层次的社会交往。在环境公平和环境正义的平台中实现与其他个人建立生态环境生存信息，实现同区域环境的物质生产和精神生产进行和谐交换，彻底摆脱人为设置的无秩序的、单个性的、区域性的狭隘的利益羁绊。

新型生态环境资源培育人的全面发展，就是培育新型资源经济活动和培育人的社会环境的秩序发展，构建基本的人的社会交往的普遍性和人对新型社会环境关系的管理的发展机制。建立人在新型生态环境资源培育经济活动秩序中与新型生态资源的社会环境秩序关系中的生存和发展模式。

"环境冲突经济发展"模式下形成的社会关系在相关区域是无序的甚至畸形的。在种社会关系中，人们无法体会环境公平，无法获得自身全面发展。第一层级复合产业经济活动，是新型生态环境资源培育经济发展中实现中国梦的重要生态环境建设内容，有利于构建区域生态安定有序、诚信友爱的社会环境关系，是新型生态环境资源培育经济活动关系中的生态人际关系，体现出了"人与人"之间的精诚团结、相互帮助、支持关心，实现生态环境能量储备的"人际关系和社会关系"的能量释放，有助于人的全面建设与发展。

生态环境资源培育复合产业经济活动，是"人与人"之间不再出现集团恶性竞争关系下所导致的尖锐对立和矛盾冲突，重新构建形成了新型生态环境资源培育生产者与新型生态环境能量储备建设者之间的和谐统一。重新布局构建了人在社会关系中的新型资源分工与资源合作，重新建立了新型的与他人的利益交往。建立了新型生态环境资源培育经济活动的实践经验和社会应用环境能量的实践经验模式，在区域社会环境中相互合作和竞争中产生个人所不具有的能力、智慧，以不断地完善自己。人以新型生态环境资源培育经济活动的实践建设共同的自然环境的新型生态客体，以生态环境能量储备资源调整人类在时空上的个体差异，以生存市场资源配置调整不同地理位置的人、不同区域行业的人的生活消费的利益关系，实现新型生态环境条件中"人与人""主体与主体"统一前提下的"人与自然""主体与客体"的统一，实现生态环境资源培育经济活动实践关系中人的生存发展。

2. 生态资源是人的基本生存环境需求

生态资源是人的基本生存环境需求，同时也是社会环境与生态环境提供人的全面发展的生存基础。新型生态环境资源培育经济活动是第一层级实践对"人"的生存和发展的环境影响。我们通常所说，"人"有两个活动的身体，一是有机身体，即血肉之身躯，另一个是无机身体，即外部环境自然界。笔者认为，"人"是新型的生态环境资源培育与生态环境能量储备建设成果的创造者和消费者，是"人"的身体依存的另一个自然生命环境，即"人"的无机的身体环境。新型生态环境资源培育过程是"人"对生态社会环境资源的再分配的过程。生态资源的生存环境同样是自然界为"人"提供长期依存的环境，提供自然的能量储备供应形成不断的交互作用，其过程与人的身体都具备完全的生命力。

"人"的鲜明的生命有机体特征，需要必然的生态环境，其需求来源于生存与消费的依存关系。区域内健康优良的生态环境是促进人的全面发展的基本条件，培育建设储备生态资源，就是人类全面自觉地建设自身的生态环境。可以说，生态环境资源培育过程与生态环境能量储备的程度是"人"的健康发展的重要资源保障。

生态资源是"人"的社会责任全面发展并促进健康的社会环境需求的基本环境资源。生态资源的建设是通过"人"认识生态环境生命力对生态生存环境建设目标来实现的。人对生态资源的热爱与保护是人对生态环境的资源利用的合理需求。生态资源培育工程是区域内人的属性的延展，如何建设人，如何由人建设生存环境，自古至今，人类一直在探索，虽然某个时候破坏大于建设，但是历史的经验教训至今仍然没有引起区域政府管理者足够的重视。因此，建设修复区域政府的生态意识观、国家发展观、区域健康生活观、人生价值观，是"人"的全面发展的新型的生态资源经济活动的意义和核心内容。

第一层级复合产业哲学思考生态环境资源培育建设是以"人"的意识价值观为无机界的基本条件，是人类需要的生存环境和生态环境发展中必需的基本条件，是提高人类认识、解析、判断社会环境中多个点面的对象、包括艺术活动的对象和审美活动的对象。复合产业需要人们在生态环境资源培育建设中积极培育自觉生态环境意识，在实践中体会生态环境对于"人"的全面发展的重要作用和意义。从自身做起，对生态环境给以"最美丽"建设与修复，塑造新型生态资源培育建设环境，使人与自然更加和谐。探索建立新型生态资源培育的"人与自然、主体与客体、感性与理性、形式与内容、个体与社会"和谐统一的生态环境。实现区域环境中那种过度消耗自然资源和破坏生态环境的生产和生活方式，构建新型的属于"人"生态生存环境和生态化的生产和生活消费方式，实现人类的永久可持续发展的梦想。

人类的发展必须以健康的生态环境为前提。"环境冲突经济发展"模式下的奇迹，是人人皆知的前所未有的人类改造自然和征服自然的力量结果，同时也造成了人类生存环境的严重污染和生态环境的严重破坏，给人类生存和全面发展带来了前所未有的危机。

生态资源环境培育与生态环境能量储备的建设成果，即"人"的全面发展的保障，同时也是区域经济增长的保障。区域政府管理者、官员或相关利益集团、学者、研究者在无数论著中表达了人对自然的敬畏和尊重。

2014 年，应该是全球迎来"生态资源环境培育与生态环境能量储备"建设大潮的启动年。其创造的生态环境成果必将永久造福人类。

笔者在完成本章节时，2013 年 12 月 11 日《环球时报》刊登了美国环保局局长吉娜·麦卡锡发表的《环保合作，中美应做好伙伴》的文章。文章指出，气候变化和空气污染的危险不局限于任何一个国家。我们必须一起面对并抗击它们，抓住机遇，建立清洁能源经济，从而给我们的孩子们留下一个更安全健康的星球。中美两国是世界上最大和次大的经济体，是巨大的能源消耗者和碳污染排放者。虽然彼此有经济竞争，但毕竟共享一个星球，两国都有保障公众健康、确保清洁环境和发展可持续经济的目标。如今，中国面临巨大的空气质量挑战，而美国也曾应对过同样的问题。当时洛杉矶和纽约等美国大城市也被笼罩在空气污染之中，就像人们今天在北京和上海所看到的那样。于是，为了响应社会舆论的强烈抗议，美国于40多年前成立了环保局，通过了《清洁空气法》等历史性环境立法，使环境保护取得显著进步。从此，美国在拥抱强劲经济增长的同时，将空气污染减少了超过70%，挽救了无数生命。事实上，清洁健康的环境是经济发展的先决条件。在颁布那些具有里程碑意义的环境法律的同时，美国不断推动技术创新，创造了数千个高薪阶层就业机会，并创造了数十亿美元的经济生产力。

事实上，每1美元符合《清洁空气法》的投资，都收到了4至8美元的经济回报。中国也已经认识到环境与经济相互依存的关系，正以越来越强的紧迫感和决心来应对空气污染。最近，我们看到中国提高车辆和产业排放标准，发展更清洁燃料，让人们有更多机会获得空气质量信息，并开始着手解决来自燃煤电厂的空气污染。重要的是，中国正启动有效的空气质量管理基础设施建设，由中央组织并在地方实施。她的文章指出，我赞赏中国的进步。前方的道路将是艰难的，但进一步推动美国环保局和中国环境保护部发展超过30年的伙伴关系和持续合作，我们都能从中受益。习主席和奥巴马总统最近提出，中美将共同致力于逐步减少被称为氢氟碳化物（HFCs）的极强污染物，两国的合作已经达到了很高水平。为孩子们着想，我们都需要努力争取一个干净的环境，稳定的气候和一个强大、可持续的经济。通过中国和美国持续的环境合作，这是一个可以实现的未来。

笔者认为，中国成功发展即收获了第二次工业革命的成果与教训，又收获了国家改革开放以来日益增强的环保意识和果断措施。同时也清晰地看到40年前的美国治理污染的状况，40年后仍然不倨傲，而是继续加强治理污染。为了人类生存的星球，为了孩子们的幸福生活，中国与美国在持续30年的环保事业合作中将长期携手合作，为全球环保事业做出贡献。中国目前的生态环境的建设与主要是国家行为和集体执行，以及人人参与的造福子孙的伟大事业。生态资源是人的基本生存环境需求，笔者反复强调第一层级复合产业研究是诸多生态建设项目中具备鲜明"生态环境资源培育与生态环境能量储备"建设的人类生存特征和可持续发展的生态资源培育工程。以杜仲橡胶资源培育复合产业研究为例，具有引领区域资源合理培育应用的实质结果，实现区域蓝天绿地提供人类生存环境的示范作用和重要的战略意义。

3. 培育"人与生态"关系是"质与量"的关系

"生态环境资源培育与生态环境能量储备"的哲学思考的建设成果，"人与生态"关系是"质与量"的关系。

首先，生态环境资源培育是"质"的标准成果，以杜仲橡胶资源培育复合产业经济活动，满足"人"的健康发展需求，培育高质量的复合产业产品目标是为了满足公众喜爱的消费产品。笔者与杜红岩、俞锐主编的《杜仲产业绿皮书》详细介绍了杜仲技术的基本成果。

例如，绿皮书指出：

（1）杜仲育种科研工程方面，研究取得了重大成果。以国家林业局杜仲工程技术研究中心杜红岩研究员为核心的杜仲研究团队，分别在1983～1987年、1992～1996年、2008～2013年组织开展了2～4次全国杜仲种植资源调查收集工作。经过32年的艰苦努力，组建了我国最大的杜仲基因库数据，保存杜仲种质和育种资源779份；以杜仲树皮（药材）的利用为育种方向，以提高杜仲皮产量和活性成分含量等为育种目标，选育出"华仲1号"～"华仲5号"等5个我国历史上首批杜仲良种，产皮量提高97.8%～162.9%，为我国杜仲生产提供了优良资源；结合我国不同区域杜仲橡胶新兴产业和现代中药产业发展的项目技术需求，首次以杜仲果实的利用为育种方向，以提高杜仲果实产胶量和 α - 亚麻酸产量等为育种目标，选育出"华仲6号"～"华仲9号""大果1号""华仲10号"等6个果用杜仲良种，产果量提高163.8%～236.1%，对我国杜仲橡胶新材料和现代中药产业发展起到了积极的推动作用；根据杜仲雄花和花粉资源综合利用产业发展需求，选育出雄花专用杜仲良种"华仲11号"。同时，选育出具有特异性状的"密叶杜仲"和"红叶杜仲"新品种。目前已选育出不同用途的杜仲良种16个，优良无性系30多个，已审定杜仲良种 14 个，其中国审杜仲良种 9 个，全部由中国林业科学研究院经济林研究开发中心主持选育。

（2）分子育种工程方面的研究取得成果。乌云塔娜研究员主持完成了幼叶、成熟叶、幼果、成熟果实转录组数据组装及重要基因功能的注释；揭示了果实和叶片中萜类物质、α-亚麻酸、苯丙素类、黄酮类等杜仲主要活性成分和营养成分合成途径中的基因表达差异；克隆了杜仲橡胶合成上游途径 MEP 和 MVA 途径系列基因的全长 cDNA，并揭示了果实和叶片杜仲橡胶积累机理；克隆了杜仲橡胶合成下游关键酶基因的 cDNA 全长，并揭示了该基因在叶片和果实中的表达方式和杜仲橡胶积累机理；初步建立了杜仲的遗传转化体系。以"华仲 6 号"杜仲良种叶片为外植体进行组织培养，愈伤组织诱导率达 70%，1 个月增殖系数达到 253%，丛生芽诱导率 50%，诱导生根率达到 80%。构建了含 TIDS 基因的杜仲橡胶合成关键基因的 pGEX-4T-1 植物表达载体，正在导入根癌农杆菌研究。

（3）药用、保健、食用（饮料）方面的研究取得成果。李钦教授指出我国利用杜仲的历史已有两千多年，对其利用主要包括药用、保健、食用三个方面。现代医学研究发现，杜仲中含有木脂素类、苯丙素类、环烯醚萜类、黄酮类、不饱和脂肪酸等生物活性物质，经过大量药理研究表明，这些活性成分都具有十分重要的药理活性，并且无明显毒副作用。这些活性成分的成功分离和提取为杜仲产品的开发奠定了坚实的物质基础。目前，杜仲除了传统药用外，还是开发中药和多种功能食品、保健品的优质原料。目前开发的主要产品包括《中国药典》2010 年版共收载含杜仲、杜仲叶的中成药有 36 种，功能主要包括：降血压、补肝肾、强筋骨、安胎等；国家食品药品监督管理局批准，以杜仲、杜仲叶、杜仲籽油为主要原料制成的保健食品共 32 种，主要功效为抗疲劳、免疫调节、辅助降血脂、增加骨密度、改善睡眠、保护肝脏、辅助降血压等。杜仲医药、保健品具有良好的开发潜力和产业化前景。

（4）杜仲橡胶生物提取科研方面的研究开展初步实验。甘肃润霖杜仲产业开发公司、国家林业局杜仲技术工程研究中心杜仲橡胶科研团队筹措资金与科研院校（企业）合作攻关，降低成本，探索解决完全合理数值的生物提取法硬制胶弹性技术。杜仲是除三叶橡胶之外唯一具有巨大开发前景的木本天然橡胶资源，是我国重要的战略储备物资。在杜仲橡胶分离提取制备技术方面，传统的化学法工序多、耗费无机和有机溶剂多、提胶的成本高、产生的废液多、环境污染严重；近年来微生物发酵或酶解提胶法因具有操作简单，节能环保的特点而日益受到重视，被认为是杜仲橡胶提取技术的发展方向。在杜仲橡胶改性研究方面，杜仲橡胶在硫化过程中 3 个阶段的发现，使杜仲橡胶应用研究有了重大突破。改性后的杜仲橡胶材料覆盖了热塑性材料、热弹性材料、橡胶型材料、热塑弹性体及改性塑料，这些材料可广泛应用于交通、通信、医疗、电力、国防、水利、建筑等行业和人们的日常生活之中。特别是在橡胶轮胎应用领域，在子午线轮胎的胎面胶中使用杜仲橡胶，可使轮胎的滚动阻力降低 20%，达到节油 2.5% 左右的效果。因此，杜仲橡胶是生产绿色环保轮胎的最理想材料。

如前章引用绿皮书所述，按照杜仲高产胶果园 300 万公顷的设计发展规模，杜仲橡胶年产量可达 120 万吨 ~180 万吨，为我国天然橡胶产量的 2~3 倍，杜仲橡胶及其配套产品年产值可达 2530 亿元。同时，杜仲资源培育能够提供 450 万个就业岗位，杜仲橡胶工业化生产能够提供 120 万个就业岗位，有效缓解我国城镇就业难题。

由此，可以看出，新型生态环境资源培育环境中"人"的全面发展不仅需要一定数量的物质产品和社会财富的积累，而且杜仲橡胶资源培育产品的综合利用科研成果可以提供给区域内"人"的消费和服务的系列产品和消费服务，同样要完全符合"人"的全面健康生活需求和资源配置市场发展的要求。"环境冲突经济发展"模式下，人们只追求区域或者某种单一协议的生产加工而忽视了生态环境问题，生产过程中不注意生态环保生产，区域企业所生产加工的物质产品（包括绿色产品）明显不符合环境保护标准和人的身体健康的标准，结果对"人"的身体造成严重的侵害。复合产业经济活动实现了"资源合理应用、生态环境共享与社会经济效益双丰收"的认识与实践的统一性，反映了"质"的生态资源，具有可持续生态经济效益的发展前途。

生态环境资源培育经济活动是新型生态资源经济体系建设的基本内容，也是生态经济哲学研究的基本认识与实践关系内容，是第三次工业革命的核心内容。复合产业经济活动使区域企业将获得更大更长远的生态经济效益，提供人类可以使用的生态产品并完全符合生态质量标准，提供符合人类生态环境需求的物质产品和消费服务的标准更加规范。生态环境能量储备的建设成果必须要在经济规律的运行中，以合理的资源配置以及符合生态环保产品的标准要求，区域内的生态资源培育企业才有资格获得允许企业产品进入生态资源市场的许可证，只有符合生态资源标准的企业才能具备储备生存环境。不符合生态环境标准的产品难以在市场竞争中占据一席之地。区域企业加工生产符合生态环保标准的产品，其竞争优势在于具有高附加值，因为有机食品、绿色工业产品的价格远高于其他同类产品。我国近年来，重视区域生态资源环境建设的项目，比如研究技术建设并鼓励既节约资源又无污染的产品或服务，提供健康的食品、舒适节能的住宅、便捷的公共交通工具等，其生态环境资源建设的意义在于健康的发展了"人与生态"的生存关系。第一层级复合产业经济活动就是新型的富有生命力的生态绿色经济活动。

其次，生态环境能量储备建设是"量"的标准成果，杜仲橡胶资源培育复合产业经济活动，满足了"人与生态"和谐关系的生活消费需求，培育高质量的复合产业产品的目标是完全为了满足公众喜爱的消费产品。

生态环境能量储备建设为"人"的生存和发展，必须储备足够"量"的生态资源物质产品财富。复合产业经济活动是在生态资源市场经济体制的框架内依法运行的，复合产业经济活动与新型市场资源建设需要满足市场生态资源的需求。经济哲学的研究认为，生态资源培育是人类社会发展环境的资源共享的基础，人类基本的发展需要是满足区域人们生态环境资源的最有效地配置和合理应用。

人类需要的生态环境资源是科学规划中具有程序性、秩序性的生存资源。生态环境能量储备的建设需求是与生态环境资源培育的布局密切联系的，"培育资源与储备能量"是实现面临稀缺资源状况时，国家依然可正常提供的满足人类生活消费与服务的资源。人类工业文明产生于 18 世的工业化运动时期。那时的人力资源稀缺转变为自然资源的稀缺，其实质是生态环境自然资源和生态环境资源服务能力在内的自然资本的严重紧缺，遭受破坏的自然资本在区域经济社会文化事业发展中，成为区域经济活动发展的主要限制性要素。

生态资源培育市场的要素要趋于合理配置。资源由稀缺变得充足，使市场产品的需求价格趋于正常水平。建立起优良的投入产出的成本与效益比值，使经营者减少顾虑，放弃以破坏环境的做法去寻求符合人类生存需求的生态型的替代物。面对新型生存市场环境中市场经济的成本与效率的配置原则，参与生存竞争的各方要素必须遵守合理资源配置规则，合理提升资源的利用服务效率，而不是对资源的占有行为，培育生态资源的同时要积极探索培育用较少的资源消耗生产出较多的物质财富的行为机制。我们知道，市场显现的主体性追逐利益行为，目的是要求节约成本，提高资源的活动利用效率；同时也要保证最低限度的物质财富的产出量，以达到经济效益的最大化。

第一层级复合产业经济活动目的是追求区域生态经济的增长和生态物质财富产出的最大化，来保障复合产业的主体的经济效益的最大化。探索新型市场经济的基本规律，发展复合产业经济，完全可以促进区域经济的健康、持续发展，完全可以保证新型生态市场经济内在要求的生态资源培育财富产出的最大化，完全能够生产出较多的生态物质产品，满足人类基本的生态环境生存需求和实现区域生态资源培育的健康发展目标。

第一层级复合产业经济活动实践和区域新型生态资源培育市场经济的基本原则，是新型生态资源经济体系建设完全市场秩序化和战略发展的趋势来决定的，复合产业也是代表新型生态资源经济发展的先进生产力的新型模式，其第一层级复合产业的行为活动完全是为"人"的生存和发展提供充足的生态资源和生态环境能量。

二　第一层级哲学研究"人"需要的环境

"人"需要的环境是实现"人"自身的全面发展的基本生态环境。

我们说，今天的改造自然的提法要改变，应该是培育生态资源经济活动，就是生态资源培育与储备的过程，其实质是"人与人"之间新型的生态资源经济体系结构式的社会关系。"人"的本质是遵守生态环境的制约和规定，使人成为新型生态资源建设与社会环境中的存在物。"人"的生命系统运行中的意识表达能力，将人的生命活动改成有基本生态环境意识的活动，人成为具有生态思想的环境生存者（哲学研究者指有意识的类存在物）。

1. 人的实践环境是复合产业哲学研究的基本生态环境

"环境冲突经济发展"模式下，任何一个区域的经济活动关系均反映了"功能性的或工具理性、技术理性的经济运行体制，它基本以科技进步为基础，以经济效率作为轴心原则"。"环境冲突经济发展"模式是以人类理性的发挥为基础的。我们知道，由于人类过高地估计了自己对自然界的支配能力，结果导致了环境的污染，使本来有益于人类的自然环境反过来惩罚人类。这实质是一种生存形态的技术主义和工具主义的思维方式，是机械论的世界观，反映出人的"类意识"环境的缺失，导致了人没有能够实现"使自己的生命活动本身变成自己意志的和自己意识的对象"。其结果是"人"被人为环境的结构中的技术化、物化了，人类自身在工业化大生产中成为谋求物质利益的工具，最终导致人的"类本质"的异化环境。

复合产业经济实践活动的实现，完全改变了"环境冲突经济发展"模式下人类理性思维方式的极端崇拜环境，认真反思"环境冲突经济发展"模式下的各种弊端。从而促进人的"有意识的类存在物"本质实践环境的哲学重构。

首先，以人类需要的环境为基本生存价值和可持续发展的实践目标。"环境冲突经济发展"模式下人们不断扩大的投入靠消耗大量的自然资源生产更多的物质产品，来满足人们的消费需求。其结果是，当自然资源已经消耗殆尽，满足人的生存环境的基本需求和保证人类可持续发展成为危机状态，最终结果是依靠可以生存的极小的储备物质资源和尽量的减少物质和能量的消耗来维持基本的物质生存。第一层级复合产业经济活动的全部成果意义在于研究解决"极小与尽量"的危机状态。笔者首次提出

"生态环境资源培育和生态环境能量储备"的市场资源配置课题研究，其意义就在于生态环境资源的"培育和储备"，保证生存市场环境的可持续发展和人类消费的需求。为人的生存和发展服务，实现"以人为本"的生态发展。

其次，第一层级复合产业经济活动实践环境必须把"人"看作是权利和义务的统一主体，这基本确立了"人与自然"和谐发展的新型环境。"环境冲突经济发展"模式下"人"的发展过程被看成是人对自然的单纯的征服过程，认为人与自然的距离，表明人利用环境与发展的关系。人越远离自然、征服自然，人的发展程度就越高。但这只是说明人取得自然资源的途径，强调人的权利，对"人"在自然界的义务与责任，人类不能实现自身环境健康发展的责任被完全轻视。

笔者认为，"人"的全面发展是"人与自然"生态环境和谐的一体化发展，是"人与自然"的统一。复合产业强调这种统一关系不是"人"对自然的超限开发和利用，而必须建立在生态环境资源培育和生态环境能量储备的基础上，建立新型的"生态环境资源培育与生态环境能量储备"的"生态市场生存理论"的思维方式、世界观和价值观。

新型"生态市场生存理论"的思维方式、世界观和价值观，不仅是人类在生态资源培育经济活动中，实现对自然的建设、培育环境目标，其人的主体地位的责任和培育生态资源、造福子孙的使命得到基本确立。第一层级复合产业经济活动实践表明人类理性的发展模式日益走向成熟与健康。

"生态环境资源培育与生态环境能量储备"的经济活动，需要建立以资源培育经济为主的"生态市场生存理论"，这是不能缺少的核心价值。要求复合产业经济主体必须以实践环境的建设为目标，运用"生态市场生存理论"对生态自然环境进行合理的建设，同时还需要运用实践来使新型资源"资本和劳动"的组织化程度合理化以实现基本建设目标，在杜仲橡胶资源培育的全部人力环境中，充分发挥主体能力进行全方位的实践检验，实现生态资源培育经济的高效率发展目标。复合产业经济活动所实践的新型经济主体，是经济转型时期中国社会发展环境中的新型思维的主体，以研究适合人类的自身生存环境和生态环境资源培育的长远利益，认识人类自身权利和责任，确立"生态市场生存理论"的思维方式，以及新型生态资源培育环境中的世界观和价值观。

2. 第一层级复合产业的新型生产方式

"通过实践创造对象世界，改造无机世界，人证明自己是有意识的类存在物。就是说是这样一种存在物，它把类看做自己的本质，或者说把自身看做类存在物"。"因此，正是在改造对象世界的过程中，人才真正地证明自己是类存在物。这种生产是人的能动的类生活。通过这种生产，自然界才表现为他的作品和他的现实"。① 在这里，马克思强调了生产过程中即生产力关系中的"人"的能动性。生态环境资源培育是人类新型生存环境需要的生产活动，是促进人们在生态环境中的生存依存关系；建立起新型"社会联系和社会关系"的环境，实现人对自然界的需求与消费的影响，检验适宜的生存市场的环境状态。以杜仲橡胶资源培育复合产业经济活动是生态资源培育生产过程中发生的人类需要生存产生的相互之间的关系，即生产关系。生态资源经济体系建设培育工程是人的基本生产活动，具有一定的生产关系，人的能动性完全展现在杜仲资源培育的生产力中、体现在劳动成果上，同时体现在一定的生态资源培育的生产关系中。"环境冲突经济发展"模式下，人类征服和改造自然的能力表现得非常强大，但是，人类没有能够处理好人与自然之间的关系，造成了极端的生态失衡，遭到极端破坏的自然生态直接对抗人的基本生活环境，反映出"人"的能动性的结构变态后果和生存利益扭曲轨迹。充分反映了人与人之间的生产关系是恶性利益关系。这就是人们看到的，为了生存在同一生产工作环境，为了各自的利益，人与人之间、人与单位之间、人与环境之间极端的竞争的相互倾轧。

"人与自然"的关系是第一层级复合产业经济活动中的生产力建设关系。人具有完全的能动性。在杜仲橡胶资源培育的过程中"人"的本性就是在自觉的实践中，将"人"的基本目的、计划、图景变为现实的存

---

① 《马克思恩格斯列宁哲学经典著作导读》，人民出版社，2012，第47页。

在环境。完全与动物的消极适应生存状态不同。复合产业经济活动中"人"是在利用先进的科学技术和先进的科技手段和计算工具，积极地进行生态环境资源改造和生态环境资源培育，同时在进行生态环境资源储备的建设过程中实现生存和发展环境的改善，由不断的合理的生态资源经济实践活动环境构成了复合产业中的"人"的生存方式，即新型的复合产业的生产方式。

复合产业的资源培育经济活动是"人"通过实践环境确立自己创造的主体性的生存环境。实践环境和实践活动中"人"将生产之外的存在关系变成了自己的活动对象关系，变成了自己的客体存在形态，将自己变成了主体性的存在形态。在复合产业的经济活动中，培育杜仲橡胶资源经济体系的"人"（主体）在与储备生态环境资源的自然客体发展为新型的经济哲学的对象性关系，这种关系不是淡漠、消极、被动的，完全是以新型的健康主体的姿态实现，完成了自然界所赋予的培育资源的使命，即"人"可以认识和改造自然。人在生态资源环境中不断创造着生态的生命本质，在生态资源培育的实践活动中完全体现了"人"的"生态市场生存理论"的新型思维方式、世界观和价值观。

复合产业离不开人的主体能动性的发挥。复合产业经济实践活动以科学技术为基础，通过杜仲橡胶资源培育复合产业经济活动实现推动人的主体性，使"人"对生态环境的物质储备利用能力不断提高。生态环境资源的储备是以生态环境的科学技术的进步为基础，生态环境能量储备的建设成果是以科学认识生态物质资源的属性和储备生态资源服务人类的基本运行规律为基础，通过认识杜仲橡胶资源培育的生产活动是人们对生态资源与自然界物质运行规律产生的参与保护意识，实现了带动区域生态资源培育的"人"的主体能动性的发挥。第一层级复合产业经济活动完全实现了环境资源的修复保护，同时完全实现了生态环境资源培育目标，实现了生态环境资源储备服务人类生存发展的需求，最终实现了人类可持续生存与发展的新型生态资源市场、新型生态资源配置的生态生存环境。实现了区域新型经济模式的健康发展，在实现了生态环境保护的同时、实现了区域经济健康快速发展的目标。第一层级复合产业的经济活动实现了新型

"生态环境资源培育与生态环境能量储备"的管理。

第一层级复合产业的新型生产关系完全促进了"人"的能动性的发挥。马克思研究人的全面发展，是从克服社会关系对人的限制，是从克服旧式分工和外在强制的角度来提出问题和考虑问题的。

"劳动分工与个人自由"是现代社会必须面对的基本问题。我们知道，思想启蒙是工业革命的延伸结果，反映了两者之间的矛盾。工业革命的形态反映在现代经济关系中，其现代分工的特征是"个人与机器"的伴生关系，思想启蒙激发了"人"的能动性活力，其精神结果是个人自由将逐步成为现代社会和政治的目标。如何实现"劳动分工与个人自由"的协调发展，成为马克思、涂尔干、韦伯反思和重建现代社会的核心问题。"秉承这一问题，马克思把劳动分工与生产力、劳动异化和阶级斗争对接在一起，力图通过无产阶级运动来消灭资本主义的劳动异化，建立生产力高度发展与职业选择高度自由的共产主义社会；涂尔干把劳动分工与社会团结、社会失范和社会道德对接在一起，力图通过普遍社会道德来克服社会失范，建立个人主义与社会整合相结合的有机团结社会；韦伯则把劳动分工与理性化、祛魅和工具理性支配对接在一起，通过勾勒价值伦理迷失、工具理性支配和诸神之争的社会景象来表明个人自由的灰暗前景。通过对劳动分工的深刻分析，三大思想家展示了个人自由的三种前景：通过消除外部强制来实现个人自由；通过重构个人认知结构来实现个人自由"。

"在《德意志意识形态》《哲学的贫困》《资本论》《哥达纲领批判》等著作中，马克思对劳动分工进行过一系列划分，例如，'物质劳动'与'精神劳动'的分工（马克思、恩格斯，1995a：104），'社会内部的分工'与'工场内部的分工'（马克思，2004：410），'一般的分工''特殊的分工'和'个别的分工'（马克思，2004：406～407）等。这些划分对于理解马克思的思想十分重要，但它们主要是从范围或者形态的角度所作的区分，难以反映劳动分工的本质及其与现代社会的关联。要理解马克思对劳动分工的看法，关键在于理解其'自愿分工'与'自然分工'这一马克思论述无多、学术界也未多加重视的范畴。对于理解马克思有关反思与重建现代社会的思想而言，这是一对尤其重要的范畴，因为较之于其他种类的划分，它们不仅反映了马克思对于社会历史发展阶段的看法，同时还反映了他对个人自由的看法"。①

马克思认为，人的自我异化与片面发展，其根源并不在于人自身或人的自然本性，而主要在于旧式的分工。只要分工是自发的而不是自愿的，这样的分工就是与私有制相结合的旧式分工。只要这种分工存在，人的片面发展就不可避免。所以，只有消灭私有制，改变那些旧有的不合理的生产关系，才能实现"人"的健康全面的发展。第一层级复合产业哲学研究区域内的任何"人"都不能把生产劳动的基本人类生存的劳动活动分配到其他人员；同时通过生态环境资源培育的生产劳动给区域内的每一个人提供了全面发展机会（即实现科技技能和脑力智慧的机会）。

第一层级复合产业的经济活动促使产生新型的合理的生产劳动关系，没有了旧时的分工印记，也没有了不合理的手段，构建了新型的生态资源培育技术和储备资源的合理空间结构。这样的生产关系和分工方式，才能使人成为区域内生态环境资源培育和生态社会环境融合的生存消费者。这种新型环境"人"的能动性的发挥与新的生态资源培育的生产方式和生态环境能量储备的劳动方式的合理结构，就是新型生态环境资源经济哲学的"人"与新型生态资源结合的生产关系。

---

① 资料来源：郭忠华：《劳动分工与个人自由——对马克思、涂尔干、韦伯思想的比较》，《中山大学学报》（社会科学版）2012 年第 5 期。

第五章　第一层级复合产业的哲学实践

　　第一层级复合产业的哲学实践关系，即"人"可以认识和改造自然的关系。人在生态资源环境中不断创造着培育生态的生命，在生态资源培育的活动中完全体现了"人"在"生态市场生存理论"指导下的新型思维方式和"人"的新型生态资源环境中的世界观和价值观。

　　复合产业离不开人的主体能动性的发挥。复合产业经济活动以科学技术为基础，通过杜仲橡胶资源培育复合产业经济模式实现新型生态资源经济体系建设，推动发挥"人"的主体性，实践中使"人"对生态环境的物质储备利用能力不断提高。生态环境资源使用的储备关系是以生态环境的科学技术的进步为基础，生态环境能量储备的建设是以科学认识生态物质资源的属性和储备生态资源服务人类的基本运行规律为基础，通过认识杜仲橡胶资源培育的生产活动，使人们对生态资源与自然界物质运行规律产生基本的参与保护意识，实现了"人"带动区域生态资源培育经济活动，以及"人"的主体能动性在生态环境中发挥作用的应用过程。

　　第一层级复合产业哲学研究的"生态环境资源培育与生态环境能量储备"的理论是通过生态资源经济活动为指导。科学的"世界观和方法论"来源于实践，实践的发展必然推动"生态环境资源培育与生态环境能量储备"的世界观和方法论的进一步完善，这是由第一层级复合产业经济实践活动与哲学的世界观之间的关系调整的。复合产业经济活动是人类认识到生态环境资源培育与生态环境能量储备的经济活动中，无法真正解决这个两难的困境，在全球经济危机持续影响的环境条件下和人类生态环境发展的历史条件下产生的第一层级复合产业的生态资源价值活动，完全是以人类培育生态的科学"世界观和方法论"为理论基础的。

以人类发展的需要来看，新型生态环境资源培育经济发展的模式对于资源经济哲学的世界观的完善具有积极意义。第一层级复合产业哲学以历史的原有世界观为依据，将以杜仲橡胶资源培育复合产业的新型经济活动发展模式的实践过程给予结构分析。通过思考寻找到原世界观的科学发展的科学性，同时发现了原有世界观与复合产业经济活动的实践关系存在不相适应的症结，通过第一层级复合产业哲学对其进行了全面的分析。实现了第一层级复合产业哲学世界观的实践的价值应用，形成了具有重要的"生态市场生存理论"指导下的新型思维方式的理论价值。

第一节　解析"生态价值观"和"生态权利观"

2008 年爆发的金融危机持续至今，已经给人类带来了生存和发展的生态环境危机。国内外的学界出现了关于生态环境的"人类中心主义"与"自然中心主义"两大学派。围绕关于"自然价值"和"自然权利"争论不休。从新的角度笔者首次提出"生态环境资源培育与生态环境能量储备"的研究课题，解析了生态环境资源培育的新型生态资源经济体系建设的经济模式，指出人类必须牢固树立新型的"生态价值观"和"生态权利观"。

一　关于"生态价值观"和"生态权利观"的思考

"生态环境资源培育与生态环境能量储备"理论的生态价值观主要是阐明自然界的生态环境的服务人类的问题，生态权利观是将生态环境资源培育的内在价值与生态环境能量储备的外在价值实现和谐的统一。

1. 生态环境资源培育重视生态自然物的内在生态价值观，承认以复合产业经济活动发展的外在价值是生态权利观的基本目标。

笔者与其他学者研究的不同之处在于，认为生态权利观回答了"环境冲突经济发展"模式下人类历史进程中的生存价值问题。本书的"生态价值观"强调"人与自然"的基本依存关系，生态环境资源培育满足区域人类生存和发展的根本需要，满足人类完善生存市场的良性发展的内在需求，是复合产业哲学思考的对象。可以说建立一种以生态环境资源培育内在价值论为基础的新型生态资源伦理学是可以探索研究的论题之一，也是"生态价值观"的基本内容。

论题一，复合产业是"生态价值观"的实践过程。需要复合产业在实践活动中证明生态资源培育价值的基本经济活动，证明生态环境资源培育的是不以"人"为尺度衡量的自然属性。尊重生态环境资源培育复合产业的经济实践活动，思考服务人类的培育生态环境资源的具有生命力的价值活动。生态价值观的实践意义是服务人的生存价值，即人们常常说的完善自我、生存和发展的价值。复合产业经济实践活动一方面按照生态环境资源培育经济、实现区域人类社会生活的消费与发展，同时将生态自然系统中的各种与人类共同生存的动物、植物、微生物以及自然环境，与人类共同编织着生态环境资源平衡的网络，保持着"生态环境资源培育与生态环境能量储备"的物质、能量和信息的有序传递，丰富了复合产业"生态价值观"的内在价值。

论题二，复合产业"生态价值观"的实践价值过程具有积极的实践特征。验证依据生存的生态自然资源的生命主体属性，通过复合产业的产业加工活动证明生态自然环境中的物质资源本身具有的内在价值。

生态环境资源培育经济实践活动具有内在价值，一是因为"人与自然界的其他生存物质"同样具有生存的目的性和生命的主体性；二是人的生命和自然物质生命（包括动物、植物等）具有主动性；三是人的生活特征与自然界的动植物生命特征具有共同的认知相处能力和资源共享能力；四是人类进行生态环境资源培育的生命和自然界各种动植物生命的特征均具有认识与实践的能力。第一层级复合产业哲学研究的以杜仲橡胶资源培育复合产业为例的主体性实践实质就是杜仲橡胶资源培育的区域性、主动性、主导性、创新性和能动性，核心是杜仲橡胶资源培育服务人类的基本"目的性和能动性"。笔者认为，生态环境资源培育的经济活动完全反映了人的能动性，即凡有目的性和能动性的事物都有主体性。人不是唯一的主体生存物，也不是最高的主体类，人类敬畏大自然，是因为大自然才是最高的主体。因为人依存大自然生存环境，以实现"人"的社会价值和价值权利。

2. "生态环境资源培育与生态环境能量储备"经济活动在强调生态价值观的内在价值的同时，积极培育外在价值的存在。生态环境能量储备就是服务人类的基础方式，是通过生态环境自然物的储备生存价值量为其他生物提供生存服务，这就是生态价值观的外在价值。生态价值观的内外价值完全由"人与自然"共存的"生态权利观"来实现，其实践关系所研究的就是将生态环境资源培育的内在价值与生态环境能量储备的外在价值实现和谐的统一。

我们通常将外在价值称之为工具价值，以杜仲橡胶资源培育经济活动为例就是生态环境中多个自然界资源对人和其他生命的服务的有用性，就是作为他物的杜仲橡胶资源实现了人类生存需要的食品（饮料）和橡胶资源的目的价值（包括使用手段或工具的价值）。生态价值观是由"人"的生存劳动实践价值和"自然"价值（包括内在价值、外在价值以及生态环境系统服务价值）共同构成的，是以生态环境资源培育的科学的"世界观和方法论"为理论基础的。

我们知道，自然中心主义者强调自然内在价值的同时，也承认自然物的外在价值。但是，自然中心主义者对以杜仲橡胶资源培育复合产业经济实践活动的两个价值的认识是完全割裂的。以杜仲橡胶资源培育为例，杜仲橡胶资源及其内在价值是杜仲作为自然物为自身生存和发展服务的价值，而外在价值则是为"人"和其他生物服务所具有的价值。两种价值的主体是不一样的，内在价值的主体是自然物本身，而外在价值的主体是人或其他生物。因此，在自然中心主义者的研究中，内在价值与外在价值是完全是两种不同的价值，认为二者体现在不同的生存条件环境，是有区别的，不是统一的关系。把杜仲橡胶资源培育的"价值"和"内在价值"看成是完全脱离人类实践活动的独立存在。

　　笔者认为，杜仲橡胶资源培育复合产业是赋予人类可以利用的特定意义上形成了的"内在价值与外在价值"的统一。"外在价值"是指杜仲树种资源"杜仲皮、杜仲叶、杜仲果、杜仲花"等自然物特征被人类认识开发和完全应用的食品（饮料）、医药的价值。"内在价值"是指杜仲树种自然植物中的橡胶弹性体、某种导航功能、强身健体的持续功能等特殊功能要素、尚未被人类所完全认识和开发提取应用的价值。但自然中心主义者对自然价值的界定却非常含混不清，其根本原因是他们脱离了"人类的实践"活动，对主体"概念"研究不深，进行了错误的分析解释，既承认"人是主体"，也承认"一切生物是有经验环境、有价值能力的主体"，完全将"价值"和"内在价值"看成是完全脱离人类实践活动的独立存在体（即自身是主体或者价值无主体）。自然中心主义者的这种自然价值观没有能够说明自然的内在价值与外在价值之间的关系，尤其没有能够说明如何从自然内在价值向属于"人"的外在价值的转化的问题。"生态环境资源培育与生态环境能量储备"的生态价值观完全回答了自然中心主义者条理不清的问题。

　　生态价值观主要是阐明自然界的生态环境服务于人类的基础问题，生态权利观是将生态环境资源培育的内在价值与生态环境能量储备的外在价值实现了哲学意义上的和谐统一的实践关系。

　　"生态环境资源培育与生态环境能量储备"的科学的"世界观和方法论"是历史的、进步的、实践的统一性成果。对于自然中心主义者来说，坚持自然物的内在价值，强调"自然价值与自然权利"是两个紧密相连的概念。承认自然价值的自然中心主义者都会同时承认自然的权利。人类与其他所有生命形式都有自我实现价值、目标选择、需要层次和利益消费，都可以成为价值主体。对于人类中心主义者来说，坚持自然物的外在价值，强调主体只能是"人"，所有事物价值都是由"人"的需求决定的，自然界只是"人"实现其目的的基本手段或工具。"人"的目的具有唯一性和绝对性，人类中心主义者只承认自然界对"人"来说的外在价值，它与自然中心主义者对外在价值的承认是不同的概念。"生态环境资源培育与生态环境能量储备"的生态价值观完全回答了人类中心主义者

不承认自然物内在价值的问题。第一层级复合产业哲学证明了复合产业的
"内在价值与外在价值"的统一性。

二 复合产业与自然价值的关系

复合产业与自然价值的关系即"人"与可以认识和改造的自然的关系。人在生态资源环境中不断创造着生态的生命本质,在生态资源培育的实践活动中完全体现了"人"在"生态市场生存理论"指导下的新型思维方式和"人"在新型生态资源环境中的世界观和价值观。

人类中心主义者和自然中心主义者关于"自然价值"的争议激烈,笔者认为,第一层级复合产业哲学以杜仲橡胶资源培育为例的经济活动协调了二者之间的尖锐矛盾。

1. 杜仲橡胶资源培育的内外价值关系

复合产业的生态资源经济体系建设实践活动完全证明了"内在价值与外在价值"的统一性。

杜仲橡胶资源培育复合产业经济实践活动使"人类中心主义和自然中心主义"在自然价值问题上的尖锐对立具有了相通性,使二者形成了统一的关系。

以杜仲橡胶资源培育的新型经济活动,将重视杜仲自然物的内在价值的自然中心主义引导重视建立杜仲橡胶延伸的复合产业链的外在价值,带入了"人类中心主义"的哲学思考方式。

笔者认为:1. 一方承认了自然物的外在价值,能否承认杜仲橡胶资源培育复合产业链的高附加值的外在价值;2. 一方承认复合产业链高附加的内在价值,持内在价值论观点的自然中心主义者也将很难承认复合产业的内在价值。设想,持内在价值论的自然中心主义者能够首先承认杜仲资源含有丰富的可开发的杜仲食品(饮料)、药品等内在价值,但却很难承认经过加工改造后的杜仲渣料可以成为杜仲功能饲料,并且存在丰富的内在价值。这主要是自然中心主义者所持有的生态资源平衡观起主要作用。也就是说杜仲橡胶资源的特殊用途所具有内在价值,是否在整个生态平衡中能否发挥作用。如果说杜仲橡胶资源在整个生态系统中失去了平衡

作用，就没有了生态环境的含义，失去了内在价值。

我们通常认为，一些生态资源的废弃物对于整个生态系统的平衡没有积极的意义，甚至这些废弃物对环境有很大的破坏作用，对人的身体健康具有很大的威胁作用。"自然中心主义者"认为所有的废弃物没有可以利用的价值。事实是，杜仲橡胶资源培育复合产业的高附加值证明了杜仲橡胶资源培育的哲学价值，就是"内在价值与外在价值"的有机统一。

在这里，应当承认那些对生态环境和"人"的生存环境带来巨大损害的"废弃物料"还包含有"内在价值"，意味着要承认动物排泄物、自然界的病毒等也都有其"内在价值"，都有其自身的不以外物为评价依据的"内在固有价值"，这对于坚持生态环境资源"内在价值论"的自然中心主义者是完全无法接受的。坚持承认这些生态资源的"内在价值"，即坚持世界上的任何存在物都是"有价值的"，而世界是由无数生态资源物质构造的，结果是"价值论"和"存在论"并存于世界环境中。

杜仲橡胶资源培育复合产业活动，从新型的经济实践活动关系理清了"不承认废弃物料内在价值的自然中心主义者将完全承认废弃物的外在价值"的理论。杜仲橡胶资源培育的过程，是由杜仲树的基本中药资源作用，发展到用食品（饮料）、橡胶材料、饲料喂饲、保健用品等多种资源功能服务人类，形成影响人类生存和发展的消费环境。复合产业的经济活动过程，完全将杜仲树的"枝、皮、干、叶、果、花"质料全部应用于人类的生活消费过程中。其生存意义的"效能价值"的过程是以"外在价值"的资源应用形式呈现给人类的。

杜仲橡胶资源培育复合产业的哲学研究使"持内在价值论的自然中心主义者在事实面前首先承认废弃物料的外在价值"。第一层级哲学研究经济活动清晰地说明了"自然中心主义思维方式只有内在价值才是最为根本的、才是第一位的，即不承认废弃物料的内在价值，不能由内在价值导向外在价值；杜仲橡胶资源培育复合产业经济活动的思维逻辑关系，使其完全承认了废弃物料的外在价值"。实现了自然中心主义者由否认废弃物料的"内在价值"向承认废弃物料的"外在价值"的转化。这种转化完全说明了"自然中心主义和人类中心主义"的两种思维方式的内在统一性。即自然中心主义者将以生态资源是否有利于"人"的生存和发展为标准来衡量（外在价值性），就与人类中心主义的"外在价值论"的思维逻辑框架形成了完全清晰的一致关系。

第一层级复合产业经济活动通过"生态环境资源培育和生态环境能量储备"的生态资源经济建设关系，以复合产业的经济活动推导出"自然中心主义和人类中心主义"在"自然价值"问题上的对立关系，即持内在价值论的自然中心主义者在生态资源培育关系中以人类中心主义者的思维方式来审视承认废弃物料的外在价值，完全与人类中心主义研究范围中所理解的外在价值是一致的。即二者对生态资源"外在价值"的承认完全是以生态资源环境对"人类"的生存关系为标准来判断，同时这种外在价值的实现是以人类的生态资源经济生产实践为基础的。即自然中心主义者完全有必要站在人类中心主义的立场上对生存环境中污染或废弃物料的外在价值进行全面观察思考。其生态资源经济建设的过程实现了自然中心主义者的"内在价值"与人类中心主义者的"外在价值"之间的统一。

2. 复合产业"生产与消费"的价值关系

复合产业"生产与消费"的价值关系是辩证统一的关系。二者的实质区别在于，生产是杜仲橡胶资源培育复合产业经济活动的过程，生产了杜仲橡胶资源的多个价值属性。消费则是通过杜仲产品在市场供应关系中发生的产品服务人类的价值属性。"生产与消费"都是满足区域人类"生存和发展"的，二者之间是生产价值是消费价值的基础，消费必须以生产为基础。

复合产业"生产与消费"的价值关系是辩证统一关系，生产与消费的关系对于研究"人类中心主义和自然中心主义"关于内在价值和外在价值的论争同样具有重要的理论意义，是第一层级复合产业经济实践活动的重要贡献。

理论意义在于生态资源经济活动过程实现的"生产与消费"的价值关系避免了内在价值与外在价值的尖锐对立。生产价值是通过市场展现的，消费价值是以生产价值为基础的消费与服务的关系。两者是相互联系的，而不是相互对立的，同样是"自然价值"的两个不同的发展阶段。

现实意义在于"生产与消费"的价值关系促使"人类"重视杜仲橡胶资源培育经济活动。通过人类的复合产业经济实践活动才能实现"生产与消费"的关系转化。注意实现生产价值量是以实践能力为前提，实现消费量是以产品价值量的大小及人类的消费能力和水平的高低为结果。研究人类的新型生态资源经济体系建设实践和人类主体能动性在认识和改造自然界过程中的重要作用，就必须加快认识和实践复合产业与人类的长期生存关系。"生态环境资源培育与生态环境能量储备"的关系是全球经济活动关系中最具长远生命力的复合产业的实践过程，是推动人类历史前进的生态资源经济体系产业。是第三次工业革命的核心内容和最具生命力的新型生态资源经济活动。

三　生态环境资源培育与生态环境能量储备的生产关系

"生态环境资源培育与生态环境能量储备"的生态价值观主要是阐明自然界的生态环境的价值服务人类的问题，生态权利观是将"生态环境资源培育的内在价值与生态环境能量储备的外在价值"实现和谐的统一。

一方面，生态环境资源培育权利是人类赋予自然的主观认识自然的权利，当然自然并不能成为权利的主体。人类对所有的自然物都可以辩证关系来检验其所具有的"内在价值"，将自然权利视为人所赋予自然的客观认识和价值评价。复合产业经济活动中"自然权利"是人的自身权利与人所赋予自然的自然权利的融合。"人"在复合产业的经济活动中影响自然形态结构。杜仲橡胶资源经济培育活动过程是自然权利中自然界原有的价值因素，在区域人们进行新型生态资源经济体系建设过程中将"自然物与人类实践"密切联系起来，没有二者间偏废一方的必要。复合产业实践中基于人的生产实践而形成自然的"现实价值"的一致，是由于人类赋予自然界的主观范畴因素作用。因为，没有人的生产实践，自然的"现实价值"无从实现；同样，没有人的生产实践，自然的权利也无从谈起。因此，自然权利并不是自然本身能够体现出来的，而是人类赋予的。因此，自然权利概念的主观性与自然的"现实价值"一样，都是以人的实践为基础的。

另一方面，生态环境资源培育权利实践过程是具有客观基础的，不是纯主观的因素。复合产业经济活动中明确了自然"现实价值"的实现，需要杜仲橡胶资源经济建设活动中以自然的"内在价值"的存在为基础，这就说明了自然权利的存在也不属于纯粹的人类主观范畴。复合产业经济活动中"自然权利"概念的客观性与自然的"内在价值"是形态相同，都是以自然物的客观属性为基础。

第二节　生态资源与复合产业的培育环境

生态资源培育复合产业是全球经济危机持续阶段的新型可持续发展的新型生态资源经济产业。生态资源培育复合产业以杜仲橡胶资源培育为主要经济活动，使区域人们更好地珍惜认识区域的可供人类生存、满足人类消费的自然生态资源经济。通过生态资源培育经济活动更好地帮助人类爱护环境，使人类培育以可持续发展的生态资源经济满足未来的生活。

一　生态资源与复合产业的培育关系

笔者研究第一层级复合产业，其哲学思考的核心是复合产业经济活动实践关系，实践成果来源于对第一层级复合产业（培育杜仲橡胶资源为例研究）的全面认识。这个认识就是笔者在本书中分析、解析、思考的"培育管理经济哲学"问题，此处只是针对杜仲橡胶资源培育实例，分析生态资源与复合产业的培育关系。以笔者亲身实践对复合产业资源培育理论进行分析。

《自然资本论》作者之一、世界知名能源专家埃默里·洛文斯博士指出，再过几十年，在绿荫环绕的城市里静静行驶的汽车排出的只是水蒸气，大气中二氧化碳含量首次降到200年来的最低点；石油输出国组织OPEC将无事可干，因为油价已经跌到每桶5美元；人类已从周围的水和空气等资源找到了可持续发展的道路……这是《自然资本论——关于下一次工业革命》作者们描绘的不久的将来世界。

这美好的一幕所涉及的有关资源、环保与人类发展的目标，必须要通过世界正在进行的新一轮工业革命来实现。

"重视水与空气等自然资源，把它们的价值计算到国民经济产值中去"。这是新一轮工业革命的全新理念。洛文斯说，这是人类从前忽略的问题，也是自然资本论和现今的金融资本与工业资本理论的不同之处。人类已进入新世纪，正面临着由于环境污染与资源枯竭所造成的生存危机。与自然资本有关的资源价格极其低廉，不重视水和空气等自然资本的价值，只能导致这些自然财富越来越稀缺。为了社会的健康持久发展，人类需要重新认识自己拥有的资源财富，需要重新思考现有的生产模式和经济发展模式，把自然资本纳入经济、文化和社会体系，这才能有助于实现人类经济发展与自然资源保护的双重目标。

洛文斯进一步解释了新一轮工业革命理论的精髓。他说，新的工业革命具有四大基本原则：第一，减少对自然资源的消耗，提高自然资源的利用率，以最少的资源实现最大的效益；第二，效法自然，仿效生物与生态系统来设计生产流程，生产商负责全部产品的回收，使废弃物的产生和排放为零；第三，增加人力资本，倡导服务经济，主张消费者通过租赁商品得到服务；第四，向自然资源再投资。通过对税收等政策的调整，加强对自然资源消耗的调节，以保持自然生态平衡。这也是新工业革命所要求的。

"新工业革命说起来比较抽象，但它实际上已在世界范围悄然进行着。美国所倡导的氢能源经济就是一个典型的事例。"洛文斯说，氢是自然界中含量最多的元素，水、化石燃料（如石油、煤炭、天然气等）、植物和有机废物中均含有大量的氢。氢能利用形式多样，可通过内燃机、涡轮机、燃料电池等装置转化成热能、机械能、电能，用于交通运输、供暖和发电。

目前，氢能因其清洁、高效、便捷，代表着未来能源技术的发展方向，各国正在加紧氢能源技术的开发。

洛文斯博士有个地道的中文名字叫罗安武。他对中国文化充满好感，对中国尽早掀起新一轮工业革命充满了希望。他说，中国人口占世界人口的22%以上，经济发展充满活力，中国的新工业革命，特别是在环保方面的努力势必影响人类的命运。应该说，中国目前还处在一个全面发展的早期阶段，在这个时期，以新的工业革命理念进行工业基础的规划与更新，无疑将使中国可能从一开始就沿着正确的路线发展，避免重犯西方在发展经济的同时忽视环保的错误。同时，以中国科研人员的聪明才智，相信一定能在新工业革命中发挥领先作用，也许不久的将来，西方国家需要向中国学习有关新工业革命的技术成果。[①]

重视生态资源经济体系建设是重视自然资本中的资本经济特征。这种生态资源资本，将很快成为区域经济发展的核心内容。因其特有的增值功能，将给区域经济活动产生重大影响，使自然资本快速地进入动态的资源经济活动过程，并显现出强大的生态资源经济增值的能量。杜仲橡胶资源培育复合产业经济活动的实质，是生态资源动态资本价值以新型自然资本快速融入区域公众社会生活环境的价值能量，提供区域公众基本稳定的自然资本存量的生态生存环境需要的具备"药、食、饮、用、碳汇"五项功能九种类型近百种产品的基本生存资源。这是实现可持续发展的、非常有价值的生态资源工程，这表明我国已经进入了自然资本新理念的科学性经济发展道路。

二 生态资源与复合产业的生存环境

生态系统的生存环境来源于丰富的自然资源环境，如何实现丰富的自然资源环境，需要生态系统运行的恒定规律。也就是说应用静态的丰富环境能量储备，来恒定动态的自然资源培育的目标数量，其基本概念是解释对自然资源培育的动态关系，是自然环境能量储备量本身所要实现的资源的"保值和增值"关系，是杜仲橡胶资源培育复合产业经济活动在人类经济社会可持续发展的生态环境中、实现资源环境中的"培育资源保值和培育能量增值"的可持续发展的目标。

1. 人化与非人化生态资源的生存环境

马克思指出，自然界具有两部分，经过人的实践活动改造的自然界，

① 资料来源：中国科学院网，《自然资本论作者阐释关于下一次工业革命》。

即人化自然界；没有进入人类实践活动领域的自在自然界，即非人化自然界。两种自然对人类生存和发展都具有重要价值。笔者结合生态资源培育经济活动在此提出，"人化生态资源"可以直接给人类提供必需的物质生活资料，"非人化生态资源"为人类提供良好的生态环境，自然向人化自然的转化提供良好的自然物质基础。因此，这两种"生态资源化"对于区域经济社会可持续发展生态资源经济活动都是非常重要的。要实现人类的可持续发展，保证"自然资本存量"的不变是关键，因为，一旦"自然资本存量"减少，那么人类可以利用的自然资源将不能保证，人类经济社会的可持续发展将无从实现。

首先，保证"自然资本（资源）存量的不变"的方法，需要杜绝、减少现有杜仲橡胶自然资源数量砍伐及低产种植和开发应用，即减少杜仲产业进入人类实践活动市场的非科学性的"人化自然数量"的消耗与浪费，杜仲橡胶资源培育经济活动完全可以保证其"自然资本存量的不变"。同时显现了第一层级复合产业哲学思考的重要经济价值和生态价值，以及科学实现生态环境建设和区域经济发展的生态环境目标意义。这里需要指出的是，循环经济研究者认为，"循环经济活动并不涉及非人化自然的物质循环问题，即生态自然的生态还原能力问题"。简单地说，没有"人"的改造活动，自然资源的物质循环问题不会自动化实现（即非人化生态资源）。

其次，保证"自然资本（资源）存量的不变"的方法，需要靠增加自然资本（资源）的数量，使尚未进入人类实践活动领域的"非人化生态资源"实现自我的或人为的资源保值和资源增值目标。明确说明，实现人类可持续发展的目标，实现人化自然物质的复合产业的循环经济活动，将废弃物料进行二次利用的循环经济产业链只是废物再利用而已，要实现总目标，必须实现"非人化生态资源"的生态还原能力，即让整个"非人化生态资源"实现物质的自动化循环（即生态资源的自我修复储备过程）。杜仲橡胶资源培育复合产业经济活动就是人类经济社会可持续发展的实践，是完全实现非人类经济活动领域的自然物质的"非人化生态资源"的生态还原能力的新型的资源培育和储备活动。

　　笔者认为，市场资源环境的各个要素在资源配置中任何一个独立的经济活动方式和经济模式要素都不能从根本上解决"经济发展与环境保护"的关系问题。

　　复合产业经济活动展现的是生态资源培育环境问题。以杜仲产业经济活动为例，生态资源环境培育是一个环境价值问题，同时也是生态环境资源培育的地位和功能问题，需要我们认真、清醒地分析认识，进行客观的评价。杜仲橡胶资源培育复合产业经济即是人类经济活动领域的自然物质的新型复合产业经济活动，也是杜仲橡胶资源经过人化活动后，在培育的区域里主动实现杜仲橡胶的"枝、皮、干、叶、花、果"的资源整体积蓄和可持续的生态环境能量储备过程，其实现过程就是将杜仲进行"人化生态资源"资源培育技术后，杜仲资源进行"非人化生态资源"的生态环境能量储备的自我修复还原。这也是人类进行生存经济活动中避免将自然资源被耗竭的生态环境保护和人类生存的重要培育措施。

　　杜仲橡胶资源培育复合产业经济活动是一个种植区域和国家规划种植区域内"生态环境资源培育和生态环境能量储备"的重大战略资源经济的培育过程，是供应人类生存的第一层级的重要辅助食品资源、医药资源、用品资源（橡胶资源可以加工的众多用品）的活动。在笔者参与研究杜仲项目7年多的时间中，对国家自1952年以来开展杜仲橡胶资源培育、橡胶提取技术研究及杜仲产业的发展，并与杜仲橡胶资源培育专家进行了研究与解析。如前述指出，截至2013年之前，各个具备种植杜仲资源条件的区域政府、企业依然受到"环境冲突经济发展"模式中只追求按某种单一协议生产加工的影响，而忽视了保护生态环境。生产过程中不注意绿色环保生产，区域企业所生产加工的物质产品（包括绿色产品）不符合环境保护标准和"人"的身体健康的标准，结果对"人"的身体造成了严重的重复污染。复合产业经济活动实践了"资源合理应用、生态环境共享与社会经济效益双丰收"的认识与实践的统一性，反映了"质"与"量"的生态资源培育和储备关系。

　　生态环境资源培育新型产业经济活动是新型生态经济学的基本内容，也是生态经济哲学研究的基本内容，也是第三次工业革命的核心内容。复合产业经济活动是区域企业获得更大更多更长远的生态经济效益，提供人类可以合理使用的生态产品并完全符合生态质量标准，提供符合人类生态环境需求的物质产品和消费服务将更加规范。生态环境能量储备的建设成果必须符合科学的生态经济规律，以合理的资源配置以及符合生态环保产品的标准组织生产，区域内的生态资源培育企业才有资格进入生态资源市场，只有符合生态资源培育和储备关系的标准的企业才能具备储备生存环境资源的资格。不符合生态环境标准的产品完全不可能在新型资源市场竞争中占据一席之地。任何一个区域加工生产企业制造符合生态环保标准的产品，其竞争优势完全表现在高附加值的生态能量储备上，因为有机食品、绿色工业产品的价格远高于其他同类产品。我国近年来，重视区域生态资源环境建设的项目，比如鼓励提供既节约资源又无污染的产品或服务，提供健康的生存环境和生活食品、舒适节能的住宅、便捷的公共交通工具、蓝天工程、青山绿水环境等，其生态环境资源建设的全部意义在于健康地发展了"人与生态"的生存关系。第一层级复合产业经济活动就是新型的富有生命力的生态资源"质"与"量"的生态资源培育和能量储备的经济活动模式。

我国政府将杜仲橡胶产业培育正式纳入了国家战略性新兴产业体系，这是国情调研杜仲项目办公室开展跨学科研究的、有利于国策咨询的活动成果。

我国的森林资源还能供国民使用多久？

与中国林科院经济林研究中心相关专家讨论，了解到我国的大兴安岭是重要的森林资源区域，约占林区 1/4 的商品林，经过近 40 年的采伐，可采资源已十分有限。如按照目前的砍伐速度，木材生产仅能维持 16 年，16 年后因成熟林跟不上，中间将出现 36 年"无林可采"的局面。

发展木材的循环经济（用废旧木材造纸，用废纸再造其他用品），从另一个意义上来说，是有局限性的，也就是说，经济活动在一个产业延伸链中是不能实现循环使用的目的的，即无法实现森林的自循环。第一层级复合产业的经济活动关系是完全引导实现森林的生态资源自我修复的新型经济活动，即实现森林资源能量自动储备的修复能力。否则，我们赖以生存的森林资源在不久的时间里会全部消失。

杜仲橡胶资源培育复合产业经济活动目的是要实现区域生态经济的可持续发展,既要实现区域内的"人化生态资源"的复合产业经济活动实践应用,还将进入人类经济活动实践的"非人化生态资源"实现可持续应用和服务人类的资源能量储备,即自然界本身所具有的自我生态资源培育修复的还原能力。

2. "非人化生态资源"的资源培育保值与增值

在"人化生态资源"和"非人化生态资源"两种生态资源培育修复过程中,复合产业经济实践活动实现杜仲橡胶资源培育反映了"人化生态资源"的实践活动;尚未进入人类生产领域的"非人化生态资源",例如杜仲橡胶资源培育过程如何实现本身具有的自我生态修复还原能力、实现"非人化生态资源"的储备和可持续发展,就必须以第一层级复合产业的哲学思考,研究实现"非人化生态资源"的生态资源环境能量储备的自我修复还原能力。

笔者提出生态资源环境能量储备思考,是将生态环境资源储备能量过程视为新型经济实践活动中的重要过程。这是实现人类可持续发展的生态经济环境的最大能量资本积累过程,通过杜仲橡胶资源培育的过程将生态资源的新型产业视为能够保证人类自身资源培育的存量,实现充足的区域生态资源完全进入自我修复还原,建设自行繁衍、自行增加数量、自行增加价值的生态环境能量的储备库。生态环境资源培育对于一个区域来讲"只有保持原有资源环境存量不变或自行增加其生态环境数量和价值,才能维持区域内的生态平衡关系,满足区域内的人们生存和发展的基本需要。将生态环境资源培育过程视为动态的生态资源环境能量储备加工过程,就要从静态的第一层面实现生态环境能量储备,全部加入区域生态环境能量储备库,形成区域生存生活的基本资源储备"。

非人化自然的资源培育的保值与增值,就是为区域杜仲橡胶资源培育经济和区域社会、文化等多个层面的可持续发展服务的对接。完全反映了区域人们在复合产业经济实践活动中以实现自我修复,实现还原能力的自我生态平衡的"生态环境资源培育和生态环境能量储备"。

　　"生态环境资源培育和生态环境能量储备"，包括两层含义。一是通过认识活动获得的生态资源的静态特征，即通常所说的自然资本就是自然资源，它包括"人化生态资源和非人化生态资源"两部分。另一种就是通过经济实践活动获得的动态特征，"生态环境资源培育和生态环境能量储备"，是通过人类基本劳动或生态资源自我还原和修复的环境能力。"生态环境资源培育和生态环境能量储备"的两种特征是通过人类的劳动实践，或通过自然本身所具有的自我还原和自我修复能力两个基本途径实现的。

　　一是通过生态环境资源培育复合产业过程实现"人化生态资源"的新型产业培育，即在区域新型的经济活动中实现"人化生态资源"的增值。在这里需要特别指出的是，社会经济活动中研究经济运行可回收利用资源的循环机制，反映出个别物品的废弃物在自然系统中不能实现自行循环或再生功能，进入人类消费的过程后，人们在生产消费行为过程中完全可以对其回收再利用，这就是众所周知的人类的"社会活动结果"，实现这种结果需要社会组织合理地引导。

　　二是通过生态环境能量储备过程实现"非人化自然"的储备修复调节功能，实现"非人化自然"的自行储备增值。生态环境资源通过阳光、水、森林、大气、土壤等自然能量实现自行调节、再生，自然行为的修复过程是自然生态系统实现自行消解、溶蚀与再生。

　　"生态环境资源培育和生态环境能量储备"同时反映了生态环境培育资本的两种属性，它们是相互联系的。首先，开发环境培育资本的实现是培育环境能量资本存量的条件，生态环境能量储备库容量的恒定状态必须依靠开发环境培育的资本运行才可以实现。即依靠开发环境资本的培育和生态环境能量的补充，开发环境培育资本是培育环境能量的前提。其次，培育环境能量的资本数量和规模也是实现动态环境培育前提，人们在培育应用自然生态资源时，必须合理规划，绝不可以超过培育环境的承载能力，培育环境能量和能量资本发生短缺，或者没有了再生储备的能力，就无法确保最低限度培育环境能量资本的存量，实现开发的环境培育资本就会出现危机。生态灾害将会以人类无法预计的结果破坏人类的生存环境。

自然界也就很难实现自我循环和生态自我还原。培育环境能量资本和开发环境培育资本是生态环境资源培育资本是两个不同的层次，是同一生存环境中的相互依存的两个生态环境资本。

随着对"生态环境资源培育和生态环境能量储备"的认识的不断地深化，实现了认识生态环境能量储备的静态价值到认识生态环境资源培育的动态价值的转化。这就是说，认识生态环境的价值功能，既要完全认识人类开发生态资源和培育应用的成果，同时要看到生态环境价值本身具有调节修复储备生态的能量。研究认识环境资源培育和环境能量储备的价值理念，根本目标是保持培育与储备生态资源能量和保持生态平衡，以足够的生态环境能量储备，来实现新型的第一层级复合产业经济活动实践目标，探索区域经济社会的可持续发展的新模式。

在这里需要说明的是，生态环境培育资本和生态环境能量储备资本是能够实现自行增值。大家知道，在生态环境资源培育和生态环境能量储备上，东西方经济学家的理解具有一致性。

生态环境培育资本和生态环境能量储备资本概念中的"资本"是指实现"生态资源数量的增加和生态能量储备价值的增值"，笔者此处研究的生态环境培育资本和生态环境能量储备资本完全符合马克思对"资本"的研究解析。

三　生态资源培育与复合产业的战略意义

"生态环境资源培育和生态环境能量储备"形成的价值是区域经济活动中人们认识到生态环境能量储备的生态环境资源，除了在人类合理使用中供应生存需要和消费需求外，是还可以实现自我保值、增值的生态环境能量资源，具有重要的培育价值和储备价值。

1. 价值意义。"人化自然"和"非人化自然"的关系，是生态资源培育与修复过程中相互依存的关系，这种关系是"生态环境资源培育和生态环境能量储备"综合资本中的"培育价值"和"开发价值"是新型生态资源经济活动价值。

首先，"非人化自然"的自我修复功能与生态环境能量储备资本的

"培育价值"具有相同特征。培育价值反映的是生态环境能量资本存量的数量和类型。生态环境能量的资本存量是区域或国家进行经济活动的基本前提。

杜仲橡胶资源培育复合产业是区域新型经济活动，将杜仲橡胶资源培育过程变成复合产业的种植、培育、加工、生产中涉及林业（种植培育及加工）、医药（药品及保健品）、食品（饮料）、农业畜牧（鸡猪饲料及林下农作物）、工业（杜仲橡胶、合成杜仲橡胶）、军工（杜仲橡胶军工应用）、农林产业和服务业（杜仲文化产品有棋类、文玩、饰品、林下农作物等）、杜仲林业碳汇交易模式等之间的产业关联关系，成为完全为人类生存和发展服务的生态资源产品。

杜仲橡胶资源产业的发展过去 60 年处于科研阶段，没有进行培育和大面积种植，杜仲橡胶资源的经济价值仅仅是为人所认识的药用价值。杜仲自身所包含的橡胶（军工、民用）、食品（饮料）、饲料、保健等的跨行业延伸价值完全不被人类认识和开发应用。区域政府及企业没有认识到如何去认识改造自然，如何去维护、扩大生态资源及生态环境培育资本的功能。"非人化自然"的自我修复功能的自然资本价值完全处于生态环境能量的自然存量状态，所蕴含的各种潜能价值作用没有被认识，这种潜在的能量价值存储于自然资本之中。所以，"非人化自然"的自我修复功能与生态环境能量储备资本的"培育价值"是具有相同特征的。

其次，"人化自然"的实践改造活动与生态环境资源培育资本的"开发价值"具有紧密联系。"人的实践"经济活动中"非人化自然"的自我修复功能的实现完全处于生态环境能量的自然存量状态，所蕴含的各种潜能价值有待开发应用，将培育价值向开发价值转化。"人"的实践活动的功能既体现了"人化自然"的实践改造活动，以促进"培育价值向开发价值"的转化，同时其实践过程实现了由"生态环境资源培育向生态环境能量储备"的转化过程。通过"人"的复合产业的经济实践活动，将杜仲橡胶资源培育的价值转化为能够为人类生存和消费服务的能量储备价值，完全体现了"人"对自然的征服和"以人为本"的理念。通过第一层级复合产业经济活动，将生态环境能量储备的存量和生态环境自我还原的基本能量，科学合理的应用于人类自身的实践活动，其实践过程完全实现了健康的自然生态环境的自我修复调节（而不是破坏式的生存消费活动行为），通过合理的生存消费使区域内的生态环境资源能量资本的动态价值完全实现合理供应，实现生态环境能量储备资本数量的逐步积累。

笔者在进行杜仲产业项目调研中了解到相关省市的政府与农民对杜仲资源的认识与管理行为。

例如，杜仲在浙江省是否有野生资源一直没有明确的定论。1983 年，在安吉县龙王山仙人桥、马峰庵曾发现并确认野生杜仲的存在。在 2002 年资源调查中，在与安吉毗邻的余杭市鹭鸟镇嵩村红档山的山坡落叶阔叶林、毛竹林、悬崖峭壁石缝中再次发现杜仲资源。在临安市石门乡林家塘村调查时，当地农户反映该村的黄泥潭一带（与余杭、安吉交界处）的落叶阔叶林中也有野生杜仲资源分布。上述三个地区都同属天目山脉，在地域上相毗邻，且都地处偏僻，生存环境相似（主要是海拔 500~1000 米的落叶阔叶林）。综合以上调查结果，确定浙江省存在杜仲野生资源。由于杜仲具有较高的药用价值，在 20 世纪 80 年代初其收购价较高，当地农民纷纷上山砍树剥皮，很多林木的树根也被挖掘。这种盲目采挖，使得杜仲野生资源被破坏殆尽。目前，在浙江已很难寻找到较大的植株。据调查，红桃山目前仅存有 170 棵杜仲，其中胸径 5cm 以上的不到 100 棵，资源十分稀少，迫切需要保护。

在浙江的西天目山区、大漈村、犁壁际村也有杜仲的分布，目前该省的杜仲栽植面积约 0.3 万公顷。①

这里需要特别指出，区域内杜仲树的森林养护问题。说明在实现杜仲药用资源的潜在价值向人类需求的动态现实价值转化的实践过程中，地方政府管理者、区域企业、农民尚没有维护森林生态环境的意识和基本的经济运行常识，对杜仲树进行剥皮交易，甚至砍伐。这种盲目采伐，使杜仲野生资源被破坏殆尽，导致了杜仲资源培育和能量储备的断层。

实现杜仲橡胶资源和伴生的其他森林资源的生态系统的平衡和资源培

---

① 杜红岩、胡文臻、俞锐：《杜仲产业绿皮书》，社会科学文献出版社，2013，第 73 页。

育，就必须把"人化自然"和"非人化自然"的相互依存关系充分调动起来，实现"培育价值向开发价值"的根本转化，严格约束人类生产的实践活动，建立培育和保护森林生态系统的基本制度，通过一定的时期培育和储备能量，实现杜仲橡胶资源和区域森林生态资源的自我健康循环，实现生态环境资源能量储备的恒定库存量不断合理地增加。

由此来看，实现生态环境能量储备资本开发，其实就是培育价值的生态环境资源培育资本的数量保持不变或不断的合理增加。既一个库容存量的生态环境能量储备量积累的过程，也是形成区域或国家需要的更大容量的生态环境能量储备的过程。

杜仲橡胶资源培育复合产业的经济过程就是"人"的经济活动过程，也就是"生态环境资源培育的待开发价值向生态环境能量储备的开发应用价值"的转化过程，即生态环境资源培育的动态价值实现的过程。是生态环境能量储备可供人们消费的资本静态价值向生态环境资源培育复合产业经济活动动态机制转化的过程，是一个静态的生态资源能量储备资本存量增加的过程，也是生态环境资源培育价值的量的积累修复过程。"人"的生产实践活动是依存、价值、认识、实践等关系的共同基础，通过分析，对"生态环境资源培育资本和生态环境能量储备资本"的两种价值应用属性的认识与对"人化自然"和"非人化自然"的实践价值的两种属性的认识是完全统一的。

生态环境能量储备的资本通过生态环境资源培育的过程既实现了修复增值，同时通过"人"的复合产业行为推动实现了生态环境能量储备资本的一定量的增值。杜仲橡胶资源培育复合产业的经济实践活动是区域新型生态转型经济的实践成果，也是新型城镇化生态资源培育的实验过程。生态环境资源培育过程是人类实践活动的历史痕迹，是自然界各能量资源以自身或通过人类劳动而增加其应用服务价值的资源。生态环境资源培育的能量资本是可以自行增加数量，通过培育生产过程又能增加其应用价值。生态资源培育资本既反映了生态环境资源培育本身的运行状态，又突出反映了"人与自然"之间的新型生态环境资源培育与能量储备的哲学关系，这种关系就是"人"是自然的认识者、开发者、使用者，也是自然界的培育者、消费者、修复者、保护者。生态环境能量储备的资本静态价值实际上也是生态资源本身的潜在价值；生态环境资源培育的资本动态价值也就是生态环境资源培育的现实价值，这些关系的实现是同一人类生态资源培育的实践过程。

2. 实践意义。对第一层级复合产业哲学——以杜仲橡胶资源培育复合产业研究为例，笔者研究的真正意义是实现培育人类复合生态系统的稳定状态和持续发展环境。笔者认为，新型生态环境资源培育经济模式中要实现人类经济社会的可持续发展，就必须掌握生态环境资源培育经济系统与自然界的生态系统之间的相互依存关系，两个系统之间就可以实现资源和能量的合理调节使用。实际生存环境中存在三大能量储备，自然界生态系统中非人化自然的生态环境资源能量、复合产业经济发展的人化自然的生态环境能量，以及"人化自然"与"非人化自然"之间的生态环境修复调节能量。

第一层级复合产业经济活动首先要解决人类生态环境资源可持续服务社会发展的问题，也就是解决好、处理好人类经济行为与自然界生态系统之间的循环能量相互依存的关系。也是如何实现非人化系统与人化系统之间通过复合产业实践，实现生态环境资源能量的循环转换，这是长期以来难以突破的理论和实践问题。笔者提出"第一层级复合产业哲学——以杜仲橡胶资源培育复合产业研究为例"的课题，并展开深入的分析与研究，其目标是实现完成"非人化自然界（自然系统）与人化自然界（经济系统）"之间通过复合产业的生态环境资源培育与储备能量的循环转换，以修复自然。

实现这一目标，必须建立合理的自然生态系统与人类经济活动系统各自内部的生态环境资源能量的合理调节，实现可持续的复合产业经济活动。维护自然生态系统的良性循环功能，可以为人类经济活动系统提供新型资源培育条件以及可供更新的生态环境资源和优质的生态环境。复合产业经济活动是实现"人化自然"生态环境资源的合理调节应用，即把区域经济发展对自然生态系统的资源需求限制在合理可控的范围内，实现自然生态环境资源培育的资本的动态价值，"非人化自然生态环境能量储备"的能量调节功能才能更好地实现合理转换。

杜仲橡胶树的森林生态系统培育修复作业，要求按照杜仲橡胶树的资源利用进行生产加工，需要医药用药材，就必须采用环剥技术，而不是将杜仲树以砍伐方式损坏，如果这样，其自身生态环境能量将失去恒定的环境平衡范围内的指标数值，杜仲资源将出现恶化的生态后果。对于杜仲资源林的砍伐与整体杜仲林的间伐具有不同的生态环境资源能量储备后果。这就是笔者研究复合产业经济实践活动（系统）与人化自然的生态环境资源培育过程，以及自然生态资源环境能量（系统）与非人化自然的生态环境能量储备过程之间相互促进、相互影响的理论和实践的目的。

基于此，通过杜仲橡胶资源培育复合产业经济活动，以实现经济实践活动系统中人化自然的生态资源培育能量调节功能，服务于生态资源环境系统中非人化自然的生态环境能量储备的调节应用功能。只有合理地实现生态环境系统中对非人化自然的生态环境能量储备的调节应用，第一层级复合产业经济活动在区域经济转型及区域经济发展中所需要的人化自然的生态环境资源培育过程才会更好地实现。

第三节 新型生态资源培育与能量储备价值特征

笔者认为，生态环境资源培育和生态环境能量储备的价值的根本划分标准表现在两个方面。一是围绕以区域环境资源培育价值展开研究，确定是以生态环境资源修复培育为主，还是以人的分工培育为主。二是以人类生存与消费关系中围绕生态环境能量储备价值展开研究，其储备能量影响人、地球、生态系统的各个因素，确定是以自然消费量为主，还是以人类消费量为主。

这两个方面是区分"自然为中心和以人为中心"的两种不同观点的关键。设计以"人"为研究指标，即把人类的生存和消费作为价值取向，去思考"人与自然"的关系，认为"人"应该是价值研究的中心，认为"人与自然"二者关系状态的主要因素是人，而不是自然界，围绕以区域环境资源培育价值展开研究的价值观就是非常合理的。

一 人的特征与分工培育价值特征

无论目前学术界讨论的"生态中心主义",还是发展至今的"人类中心主义"都没有完全体现出人类自身的利益价值,没有体现出可持续协调发展的生态资源与人的生存环境的依存关系。其研究强调生态环境对"人"的根本影响。人类作为生态环境中的实践群体,其自身的生态环境的生存特征和不断增强的开发生态资源的能力,以及区域社会内部、不同产业阶层之间在经济活动和基本生活能力方面表现出的不平等性,甚至无法得到社会的认同。这就不利于"人"的生存和发展,而且也不利于保护生态环境。人类中心主义作为一种价值观,与围绕以区域环境资源培育价值展开研究的价值观具有相同的合理特征。众所周知,其历史演化过程中的不同发展形态为,在人类初步应用石斧工具时期,群体中心主义表现的是为了基本生存需要,而随着历史进步则逐渐被替代。而普遍奉行的价值观过分强调人类的资源需要,破坏了人类与环境之间的依存关系,这种人类利益至上的行为并没有防止"人"破坏环境的行为。

1. 合理的可持续发展的分工利益

围绕以区域环境资源培育价值展开研究的价值观就是非常合理的人类中心主义价值观,首先表现在人的人文性质层级。这是第一层级复合产业经济活动的区域生态资源培育的人文特征。在"环境冲突经济发展"模式下产生的环境污染、灾害发生、资源枯竭、生态失衡等一系列环境问题,直接威胁到人类的生存环境和发展环境,人类开始反思"环境冲突经济发展"模式,探索新的经济模式来实现经济发展与环境保护的统一。第一层级复合产业经济活动实践过程就蕴含着新型经济行为的人文特征,以确立人类社会生存与消费(发展)的最基本的实践行为准则,通过"人",为了"人",对"人"的本质的真正应用,是向人与社会关系中的"人"的修复与储备能量。复合产业经济的经济活动过程完全体现了人类中心价值观,体现了合理的可持续发展的分工利益(即在人类与生态环境的关系方面坚持人类价值的本位性,人类在生态环境系统中的优先地位和目的地位，在人与人的关系方面坚持多元主体的主体性，强调人类根本的、整体的和长远的利益高于人们虚假的、局部的和暂时的利益）。

特征一，第一层级复合产业哲学—以杜仲橡胶资源培育复合产业研究为例是以培育价值观入手研究人类的生存资源。复合产业经济活动对人类生存发展的理解实现了对人的生存的关怀，即实现了对人类需要生存资源的关切。"环境冲突经济发展"模式中的物欲极度扩张，人的消费也从对需要的追求转向了对"欲求"的追求，这并不符合区域生存环境中"人"的根本利益，不能促进"人"的全面发展。杜仲橡胶资源培育复合产业经济活动中的生产方式和生活方式，立足于真正的人性特征。节约资源的培育生产与适度的资源消费是人类的美德，是符合人的基本生态环境资源特征的生产和生活方式，这是基于保护人类的生存资源的考虑。

特征二，第一层级复合产业哲学——以杜仲橡胶资源培育复合产业研究为例是以培育价值观入手研究人类的生态资源消费。复合产业经济活动是以实现环境的资源培育保护为重要的目标利益。培育生态环境资源，既是为区域公众生存需要，也是为全体人类的生态资源生存环境的利益，而不是为了个别或一部分人的利益。所以，基于生态资源培育的生态价值具有全人类的生态资源特征性，符合全人类持续生存的基本条件。环境破坏的直接后果是既危及个人生存利益，同时也危机别人的生存环境。对生态资源培育与环境能量价值的挑战，就是对全人类可持续生存利益的直接挑战。复合产业经济活动是为了满足整个区域生态系统的环境需要，是进行区域生态资源消费服务的过程。

特征三，第一层级复合产业哲学——以杜仲橡胶资源培育复合产业研究为例是以培育价值观入手研究人类长久生存的资源。为了人类的可持续生存与消费，以时代责任感实现未来生态环境能量储备目标。生态环境资源培育与生态环境能量储备是人类共同拥有的生存与消费财富，是人类生存和发展的资源。复合产业经济活动最终确保了培育资源经济服务人类的长久生存资源。这就是杜仲橡胶资源培育复合产业经济活动的哲学境界，既是为了"人"，同时也服务于"人"。

2. "人"是复合产业的主要实践者

生态环境资源培育价值观与人类中心主义价值观具有共同的价值特征。复合产业经济实践活动是以"人"的生态资源保护性为实践特征的（即"人"所具有的以生态资源保护性为特征的实践能力）。新型生态环境资源培育是以"人"从事的活动为基础的经济实践活动，显现了"人"的生态资源保护的价值特征。有种观点认为，发挥人的生态资源保护性作用又不要再把人视为中心，这种观点是自相矛盾的。复合产业经济活动实践特征是承认"人"具有的生态资源保护性，即承认杜仲橡胶资源培育复合产业的培育技术和开发生产实践活动的合理性，说明人类的生态环境资源培育的生产活动是人类生态资源保护性的重要特征。新型生态环境资源培育经济活动中承认培育生产的重要性，不能否定"人"的生态资源保护性，即不能否定人类中心论。否定人类中心论，就是否定基本的生态资源保护性原则，进而必然要否定生态资源培育生产发展观。在生态环境资源培育经济活动的过程中，既承认生态资源培育的必要性，却又否定人类中心论，这既在理论上说不通，又在实践上行不通。

生态环境资源培育经济活动实践实现了"人与自然"关系的和谐过程、"人与社会"协调关系发展过程的价值追求，完全是以人的生态资源保护性积极作用为基本前提的。"生态环境资源培育与生态环境能量储备"的经济活动体现了新型生态经济与社会发展的系统工程，在资源培育经济活动的实践中出现问题、产生阻力、遇到困难时，必须以"人"的生态资源保护性的能动作用去解决。

新型复合产业经济活动过程是为了"人"，所有生态环境资源培育实践活动过程完全是"人"的生产。"生态环境资源培育与生态环境能量储备"的经济活动是可持续发展的新型区域经济发展模式，在生态环境资源培育与生态环境能量储备的过程中完全、自然、合理、生动地实现了人类中心主义的基本价值精神，即"人"在生态环境资源培育的实践活动中表现了非本体论意义上的中心，其实践结果却是价值论意义上的中心。

"人化自然"和"非人化自然"是生态资源培育与修复过程中的相互依存的关系，这种关系是"生态环境资源培育和生态环境能量储备"的资本关系中的"静态价值"和"动态价值"的新型生态环境经济活动的实践关系。

二　新型生态资源消费增长率计算公式

生态资源经济体系建设，需要合理设计并计算区域公众生态资源消费增长率，这是检验区域生态资源经济建设成果的关键技术手段，是科学的检验通过区域生态资源经济活动消费情况（一个类别或者一种产品）来说明区域生态资源经济建设与消费的合理关系。

笔者在长期调研实践活动中，设计了区域公众生态资源消费增长率，即通过资源消费量的增长幅度来概算培育生态资源经济效果。其公式模型：$G = (P2 - P1) S - T$。

G 表示培育生态资源收益；P2 表示培育 1 公顷生态资源投入后的平均消费量（月、季、年）；区域培育生态资源——P1 表示培育 1 公顷生态资源投入前的平均消费量；S 表示 1 公顷生态资源制造的一种产品的利润额（金额）；T 表示培育 1 公顷生态资源投入的费用。

当 G > 0 时，培育生态资源经济效果显现，即公众享受生态资源产品消费利益，没有生态资源污染指数、生态环境消费指数健康。其区域生态环境显著改善，实现了培育生态资源经济体系的可持续发展的既定目标。

当 G < 0 时，培育生态资源经济效果没有实现，公众没有享受生态资源，显示出生态资源经济建设程度低、生态资源合理开发利用率低、生态资源培育和开发程度都处于低端。

但是区域生态资源培育工程已经起步，公众直接受益的时间可能较晚，但是区域生态环境已经明显取得了改善。

说明：

1. 培育生态资源经济效果显现，结果可能是 1 公顷生态资源制造出了一种可以替代数种产品的销售利润，也可以是 1 公顷生态资源制造出好几种产品的销售利润。

2. 培育生态资源经济效果没有实现，结果可能是 1 公顷生态资源制造出一种产品的销售量少、利润低，也可以是 1 公顷生态资源制造出几种产品的销售量少、利润低。

生态资源经济体系建设培育的结果是以正负能量的对比判断区域生态环境能量储备程度和区域公众生态资源消费水平。也就是对基本区域生态资源培育和环境能量储备的判断标准。

第六章　第一层级复合产业的
新生产力

　　市场在资源配置中起决定性作用的是指导"生态环境资源培育与生态环境能量储备"新型市场经济理论的重大发展，是"新生产力"在生态资源配置中的实践，具有新市场文化哲学研究的丰富内容。

　　"生态环境资源培育与生态环境能量储备"的市场经济理论和实践是在生态环境中为人类服务，人类为生态环境服务中不断深化的认识过程，是在生态环境建立和完善后的市场经济转型过程中逐步实现的。生态环境与市场供需的关系，或者说生态环境资源培育和市场文化哲学的关系，是区域经济活动实践以及国家经济活动转型所面临的重大理论和实践课题。在这个问题上取得认识上的突破和实践上的进展，是笔者长期研究的重点。生态资源配置中的市场文化哲学是生态环境资源培育的发展活力和发展动力，是创造社会财富的源泉。

　　改革开放初期，邓小平同志提出了"市场经济取向改革的伟大思想"。1979年邓小平提出了"社会主义也可以搞市场经济"。1992年初，他在南方谈话中又强调"计划经济不等于社会主义，资本主义也有计划；市场经济不等于资本主义，社会主义也有市场。计划和市场都是经济手段。"1992年10月，党的十四大根据邓小平同志关于计划经济与市场经济的精辟论断，正式提出"我国经济体制改革的目标是建立社会主义市场经济体制"，"使市场在社会主义国家宏观调控下对资源配置起基础性作用"。这是中国共产党第一次明确提出了"社会主义市场经济体制的改革目标和发挥市场配置资源的基础性作用",是对中国长期以来实行的"计划经济为主,市场调节为辅"的重大发展。

"生态环境资源培育与生态环境能量储备"的市场经济理论和实践的基础是在长期探索发展过程中逐步实现的,笔者认为,国务院关于完善"退耕还林"政策的通知(国发〔2007〕25号文件)是生态环境建设的依据。"实施退耕还林是党中央、国务院为改善生态环境做出的重大决策,受到了广大农民的拥护和支持。自1999年开始试点以来,工程进展总体顺利,成效显著,加快了国土绿化进程,增加了林草植被,水土流失和风沙危害强度减轻;退耕还林(草)对农户的直补政策深得人心,粮食和生活费补助已成为退耕农户收入的重要组成部分,退耕农户生活得到改善。但是,由于解决退耕农户长远生计问题的长效机制尚未建立,随着退耕还林政策补助陆续到期,部分退耕农户生计将出现困难。为此,国务院决定完善退耕还林政策,继续对退耕农户给予适当补助,以巩固退耕还林成果、解决退耕农户生活困难和长远生计问题。"自1999年以来,国家在生态环境建设和退耕还林(草)实践中不断进行探索,总结了很多成功经验。

国家"退耕还林(草)"工程自1999年试点以来,国务院先后4次出台"退耕还林(草)"政策和法规。2000年9月10日出台了《国务院关于进一步做好退耕还林还草试点工作的若干意见》;2002年4月11日出台了《国务院关于进一步完善退耕还林政策措施的若干意见》;同年12月14日颁布了《退耕还林条例》;2007年8月9日出台新政策,即《国务院关于完善"退耕还林"政策的通知》(国发〔2007〕25号文件)。

1999年国家开始推行"退耕还林(草)"政策,国家实行"退耕还林(草)"资金和粮食补贴制度,按照核定的退耕还林面积,在一定期限内无偿向退耕还林者提供适当的补助粮食、种苗造林费和现金(生活费)补助。

国家"退耕还林"补助标准分为两项,首先是政策补助资金,基本完善了退耕还林政策补助资金,即(1)长江流域及南方地区每亩退耕每年补助现金 105 元，黄河流域及北方地区每亩退耕地每年补助现金 70 元；
（2）原每亩退耕地每年 20 元现金补助，继续直接补助给退耕农户，并与
管护任务挂钩。（3）管护任务的认定、检查和验收等具体办法，由省级
林业主管部门会商同级省级财政部门研究制定。其次是成果专项资金，
即巩固退耕还林的成果专项资金，即（1）基本口粮田为 400 元/亩；
（2）农村能源方面有户用沼气池 1200 元/口，节柴灶 200 元/台，太阳能
热水器 500 元/座；（3）生态移民方面每人不超过 5000 元；（4）后续产
业成果方面，速生丰产林 300 元/亩，经济林 300 元/亩，低效林改造 200
元/亩，林下种植经济作物和牧草 100 元/亩，其中中央专项资金只能用于
种苗、肥料和工程建设原材料购置费用；（5）退耕农民培训方面每人次
320 元；（6）补植补造方面 50 元/亩，其中中央专项资金仅限于种苗费
补助。

《光明日报》报道，被称为"中国退耕还林第一市"的延安，退耕还
林 14 年，山川大地实现了由黄变绿的历史性转变，在国家政策还未明确
的情况下，该市 2013 年决定自掏腰包 30 亿元启动了新一轮退耕还林工
作。延安市的选择，展现了退耕还林带来的利好。

《光明日报》2013 年 8 月 27 日报道，在兰州主持召开促进西部发展
和扶贫工作座谈会时，李克强总理强调，要把生态文明建设作为重要抓
手，切实保护好环境，探索生态移民、退耕还林、发展特色优势产业相结
合的新路子。联系中央一号文件，明确"巩固退耕还林成果，统筹安排
新的退耕还林任务"，以及甘肃、内蒙古、贵州等省区向国务院递交了重
启退耕还林工作的报告，新一轮"退耕还林"如何接续发展，引起全社
会的关注。

"退耕还林"政策是迄今为止我国投资最大的生态修复及惠农的长期
项目。从 1999 年启动至 2012 年底，1.39 亿亩陡坡耕地和严重沙化地恢复
了植被。目前，水土流失仍然是我国面临的最突出的生态问题，我国
60% 以上的国土属生态脆弱地区，各类自然灾害频发。一些省区迫切要求
扩大退耕还林面积，如云南提出安排退耕还林 400 万亩，贵州希望增加退
耕还林面积 300 万亩，这也与频频遭受干旱、泥石流等重大自然灾害

有关。

退耕还林政策需要有新的定位。今天，生态文明建设已经成为我国"五位一体"建设总布局的重要组成部分，发展林业是"建设生态文明的首要任务、应对气候变化的战略选择"，退耕还林政策应该具有更丰富的内容。2012 年，我国林业产业已成为复合型、战略性新兴产业群，生态旅游、木本粮油、木材加工等产业前景广阔。同时，我国目前 1.28 亿贫困人口的 90% 分布在山区，面对耕地紧缺的国情，大力发展林业、释放林业生产力是帮助群众脱贫的重要出路。

笔者分析，保障退耕农户的生存利益，发挥区域政府引导农户造林的积极性。研究机构与政府共同参与研究区域培育经济林与林产品惠农的新型结构建设课题是非常重要的战略任务。随着粮价持续上涨以及"粮食直补和农资补贴"力度的加大，农民种粮收益大幅增加。但是，退耕还林补助标准偏低，大部分退耕地不能间种农作物，为生存需要，"种树与种粮"的比较效益差距越拉越大，相关矛盾问题也直接摆到了政府和农户的面前。因此，笔者提出"生态环境资源培育与生态环境能量储备"的理论，目的在生态环境为人类服务，人类为生态环境修复服务中不断取得进步，是在生态环境建立和完善后的市场经济转型过程中逐步实现的生态文化；是探索建立解决退耕农户长远生计问题的长效机制模式。随着退耕还林政策补助陆续到期，部分退耕农户生计将出现困难和问题，政府和农户都要依靠市场经济进行调整，抓好"生态环境资源培育与生态环境能量储备"复合产业的大项目建设，实现区域第一层级复合产业经济林培育工程建设，即生态资源培育产业和退耕农户生存利益的和谐衔接，是政策研究部门和国家及区域政府面临的重要机制探索和新型市场开拓的重大课题，是农户在区域政府的合理指导下，应对可能出现的发展与转型的复杂局面，确保农户生存利益问题。

与此同时，研究部门及政府要认真研究保证退耕还林政策产生良好效果的可持续性政策，重点是解决退耕户长期生存的问题。《光明日报》指出"国家应提高退耕还林的补贴标准，保持务林与种粮收入的平衡。同时，要强调补贴的引导性，调整补贴形式，如给予小额贷款、给予农户更多技术支持，引导、支持农民在坡耕地上重点发展经济林树种，大力发展林下经济，增加收入"。

2013年9月6日财政部和国家林业局联合召开了7省市林业厅分管厅长和财政厅负责同志参加的会议，对新一轮退耕还林的有关政策问题进行了座谈，主要由财政部农业司通报了国家新一轮退耕还林政策顶层设计情况。国家林业部门相关门户网站报道的主要内容有：

（一）关于新一轮退耕工程实施条件，一是地类限制为25度以上的坡耕地和严重沙化耕地；二是新一轮退耕还林完全打破第一轮退耕还林工程的各种限制，是一种全新的生态工程建设模式。

（二）关于新一轮退耕还林原则，即"统一标准，农民自愿，政府助推，自我发展"十六字原则，这个原则是在充分肯定第一轮退耕还林工程的基础上，结合新时期的特点提出的。"统一标准"就是在大的方针政策上由国家出台统一的标准，各省根据实际情况制定本省的实施细则，国家不再规定得过细、过死。"农民自愿"是新一轮退耕还林的前提，必须充分尊重农民的主体地位，采取农民自愿申报，林业部门组织实施的方式进行；"政府助推"就是新一轮退耕还林工程将不再是国家包办一切，采取国家助力，各级政府助推，林业主管部门指导的原则；"自我发展"强调新一轮退耕还林不再和退耕农户的长远生计挂钩，鼓励农民借助新一轮退耕还林，谋求自我发展和转变发展方式，大力发展经济林。

（三）关于新一轮退耕还林政策具体标准。新一轮退耕还林工程不再强调南北方地域差别和林种、树种等区别，全国统一按照"乔木、灌木、草本"三种标准实施。即退耕还林栽植乔木的每亩补助1300元、栽植灌木的每亩补助1000元、还草的每亩补助500元，还乔木的还可以享受两次森林抚育补贴200元。在工程实施的第1、3、5年进行检查并兑现补助，第1年检查工程完成情况，第3年检查保存情况，第5年检查抚育及成林情况，当年兑现比例由各省具体制定。

（四）关于新一轮退耕还林投资规模及要求。国家初步确定全国新一轮退耕还林的总规模为8000万亩，2014年启动1000万亩。退耕还林前农民要自愿申请并签订相关合同，还林后林业部门要及时确权发证改变地类性质。国家只根据各省申报的情况下达总投资规模，具体实施细节由各省制定。

党的十八届三中全会通过的《决定》提出"稳定和扩大退耕还林范围"，为实施新一轮退耕还林定下了基调。2014年1月10日人民网报道，1999～2012年，全国退耕还林工程共完成造林任务4.41亿亩，其中退耕地造林1.39亿亩，宜林荒山荒地造林和封山育林3.02亿亩。15年来，中央已投入各项资金3262亿元，惠及3200多万农户、1.24亿农民。退耕还林工程造林相当于再造了一个东北、内蒙古国有林区，工程区森林覆盖率平均提高3个多百分点。目前，全国3200多万退耕农户户均已经获得7000多元的补助。据第二次全国土地资源调查结果，全国还有6471万亩25度以上陡坡耕地。另外，全国还有大量严重沙化耕地可供种植培育经济林。

一　国家退耕还林（草）的实践阶段

国家退耕还林（草）的实践阶段是从20世纪70年代初就已经开始。第一阶段（70年代至80年代）是以种植"商品材林"为主的退耕还林（草）时期，全国各地种植杜仲树的概念只是杜仲药材的价值范围，国家指导，区域政府选择实验种植商品材林的区域结构设计有相对性，学者普遍认为，这一阶段从关注生态环境脆弱性的角度看，由于没有选择水土大面积流失严重的中低山区进行退耕，因此生态效益不明显。从关注贫困角度来看，由于基本在人烟稀少的高山区进行退耕，没涉及贫困问题。第二阶段（80年代至90年代）是以"营造经济林"为主的退耕还林（草）时期。这一时期随着国家加大对贫困地区投入，一定程度上是把"扶贫开发与生态环境保护"建设结合起来。这表现在退耕后大量还造经济林（果树林与药材林、香料林、人工草场、花卉园……），取得了较好经济效益。但是也由于过分重视建设"经济林"，从关注生态环境脆弱性角度来看，经济林的商品受市场影响，还发生大面积砍伐柑橘、伐桑、砍杜仲树（药材价低）现象，而且经济林林地的水土保持作用差。此外还有一些地方陡坡还林却没退耕（林粮间作），其水土保持等生态功能也没有明显的改善。第三阶段，即正在进行的退耕还林（草）阶段，其建设过程是进入以"营造生态经济林"为主的新阶段。国家于 1998 年开始实施天然林保护工程后，2000 年在西部 13 个省市区的 174 个县开始了大规模退耕还林（草）工程。从关注生态环境脆弱性角度来看，这一阶段的退耕还林（草）与前两次不同，真正是以培育生态环境、修复自然生态环境为长期目标。明确表现在实施对象是坡度在 25 度以上的陡坡耕地，造林要优先考虑具有生态防护稳定结构的效能。从解决贫困问题角度来看，这一次的退耕还林（草）完全与当地经济发展相结合，实现"生态效益与经济效益"双赢惠利目标，具有牢固的群众基础。普遍认为这一次退耕还林是解决我国相当大一部分"贫困与生态脆弱区"的两难处境的一次大尝试；是用国家的储备粮食换生态效益的一次空前的生态补偿实践，中国的生态效益实践行为当属在全球经济危机持续，各地区粮食问题紧缺的国际环境中采取的最伟大的"生态文化与生态经济"的培育与储备的行动，全球瞩目。笔者认为，第三次工业革命的核心内容当属中国的"生态文化与生态经济"的培育与储备，它必将逐步成为第三次工业革命核心内容与领导力量。

社会主义市场经济体制是在实践中建立和完善的，认识社会主义市场经济体制，必须认识市场经济规律，必须认识经济规律对市场在资源配置中的深化作用。1993 年 11 月党的十四届三中全会通过的《中共中央关于建立社会主义市场经济体制若干问题的决议》，提出"建立社会主义市场经济体制，就是要使市场在国家宏观调控下对资源配置起基础性作用"；1997 年 9 月党的十五大再次强调"使市场在国家宏观调控下对资源配置起基础性作用"；2002 年 11 月党的十六大提出"在更大程度上发挥市场在资源配置中的基础性作用"；2003 年 10 月党的十六届三中全会通过的《中共中央关于完善社会主义市场经济体制若干问题的决定》，提出"更大程度地发挥市场在资源配置中的基础性作用"；2007 年 10 月党的十七大提出"从制度上更好发挥市场在资源配置中的基础性作用"；2012 年 11 月党的十八大提出"更大程度更广范围发挥市场在资源配置中的基础性作用"。

我们在具体实践中，由于区域政府在认识和执行中没有正确处理好"政府和市场"的互为能动的关系，没有充分发挥市场的基础性作用，政府常常把特定时期特定条件下政府的行政刺激政策固化和政府插手市场常态化，以强势的政府行为对社会资源进行垄断和配置，形成打造全能政府的态势，社会各界普遍认为，政府有形之手伸得过长，严重干扰了市场无形之手的调节作用，由此带来一系列问题（以培育杜仲橡胶资源为例），主要有：（1）市场秩序不规范，以不正当手段谋取经济利益的现象广泛存在；《反不正当竞争法》颁布实施，明确以法律为武器向行政垄断和限制竞争行为采取依法维权。依法破除地方封锁和行业垄断，实现公平竞争，是《反不正当竞争法》维护市场经济秩序的重要内容。在《反不正当竞争法》颁布前相当长的一段时期内，公用企业限制竞争、侵犯消费者权益的事件层出不穷，广大经营者和消费者深受其害。众所周知，20年来，工商行政管理机关依法监督检查了银行业、保险业、信用社；供水、供电、供气系统；民航、铁路等交通系统；电信、邮政等通信系统；石油、石化能源系统；烟草行业；教育等行业，药材加工行业对滥用优势地位限制交易、强制交易、搭售、拒绝交易等不正当竞争行为进行了严肃查处。特别是有效遏制了民用水电气供应、教材销售、民航铁路保险等方面的限制竞争行为，同时对县乡镇权利资源部门人员的监守自盗、内外勾结侵吞国家资源的行为实现长期举报制度，哪怕是离职退休，经举报查实，仍将依法追究责任。反不正当竞争工作在打破地区封锁、破除行业垄断等方面发挥了巨大作用，化解了许多与人民群众生活息息相关的限制竞争的问题；（2）生产要素市场发展滞后，要素闲置和大量有效需求得不到满足并存；（3）市场规则不统一，部门保护主义和地方保护主义大量存在；（4）市场竞争不充分，阻碍优胜劣汰和结构调整，等等。如，2010年11月中药材商贸网统计数据显示，由于杜仲药用价值和经济价值较高，进入80年代后，人工栽培的杜仲逐步进入了成龄期，药材经销商和一些投机药贩子利用市场放开搞活的政策，在种植杜仲区域进行争相采购，导致收购价格一再上调，由于利益链的驱动，杜仲栽培管护管理存在重大缺陷，许多杜仲幼树也被剥皮砍伐，一度使杜仲产量大幅度上升。据不完全资料统计，1983 年收购杜仲 180 万公斤，比 1970 年增长 3.5 倍。1985 年收购 207 万公斤，又比 1983 年增长 15%，创下历史最高销售纪录，市场供应出现缓和，但杜仲资源却受到了严重破坏，杜仲药材的质量下降。

据全国中药资源普查统计，全国野生杜仲的蕴藏量约 350 万公斤。家种面积 200 万亩，贵州、四川、湖南、陕西、湖北等省已逐步形成了杜仲生产基地。但年需要量 180 万公斤左右，种植生产加工的供需差距很大。

我国杜仲原产甘肃、贵州、四川及湖南等地的山区。由于杜仲皮具有很高的医疗保健价值，且可为国家大量出口创汇，所以建国初期我国政府对发展杜仲极为重视，由林业和医药部门联合组织群众大力栽植杜仲，并重点在贵州的遵义、湖南的江垭及江苏的江浦等地专门建立了杜仲林场。至 80 年代初，我国杜仲林发展面积已达 3 万余公顷，每年出口杜仲皮1500 余吨，为国家换回了大量的外汇，有力地支援了国家建设。但至 90年代初，国内外市场对杜仲皮需求量迅速增加，出现了供不应求的局面，杜仲的价格连续上涨，由此又引发了杜仲产区农民对杜仲树大片乱砍滥伐的局面。这种杀鸡取卵的做法导致了我国本来不多的杜仲资源更加匮乏，致使杜仲皮在国内外市场货源日趋紧张。我国政府有关部门为了保护杜仲资源，特将杜仲列为国家二级珍贵保护树种，加大了对杜仲资源的保护力度。

由此看出，这些问题不解决好，建立完善的社会主义市场经济体制就难以形成发展，市场在资源配置中起决定作用的引导地位将会进入困境。区域政府引导农户和扶持企业种植杜仲资源的合理结构就难以形成。杜仲种植培育复合产业的新型资源经济体系建设模式就会走样，社会的发展活力和动力就难以激发，将严重影响改革开放政策的连续性和生产力的进一步解放。由此可见，党的十四大以来的 20 多年发展实践，证明必须理清政府和市场的关系，对市场配置资源的作用给予新的科学定位。中国共产党十八届三中全会的《决定》，明确把市场在资源配置中的"基础性作用"修改为"决定性作用"，标志着我们党对社会主义市场经济的认识，对政府和市场关系的认识，对市场配置资源作用的认识，有了全新的重大突破，对我国坚定社会主义市场经济的改革方向，提高资源配置效率，加快转变政府职能，改善宏观调控机制，激发经济主体的活力和创造力，必将产生深远而重大的影响。

二　市场在资源配置中起决定性作用

市场在资源配置中起决定性作用，涉及国家、区域经济体制的方方面面。市场在资源配置中起决定性作用指导"生态环境资源培育与生态环境能量储备"经济理论和实践的发展，丰富了生态资源配置中的市场哲学内容，是深化经济体制改革的核心内容和要素。首先，使市场在资源配置中起决定性作用，必须研究处理好"政府和市场"的关系。市场经济特别是全球化时代的现代市场经济，普遍认为离不开"政府和市场"这"左右手"的作用，在复合产业的实践活动中这"左右手"的作用功能是不可忽视的。

微观分析。杜仲橡胶资源培育复合产业的经济活动反映在微观经济领域，以种植杜仲橡胶资源的"企业、个人和家庭"为单位进行杜仲橡胶树种植、育苗、嫁接、管护，杜仲资源的造林，以形成生态环境效果，杜仲食品、饮料、饲料、杜仲药材、杜仲药品的生产过程以及由此产生的合理的"生产、分配、交换、消费"等系列活动，以及杜仲橡胶资源培育产业链的延伸而产生的与产业经济活动关联的相应的"劳动、资本、土地"等生产要素的"流动、交易、组合"，是培育杜仲橡胶资源的配置要素，市场起决定性作用；市场形成的"资源价格、调节利率、波动汇率、股价涨停"等机制要素，对杜仲橡胶资源培育与生态环境能量储备的资源配置进行自我调节，通过修复、恒定使其达到自我平衡目标。

宏观分析。国家出台的扶持营造经济林的林业政策的执行，区域政府的作用就是在宏观经济领域，即适宜种植杜仲橡胶资源的 27 省市（区）营造公平竞争的杜仲橡胶资源培育和市场开发的市场环境，政府必须指导区域内杜仲橡胶资源培育企业在区域内与政府共同保持宏观经济稳定，与国家及其他区域杜仲橡胶资源种植及产业的宏观经济活动指标和区域政策保持一致和稳定。以杜仲橡胶资源培育经济模式来看，政府必须在公共服务机制方面实现优质管理措施，严格执行公平的市场竞争和监管制度，维护区域市场经济活动及杜仲资源和延伸的系列产品的交易秩序，加强和合理推动杜仲橡胶资源培育和杜仲橡胶资源能量储备的可持续发展的战略机制模式建设，促进区域经济影响并带动区域经济发展和社会环境修复、和谐与共同富裕，以杜仲橡胶资源培育复合产业经济来弥补市场不足或市场调节功能的失灵。

由此，笔者认为，既然微观经济是宏观经济的基础，政府的作用是建立在市场的决定性作用基础上的，所以《决定》把政府和市场的关系界定为"使市场在资源配置中起决定性作用和更好发挥政府作用"。市场由"基础性作用"上升为"决定性作用"，区域政府在经济转型和市场经济活动中的干预市场行为将要减少，同时政府将大幅度减少对社会资源的直接配置，即取消对微观经济活动的直接干预，推动资源配置市场化，依据国内外、区域间的"市场规则、市场价格、市场竞争"等基本市场要素实现区域经济活动的效益最大化和市场行为转换效率的最优化。

使市场在资源配置中起决定性作用，区域政府在政策方面要给企业以充分发挥市场竞争作用的平台，要合理地、科学地建设区域生态资源种植、培育、生产、加工、销售的统一开放、竞争有序的生态资源培育和生态经济林产品加工销售的市场体系。这是使市场在资源配置中起决定性作用的基础。按照《决定》要求，区域政府、企业要加快实现企业种植杜仲橡胶资源培育复合产业经济活动的"市场培育、市场开发、市场维护的自主经营、公平竞争机制，实现消费者自由选择消费、自主消费舒适的合理消费环境"目标。建立杜仲资源商品和要素的合理自由流动、平等交换的现代市场体系。杜仲种植、销售、服务环境中要建立健康市场机制，清除市场壁垒，提高生态环境资源配置的效率和公平性。

主要内容有：（1）杜仲资源种植培育环节要建立公平、开放、透明的市场规则。中国社会科学院杜仲国情调研项目组7年来的调研，成果目标是在全国建立起一个由国家林业局杜仲工程技术研究中心实行统一管理的杜仲资源培育标准、杜仲资源产品统一的市场销售和杜仲资源产品规范的市场准入制度。在杜仲资源适宜种植的全国27省市（区）范围内制定合理科学的规划，与地方政府、建设企业共同调研、考察、规划，认真听取研究部门调研建议，在充分考察区域县情环境基础上形成杜仲资源培育的意见，确定正负面清单基础上，采取合理措施推动各类市场主体依法平等进入清单之外领域。

（2）生态杜仲资源培育项目的实施要求必须改革市场监管体系。区域内实现杜仲橡胶资源培育工程必须实行统一的市场监管，全国适宜种植杜仲资源的 27 省市（区）在规划建设时，区域政府要主动清理区域内影响统一市场和公平竞争的各种规定和做法，建立法规监管制度，严禁和惩处各类违法行为，反对区域内的变相的地方保护行为，坚决查处消除区域内的变相垄断和利益部门工作人员继续与不法企业和个人控制市场资源的不正当竞争行为。

（3）杜仲橡胶资源培育复合产业完善的机制模式，主要由市场决定价格的机制来实现，杜仲橡胶资源的系列产品完全由市场平台交易，政府不干预，杜仲橡胶产品加工、提取、销售建立市场供应机制，首先是确保国家需要的橡胶产品的供应。对于杜仲橡胶资源培育中其他延伸产品的生产工艺的完善，依照杜仲药品、杜仲食品、杜仲材料、杜仲饮料等药品和农产品价格要素逐步形成健康的市场机制，注重研究规范发挥市场形成的价格作用。

（4）杜仲种植培育过程中，区域政府要科学建立起"城与乡"的杜仲景观带、杜仲经济林、杜仲造林以及合理规划的杜仲药材基地、杜仲橡胶资源基地、杜仲食品饮料原料基地、杜仲饲料基地等具有复合产业结构特征的统一的建设用地，区域政府要科学管理好用地市场资源，在杜仲种植资源及其他生态环境项目建设符合规划和用途管制的前提下，探索允许农村集体经营性建设用地以出让、租赁、入股，实行与国有土地同等入市、同权同价的机制。认真执行并完善土地"租赁、转让、抵押"二级市场。

（5）杜仲橡胶资源培育复合产业应发挥区域经济转型及区域金融市场的作用，逐步健全杜仲橡胶资源培育起的多层次资本市场体系，完善建设相关配套的保险经济补偿机制等区域市场化的供求关系。同时要建立完善产权保护制度，保证各经济主体平等参与竞争。杜仲橡胶资源培育显现的市场经济体制的核心内容是区域生态资源培育和生态环境能量储备，企业与农户的经济利益的保证一是《林权证》体现的产权关系，二是区域政府配套的政策扶持。明晰和保护杜仲橡胶资源培育的造林产权及资源经济开发是区域市场经济健康发展的基本制度，也是发挥区域市场决定性作用的基础。杜仲橡胶资源培育复合产业经济模式是在国内资源共享、产品服务消费逐步向全球发展的杜仲资源合理流动、要素优化组合、信息传递和规则衔接的一种国际经济大循环的复合产业。杜仲橡胶资源培育产业既包括了商品和服务贸易的进出口关系，也包括了引进外资和走出去投资的关系，还包括了参与国际标准和国际规则的制定，这些都说明杜仲橡胶资源培育复合产业完全可以通过市场以最少的资源投入获得尽可能多的效益。

十八届三中全会是中国面对持续的全球金融危机和在中国社会经济全面改革进程中召开的一次重要的会议。习近平总书记在会议上发表了重要讲话。会议审议通过的《中共中央关于全面深化改革若干重大问题的决定》，规划了中国未来10年全面深化经济改革，是全面开启生态环境资源培育经济，引领经济转型的重要文件，它描绘了生态环境能量储备以保证人类"生活与消费"持续平衡发展的美丽中国的蓝图。

随着国家对生态文明建设的进一步重视，我国区域生态资源培育经济转型大致分为三个基本发展阶段。第一发展阶段，2000年在西部13个省市区174个县开始了大规模退耕还林（草）工程，着手初级生态环境（产业修复）和循环经济探索阶段；第二发展阶段，以2008年8月29日中华人民共和国颁布的《中华人民共和国循环经济促进法》（2009年1月1日起实施）为标志的中级生态资源培育复合产业经济探索阶段（生态资源规划培育实践开始阶段）；第三发展阶段，2013年11月12日，中国共产党十八届三中全会《决定》发表，明确把市场在资源配置中的"基础性作用"修改为"决定性作用"，标志着我们党对社会主义市场经济的认识，对政府和市场关系的认识，对市场配置资源作用的认识，有了全新的重大突破。

笔者认为,《中共中央关于全面深化改革若干重大问题的决定》,规划了中国未来 10 年的全面深化经济改革,全面开启了生态环境资源培育经济引领经济转型的"生态资源经济培育发展升级版",即"生态环境资源培育和生态环境能量储备"的副高级生态资源培育经济机制将被重点研究并基本建立,标志着以杜仲橡胶资源培育复合产业经济活动为特征的生态资源培育经济进入了生态资源培育经济发展的副高级阶段。这一阶段的生态资源培育和生态环境能量储备将在未来 10 年逐步发展形成第三次工业革命的重大核心内容成果,成为引领可持续发展的第三次工业革命的强大基础。

这项成果的研究意义在于实现"积极倡导生态环境资源培育的理念、积极推动培育建设生态环境资源培育的试验示范基地、积极培育建设生态环境资源能量储备的储备库、积极培育保护与消费生态环境资源福利制度"的全面推进,实现新型生态资源经济发展宏伟目标,成为国家生态资源经济发展模式建立的重要转折时期。这一时期还将产生众多的国际、国内发展复合产业经济的研究模式和系列成果,逐步建立完善"生态资源培育经济的新思想观念、培育与储备、培育与加工、培育与消费、培育制度环境、培育法律与储备政策、培育储备管理体制、培育技术与储备支撑和国际国内生态资源经济信息共享机制建立、全球经济市场推动力、全球生态资源产品消费与服务"等诸多方面的发展成果。

这一时期,由于生态资源培育市场的地域环境选择与限制,以及区域政府支持与企业经济实力和发展目标等因素的影响和制约,生态资源培育经济活动中将会出现很多问题和矛盾,需要智库研究机构、区域政府、企业、农户共同研究,并提出对策和建议。笔者认为,突破重点针对区域经济发展障碍和对策的研究从技术层面开始的老套路(或者是针对项目、经济发展规划某一地区、某一行业如何发展区域经济提出研究方案),将以第一层级复合产业哲学研究的维度在区域生态资源培育可持续发展经济模式结构整体上把握研究规划。研究者将深入基层一线从哲学研究的维度来研究生态资源培育复合产业经济发展中的经济效益和出现的影响、制约因素,通过调研和深层次的解析为经济的发展提供足够的动力,根本上实现生态资源培育经济的健康可持续发展的战略目标。

从 1978 年到 1993 年再到 2013 年，中国的市场经济之路在不断演进。让市场在资源配置中起决定性作用，同时更好地发挥政府作用，这个重大理论观点的推出，必定会在当代中国改革发展的历史进程中承担起历史责任，必将推动中国从中等收入国家迈向高收入国家的历史征程。

第一节　唯物史观与新生产力

生态资源培育经济发展过程需要唯物史观指导，唯物史观是对社会发展规律的正确认识，是对社会的生产力、生产关系、生产方式等社会发展动力因素的准确判断。生态资源培育观是生态资源培育经济活动中的一种新型的经济发展培育观，其发展自然纳入唯物史观的范围研究，从生态资源培育经济与区域社会发展的大经济环境，全面认识复合产业经济发展中的影响和矛盾制约因素，探索生态资源培育复合产业的发展模式。

依据唯物史观的基本原理，"生产力和生产关系"之间的矛盾运动是社会发展的最重要的动力来源。杜仲橡胶资源培育符合产业经济活动过程，完全展现了一种"新生产力"发展模式。这种"新生产力"的发展模式，完全改变原有的杜仲橡胶资源培育和杜仲产品加工过程中的生产技术，动摇其生产力基础，改变原有的"人与人"之间的合作关系，将改变原生产技术水平、生产力发展状况以及人与人之间的关系的制约因素。

1. 制约新生产力的因素

"新生产力"是生态环境资源时代新型生态资源经济建设过程中社会经济发展的产物。我们知道，生产力是社会发展的最根本动力，生产工具和科学技术属于生产力范畴。复合产业经济活动中，杜仲橡胶资源经济发展过程是生态资源培育新型经济发展的过程，其原有的科学技术和生产工具的现实发展水平和应用技术，其生产力的现实发展水平的制约因素直接影响到生态资源培育复合产业经济的总体发展。

第一，"技术发展的非对称性"要素。生态资源培育经济发展过程的初级发展阶段表明，以杜仲橡胶资源培育符合产业经济过程受到了科技发展水平、资源培育与加工技术的非对称性影响，这直接导致生态资源培育科技的落后，这一因素影响和制约了杜仲橡胶资源培育产业经济发展的进程。科学技术进步在国家经济发展过程中起着重要作用，特别是在第一层级产业经济中发挥着重要的作用。《杜仲产业绿皮书》中关于杜仲橡胶资源培育与杜仲产业（产品）开发研究的历史证明了科学技术的重要性。《杜仲产业绿皮书》"大事记"中记录了中国杜仲橡胶资源培育技术和杜仲橡胶产品加工技术的突破。

关于区域生态资源经济建设、科学技术研究、生态资源开采利用对区域生态自然资源的作用，可从1890年9月21日恩格斯致约瑟夫.布洛赫的信中找到依据，"……根据唯物史观，历史过程中的决定性因素归根到底是现实生活的生产和再生产"。"我们自己创造着我们的历史，但是第一，我们是在十分确定的前提和条件下创造的。其中经济的前提和条件归根到底是决定性的"。"但是第二，历史是这样创造的：最终的结果总是从许多单个的意志的相互冲突中产生出来的，而其中每一个意志，又是由于许多特殊的生活条件，才成为它所成为的那样。这样就有无数互相交错的力量，有无数个力的平行四边形，由此就产生出一个合力，即历史结果，而这个结果又可以看作一个作为整体地、不自觉地和不自主地起着作用的力量的产物"。① 这说明，公众掌握先进的科学技术，集合生态资源经济体系建设中的各方面力量，对杜仲原料的使用才能做到"物尽其用"。杜仲树资源全身是宝，可以加工成杜仲橡胶、杜仲食品、杜仲饲料、杜仲饮料、杜仲健身用品等，传统的杜仲药材只是其资源产业链中的一个传统部分，区域地方政府在布局规划、合理种植杜仲资源和设计地方经济林资源的过程中，必须掌握政府服务，企业种植加工产品，其他经济组织经济参与生态资源培育建设过程，区域公众积极参与生态经济体系建设过程和合理消费等基本要素，形成发展的合力。

全球化经济时代的技术进步和生产工具的革新，以及项目创新技术推

① 《马克思恩格斯列宁哲学经典著作导读》（马克思恩格斯关于历史唯物主义的书信），人民出版社，2012，第430~431页。

动科技进步进入了一个新型的复合产业经济活动的"新生产力时代",由于杜仲种植培育和产品开发区域和大区域环境的科学技术的发展水平还未完全适应复合产业经济活动的发展需要,其综合利用效果始终没有显现,其主要表现特征是杜仲资源产业科研开发"技术发展的非对称性"。

例如,《杜仲产业绿皮书》中国杜仲橡胶资源与产业发展报告(2013)版分报告中关于四川省杜仲资源介绍指出:川北地区属于秦巴山区范围,是杜仲的原产区之一。20世纪80年代,四川省把保护和利用杜仲资源,促进杜仲产业化开发列为重要内容,拨专款予以扶持,由过去的自然、零星生产逐渐转变为成片的规模性经营管理。典型的如旺苍县,建有专业杜仲林场,全县栽植量已达4000多万株,其他如闻中市、仪陇县等地结合长江上游防护林工程,改变林种结构,也发展了大面积的杜仲林区,均具备规模性经营管理的基础。旺苍位于四川盆地北缘,米仓山南麓,东临巴中市南江县,南接广元市苍溪县,西连广元市朝天区、利州区、元坝区,北界陕西省宁强县、南郑县。

旺苍县属亚热带湿润季风气候,热量丰富、无霜期长、雨水充沛、气候温和,垂直气候明显,气温年较差大,月差较小。年平均气温16.2℃,年平均日照1353小时,年平均降雨量1142毫米,年平均无霜期266天。

旺苍县山地面积占全县面积的99.9%,地理条件决定了旺苍县必须以林业为主。在旺苍县人工栽培杜仲的历史悠久,其拥有适宜的土壤气候条件和丰富的水资源,使旺苍杜仲资源丰富,品质高,杜仲皮和叶内的有效成分含量居全国各产地之首,为旺苍赢来了"林荫药乡"的美誉。

1998年,该县被列为全国高产优质高效农业标准化杜仲示范区(第二批),是全国首个杜仲栽培的农业标准化示范区。为此,旺苍县质量技监局制定了《旺苍杜仲》《旺苍杜仲剥皮再生技术》《旺苍杜仲优质丰产技术》等技术资料,举办各种培训班20余期,培训技术人员1000余人,建立了育苗、建园、栽植、施肥浇水、整形修剪、采摘、加工等一系列控制措施。

2000年,示范区顺利通过国家验收。同年,国家林业局命名旺苍县为"杜仲之乡"。经过多年的发展,旺苍杜仲产业标准化示范工作取得了显著成果：22 个乡镇的杜仲种植已初具规模，示范村由 10 个发展到 24 个，示范户由 2000 户增加到 7000 户；全县杜仲已达到 3 万多公顷、3000 余万株，杜仲干皮储量为 36630 吨、枝皮 24930 吨，年产叶 86670 吨，产籽 10 吨，总产值过亿元。旺苍杜仲是四川省广元市旺苍县的特产，中国国家地理标志产品，直接以杜仲皮入药，杜仲颗粒（国药准字 Z51020731），另有杜仲茶等产品。其亿元产业的支撑经济加工产品为杜仲药材，但尚没有完全发挥杜仲资源综合开发作用，其杜仲产业产品相对单一，杜仲资源开发利用的经济效果在市场与资源配置、政府引导扶持方面完全受到传统观念杜仲药材资源与一般茶产业开发的"技术发展的非对称性"要素的制约。

"技术发展的非对称性"概念是由 20 世纪 70 年代后期的美国环境经济学家佩奇研究技术进步的环境效应后，在他的《环境保护与经济效率》一书中首次提出了"技术进步的非对称性"概念，即资源开发技术和环境保护技术的不对称。以杜仲橡胶资源培育复合产业经济活动过程为例，其结果表现为，杜仲橡胶资源培育复合产业"资源开发利用技术的进步"是杜仲种植资源培育市场与杜仲系列产品的市场竞争力消费的结果。区域资源的立体规划，以杜仲橡胶产品和杜仲食品、饲料、饮料、药品等为主，多产品，多行业，加工资源周期短，投入产出比高的特征非常显著。而"环境保护的进步"是区域政府干预的结果，以杜仲种植培育复合产业经济活动过程为例，是政府以非市场经济的手段进行干预，其资源修复、培育、开发的过程缓慢复杂，周期长，市场环境和经济效益极低。这说明技术进步，在客观上来说完全可能促进环境资源的开发利用，但却不利于环境的保护与持续。"新生产力"将以市场决定资源要素配置，通过技术进步，即促进生态环境资源培育经济活动，实现生态环境能量储备的环境保护与持续发展的经济活动过程。

第一层级复合产业哲学研究——以杜仲橡胶资源培育复合产业为例，其哲学思考的"科学技术是第一生产力"的重要结果是："生态环境资源培育与生态环境能量储备"的经济活动的实质是资源开发的技术过程。这因为人类科学技术的进步无疑给生产力的发展带来了巨大的成就，但其仅仅是对资源进行开发和利用的技术。其根本性的问题在于，科学技术进步的本身具有不利于环境保护的内在因素，即对生态资源的开发和利用越多，破坏生态环境资源和生态环境能量的要素就越多。这就出现了一个问题，也就是说"生产力"本身就有可能成为制约生态资源培育的因素，这就必须考虑"生产关系和人与人（社会）的关系"问题，通过"生态环境资源培育与生态环境能量储备"复合产业经济活动以合理的培育与储备方式，经过市场机制作用实现服务与消费的目标，从根本上消除制约"新生产力"的不利因素。

中电新闻网讯报道，在《中国能源发展报告（2013）》发布会上，国家能源局原副局长吴吟表示，2013年上半年能源需求增速回落，用电量持续低速增长。预计下半年能源消费总量比上半年能源消费总量略高一点，能源弹性系数进一步降低。能源发展以保供为主向应对雾霾转变，能源发展将呈现五大趋势：1. 能源消费增速将进一步放缓。我国从工业化中期向工业化后期转型，尽管目前我国住房、汽车市场还没有饱和，工业经济逐步企稳回升，下游产业还将保持一定增速，但综合考虑经济社会发展和能源消费增长的历史规律，以及2013年以来面临的国内外经济新形势，在调结构、转方式的情况下，能源消费增速将进一步放缓。2. 能源结构调整加速。最近国务院发布促进光伏产业健康发展的24号文件，光伏产业发电装机量从"十二五"规划的2015年达到2100万千瓦调高到3500万千瓦；有关促进风电发展的政策也会出台，风电发展目标也有可能调高；核电也逐步赢得一些舆论和政策支持迎来快速发展时期；天然气运输便捷，利用效率比较高，在能源结构中发挥重要作用。可再生能源、低碳化石能源将加快发展。3. 煤制油气燃料受到欢迎。燃煤发电的传统能源利用方式在当前资源环境约束加剧条件下受到限制，煤制油、煤制气由于工艺特殊，可以实现污染物的零排放，可以集中处理二氧化碳，特别受到京津冀鲁、长三角、珠三角等地区欢迎，一些地方正在研究论证如何更多使用煤制油、煤制气的可行性，有些项目开始进入推进阶段。4. 重点区域更多地使用优质能源。像京津冀鲁、长三角、珠三角这些地区煤炭消费将受到限制，从电力基地输电比重将进一步提高。在东部人口稠密经济发达地区，可再生、核电、天然气、煤制油、煤制气等清洁化石能源使用也将逐步提升。5. 不同能源系统相互融合。依靠科技进步和体制创新，利用耦合优化技术和现代网络技术来建设能源示范工程，实现资源消耗最少、产出效率最高、污染物排放最少。

笔者在国情调研杜仲项目活动过程中，多次向地方政府、企业指出，杜仲资源是中国独有的可以提供生存资源的经济林树种，与其他经济林有很大的区别，现在要抓紧培育杜仲资源、科学合理布局杜仲资源种植范围和资源的复合产业加工应用。各区域的地方政府，或经济林产业的科研部门、企业要有高度的忧患意识，要清醒地认识到中国"生存资源与消费人口"的矛盾和现状。中国是仅次于美国的世界第二大能源消费国，实事求是地讲，由于科学技术水平的因素，能源利用效率不高。我国科技水平的落后，还表现为环境保护和污染治理技术的落后。以杜仲橡胶资源培育复合产业经济活动来看，杜仲橡胶加工生产关键技术设备达不到国际先进水平，对比俄罗斯、日本等国家，研究杜仲的技术水平存在较大差距，中国科研机构还没有形成高效、完整的杜仲橡胶提取技术的支撑体系。杜仲种植培育技术方面取得了国家高新技术等"国审良种"技术培育的核心技术，取得了杜仲技术在杜仲皮、叶、花、果等方面的新品种培育技术，其产量相比较传统栽培技术，新技术培育品种资源含胶量提高了40倍，为杜仲橡胶资源培育复合产业打下了可持续发展的基础。杜仲橡胶加工提取技术的各种要素并不缺乏，国家林业局杜仲工程技术研究中心、中国林科院经济林开发研究中心、上海华仲檀成杜仲种植科技发展公司、甘肃润霖杜仲开发公司、金寨百利农林公司等相关企业投资合作科研与科研单位分别在独立技术、合作技术方面进行杜仲新型品种研究种植、生物提取杜仲橡胶技术方面取得了重大突破。

中国社会科学院国情调研杜仲项目组7年调研杜仲产业项目，全国政协委员李景源于2014年3月在全国两会再提杜仲产业提案，李景源委员在提案中指出：借鉴"国家林业局油茶产业发展办公室"的成功经验，建议成立"杜仲产业发展办公室"，理由如下。

1. 杜仲橡胶具有其他任何一种高分子材料都不具备的"橡胶—塑料

二重性"。杜仲橡胶能够开发出热塑性、热弹性和橡胶弹性等不同用途的新材料。杜仲橡胶资源的独特性及战略价值，已引起国际社会的高度关注，日本等国相关部门和企业利用其雄厚的经济实力，几年来，已通过投资合作的形式插手杜仲橡胶产业的开发，这一情况应引起我们的高度关注。

2. 为促进我国杜仲橡胶资源及其产业发展，2013 年 9 月 18 日，中国社会科学院社会发展研究中心与中国林科院经济林研究开发中心合作研究，从培育杜仲橡胶资源入手，首次发布了《杜仲产业绿皮书》即《中国杜仲橡胶资源培育与产业发展报告（2013）》。《杜仲产业绿皮书》是我国第一个以单个树种对社会发布的《绿皮书》，新华社、国务院新闻办网站、凤凰网等 300 多家新闻媒体和网站进行了报道或转载。《杜仲产业绿皮书》的发布得到了国家有关部委的高度重视，杜仲产业的发展受到了空前的关注，我国杜仲产业已经迈入加速发展的轨道，迎来了最好的发展机遇。

3. 中国林科院经济林开发研究中心（国家林业局杜仲工程技术研究中心）经过 30 年对杜仲橡胶资源培育，选育出高产杜仲橡胶优良品种，研究出高产胶栽培技术，每公顷杜仲橡胶产量提高 30～40 倍，达 400～600 千克，已经具备了杜仲橡胶大规模产业化开发的技术基础。科研成果成熟，完全可以满足市场普及应用。

4. 但是，杜仲橡胶种植、加工利用以及行业管理等方面尚存在许多问题，一是现有资源产量低，无法进行大规模产业化开发，必须快速发展高产杜仲橡胶良种，推广高效栽培技术，扩大杜仲橡胶林种植面积，为杜仲橡胶产业发展提供优良的资源保障。二是杜仲橡胶产业发展过程中，在其延伸产品如食品（饮料）、功能饲料、亚麻酸油等产品产业化过程中，科研单位、企业均遇到了生产许可问题，成熟的技术加工产品无法进入市场，急需相关部门统一协调解决。三是杜仲橡胶及其配套产品综合开发缺乏有序性、规范性和质量标准。上述情况严重影响了杜仲产业的健康快速发展。由国家林业行业主管部门成立统筹规划杜仲产业发展办公机构，对其实施规范管理已刻不容缓。

5. 在经济林产业发展过程中，国家林业局已经探索出非常成功的经验。为促进油茶产业发展，2009 年 4 月国家林业局成立了"国家林业局油茶产业发展办公室"。4 年多来，新增油茶种植面积达 91 万公顷，目前油茶种植已基本实现良种化，而"油茶办"成立前良种使用率仅为 5% 左右。茶油年产量由 26 万吨提高到 45 万吨，油茶产值由 110 亿元迅速提高到 390 亿元。国家林业局油茶办公室的成立，对我国油茶产业的发展起到了极大的推动作用，也为杜仲产业的行业管理和产业发展提供了非常好的借鉴样板。

6. 如果将杜仲种植面积扩大到 300 万公顷，杜仲橡胶的年产量可达到 120 万吨，我国天然橡胶大量依赖进口的局面将得到根本解决。杜仲橡胶和杜仲综合加工利用产品年产值可达到 2500 亿元，约为全国油茶年产值 390 亿元的 6.4 倍。

因此，我们建议尽快成立由国家林业局牵头的杜仲产业发展办公室，由其统一组织制定全国杜仲产业发展政策、法规并监督执行，制定杜仲橡胶资源培育和产业发展规划、杜仲造林和良种繁育实施计划；负责推广杜仲橡胶良种、高效培育技术；负责协调国家发改委、财政部、科技部、工信部等有关部门，指导、协调、服务管理杜仲橡胶及其系列产品产业化开发等，快速扩大杜仲橡胶资源培育种植规模；指导和引导相关企业进行标准化生产，逐步完善，规范市场；逐步形成功能完备、运行规范、生态资源永续发展的新型杜仲产业经济。这对促进我国优质杜仲橡胶资源培育，强力推动国家战略性新兴产业健康快速发展都具有十分重要的战略意义。

国家发改委在新修订的指南中给予支持，但国家相关部门、区域政府还是没有将杜仲橡胶资源培育复合产业的种植培育和生产加工技术的"研究培育与开发应用"放到重要的地位。相对俄罗斯、日本，关键培育和加工技术设备达不到精细水平，产能技术相对落后，成为杜仲橡胶资源培育与产业开发技术方面的制约要素。杜仲橡胶资源培育复合产业经济活动是缓解中国人多地少、资源稀缺的生存环境问题的模式之一，通过生态资源培育的经济活动将彻底改变过时的不可持续性的环境冲突经济模式下的污染性资源开发的结果。

中国要加快建立相应制度，例如，杜仲橡胶资源培育生态环境经济要求区域政府建立杜仲橡胶资源培育复合产业的区域经济技术支撑体系，积极引导区域技术在生态环境资源培育项目立项发展方面获得政府大力支持，探索建立中国强制性的科技运行机制，探索建立科技活动法律规范制度，从根本方面减少或杜绝由于"技术发展的非对称性"，使区域内的政府、企业、农户仍以牺牲环境为代价达到经济增长的状况。

第二，生产力发展要素。区域政府引导的杜仲橡胶资源培育生产力发展水平，同样在某种程度上影响生态资源培育经济的发展。区域杜仲橡胶资源培育复合产业的发展离不开区域生态环境和杜仲种植的一定物质基础，杜仲橡胶资源培育经济活动必须接受区域经济发展生产力总量的限制。正如 1846 年 12 月 28 日马克思致帕维尔·瓦西里耶奇·安年科夫的信中所说："社会——不管其形式如何——是什么呢？是人们交互活动的产物。人们能否自由选择某一社会形式呢？决不能。在人们的生产力发展的一定状况下，就会有一定的交换（commerce）和消费形式"。① 杜仲资源培育与杜仲产品加工产业受到区域环境和科学技术水平的限制，现有的杜仲企业的生产力发展水平还没有达到较高的水平。

国家林业局杜仲工程技术研究开发中心（中国林科院经济林开发研究中心）经过 30 多年的研究，实现了高产杜仲树（橡胶）资源培育技术，其杜仲资源培育开发程度技术水平已经超过了日本、德国、美国等杜仲资源培育的研究水平，其中最重要的是以杜红岩研究员为主持的杜仲科研团队（包括乌云塔娜、李钦等 20 多名核心研究人员）所坚守的科研团队。笔者于 2007 年 11 月接受国情调研杜仲项目任务，担任副组长兼办公室主任，作为国情调研杜仲项目组的重要成员，接触的第一位杜仲专家就是国家林业局推荐的杜仲树种植培育专家杜红岩研究员，他是中国"华仲 1 号 ~9 号"杜仲树资源培育及果园化栽培技术的权威。从这时起，笔者与杜红岩研究员的杜仲科研团队开始了长达 7 年的合作研究。笔者，见

---

① 《马克思恩格斯列宁哲学经典著作导读》（马克思恩格斯关于历史唯物主义的书信），人民出版社，2012，第 421 页。

证了杜仲树种植与杜仲橡胶资源培育的复合产业经济的发展过程,笔者重点从"宏观管理"和"公众消费"两个层面进行解析。

宏观管理方面。杜仲橡胶资源培育复合产业经济是国家宏观的经济发展的重要部分,其发展过程是国家扶持杜仲资源培育与杜仲产业开发政策的制定过程,也是政策执行过程。众所周知,"生产力水平"相对比较低的国家(地区)有实现经济快速发展的强烈愿望。杜仲橡胶资源培育产业在历史上有过起落,区域发展杜仲产业经济既可受到区域政府观念影响甚至政府干预项目建设,也会受到区域内其他经济项目影响。通过研究认为,杜仲橡胶资源培育活动一方面反映了国家或者区域提倡生态环境资源节约使用原则,追求生态资源环境的和谐;另一方面反映了生态环境资源缺失和生产技术落后的国家或者区域还要同时承担起发展科技水平的重任。事实上,依靠大量的资源消耗实现经济的快速发展是广大发展中国家迫不得已的战略选择,这必然影响到区域经济发展的物质条件和制度、政策的制定。只有国家或者区域生产力发展处于较高水平的情况下,才会科学地制定区域杜仲橡胶资源产业发展的制度与规划。中国杜仲适宜种植区域有 27 个省、市、区,必须依靠国家制定逐步发展的政策,区域政府制定一系列强有力的扶持、奖励、保护杜仲种植资源培育的政策。重视和支持在杜仲资源培育与杜仲橡胶等系列产品开发方面的创新性技术成果,举办年度奖励技术大赛,号召全体民众积极投入"生态环境资源培育与生态环境能量储备"活动。

中国已经成为世界第二大经济体,据中国经济网报道,国家统计局公布《2012 年国民经济和社会发展统计公报》显示,2012 年中国国内生产总值(GDP)为 519322 亿元,年末全国大陆人口总数为 135404 万,据此,2012 年中国人均 GDP 为 38354 元,截至 2012 年末,人民币兑美元汇率中间价为 6.2855,这就意味着 2012 年我国人均 GDP 达到了 6100 美元。这说明,国家在经济发展空间布局方面仍然有可持续发展百年的潜质。就杜仲产业资源开发与发达的日本、美国杜仲产业相比,在发展复合产业经济方面,区域政府与企业的投入仍有一定的差距。

生产力发展状况是影响复合产业经济的重要因素,这还表现在,区域政府是否把发展以杜仲橡胶资源等经济活动作为政府建设生态环境的目标任务，这种情况一方面反映了区域政府必须制定政策在区域内实现"社会和经济"发展目标，另一方面反映区域制定有效的生态资源保护措施，防范以往对待环境问题的溢出效应（即一些政策加剧了污染废弃物的大量排放，比如区域内的"产业政策"过分强调追求"产业部门的盈利率"，必然突破"自然资源和环境容纳力"，区域"招商引资政策"带来了区域经济总体水平的提高，但造成了区域生态环境的恶化，区域"资源综合利用政策"往往针对"生产领域"，却忽略了"消费领域"中存在的生态资源服务与消费的问题）。

公众消费方面。区域内以杜仲橡胶资源培育复合产业经济是全球经济环境条件下形成的新型"公众日常生活和消费"格局。就区域政府生态环境资源培育经济方面来看，大多因生产力水平低下而长期形成的居民现有的基本生活方式和消费习惯严重制约区域经济活动的发展。生态资源培育经济活动既是杜仲种植与产品开发生产领域的企业市场行为，同时也是区域居民生活领域的消费行为。区域政府与居民的生态资源培育意识与生态资源环境能量储备经济活动行为，完全反映了区域居民生态化的生活方式和消费习惯，这是促进或阻碍区域复合产业经济活动的主要要素。

在区域社会生产力发展水平较低的情况下，居民一般不会把注意力放在长远发展的"质与量"方面，居民只是关注能否获得现实的经济利益。其结果是，社会环境中所有人都考虑生存问题，大部分人为现实的经济利益劳作，这些人没有应有的生态资源环境保护意识，"生产力"的环境与发展状况直接影响到居民的"消费水平和消费习惯"。以杜仲橡胶资源培育复合产业经济活动来看，开发杜仲食品、杜仲饮料，区域内普通消费者在同等质量的产品面前，价格要比环境品质更重要。中国是世界上最大的消费群体，城乡居民和农民的绿色消费意识还没有真正建立，这同样是影响"生态环境这样培育与生态环境能量储备"经济活动的因素。杜仲橡胶资源培育复合产业与生态资源消费的发展状况说明，生态资源培育产业还没有在区域形成主导地位，生态资源产品延伸的商品价格普遍较高。可以认为，在区域生产力发展水平低的情况下，发展类似杜仲橡胶资源培育复合产业要依靠居民消费者是比较困难的。

笔者认为，区域内杜仲橡胶资源培育复合产业经济完全显现了区域有限的生产力水平对复合产业经济发展形成制约，但这种矛盾并不是根本对立的，在低水平的生产力条件下科研同样可以实现杜仲橡胶资源培育经济的发展，这是毋庸置疑的。古代农业生产中的林下经济、桑基鱼塘、套种蔬菜、茶树间种、瓜豆麦地等就是低水平的生产力条件下的基本经济活动，这在今天依然具有积极的研究意义，这就是"新生产力"将为区域社会经济发展注入第一层级复合产业的活力。

2. 复合产业的利益与制约要素

复合产业的经济利益是在生态资源经济活动中实现的。从经济哲学的角度来看复合产业经济活动特征，其产业活动跨行业和跨区域特征完全显现了复合产业"新经济人"的主体特征。复合产业经济活动的目标是追求对生态资源环境的保护和人类生态资源经济的可持续发展，新型经济活动的实践功效具有整体性、可持续性。但是，在区域市场经济转型条件下，目标利益并不会顺利实现，因为参与区域生态资源培育与开发的市场竞争的微观单位（企业）追求的是短视效益和本位利益，对区域长期生态资源培育和生态环境能力储备的社会整体生态环境和目标利益缺乏"新生产力"意识。全球经济环境影响和企业对短期利益的追求，与复合产业经济活动的可持续发展目标之间有一定差距。这种差距的反映，其一是生态资源培育市场中政府、企业、农户、合作者的逐利本性必然导致其为了局部利益向社会转嫁生态成本，这违背复合产业经济活动的根本发展目标。其二是生态资源环境能力储备过程中受到区域生态经济活动管理、创新、科技、发展等因素的制约，"新经济人"很难发挥作用，无法将发展复合产业经济与发展"服务与消费"事业相统一，区域政府及企业、甚至农户容易很快失去市场热情。

从经济哲学的管理角度来讲，生态资源培育市场主体特征均有"自我利益性"，杜仲橡胶资源培育复合产业，实现的杜仲系列产品和消费市场提供的服务必须实现"低成本，高利润"的生存经营原则。在社会主义市场经济条件下，新型生态资源培育经济活动的行为主体都是"经济人"，区域内杜仲种植培育与杜仲资源产品开发既是企业生产者的加工生产行为，同时也是区域政府的生态资源经济行为，政府与企业考虑的是这种新型生态资源经济是否能够给区域带来好的效益。

杜仲橡胶资源培育经济活动的收益大于成本，新生产力关系就会按区域新型生态资源经济的发展原则进行，市场主体资源就会主动与区域内外企业资源确立"共生合作和代谢发展"的新型关系；如果杜仲橡胶资源培育产业能量储备收益小于成本，新生产力关系就会完全放弃新型生态资源经济的原则，即使国家给以刺激政策或者经济补贴，市场主体的资源者也会放弃区域生态经济活动。这里的关键就是市场的资源配置如何进行，区域政府与区域企业、农户及各个生存关联者在生态资源经济活动中能否完全实现主体资源，关键在于"新生产力"的培育和区域培育生态资源的主体资源者的自觉价值转型。

发展复合产业经济活动必须建立基本培育意识，首要任务是确立生态环境资源培育、节约、消费和环境能量储备的观念，这种观念性的约束是新型生态经济活动中的软约束，其生态经济利益是真正有效引导市场资源者（主体）实践生态资源培育经济活动的关键。

以杜仲橡胶资源培育复合产业经济成果的推广来看，区域关联资源者或者说企业、组织、农户等主体就会受到明显的物质利益的影响。区域政府对以杜仲橡胶资源培育的指导必须建立在遵循基本的区域生态资源建设的合理规划基础上，综合考虑区域植树造林、经济林培育、生态清洁能源项目建设、生态资源修复等以复合产业经济实践来实现区域的经济目标。"生态环境资源培育与生态环境能量储备"建设，既是第一层级复合产业经济活动的过程，也是复合产业经济实践活动的核心目标。这一过程的实现对于生态环境的保护和区域经济社会的可持续发展具有重要意义。区域政府、企业、农户、其他经济社会组织的资源消耗的减量，正是为了明天的人们生存需要的生态资源环境能量的储备，真正为了实现区域内逐步实现100年培育生态资源经济的目标，是为了未来社会有更多的、更好的、可用的生态资源。

"生态环境资源培育与生态环境能量储备"的经济活动完全取决于区

域内政府、企业、农户的可持续发展意识和对生产技术的改造观念。相对于从事杜仲橡胶资源培育复合产业的企业生产者，技术改造的成本可能是比较高的。需要区域政府、企业在推进生态资源经济转型阶段对区域内有能力的企业实行技术改造，指导其实行基本的经济转型目的。其中，一是必须认识改造那些传统的、资源利用率低的自然资源加工技术的重要性，因为经历了千百年积累的传统经济技术工艺，其技术改造的成本比较低；二是必须实现创新、实现生态资源培育经济与产品开发的新技术。同时必须清楚自然资源加工的技术与发展杜仲橡胶资源培育复合产业经济需要的技术不同，杜仲橡胶资源培育与产品加工技术是新型经济的产物，其基础比较薄弱，虽然杜仲产业发展了 60 年，但是诸多因素的推动发展伴随着很多因素的阻碍。区域生态资源培育经济可能需要投入较高的成本，如果政府、企业在投资环节没有科学、合理的布局方案，就会影响发展类似杜仲橡胶资源培育复合产业经济活动过程的顺利实施。

"生态环境资源培育与生态环境能量储备"的经济活动的推广同样要受到经济的阻碍。"生态环境资源培育与生态环境能量储备"的经济性特征是"生态资源利益和生态产品消费"之间的矛盾。生态资源培育与生态能量储备是通过生态资源复合产业经济来实现的，这种新型的生态资源培育经济是一种清洁资源经济，其资源利用的生态环境基本没有污染物存在，对生态环境不构成破坏。同时杜仲橡胶资源培育复合产业经济是经济林的资源利用效果达到了清洁型资源使用的结果，区域政府、企业、农户都获取了最大的生态资源消费收益。当然，在获取了最大效益的同时，区域企业生产者、农户和其他经济组织必然会为生态资源化付出代价。以杜仲橡胶资源培育复合产业经济来看，区域新型生态资源培育经济活动既需要开发新的生产技术，又需要消耗新的生态培育资源，杜仲橡胶资源经济活动同时解决了"新生态资源培育与产品加工应用"的生产效率问题，一些区域将原生的杜仲生态资源同样作为原材料以新的生产技术实现了新型生态资源培育经济的效率。在新生态资源培育及产品加工利用方面与原生杜仲资源产品生产方面，复合产业的新型经济活动解决了生态资源化必然会导致"收益与代价"之间的矛盾问题，解决了区域政府、企业、农户和其他经济组织者确立生态环境资源培育和环境能量储备的生态环境价值观问题。

　　杜仲橡胶资源培育复合产业经济活动是基于生态资源修复建设实践。面对全球和国内经济大环境及改革开放政策的大力度推行，杜仲资源产品的市场消费与产品价格问题，不是简单的杜仲原材料价格的问题。以往杜仲树的资源特征是中药材，其市场规则是依靠传统的原材料销售的部门，从消费者那里获得高额的回报。如今，杜仲橡胶资源培育经济活动改变了以往的杜仲资源化获得产品的买卖行为。杜仲橡胶资源培育复合产业经济将一部分杜仲资源加工成橡胶产品，应用与工业、轻工业；一部分加工为食品、饮料产品，供人们饮食；一部分加工成猪鸡饲料；一部分加工为包装材料。其生态资源培育的有效利用不仅成为公共设施物品，成为加工部门的原材料，而且成为人们的食品，其高额的回报，生态资源节约使用效率是以往时代的任何一项产品都无法实现的。这不仅提高了政府引导、企业生产者积极培育开发推广生态资源培育的积极性，同时由于杜仲橡胶资源培育产生的效益，改变了区域内生存市场资源配置的结构。

　　"生态环境资源培育与生态环境能量储备"的经济活动清晰地显现了杜仲资源种植、加工生产者的市场主体地位，通过生态资源培育经济活动实践，证明了杜仲"生产者和消费者"的利益具有一定的统一性，形成了新型的生态资源培育经济的"新生产力"。

　　笔者在国情调研杜仲项目中研究发现，在引导区域内政府指导杜仲橡胶资源培育复合产业经济活动中，必须依靠市场机制，以指导区域内企业开发杜仲资源树立长远发展目标，除了依靠政府资金及政策的支持，建议杜仲资源培育技术的使用要依靠国家林业局杜仲工程技术中心及相关杜仲产业研究科研单位开发的科研技术成果（一些涉及食品、饮料、饲料等杜仲技术或者申请授权的杜仲产品专利技术），必须取得市场应用经验和小批量投入市场应用后，才可以向企业进行技术转让，以免产生技术与应用的后段加工实验过程进行再技术手段，这样会引发科研单位（个人）与企业之间的矛盾。科研单位与企业合作培育具有先进水平、高质量的杜仲资源，依靠国家科技力量支撑，减少自己研究投入，其核心内容是验证"市场获得稳定的杜仲资源产业链产生的经济利益，以及这种经济模式的可持续发展特征"。在具体实践中，由于适宜种植杜仲资源的区域环境条件不同，有的技术上可行，经济条件不可行；的种植环境可行，政府环境不可行；有的政府环境可行，企业环境不可行；区域内杜仲橡胶资源培育的经济活动需要具备"政府环境、企业环境、技术环境、经济环境、人文环境、资金环境、素质环境"等基本条件，才可实现经济林资源、杜仲橡胶资源经济成本的最大效益指标。

第一层级复合产业经济活动是新型生态资源经济培育的过程，是新型生态资源环境能量储备的过程。这一过程中，需要特别注意杜仲种植和开发项目的各种工程特点，要科学合理地进行成本收益分析，否则会出现复合产业经济的负效果。笔者在实践中，注意并引导区域政府、企业、农户、其他经济组织者集合于统一区域内的生存主体的"生态资源培育经济"发展目标，这样，复合产业才可以实现健康发展。

3. 经济利益与制约要素

"生态环境资源培育与生态环境能量储备"的经济活动是生态环境修复和改善的活动。杜仲橡胶资源经济为基础的复合产业的跨行业盈利的非独立性特征改变了不同阶段的不同主体的经济活动，改变了区域政府、企业在以环境为代价的"对立的主体间性"的消极行为。区域政府、企业以主体者的身份在对区域自然资源进行开发和利用的活动中，改变了以往的过度开发的行为。说明，"他们只从旧唯物主义费尔巴哈的人本主义角度去理解这个问题，没有立足社会历史环境去认识人们之所以过度地改造自然的原因。因为他们只是从人和自然的'主体一客体'关系结构思维，造成了对环境问题思考的表面化，对于这个不足我们将从主体间性的角度给予解决"① 学界普遍认为，对环境问题的研究引入"主体间性"的概念具有积极的意义，通过生态资源培育过程可以揭示生态环境问题的本质，有利于研究复合产业经济的特征和充分认识生态资源经济发展中的现实障碍。

区域生态资源经济体系建设活动是区域社会发展现阶段存在的对立状

---

① 梁彦隆：《主体间性与环境问题——兼谈生态伦理与可持续发展》，《科学技术与辩证法》2004 年第 2 期。

态的主体间性，在区域生态资源修复的过程中还是存在的，并且因区域资源的相对差异性，对复合产业经济活动将产生一定的消极影响。区域社会环境中企业、农户及其他经济利益者普遍存在对生态资源经济利益的期待，以杜仲种植资源培育和杜仲产品开发为主的经济实践主体，在复合产业经济活动中既要追求实现最大化的经济利益，同时要实现对生态资源的保护，要彻底改变主体间性的问题，在整个区域生态资源经济活动中实现自身利益最大化，就免不了复合产业经济活动主体之间在"物质利益与消费资源"之间的对立关系，即对立状态的"主体间性"关系。"主体间性"反映的是"人与人"之间的"矛盾和利益"关系，这里以杜仲橡胶资源培育经济活动为例来看，"人与人"关系与"人与自然"关系是互为中介的，因此，"主体间性"的对立状态关系，必然影响"人与自然、人与社会"之间的生态资源经济活动。

区域政府、企业、农户、其他经济关联者在对生态资源经济利益最大化的追求方面，所引起的对立状态的"主体间性"，有两种情况。

一方面，表现为"代内人"生态资源经济利益的冲突，即个人，集体、国家、民族之间以新型生态资源经济为基础的区域内外的多种竞争和资源冲突。杜仲橡胶资源培育复合产业的目标是在实现生态资源节约和生态环境能量储备保护的前提下，实现国家和区域的经济发展。由于生态资源培育经济和生态环境能量储备保护的成本效益，体现了非常显著的跨区域流动性和外部性特征，所以区域内的政府和企业或者单一地区和企业都不愿意独自承担区域内发展生态资源培育经济所需的全部成本投入。例如，区域内的生态资源培育和环境改善，治理了河流上游的污水，不再损害区域内下游的利益，生态资源培育和生态环境能量储备使上游水资源环境改善，水源被保护，最大受益者也是下游。河流上游的"政府和企业"面对单独进行包括污水治理的经济投入，行为是消极的。

另一方面，表现为"代际人"之间的生态资源经济利益冲突。环境冲突经济模式向复合产业经济转变的动力，存在于人类"物质经济利益与生态资源利益"的对立环境。既体现了对当代人生态资源经济利益的关照，又体现了对后代人生态资源经济利益和能量储备利益可持续使用的关照。即复合产业经济活动实践过程关照的是今天和未来可持续发展的人类共同关心的"生存利益和生态资源环境"。然而,复合产业经济活动中,政府、企业等基本主体考虑的还是区域内现实的当代人的利益,这是因为区域生态资源的长期投入生态资源消费收益较低造成的结果。这就造成了考虑后代人的生存利益,就必须在充分实现当代人利益的前提下完成,其结果是不可避免地造成了"现代人与后代人"之间的利益冲突,过度关照当代人的需求,一定程度上将影响实现复合产业经济的目标。

进一步分析,区域政府、企业在杜仲橡胶资源培育复合产业经济活动中会因杜仲种植资源和杜仲资源产品消费的环境利益发生摩擦、产生争执,导致对立状态的"主体间性"关系,成为对复合产业经济活动的制约因素,在区域内杜仲种植资源与杜仲资源产品开发的现实中显现。其具体表现过程是对立的"主体间关系"是政府(强者)处于对立关系中对企业(弱者)的生态资源经济活动的变相干预和不支持。

大家知道,人类历史发展的事实说明了西方发达国家的发展和繁荣,是在第三世界的资源和全球范围内的生态恶化前提下实现的,而西方国家却不愿意增加生态资源修复的成本投入和参与生态资源经济活动。对立状态的"主体间关系"导致了技术应用的资本主义性质,直接影响生态资源培育经济实践。区域生态资源培育活动同时也是技术应用的过程,技术应用的资本主义特征是"把工厂乡村转变为工厂城市","破坏了它自己的运行的条件"。加拿大滑铁卢大学社会学教授本·阿格尔(ben. agger)在对资本主义展开生态批判的同时,也对未来社会的发展前景进行了合理的憧憬,提出了许多令人印象深刻的见解。其中最著名的是他的"生态技术观"。所谓技术观,就是"观"技术,也就是人们对技术的看法、见解和对其社会功能的认知。生态技术观,就是从生态学的视角去看待技术的本质、特征和作用。[①] 反过来看,一百多年前的资本主义社会生产的对立性关系,说明了资本主义生产"主体间"的矛盾和对立对生态环境的直接影响。全球经济环境时代,特别是当今的资本主义生产关系,同样存

---

① 解保军:《生态学马克思主义名著导读》,哈尔滨工业大学出版社,2014,第12页。

在这种因对立的"主体间"状态所导致的技术应用的资本主义性质，产生直接或者潜在的影响生态环境的因素和现象。

从杜仲橡胶资源产业开发技术应用来看，杜仲种植的新能源经济与复合产业经济活动的技术在日本具有突破性进展，其资本主义的资源争夺性特征显现在科研及工业集团的利益格局中，日本将杜仲橡胶资源提取科研成果封锁在试验室中，并以知识产权的名义限制向杜仲种植资源占全球90% 以上的中国进行转让，日本能源省却在产业开发重大项目中将杜仲产业列入重点发展项目。这就再次说明了以美国为首的西方国家在占尽现有石油利益格局的同时，将杜仲资源经济列入重大发展项目进行储备，这足以令中国杜仲资源区域政府惊醒，杜仲生态资源经济培育不仅是技术问题，而且是对立状态下的主体间关系问题，是国家、区域极其重要的"资源安全制度和战略利益"问题。

"生态环境资源培育与生态环境能量储备"的经济活动既要实现生态环境和谐，又要实现社会环境的公正。以杜仲橡胶资源培育复合产业经济来看，中国新型城镇化建设的过程必须首先考虑生态资源经济关系，在我们生活的城市，由于居民的强烈反对，所有污染企业必须搬迁到农村，其结果是企业与政府给予农村居民一定的经济补偿或者解决用工问题（解决职业收入），而地方政府基于区域发展的考虑，同意类似的企业迁厂计划。这种计划的实施，产生了两种结果，即农民中分成了两大利益阵营，同意者觉得计划可以帮助获得就业机会，改善自己的生存环境和原有的生活；不同意者认为，污染企业会破坏自己的生存环境，职业收入只是暂时的、失去土地可是永久拿不回来了，而且面临失去农村的生态环境。在这些区域，同意者多数是穷人，不同意者大部分是富人和退休养老者。这样的情况，对于新型区域生态资源经济活动实践来说，城市的企业为什么要搬迁到农村，农村又为什么出现两种不同意见，这就是"主体间"的对立状态，显现出区域政府、企业在保护生态资源环境和发展生态资源经济问题上的分歧。

笔者通过调研，作如下分析，并设计这样的解决方案,：1. 城市原住居民与进城打工者及暂住者对城市的污染看法是不同的。城市原住居民对工业污染十分痛恨，进城打工者及短期生活者（类似北京、天津、上海、广州等大城市中的短期流动人员等）对工业污染无所谓。真正反对污染的城市居民在斗争中并不是强者。虽然他们强烈要求还原城市生态环境。

2. 农村里的情况是，村里居住的富人和城市人一样，对乡村生态环境十分重视，相对农村人和村里的穷人来说，富人消费了很多生态环境资源，是受益者。真正背负环境责任的是农村里的穷人，他们几乎没有享受环境利益，但却承担着较大的环境责任，他们为了生存，被迫接受来自城市迁入企业的污染和土地流失，农村里的原住村民（穷人）最终同样无法忍受环境的污染。

为杜绝污染，城市要往外搬迁企业，而农村拒绝接受污染企业，区域政府又必须处理好这个矛盾，城乡生态资源培育的紧迫感、危机感已经超出了人类的设计修复规划。这就是政府、企业、居民（农户）及各种经济组织在生态环境问题上，无论城乡，"人与人"在所获得的经济利益、所遭受的经济利益损失以及在所负担的生态环境责任方面，存在分配不公和利益矛盾。区域政府无力解决生态资源经济培育问题，使对立状态的"主体间"关系紧张。可以说在区域内以杜仲橡胶资源培育复合产业经济发展中的分歧，即对立状态的"主体间性"，是区域社会经济环境治理中存在的最大阻碍。

区域生态资源经济环境培育过程中出现的"主体间性"所导致的危害，主要是"人与人之间和人与社会之间"的紧张关系，"人与人之间"因资源利益形成利益纠葛。以杜仲橡胶资源培育复合产业经济发展来看，区域政府在闭门讨论或者召集企业、农户和其他经济组织讨论时，往往是以过去种植杜仲树的"中药价值"来分析判断，即使有了杜仲项目创新意识，也是在延伸杜仲茶和中药之间纠葛，在面对杜仲橡胶资源和新型杜仲食品、饮料产品的开发时，往往处于怀疑和求证心态。对于杜仲资源的"植树造林价值、城市景观价值、固风沙、固堤坝等生态经济价值"没有任何概念，政府主要领导对此无任何创新意识，导致政府主要负责人无法从生态资源经济培育的紧迫性、国家和区域长治久安的战略性、区域人们生存生活的可持续性角度去思考问题，并引导群众。这种现象不利于形成生态环境建设的整体意识，无法形成生态资源培育经济发展的统一认识和行动，导致区域生态资源经济活动无法全面推广。

这样的"主体间性"对立必然导致培育生态资源经济发展困难，区域内资源占有数量较多的单位、人，缺少对发展生态资源经济重要性的认识和因而缺乏发展复合产业的自觉性。只有引入约束机制，区域培育的生态资源经济的消费活动在富裕阶层才会改变，区域政府才会以高效管理培育的制度，建设区域生态资源。通过可持续的制度措施加以管控、引导，并由国家和区域对生态资源经济培育加以示范，才能促使资源占有较多的地区排除阻力，积极发展培育生态资源经济。

中国的生态资源环境情况是，西部地区生态资源占有比较丰富，但是其经济发展水平比较低，只有缩小与东部地区的经济差距，加快发展步伐，才能改变两部的生态环境。发展杜仲橡胶资源培育复合产业除了土地等自然环境条件限制，在适宜种植杜仲的区域发展同样会遇到阻力。由此可见，对立状态的"主体间"关系集中在 GDP 项目利益之间，以及"生态环境资源培育和生态资源财富占有分配"方面。其原因是在环境冲突影响下，社会生产关系中还存在一些矛盾和问题，制约了生产力的发展。因此，引入"新生产力"，实现复合产业经济活动的"统一认识和实践"，是区域经济实现可持续发展、培育生态资源的重中之重。

第二节 第一层级复合产业经济伦理

以杜仲橡胶资源培育复合产业经济伦理支撑，对第一层级复合产业经济自觉践行，是笔者以唯物史观的分析方法，从区域生态资源物质利益因素，来分析第一层级复合产业经济活动的困难和阻力，提出了发展区域生态资源经济培育活动的战略性构想。

发展区域复合产业经济首先要实现区域资源关联者的利益消费与服务。复合产业经济活动是人类生存与精神价值的最高行为选择。杜仲橡胶资源培育复合产业的实践过程是集合了所有关联者的"生态思想、环境道德、培育信念、资源行为"，是区域培育生态资源可持续发展的关键，探索区域"新的生产和生活模式",是因为这种新模式具有的伦理动力和无限活力。杜仲橡胶资源培育经济模式是区域主体自觉选择的"新型经济活动发展模式",其实践过程不仅需要区域政府、企业界的自觉参与,同时也需要区域其他经济组织及社会公众的认识和重视,需要全体资源经济关联者共同参与。研究生态环境资源培育具有满足区域人类生存和发展的根本需要,满足人类完善生存市场的良性发展的价值。

必须彻底改变"环境冲突经济发展"模式下的思想观念,彻底消除其消极影响,必须培育新的伦理观念,即第一层级复合产业伦理。

1. 生态资源经济需要新伦理

"第一层级复合产业伦理"是发展资源经济复合产业的关键,第一层级复合产业的理论研究刚开始,区域政府、企业、农户和其他经济组织还没有树立起自觉实践的观念,区域人们对生态资源培育的观念与复合产业经济活动的利好之处还不了解,对类似经济林、杜仲橡胶资源培育的重要战略意义和紧迫性没有足够的认识。

(1) 培育生态科学精神

"生态环境资源培育与生态环境能量储备"经济活动将完全改变"环境冲突经济发展"模式下企业生产者缺少生态科学精神的状况。通过调研杜仲橡胶资源产业发展状况,了解到区域生态环境问题的出现,主要由于区域人所张扬的主体性,实质上是对"人与自然"的关系没有足够的认识,更没有认识到"人与自然"的统一性。一些区域种植杜仲,完全是因为当年杜仲树皮药用价格高,当其他经济林价格更高时,就砍伐杜仲树。这说明在物质生产中既没有遵循自然界的运行规律,又显现出生产者的无知。这集中反映了区域政府、企业、农户和其他经济组织中普遍存在的问题,其典型特征是"种植和加工生产者"不清楚生产的目的,将生产的最终目的设定为"赚钱",根本不知道"人"的发展意义。这种自利行为及消极环境意识依然根深蒂固。马克思在《政治经济学批判》序言中指出:"我们判断一个人不能以他对自己的看法为根据,同样,我们判断这样一个变革时代也不能以它的意识为根据;相反,这个意识必须从物质生活的矛盾中,从社会生产力和生产关系之间的现存冲突中去解释。无论哪一个社会形态，在它所能容纳的全部生产力发挥出来以前，是决不会灭亡的；而新的更高的生产关系，在它的物质存在条件在旧社会的胎胞里成熟以前，是决不会出现的。所以人类始终只提出自己能够解决的任务，因为只要仔细考察就可以发现，任务本身，只有在解决它的物质条件已经存在或者至少是在生成过程中的时候，才会产生"。① 学习马克思的观点，结合杜仲生态资源经济体系建设问题，使区域政府、企业及其他经济成分完全清楚人们的生产方式对精神生活的主要影响。通过区域杜仲资源经济体系建设了解"人的精神、道德因素必然为决定它的物质生产方式服务的观点"的科学价值。所以，"环境冲突经济发展"模式下的伦理道德观与生存环境制度建设是不可分的。实际中，一些区域政府决策者，对于区域经济活动的发展，没有认真调研，单纯依靠有限的资源消耗以实现线性经济的增长，依然是"环境冲突经济发展"的模式。这种经济行为的结果，是直接分解了区域内经济与社会发展生态结构，直接影响了区域生态资源经济体制的建立和科学的可持续发展规划的实施。

（2）培育公众参与生态资源经济活动

培育公众参与实践生态资源经济活动的能力，就必须实现区域"生态环境资源培育与生态环境能量储备"的经济活动，这样才能真正解决公众认识和实践的局限性。

区域发展生态资源经济的重要意义在于区域政府必须长期引导公众以开展工作。中国类似杜仲橡胶资源培育复合产业的经济活动才刚刚起步，公众资源节约观念和环境友好意识尚处于培育阶段，许多生态资源经济生产培育和新型生态资源经济概念仅被人们所初步认识。区域内杜仲橡胶资源培育复合产业经济的生态性、必要性、战略性、重要性，以及杜仲种植培育技术的普及，产业实施方案和区域生态资源经济发展的规划都尚在制订，区域政府和企业以及其他经济组织对此均处于探索阶段。通过国情调研杜仲项目技术建设来看，适宜种植区域的政府负责人和部门领导人和相

---

① 《马克思恩格斯列宁哲学经典著作导读》《〈政治经济学批判〉序言》，人民出版社，2012，第 180～181 页。

关企业的生态资源经济（经济林）发展观念仍十分落后，如何认识区域内培育发展"生态经济与环境效益""生态资源与社会效益"之间的辩证关系，区域政府、企业、相关经济组织、个人在认识与实践上还存在一定的差距。

"环境冲突经济发展"模式使一些领导者仍在走"先污染、后治理"、"先破坏、后保护"的老路。二次工业革命使发达国家将资源、环境加以破坏，中国要仿照英美等国家资源消耗的经济发展模式，其结果将是不可持续的。中国的生态与环境的脆弱性特点和区域经济发展的不平衡状况，加之城乡人口流动增加、区域政府欠缺科学规划和可持续的生态资源培育政策，特别是 20 世纪 80 年代之后进入"环境冲突经济发展"模式，使中国"生态与环境"遭受大面积破坏，"生态与环境"问题在中国经济转型阶段将会集中爆发。中国政府制定了一系列培育"生态与环境"的科学技术政策，2010 年中国"生态与环境"科技战略为遏制"生态与环境"质量继续恶化提供了强有力的科技支撑，到 2020 年的战略目标是为"生态与环境"质量明显改善，建立资源节约型和环境友好型社会提供科技支撑。中国"生态与环境"的战略重点领域主要包括"循环经济的研发示范、退化生态系统重建、区域污染综合防治、人体健康环境调控和全球变化适应减缓"等领域。我国现阶段环境情况是，环境退化程度极其严重，其退化程度远远高于西方国家同等收入水平，我国的经济增长速度，已经开始受到资源和环境的约束。在这里，国家必须重视"生态与环境"问题。区域政府负责人和各机构责任人员在追求政绩时，有多少人判断和认识了我国 GDP 高速增长背后所付出的巨大"生态资源和环境代价"。有一些区域政府负责人、研究者研究了环境污染问题，并积极投身环境治理，但是他们往往只重视"末端治理"。

笔者认为，区域政府管理者、企业管理者、公众对区域生态环境，绝不可偏信"末端治理"，因为其最终结果就是人类与生态环境的毁灭。

"二战"结束，进入 20 世纪 60 年代的 20 年时间里，世界经济飞速发展，直接后果是严重的工业污染，而只能通过自然界稀释、降解。这是第二次工业革命的结果，所产生的环境破坏作用（环境污染）超过了人类的预期。更为严重的是工业界长期滥用"稀释排放政策"，区域内污染企业污染物的排放量超过了自然界的"容量和自净"的承受能力，导致区域性的生态环境甚至是全球性的生态环境污染，使生态环境遭到了极其严重的破坏。此后，西方一些污染制造大国的环保意识觉醒后，积极制定限制性法规，工业界从"稀释排放"转向"治理污染"，即针对"生产末端"产生的污染物开发行之有效的治理技术，即"末端治理"。

"末端治理"是一大产业进步，既可消除工业污染，又在一定程度上减缓了生产活动对环境的破坏程度。随着工业化进程的加速，"末端治理"的局限性也日益显现。这种以控制"排污口（末端）"，实现治理达标排放的办法，虽有一定作用，却没有从根本上解决工业污染问题。全球性生态资源环境问题依然日趋严重，企业、区域被动地进行"末端治理"，不如主动地在工业化生产中把污染物控制在产生之前。通过产业化过程采用各种预防技术，削减生产过程中不同资源形成的不同废物，而且区域政府、企业可以少量投资就能实施，以实现生态环境效益。

第一层级复合产业经济活动就是新型的生态资源经济和新型无污染清洁生产的产业化经济模式。类似杜仲橡胶资源培育复合产业，杜仲橡胶产品在提取和加工杜仲药品、杜仲食品、饮料产品过程中，在杜仲饲料产品等生态清洁生产过程中，从源头到末端，没有任何污染物和废弃物。实行全过程控制生产，即实行杜仲种植、杜仲产品加工的全过程控制，减少杜仲资源的消耗，提高杜仲资源的生态资源利用效率，控制和减少产业化过程的污染物排放，使政府、企业、居民均受益。所以，生态资源经济培育过程是产业化的"末端治理"彻底向培育生态资源经济型的"生态经济"转化。认清打消这样的"认识和实践"的辩证过程，就可以彻底打消区域政府负责人、企业、居民、其他经济组织的敷衍新型生态资源培育经济的错误思想。

通过环境"EKC曲线"研究，得知当人均GDP在5000~10000美元时，经济增长与环境之间的矛盾会得到改善。这种负面管理思想必须改变。今后的国家经济增长任务主要是依靠培育生态资源经济，这既是世界生态环境发展的需要，也是中国培育生态资源经济国情的需要。

因此，区域政府、企业在培育生态资源经济时，要对公众进行认识生态资源经济重要性与实践生态资源经济复合产业的重要性。以避免实践中的盲目操作。区域政府要充分调动政府机关、国家公务人员、企业生产者、环境保护人士、城乡居民、各类经济组织培育生态资源经济的积极性。实践中要注意解决好城乡居民"由模糊认识培育生态资源经济阶段提升到参与培育生态资源经济建设的阶段，充分认识重视培育生态资源经济的内涵"。不要随意扩大区域可持续发展经济的概念外延，以导致城乡居民和政府、企业的培育生态资源经济行为信息混乱。区域政府要引导公众投身"培育生态资源经济"，和区别公众行为中的"废弃物综合利用或清洁治理污染生产"的问题，形成公众参与培育生态资源经济活动的常态化。

（3）培育注重生态资源消费的生活方式

第一层级复合产业哲学思考的生态资源生产和生活方式。在区域生态资源经济活动中实现的生活方式，即"新消费生活方式"。区域政府积极引导城乡居民参与培育生态资源经济活动的实践，彻底改变"环境冲突经济发展"模式下形成的生活方式和消费理念，培养区域内生态环境健康积极的消费文化、生活价值观，彻底消除区域内遗留的封建迷信、拜金主义、享乐主义和短期污染性的消费特征。区域政府、企业要承担起引导公众正确实现经济利益，同时要积极参与实现社会效益和生态效益的建设过程。使公众了解环境污染的消费理念的危害在于"以实物消费为主，把数量作为消费水平的标准，忽视消费质量"，即以"能源和资源"的大量消耗为支撑，满足自利消费，消费的资源成本过高，而不考虑将来人的消费需求，从造成非理性的危害性的消费模式普遍化，不协调的社会因素增多，严重限制了区域经济社会的正常发展。

"生态环境资源培育与生态环境能量储备"的经济活动实践需要区域公众的"生活（消费）和生产"习惯加以转变。区域政府要积极引导公众生活向培育生态资源经济型转变，要实现资源消费与保护中的人文精神的传承，实现区域"新消费生活方式"。类似杜仲橡胶资源培育复合产业经济实践中所提倡的培育生态资源经济所需要的资源产品和资源消费服务，实现区域生态环境资源培育和生态资源环境保护的目标。这就是区域生态资源经济发展的目的，以最终实现有利于"人的生态环境生存和消费需求发展"。

区域内政府、企业生产者、政府公务人员、城乡居民和其他经济组织共同参与建设一支支撑区域生态资源经济发展的骨干队伍，普遍建立一种适应第一层级复合产业发展的新伦理，即第一层级复合产业经济伦理精神。

2. 大力发展新生产力

笔者在前面已经分析了发展"新生产力"的重要意义。区域生态资源经济发展需要"新生产力"。生产力的低水平就会阻碍生态资源培育复合产业的发展，培育生态资源经济必须是以生产力的发展为基础和条件。"培育生态资源经济发展与生态资源环境能量储备保护"的辩证统一关系，是区域政府在这一过程中正确处理好"生态资源培育环境与生态资源经济发展"之间关系的关键，需要区域政府在培育生态资源环境的同时，重点培育"新生产力"以适应区域社会经济人文环境的需要。实现中国梦，就是要科学构建好新型的"社会主义和谐社会"关系，发展"新生产力"是区域政府一切工作的重心，是区域实现培育生态资源经济目标的重要指导。发展"新生产力"的重要意义在于为生态资源经济实践提供坚实的物质基础。

抓好新型生态资源经济体系建设才能使区域生态资源经济活动充满活力，实行区域生态资源经济与环境保护协同发展的新型经济发展模式。生态资源经济与生态环境问题的产生是区域经济结构不平衡造成的，通过发展区域生态资源经济才能根本加以解决。没有一定的经济增长目标，缺乏改善区域生态环境的基本物质条件和必要的资金支持，区域生态保护就难以实现。生态资源经济和生态环境建设的合理培育是与区域社会经济发展和技术进步密切相关的，只有在发展区域经济的条件下，才能使生态环境保护问题得到妥善解决。生态资源经济体系建设发展过程中遇到障碍是极为正常的，这是企业生产力与生产关系发展到一定阶段的必然现象，是社会发展过程中呼唤新生产力的不断提升。

生态资源经济体系建设需要一个从认识到实践的过程，现阶段区域内对发展循环经济就是为了实现生态环境保护的认识，大于认识生态文明建设的要义。认为生态保护就是生态经济，循环经济就是生态经济的全部价值追求，这就扭曲了生态资源经济体系建设的意义。

实现社会新生产力的发展，必须遵守科学技术是第一生产力的基本原则。新生产力的发展当然需要依靠现代高科技、高技术、高产业。这种高科技完全不同于"环境冲突经济发展"模式下征服自然、改造自然的科技手段。因为生态资源经济体系建设必须实现新生产力的发展，建设过程中还要同时保护生态资源环境。杜仲橡胶资源培育复合产业是以先进的生产力为基础进行的经济活动，片面强调生产力的发展意义，而弃环境保护于不顾是极其错误的。新生产力的发展要求彻底改变"环境冲突经济发展"模式下对指向资源的暴力开发。新型生态资源经济体系建设需要的科技手段是一种既能促进生产力发展，同时也能促进生态环境保护的高科技手段，这样的生态资源经济活动过程既能促进新生产力发展，同时又培育一种新的生态科技应用技术，以带动大批成熟的高污染治理技术、低废物利用技术，以及各种清洁生产技术和新型生态工业链技术等。

区域生态资源经济体系建设是加大科技创新力度的过程，以杜仲橡胶资源产业的高新技术为基础，开发建立起生态产业技术支撑体系。其生态产业技术包括用于消除高污染的污染治理技术，进行低废弃物再利用的废物资源化技术和无废少废的清洁生产技术。用高新技术尤其是信息技术和先进的适用技术，改造"环境冲突经济发展"模式下的落后产业和落后工艺，加快淘汰和关闭浪费资源、污染环境的落后工艺、设备。以杜仲橡胶资源培育复合产业为例，积极研究开发一批生态经济效益好、生态资源消耗低、环境污染少的复合产业型的新型技术和共性技术，诸如信息技术、生态资源节约和能源替代技术、能量梯级利用技术、能量储备技术、经济林产业链延长和链接技术、复合产业链的延伸技术、"零排放"技术、有毒有害原材料替代技术、生物催化技术、可回收利用生态材料和回收处理技术、环境监测技术以及网络运输技术、降低再利用成本技术、生态资源培育技术、生态环境能量储备技术、生态资源复合加工技术、生态资源食品转化技术、生态资源药品转化技术、生态资源用品转化使用技术等。建立这些生态技术支撑体系，需要区域政府、企业、科研机构、公众的共同参与，需要政府、区域企业推进生态资源经济体系建设活动的可持续动力和发展环境。

3. 建立公正的生态资源环境关系

新生产力的发展和区域内经济社会科学技术的进步，使企业生态资源经济实践活动逐步趋于平衡状态，我们必须在生态资源经济活动中彻底消除对立状态的主体间性，建立以人与人之间的良好的社会和生产关系。因此，区域生态资源经济体系建设过程不仅要从社会生产的技术层面进行实践，而且必须改变不合理的生产方式，协调主体间性，努力消除主体间的对立状态。

从理论层面分析，生态资源经济体系建设是区域生态资源经济活动中推进社会公正关系，建立符合社会环境发展的一般规律的行为，同时也建立复合推进新经济形态关系的行为。马克思认为，"人与自然"关系的具体状况是受社会历史条件制约的，要在"人与自然"之间形成良好的关系，必须首先在人与人之间或人与社会之间形成良好的关系。生态资源经济体系建设的过程是积极推进社会公正关系建立的过程，是积极处理人与自然关系的行为，而且还应注重对人与人之间关系的再调整，在区域社会生活环境中积极探索人的社会关系层面，寻求生态资源经济活动的内在发展动力关系。新型生态资源经济体系建设过程必将产生新的经济形态，并形成一种先进的生产力，这是一种保护区域生态资源环境的生产力，是一种完全平等的、相互合作创新的新型生态资源经济活动的生产关系。

新型生态资源经济体系建设完全实现了第一层级复合产业哲学研究的高层级的建设活动过程。其合理公正体现在三个层面，即在微观的企业层面、中观的区域层面和宏观的国际层面。

（1）微观的企业层面。区域企业杜仲种植开发产业经济活动是新型生态资源经济体系建设活动过程协调主体间关系合理的生存的平台。区域企业杜仲种植开发产业经济活动体现了生产者之间的协调与相互帮助。区域企业杜仲种植开发产业经济活动是区域政府在建设生态资源经济活动中，将区域其他经济组织和公众联结起来，以构建区域生态资源产品消费与服务共享资源平台和区域生态资源能量储备交易平台的活动。通过杜仲橡胶资源培育复合产业经济体系建设，使区域生态资源经济产业链和交易链完全流动起来，形成区域间以企业为主的复合产业生态资源自然代谢和产业供需共生关系，形成了实质生态结构中的生态资源经济活动的"新型生态资源经济活动带"。

杜仲橡胶资源培育复合产业经济就是一条涉及工业（橡胶）业、农业、食品（饮料）业、医药业、畜牧业、保健业、包装业、军事工业、服务业等九项经济产业的链条，区域政府如何打造这九条产业链，如何引导、帮助企业进行上下游合作，实现交易，是考验区域政府管理者智慧的竞技场。其产业链要求自动化、信息化、平台化、竞技化、技术化的程度非常高。从事杜仲种植、产业开发的企业在区域内合理有序地规划建设，区域企业杜仲种植开发产业经济活动的集群优势和资源优势就会充分体现，企业间的彼此间的竞技依赖性就成为区域经济活动的动力。

如果杜仲产业链条的某一环节出了问题，对区域政府和企业均会形成打击，影响整个产业链条的运转，这时竞技依赖性就会变成发展障碍。区域企业杜仲种植开发产业只有发挥杜仲产业资源化程度高的优势，使区域企业完全可以将杜仲产业九条生产线产品的资源产品进行单项和多项穿插方式配置。这样就可在某产业链条突发断裂情况下，其他相关产业链继续进行市场交易和竞技消费服务，形成一个生态和谐的市场共同体，合理有序地进行各环节的合作发展。这就是生态资源经济体系建设中促进区域经济发展的新型生产关系。

从中观的区域层面来说，建设新型生态资源经济体系，发展区域合理经济资源配置，摸清区域生态资源环境中经济环境的前提条件，使区域各个经济成分之间能够集合力量实现充足的生态资源培育和生态环境能量储备，实现生存意义上"主体间"的和谐。

实现区域生态资源经济体系建设的经济活动目标，是满足"区域（地区）各个经济成分（阶层）和城乡之间（公众）利益关系的整体结构调整。杜仲资源在一些山区、资源紧缺区域引进种植，必须在区域人员结构环境制定脱贫规划和进行区域试验，力求完全实现企业生态经济林资源的享有和生态资源产品的财富的公正分配。实现区域生态资源经济体系建设活动是真正实现社会环境生存公正，调动区域各个经济成分加入生态资源培育活动，使之逐步成为区域社会公众普遍的自觉行为。区域公众通过经济林资源的培育与产品加工，体现生态资源环境中人们积极参与经济活动实践，展现出彼此间的合作关系，建设社会公正环境，实现社会主义的爱国、奉献的价值目标。生态资源经济体系的建设实践活动，目的是建设合理、和谐、公正、健康的社会结构，便于更好地实现"主体间"在区域生态资源环境、生态资源培育、生态资源储备、生态资源管理、生态资源消费与公众进行生产资料、社会财富分配方面的和谐关系，这也是区域生态资源经济活动的价值意义。

从宏观的国际层面来说，积极参与建立新型生态资源经济体系的国际环境，必须建立在消除"地域中心主义"不公平的国际政治经济制度基础上。当今全球经济环境表现出处于主导和支配地位的发达国家依然是经济活动中主要的不稳定因素，他们在"发达的越发达、贫穷的越贫穷"的全球经济怪圈中制造规则，又破坏规则。因此，缓解人类生态危机、积极建设生态资源环境是发达国家必须承担的义务。

随着人类历史向世界新型生存环境历史的快速转变，生态资源经济培育活动成为全球经济活动的主要培育活动，其进步意义日益为人们所知，生态资源经济活动的价值已经具有明显地超越国界的特征。众所周知，世界上任何国家、区域经济体想要抛弃全球价值和生态价值，只盯着本国和本地区的发展，满足区域既得利益，是极其愚蠢的。我们赖以生存需要的"空气和水气"在全球进行着超越国界的自然流动配置，它们既是区域生态资源生长的前提，又是区域与国际大环境下人类的公共财产。建设区域生态资源经济体系的经济活动，必须具备全球胸襟，合理设计、规划，稳步、积极推进长效的合作机制。

杜仲资源经济活动是区域建设社会公正环境的生态资源经济活动。对于发展区域新型生态资源经济具有重要的现实意义，区域内社会环境的公正因素是其发展的前提条件。杜仲橡胶资源经济培育活动过程在企业中一方面体现社会资源公正的配置，通过生态资源经济体系建设和公众积极参与生态环境保护等基本实践，有助于消除主体间的矛盾，并提供合理配置的生态资源建设中的人力资源。

杜仲橡胶资源培育活动是在区域生存环境建设的前提下，从深层次上排除区域经济发展中的不利因素。实践中区域政府、企业和各个经济组织、公众必须坚持从"唯物史观"的视角来解决杜仲资源培育发展中的现实问题。第一，生态资源经济体系建设必须立足于区域经济环境，坚持以杜仲资源技术进步为核心，大力发展区域生态资源经济生产力，满足生态资源经济体系建设的生产环境，这是生态资源经济体系建设的基本基础；第二，生态资源经济体系建设的实践主体，是通过市场资源配置，实现市场经济体制中的利益保证，来满足经济林生态产业与人文价值精神的统一；第三，注重社会调研和区域活动的准入，通过区域生态资源经济体系建设的小循环，实现积极的社会公正和主体间关系的可持续发展，以及实现生态资源消费与服务的和谐相处。这三点体现了唯物主义的基本观点，坚持了生产力和生产关系的统一，以及社会历史发展的一般规律。

附录　老区生态文化资源建设研究[*]

[摘要]　　中国革命老区生态文化资源是老区物质载体和老区公众和谐形态的生存资源，是老区建设过程的历史进步与区域生态文化资源可持续发展的能量聚合。进入全球经济化时代，我国老区生态文化资源建设工作在生态文明建设中成果显著，同时也存在一些问题。针对这些问题，我国老区生态文化资源建设中政府与企业应着力加强以下两个方面的工作。1. 充分认识老区生态文化资源建设发展中数量、质量的不平衡关系。2. 加快制定因地制宜的老区生态文化资源建设政策，加快建立老区生态文化资源信息的共建共享机制。快速提升老区"政府与企业"生态文化资源建设的可持续发展能力。

老区生态文化资源建设是生态文明建设的产物，是老区革命传统文化与老区自然生态文化得以传承的重要纽带，也是区域文化资源创新的重要保障。老区密切联系群众的革命光荣传统和艰苦朴素的工作作风反映了老区人民独有的品德。结合今天时代发展的需求，无论是从纵向角度分析老区的社会经济、文化、政治等各个方面的发展，还是横向看区域社会某一时代或某一阶段的发展，老区生态文化资源建设都具有重要的地位，并且

---

* 《中国老区建设》2014 年 4 月刊（节选）。

承担着区域发展的示范意义。科学合理规划老区生态文化资源建设，是国家进行生态文明建设中的一项非常有价值的建设工程。笔者与国务院军转办相关领导于 2014 年春节前后两次前往革命老区金寨县进行国情调研，对于老区生态文化资源建设成果非常赞赏，深受老区人民积极探索经济林培育和产业发展的科学精神感染，深受老区革命精神的教育和激励。

一 老区生态文化资源建设的意义

老区生态文化资源建设是区域经济社会实现转型、发展的重要实践，是我国经济转型期和城乡经济发展一体化较长一段时期内，区域经济社会可持续发展的重要建设过程。老区生态文化建设是顺应这一发展方向的重大战略任务。老区生态文化发展目标，就是建设一个生态文化型的区域生态经济发展、生态经济文明与生态社会文明高度融合、人与自然和谐相处的内容丰富的生态文化资源区域。建设成一个以和谐自然观为核心、可以引领区域公众认识生态自然环境和自然演化规律，了解生态文化知识，树立人与自然和谐的价值观，促进整个社会生产、生活方式的生态结构性转变，生态文明建设不断发展的新老区。以老区生态文化资源建设为引领，大力发展老区生态资源经济，提升老区生态文化资源生产力，是加快推进老区生态文明建设，实现中国梦的必由之路。

1. 老区生态文化资源建设的内涵与意义

老区生态文化资源建设是研究解决区域"人与自然"之间生态问题以实现生态文化资源建设、实现生态文化进步的重要举措。实现生态文化资源系统多重产品生产来满足区域公众的多重消费需求。通过实践，将生态文化资源建设与物质文化、制度文化和精神文化建设相融合，体现"人与自然、人与人、人与社会、经济与环境、消费与生产"的协调发展。其丰富的老区生态文化资源建设内涵还表现在以老区生态文化资源建设实践区域"政府与企业"在市场中的主导作用。体现老区传统的生态文明的生产、生活及消费方式的生态文化意义。老区生态文化资源的价值功能是以正确引导老区公众科学认识生态文化资源价值，实践新型生态文化资源建设的新生产力关系，实现老区公众科学思维方式的生态文化资源转型。以科学合理方式协调好老区社会经济活动与生态文化资源环境系统之间的平衡关系，促进老区"人与自然"的关系达到一种和谐的、可持续发展的良好状态。

加快推进老区生态文化资源建设，是老区生态文化资源建设的现实需要。老区生态文化资源建设是老区经济建设的基础，是集"生态、文化、经济、社会、消费、环境"为一体的系统的生态文化资源建设工程。通过老区生态文化资源建设，逐步形成老区生态文化资源建设和区域经济建设的重要动力。老区生态文化资源建设是社会发展的进步实践活动，是弘扬老区革命传统，引领老区生态文化资源建设的重要推手。从其本质看，老区生态文化资源建设是发展新型生态文化资源生产力的客观需要，是人类社会的生态文明建设的巨大进步，它既是自然生态环境链的有效延伸，同时也是老区经济社会发展和消费活动的重要动力。老区生态文化资源建设本身就有极为丰富的经济价值，生态文化资源建设价值的实现可以丰富区域生态经济的价值功能。生态文化资源是革命老区最大的优势。老区生态文化资源建设，应当突出老区生态文化资源建设的特征。以生态文化资源建设为核心，以老区生态文化资源经济研究为主导，通过老区生态文化资源与老区生态文化资源经济的生态化与生态经济化的互动，创新老区生态文化资源经济发展理念，将其转变为生态文化资源经济发展方式，着力提升老区生态文化资源生产力，实现老区生态文化资源建设的经济价值，使老区生态文化资源的优势、文化的优势转化为区域内的经济优势，实现老区社会经济文明与区域生态文明的有机统一，实现人与自然的和谐环境。

2. 老区生态文化资源建设的目标、任务和内容

老区生态文化资源建设的目标是实现老区生态文化资源发展模式，建立新型生态文化资源价值体系，共建生态文明生态环境。实现目标，就要充分肯定自然界及其延伸的生态环境的存在价值，担负起对自然环境的生态保护责任和义务。老区进行生态文化资源建设，其首要任务是将老区革命传统文化和老区生态文化资源建设的责任意识牢牢地植于老区公众的内心。通过先进的生态文化资源建设理念引导老区生态文化资源建设的实践

活动。在老区新型生态文化资源经济建设中，以微观的思考、逐步引导老区公众价值取向、生产方式和消费行为的转型；以宏观方面的思考逐步影响和指导政府决策咨询行为，推行"政府与企业"和谐构建老区新型生态文化资源建设，构建文明的生产方式和生活方式，以科学合理有序有效的方式实践市场在资源配置中的决定性作用，使"政府引导管理与企业实践生产"的资源配置活动在市场中得以完全展现。

老区生态文化资源建设是老区社会文明进程中实践的重要内容。

从革命文化传统的传承角度来看，老区生态文化资源建设是对老区区域内外生态文化资源建设的经验和教训的总结，是极为科学的过程。如何在生态文化资源建设中继承有价值的部分，使人类的文明得以传承和延伸，是老区人民探索了建设道路。

从生态文化资源建设的角度来看，老区公众以区域革命文化的历史对现有文化和文明作为参考目标，围绕文化与文明的核心价值观，结合现代社会的实际，根据老区生态文化资源建设的实践进行合理的创新与改进。

从生态文化资源环境的角度来看，老区生态文化资源建设是老区生态文明建设的重要成果。是随着老区的社会经济发展文明的演进而演进，是老区生态环境、社会经济、文化文明发展历史的完整的记录，同时也是对老区社会进步的推动者，即老区人民建设生态家园、建设生态国家的历史记载。

从生态文化资源建设者的角度来看，老区公众在全球经济危机影响和国家继续改革开放阶段抓住城乡建设一体化的机遇，积极参与老区政府引领与企业建设生态文化资源经济活动的过程，以主人翁的姿态在生活的土地上实践生态文明的建设活动，开阔视野、陶冶情操，创新发展、集聚能量，为建设美丽老区生态环境和生存环境积聚了丰富的内容和资源。

老区生态文化资源是老区物质载体和老区公众和谐形态的资源，是老区建设过程中的历史生态文化资源。随着科技的发展和社会的进步，老区的生态文化资源建设同样经历了由简单到复杂、由低级到高级的演变过程。改革开放以来，老区生态环境基本保持了良好的可持续发展态势，这与老区地理环境和长期的革命精神文化影响是密不可分的。特别是老区的建设者随着世界经济快速发展和国家软实力和硬实力建设取得的成就，熟悉知识时代、电子时代、网络时代的新技术产生和应用，并将其完全融入老区的建设环境，涌现出了很多可以赞赏的生态文化，聚集了新型的生态文化资源。信息技术的发展、计算机技术的不断进步，老区人民了解电子信息和网络世界，成为老区人们的生活和学习的重要内容。

二　老区生态文化资源建设的情况

1. 老区生态文化资源建设的数量、质量的不平衡

老区生态文化资源建设因受其地理、环境和外部客观条件限制的影响，老区生态文化资源建设存在一定的数量、质量不平衡的情况。以安徽省金寨县生态环境建设为例，生态资源经济林建设是生态文化资源建设方面的核心内容之一，这方面的不足主要表现在以下几个方面。

老区生态文化资源建设中引进新型和原有生态经济林在数量、质量方面具有明显的不平衡。

（1）原有经济林资源。

金寨县是闻名全国的将军县，参军参战十万之众，到解放时只有700多人生还。

占地面积3万平方米，总投资约5000万元的"金寨县红军广场"已经在金寨县梅山镇竣工开放。

邓小平同志题写馆名"金寨县革命博物馆"、江泽民同志题词"金寨县烈士纪念馆"、刘伯承元帅题词"燎原星火"和"金寨县革命烈士纪念塔"、洪学智上将题词的"金寨县红军纪念堂"成为金寨县的经典红色景区。

金寨县地处皖西边陲，位于鄂、豫、皖三省八县的结合部。总面积538.8万亩，其中林业用地431万亩，耕地33万亩，境内有治理淮河的重点工程梅山、响洪甸两大水库，总库容50亿立方米，是典型的"八山半水半分田，一分道路和庄园"山区县，也是安徽省最大的山区县。

据资料介绍，全县辖29个乡镇、办事处，437个行政村，总人口62.8万，其中农业人口57万，人均占有山场面积7.2亩，经济林生产是

金寨县域经济的主要方面。自80年代中后期以来，金寨县一方面科学合理结合造林绿化，立足区域资源优势，调整经济林林种、树种结构，大力发展以板栗为主的经济林生产加工，发展栗园50万亩，占全县有林地面积351万亩的14%，经济林86万亩的66%，占六安地区板栗总面积90万亩的56%，是全省板栗总面积250万亩的20%。目前，已有栗树1600多万株，其中挂果栗树22万亩650万株，未挂果栗树950万株，年产板栗达1.3万吨以上，占全省板栗总产3.5万吨的37%，年创综合产值近亿元，占全县农业总产值140351万元的7.2%。板栗面积、株数、产量均居全省第一，仅次于全国第一板栗大县河北省迁西县，是全国板栗重点产区之一。

金寨县板栗栽培历史悠久，品种资源丰富，是长江流域板栗品种群集中分布区之一。现已筛选培育了适合区域栽培的10余个优良板栗品种，目前已初步形成了早栗子、处暑红、大腰栗、九月寒、迟栗子、紫光栗、紫油栗为代表的早、中、晚熟优良品种，其中早栗子、处暑红等早熟品种栽培面积达20万亩，大腰栗、紫光栗等中熟品种栽培15万亩，九月寒、迟栗子、紫油栗等晚熟品种栽培15万亩。

据相关资料介绍，金寨县先后完成了中央和省下达的《板栗低产林改造技术推广》《板栗空蓬研究》《大别山板栗发展研究》《板栗良种及丰产技术推广》等科研项目十余项，创立了低产栗树改造的截干再生冠技术，进行推广运用，改造了高干栗树近15万株。培育出了各种形式的先进板栗栽培模式，创立了栗茶、栗药混交，板栗与地膜农作物间套种等二元和三元栽培模式。

金寨县437个行政村中发展板栗的村有418个，占96%。其中55个村为板栗专业村，板栗年收入在50万元以上，占村农业总收入的60%，15个村板栗收入超100万元，人均板栗收入4000元，20个村板栗人均纯收入在2000元以上。现全县发展板栗的农户有6万户。板栗生产的兴起和发展，带动了加工、销售、运输业发展，逐步改变着山区的贫穷落后面貌。现板栗收入占全县家业总收入的7.2%。板栗每年向县财政提供农林特产税1000万元，10年来共提供税收近6000万元。板栗生产已成为全县经济的支柱产业。

由此看出，金寨县林业产业体系初步形成，同时反映出了偏重单一经济林产业。板栗面积 33000 公顷，产量 3 万吨，比"九五"末分别增加了 19%、64%；山核桃面积 2700 公顷，产量 100 吨，比"九五"末分别增加了 35%、400%；油茶面积 0.43 万公顷，产量 3 万公斤；毛竹已达 2303 万株，比"九五"末增加了 74%；杉木面积 24308 公顷，蓄积 113.6 万立方米，比"九五"末分别增加了 27%、93%。

（2）引进新经济林资源。

2014 年 3 月 24 日，"中国金寨生态杜仲橡胶资源培育示范基地"合作项目签约仪式在金寨县举行，中国社会科学院国情调研杜仲项目课题组、国务院军转办转业军官培训中心、中国林科院经济林研究开发中心、金寨县人民政府、金寨百利农林开发有限公司的负责人出席并签字。该项目总投资近 10 亿元，由金寨百利农林开发有限公司负责实施，计划 5 年内在金寨县新建 10 万亩杜仲资源培育基地，并实施杜仲胶资源种植、培育及综合开发。目前，该公司已在金寨县流转土地 2000 亩。计划 2014 年完成种植 1 万亩，计划实施后由中国林科院经济林研究中心负责新型杜仲胶品种的培育和提供育苗、嫁接等技术指导。基地将被列为中国社会科学院"国情调研杜仲资源培育基地"和"军转干部产业创业示范基地"。杜仲是集医药、饲料、肥料、橡胶、军工、设备制造等多个行业多年生木本植物，尤其适合大别山区的水土保持和生态保护。该项目将为金寨县实施农业综合开发，增加农民收入开辟一条新的途径。

杜仲是世界上极少数分布于亚热带和温带的优质天然橡胶资源。杜仲橡胶具有独特的橡（胶）塑（料）二重性，可广泛应用于化工（橡胶）、航空航天、国防、交通运输、通信、电力、水利、体育、医疗等行业。杜仲还是我国十分重要的名贵中药，具有强筋骨、补肝肾、久服轻身耐老等功效。杜仲耐寒、抗旱、耐贫瘠、适生区域广阔，在我国 27 个省（区、市）均有栽培，南至广西，北达吉林，东自上海，西抵新疆喀什，可栽培区域 1000 万公顷以上，而目前栽培面积仅约 35 万公顷，发展潜力巨大。

《中国杜仲橡胶资源与产业发展报告（2013）》指出，杜仲产业集群是以杜仲橡胶、杜仲医药、杜仲"碳汇"等为基础的生物产品产业链，该产业链所开发的产品涵盖国防、交通、医药、保健等国民经济许多部门。杜仲用途之广，经济效益之高，是其他任何一种天然植物所无法比拟的。杜仲产业是典型的新兴工农业复合循环经济产业。目前，我国杜仲栽种面积400多万亩，占世界杜仲资源总面积的95%以上，具有得天独厚的优势。如果我国以杜仲树为资源，发展工农业复合循环经济，可以在10年内培育起一个年产出2000亿元~2500亿元的大型绿色循环经济产业集群，可以解决100多万人就业，可以改变种植加工地区的经济发展方式，促进"三农"问题的解决和生态文明的发展。

杜仲是目前世界上质量最高的天然降压药物。杜仲所含松脂醇双糖苷、桃叶珊瑚苷、绿原酸、多糖等多种活性成分均有降血压、降血脂的作用，且降压持久无任何毒副作用，并能促进冠状动脉血液循环，治疗心、脑血管疾病。美国哈佛大学胡秀英教授研究认为，杜仲是现在世界上质量最高的天然降压药物。

杜仲是世界上四大抗衰老药物之一。人体衰老，一方面是由于人体内蛋白质特别是胶原蛋白的合成与分解能力降低，另一方面是由多种疾病、老化、致癌因素引起，而这些因素都与活性氧、自由基密切相关。杜仲能够加速人体胶原蛋白的新陈代谢，防止或推迟皮肤起皱及老化，增加皮肤光泽，改善毛发质地，减少脱发，延缓衰老，预防老年痴呆症。日本专家与美国宇航局研究发现，杜仲在微重力环境下可抗人体肌肉骨骼老化，为航天员的保健佳品。

日本大学高桥周七教授对杜仲叶抗衰老及其机理进行了长期深入的研究，认为杜仲是世界上四大抗衰老药物之一。

除了传统药用外，杜仲还是开发多种功能食品的优质原料。目前已开发的主要品种有：杜仲雄花茶、杜仲叶茶、杜仲亚麻酸软胶囊、杜仲晶、杜仲冲剂、杜仲口服液、杜仲雄花酒、杜仲种子酒、杜仲纯粉、杜仲酱油、杜仲醋、杜仲可乐、杜仲咖啡、杜仲养生挂面、杜仲米粉、杜仲养生饼干等。

杜仲橡胶产业发展潜力巨大。据了解，杜仲橡胶具有独特的橡（胶）塑（料）二重性，可广泛应用于化工（橡胶）、航空航天、国防、交通运输、通信、电力、水利、体育、医疗等行业。

《杜仲产业绿皮书》指出，利用杜仲高产橡胶良种，采用果园化栽培技术，杜仲产果量可比传统栽培模式提高 40～60 倍，每公顷产胶量达 400 千克～600 千克。如果将杜仲栽种面积扩大到 300 万公顷，杜仲橡胶年产量可达 120 万吨以上，可以使我国天然橡胶资源匮乏问题得到根本缓解。我国如果减少 120 万吨天然橡胶进口，按 2011 年年初的进口价格测算，每年可为国家和企业减少外汇支出 280 亿美元。同时，杜仲橡胶及其配套产品年产值可达 1770 亿元，产业化前景十分广阔。

近年来，全国政协委员李景源分别于 2010 年、2011 年、2013 年、2014 年通过中国社会科学院《要报》和向全国两会提案，积极推动杜仲产业发展，一些地方政府与企业获得了中国社会科学院、国家发改委、科技部、农业部、国家林业局、工信部、中国林业科学研究院以及杜仲资源集中的地方政府扶持和科技支持。国家发改委在 2011 年新的产业结构调整目录中，将"天然橡胶及杜仲种植生产"作为单独一项列入了鼓励类农林产业项目之中，标志着我国政府将杜仲橡胶产业培育正式纳入了国家战略性新兴产业体系。

由于老区生态资源情况各异，自身投入生态资源经济建设的经费不足等实际困难，老区引进新经济林资源需要"政府与企业"科学合理的规划，对生态文化资源进行合理的建设配置，防止企业生态资源的老化和浪费。同时要进行合理准确的评估，因地制宜地进行新经济林苗木的种植规划和购进数量的有效利用，保证杜仲育苗和种植质量。老区生态文化资源建设必须高度重视原有经济林资源的逐步更新和资源配置。同时要科学合理地布局引进新型生态文化资源建设的定量配置资源。否则，必将产生区域生态文化资源数量、质量的不平衡，导致老区生态文化资源建设无法发挥应有的经济价值功能、产生利用率偏低等具体问题。

2. 老区生态文化资源建设引进与原有生态经济林资源在资源配置分配方面具有明显的不平衡

老区生态资源建设引进新型生态经济林资源重在强调生态资源环境效益与经济效益的布局和分配管理。引进新型经济林资源必须坚持生态资源系统性原则、生态资源合理布局原则、生态资源经济效益协调管理原则，这是老区生态资源建设过程中需要遵循的基本原则。

我国革命老区分布广泛，生态资源状况不同，经济林产业发展情况不同。金寨县经济林产业布局科学合理，以经济林为主发展老区经济，带动了相关产业合理发展，实现了老区生态资源建设的目标，具有重要的示范意义。有些老区经济林资源丰富，但是资源配置与项目分配建设相当不合理，不能根据当地具体的生态文化资源环境和经济、社会发展状况及公众的生存环境进行合理的资源分配。过去盲目引进破坏生态环境的开矿项目和不合区域发展状况的房地产建设项目、旅游项目等，都普遍存在经济效益的短视行为，没有与区域可持续发展的生态文化资源建设和环境建设相结合。政府没有认真规划资源的利用，没有在资源的分配合理性方面进行充分的调查研究，完全忽视了基本经济规律和区域公众的生存环境利益。实践证明，区域生态文化资源建设必须全面满足区域公众的合理需求，否则将会出现生态文化资源建设利用率低下，难以发挥其真正的效用。

金寨县引进新型生态资源建设杜仲项目，其核心是调整老区现有经济林产业结构。引进可持续发展的经济林杜仲种植产业项目，分期规划培育10万亩杜仲果、花、皮、叶、枝新型栽培资源，加工杜仲食品、饮料，杜仲饲料，杜仲橡胶，杜仲药材等系列高附加值杜仲产品。如果，项目能够多顺利实施，可实现区域生态资源建设目标和资源利用的最大化。

金寨县29个乡镇、办事处，其中15个乡镇板栗连片面积都在万亩以上，板栗收入300万元以上。调研中得知，板栗易生虫，不易储存，且经济林价值功能单一，价格逐步回落，政府、企业、种植户都在想办法替换板栗单一经济模式。

由此可以看出，老区生态资源建设是一项长期的建设工程，如何选择类似杜仲橡胶资源树种兼具食品、饮料、药用、饲料、包装、军事工业、橡胶工业等多种经济功能的经济林产业，科学合理地在区域内进行资源的有效配置，是老区生态资源建设需要研究的重要课题。

　　在实践中要突出老区生态文化资源建设重点工程，使老区生态资源建设与新型资源分配形成科学合理的配置，以保持老区生态文化资源的永续发展。

　　因此，老区生态文化资源建设中区域政府与企业对生态文化资源建设工作的重视程度不够，理解"市场"在资源配置中的决定作用有偏差，实践中淡化政府指导管理作用，或者淡化对企业、农林户生产管理行为都是阻碍老区生态文化资源建设的不利因素，也是产生前述问题的重要原因。

3. 老区生态文化资源建设需要高新技术人才

　　老区生态文化资源建设能否顺利推进，与老区生态文化资源建设的管理、技术人员的素质有着密不可分的关系。无论是生态文化资源的保护、利用、管理，还是生态文化资源建设的规划、布局、培育等都需要高新技术人才直接参与。以中国社会科学院社会发展研究中心、国家林业局杜仲工程技术研究中心为主的致力于杜仲经济林产业开发研究的科研机构以及相关高校在老区生态文化资源建设中承担着为老区输送高新技术人才的责任，同时老区生态文化资源建设工程为高校的研究课题提供了丰富的内容。

　　笔者认为，一支高素质的生态文化资源建设工作和研究人员队伍是推动老区生态文化资源建设的核心力量。生态文化资源建设研究人员素质的高低直接影响着区域生态文化资源利用率的高低。实践中必须重视现代计算机技术的应用，并不断与现代通信技术、网络技术相结合，在生态文化资源建设领域中发挥广泛应用。

　　实践过程中，就生态文化资源建设工作管理人员的素质来讲，其服务一线、掌握种植技术、资源有效利用管理等方面意识较差是区域工作人员中普遍存的问题。还有一部分承担核心技术管理的工作人员知识结构单一，缺乏广博的生态文化资源知识，计算机操作技能和外语水平不高，对生态文化资源建设工作业务不熟悉度，很难适应老区生态文化资源建设的需求。如果以高效的机械化方式进行种植、采摘、加工作业，这些工作人员就必须完全熟练掌握电脑设计和网络技术应用。

4. 老区生态文化资源建设中共建共享资源不足

老区生态文化资源建设（包括老区传统文化资源、革命历史纸质文献资源、电子文献资源以及自然生态资源、老区生态文化资源、老区生态环境资源、老区人文地理非物质文化资源、老区公众生态文化消费资源）内容丰富，必须通过共建，以实现共享生态文化资源。共建共享生态资源信息是网络信息对生态文化资源建设工作提出的网络技术管理的基本要求。老区普遍面临着生态文化资源建设共建共享资源程序设计和应用能力的不足的问题，与应达到的现代生态文化资源建设管理技术水平具有较大的距离。

从老区生态文化资源地域建设角度来看，属于同一省区的不同区域的多座老区之间应加强生态文化资源建设信息交流和共享。上海市（上海华仲檀成杜仲种植公司）、甘肃省陇南市（甘肃润霖杜仲开发公司）、安徽省金寨县（金寨百利农林公司）都位于革命老区，并且都以杜仲经济林资源为主进行区域生态文化资源经济开发，在网络技术和信息技术的技术工作方面都取得了一定的共享机制。上海华仲檀成杜仲种植公司还在杜仲造林碳汇网络技术应用方面进行了长期规划模块设计和应用管理。相比之下，其他老区生态文化资源建设中的网络信息服务机构和资源共享机制还存在较大的差距。首先，一些老区生态文化资源建设的相关技术网络应用服务机构数量不多，各企业之间水平参差不齐。其次，一些技术服务机构没有能力为生态文化资源建设共建共享机制提供足够的技术设计和应用管理支持，在生态文化资源建设标准化问题上采用的标准不尽相同，采用的生态文化资源建设技术管理应用软件也有一定的差异。这些因素都或多或少地制约着老区生态文化资源建设工程共建共享机制的建立。

从老区经济林为主的生态文化资源建设共建共享角度来看，区域以经济林为主进行信息服务的机构之间缺乏横向联系。生态文化资源信息共建共享的意识不强，老区生态文化资源建设共建共享信息技术方面的工作没有得到足够重视。生态文化资源建设的建设模式相对封闭，也是制约生态文化资源建设和信息服务不能有效、合理、及时地加强合作与协调管理的直接原因。这既不利于老区生态文化资源建设的顺利发展，也不利于生态文化资源信息技术服务机构本身的进步。

另外，政府管理体制方面的不合理方式也是制约生态文化资源信息共建共享建设的因素之一。由于老区生态文化资源信息技术服务机构没有统一的运营管理机构，同一区域个体之间的信息联系必然会相对分散，加之不同老区生态文化资源环境不同，各企业参与生态文化资源建设的程度不同，因此急需建立统一的管理服务机构。

5. 老区生态文化资源建设资金投入不足

老区生态文化资源建设中，无论是生态文化资源建设的规划、布局、管理过程，还是生态文化资源建设培育、加工、消费服务过程，都需要一定的资金。老区金寨县长期以经济林产业为区域主要经济活动，建立了较为科学合理的资源信息管理系统，其核心是政府主管和多个部门参与，以及包括企业、农林户参与的集区域经济活动。在金寨县引进杜仲产业项目活动中，可以看出老区集合区域生态文化资源合理配置的效果。相比之下，由于其他老区对生态文化资源建设工作的不够重视，或一些生态资源企业和信息技术服务机构投入资金不足，或者在生态文化资源配置中没有合理发挥政府与企业的双方优势作用，出现了区域生态文化资源利用不合理等现象。一般来看，开发经济林企业关注经济效益较多，关注区域生态文化资源的合理利用和合理资源配置较少，导致政府资源没有充分运用。企业储备资金和投入资金短缺，致使区域生态文化资源建设和生态文化资源信息服务在区域文化资源建设中都未能发挥应有的作用。

生态文化资源建设资金投入的不足，一方面使老区生态文化资源建设者和资源信息服务机构对区域资源的数量和质量难以得到合理开发和准确加以信息反馈；另一方面由于区域物质资源条件的限制，增加了老区生态文化资源建设的难度，甚至会影响工作人员与技术人员的工作积极性；再一方面由于资金的长期缺乏，会大大影响区域政府与企业建立的生态文化资源建设机制作用的有效发挥，进而对企业和农林户的经济效益、政府的科学引导、理论研究等方面产生重要影响。在网络信息环境条件下，适合老区生态文化资源建设的新的科技工具的投入对资金的需求量逐步加大，资金投入不足，必然会延缓必要技术和工具的更新和引进，从而影响整个生态文化资源建设的进程。

资金投入是老区生态文化资源建设和企业网络技术信息服务机构建设必不可少的保障条件，资金投入不足会直接影响到生态文化资源建设的生存环境。

三 老区生态文化资源建设策略

1. 制定因地制宜的老区生态文化资源建设政策

因地制宜的、合理科学的生态文化资源建设政策，是区域政府与企业进行生态环境保护、生态文化建设、生态资源培育、生态信息服务、生态资源管理、生态资源评价等项工作的依据。特别是在结合电子网络和计算机技术应用方面，适时制定合理的生态文化资源建设与信息技术服务政策是非常重要的。

老区生态文化资源建设政策的制定首先要符合区域生态文化资源保护工作的实际。

笔者认为，生态修复原则、生态环境保护原则、生态资源利用原则、生态技术实用原则、生态系统建设原则、生态经济活动原则、生态环境发展原则、生态文化资源建设合理布局原则与协调原则是生态文化资源建设中必须应该严格遵循的最基本原则。

其中生态资源利用原则和生态技术实用原则是根本原则。一方面要正确处理好生态文化资源建设的数量与质量的关系，另一方面要加快生态文化资源的信息技术现代化管理建设。生态系统性建设原则是指生态文化资源的建设要成体系、有重点、有秩序、有特色。生态经济活动原则是指生态文化资源建设要有伸张度和节控度，既要进行生态文化资源建设技术的正常培育，又不能过于消费资源、形成浪费。生态环境发展原则是从长远角度对区域生态文化资源建设提出新的指标，以具体的实际情况出发，具体问题具体分析，坚持有所发展有所剔除原则。生态文化资源建设合理布局与协调原则是针对区域生态文化资源建设的具体环节进行管理。这些原则之间相互制约、相互依存，生态文化资源建设政策作为长期生态文明建设的指导，具有引导方向的作用。在制定生态文化资源建设政策的过程中更应紧紧围绕这些原则。

区域生态文化资源建设政策的制定，还要根据不同老区生态文化资源建设的实际情况。一要根据区域生态文化资源建设经济林种类、数量、区域分布、品种质量等各方面的实际情况。生态文化资源建设的第一对象是区域生态经济林资源，因此根据区域生态经济林资源状况实际制定政策是必不可少的。二要结合老区政府与企业的管理技术、产业需求等具体情况。生态资源建设只有区域公众加以充分利用，其生态经济功能才得以充分发挥。因此，生态文化资源建设必须要做到因地制宜，实事求是，从区域生态环境实际状况出发。三要政策的制定应突出老区地方性和应用型经济林资源建设的特征。充分有效利用生态文化资源信息服务机构功能，其信息技术最终要为老区生态文化资源经济建设服务和为区域社会环境发展服务。

2. 加快建立老区生态文化资源信息的共建共享机制

老区生态文化资源建设需要通信技术、计算机技术、网络技术等信息技术手段的支持。这些信息技术手段同时为不同的老区政府、企业提供了建设共建共享机制的平台，同时也对区域生态文化资源建设工程提出了更高的要求。

首先，生态文化资源建设的共建工作是实现老区政府与企业和农林户资源共享的前提和基础。生态文化资源建设的共享机制是区域生态文化资源建设共建工作的目标。生态文化资源的信息资源共享，就是通过区域内掌握信息源的政府与企业在合理时间、区域、部门的平台直接发布，通过技术手段优化整合并合理使用，逐步建成一个互通有无、优势互补、方便交流的信息共享机制。

加快建立生态文化资源建设信息技术共享机制，首先区域政府与企业工作技术人员要树立合作交流与开放共享的意识。生态文化资源建设中思想观念上的故步自封就会影响人文生态环境，行为中的封闭性必然会影响生态文化资源建设中的交流，进而减缓生态文化资源共建共享机制的建立。要解决这些存在的问题，需要加强对从事信息服务的技术人员进行相应的训练，使其适应生态化管理工作逐步的、主动向生态文化资源管理开放型、生态文化资源管理外向型、生态文化资源共享型转化。

其次，加快建立老区生态文化资源标准化、统一化管理。老区生态文化资源建设必须采用较为科学的统一的标准和规范，这是实现政府与企业以及其他经济组织实现生态文化资源信息服务共享机制的前提。对区域生态文化资源建设中生态应用资源和生态虚拟资源的共享也是如此。我国老区生态文化资源建设和生态文化信息服务基本实现了区域交流的自动化。但老区因受地域限制在使用生态文化资源信息服务时采用的软件存在很大的差异性，加快设计应用的电子信息数字化中采用统一标准，使电子信息与生态文化资源信息格式之间相互兼容，形成开放的生态文化资源访问交流平台，避免资源共享信息技术和管理工作中的阻隔。因此，加快生态文化资源管理的标准化、统一化进程势在必行。

最后，老区生态文化资源建设必须遵循共同利用利益的政策。生态文化资源建设的信息服务，在共建共享的平台建设中，因不同老区的生态文化资源信息各异，信息技术服务机构的资源信息存储或者文献资源信息采集具有差异，而且享有生态文化资源建设信息与享有生态文化文献信息所有权的群体和享有使用权的群体不完全相同，因此在生态文化资源共建共享机制建设过程中难免会产生一些技术摩擦和信息矛盾。为了预防这类情况的发生，老区生态文化资源建设者与区域政府以及企业等各信息服务机构之间必须遵循共同的政策或法规。通过老区生态文化资源共建共享机制统一设计、统一发布、统一管理、统一规划、统一指导、统一甄别、统一监督，以保障老区生态文化资源建设过程中共建共享机制的顺利运行。

参 考 资 料

[1] 《杜仲产业绿皮书》，社会科学文献出版社，2013，第 18 页。

[2] 王伟光：《在超越资本逻辑的进程中走向生态文明新时代——在第七届中国社会科学前沿论坛上的讲话》，《中国社会科学报》2013 年 8 月 22 日。

[3] 王伟光：《建设中国特色的哲学社会科学话语体系》，本文系中国社会科学院院长、党组书记王伟光同志在哲学社会科学话语体系建设座谈会上的讲话，《中国社会科学报》2013 年 12 月 20 日。

[4] 周生贤：《走向生态文明新时代——学习习近平同志关于生态文明建设的重要论述》，中央人民政府网站，2013 年 9 月 2 日。

[5] 黄兴国：《要金山银山，更要绿水青山——学习习近平同志关于生态文明建设的重要论述》，党建网，2014 年 2 月 11 日。

[6] 张连国、栾贻信：《循环经济的哲学基础》，《东岳论丛》2005 年第 2 期。

[7] 〔美〕康芒纳：《封闭循环》，侯文蕙译，吉林人民出版社，1997。

[8] 独娟、刘波：《马克思的循环经济思想探究》《学术论坛》2012 年第 7 期。

[9] 张忠华、刘飞：《循环经济：马克思主义生态思想的重要实践平台》《发展研究》2012 年第 6 期。

［10］张彦修、李江凌：《新编马克思主义原著选读》，中央编译出版社，2012。

［11］《马克思恩格斯列宁哲学经典著作导读》，《家庭、私有制和国家的起源（节选）》，人民出版社，2012，第345页。

［12］解保军：《生态学马克思主义名著导读》，哈尔滨工业大学出版社，2014，第17页。

［13］吴季松：《新循环经济学》，清华大学出版社，2005。

［14］〔美〕莱斯特·布朗：《生态经济：有利于地球的经济构想》，东方出版社，2002，第84页。

［15］张世英：《天人之际——中西哲学的困惑与选择》，人民出版社，1995。

［16］倪端华：《英国生态学马克思主义研究》，人民出版社，2011。

［17］黄贤金：《循环经济：产业模式与政策体系》，南京大学出版社，2004。

［18］钱俊生、余谋昌：《生态哲学》，中共中央党校出版社，2004。

［19］叶平：《环境的哲学与伦理》，中国社会科学出版社，2006。

［20］孙文菅：《循环经济哲学维度研究》，光明日报出版社，2013。

［21］刘思华：《绿色经济论》，中国财政经济出版社，2001。

［22］冯之浚：《循环经济导论》，人民出版社，2004。

［23］韩立新：《环境价值论》，云南人民出版社，2005

［24］于群：《论我国循环经济发展中的瓶颈问题及解决对策》，《河北法学》2012年第2期。

［25］吴飞美：《基于绿色消费的循环经济发展策略研究》，《东南学术》2011年第6期。

［26］曲格平：《探索可持续的新型工业化道路》，《环境保护》2013年第12期。

［27］诸大建、朱远：《生态效率与循环经济》，《复旦学报》（社会科学版）2005年第2期。

［28］徐结春、车圣姬：《马克思的环境意识与社会发展观的转换》，《延

边大学学报》（社会科学版）2003 年第 4 期。

[29] 宁洪、陈明富：《"美丽中国"的理论内涵》，中直党建网，2012 年 12 月 21 日。

[30] 温莲香：《马克思恩格斯劳动概念的生态维度解读》，《文化经济研究》2012 年第 5 期。

[31] 莫放春：《国外学者对〈资本论〉生态思想研究》，马克思主义研究网。《马克思主义研究》2011 年第 1 期。

[32] 程恩富、王中保：《论马克思主义可持续发展》，中国共产党新闻网，2009 年 4 月 21 日。

[33] 刘奔：《从马克思主义历史观、真理观和价值观的内在有机联系看科学发展观》，《黑龙江社会科学》2006 年第 2 期。

[34] 冯华：《马克思劳动时间节约理论形成简析》，马克思主义理论研究，理论月刊 2010 年第 12 期。

[35] 王子今：《中国古代的生态保护意识》，新华网，2010 年 3 月 3 日。

[36] 张立影：《试论生态马克思主义的方法论基础、立论根基与核心主题》、《山西高等学校社会科学学报》2012 年第 3 期。

[37] 赵卯生、杨晓芳：《阿格尔建构生态学马克思主义的四重维度》，马克思主义研究网，2011 年 9 月 21 日。

[38] 〔德〕马尔库塞：《单向度的人》，刘继译，上海译文出版社，1989，第 69 页。

[39] 张彦修、李江凌：《新编马克思主义原著选读》《1844 年经济学—哲学手稿》（节选），中央编译出版社，2012，第 53 页。

[40] 庞元正：《可持续发展与唯物史观》，《中国党政干部论坛》2012 年第 3 期，中国共产党新闻网。

[41] 《中国古代生态思想》（节选 1～5）中文百科在线，2013 年 12 月。

[42] 〔法〕霍尔巴赫：《健全的思想》，王荫庭译，商务印书馆，2006。

[43] 《生态哲学对社会学的影响与启示》，博才网，2013 年 11 月 6 日。

[44] 薛正昌：《宁夏历代生态环境变迁述论》（节选 1～6），中国生态环境史学网，《宁夏社会科学》2003 年第 20 期。

［45］胡锦涛：《坚定不移沿着中国特色社会主义道路前进——为全面建成小康社会而奋斗》，《人民日报》2012年11月18日。

［46］张忠军：《2050年中国将面临粮食安全挑战》，国际在线网，2013年9月6日。

［47］《全国土壤污染状况调查公报》，《科技日报》2014年4月17日。

［48］《马克思恩格斯列宁哲学经典著作导读》，《关于费尔巴哈的提纲》，人民出版社，2012，第97~98页。

［49］《马克思恩格斯列宁哲学经典著作导读》，人民出版社，2012，第47页。

［50］郭忠华：《劳动分工与个人自由——对马克思、涂尔干、韦伯思想的比较》，《中山大学学报》（社会科学版）2012年第5期。

［51］〔美〕霍根著《自然资本论——关于下一次工业革命》，王乃粒等译，上海科学普及出版社，2012年11月。

［52］杜红岩、胡文臻、俞锐：《杜仲产业绿皮书》，社会科学文献出版社，2013，第73页。

［53］《马克思恩格斯列宁哲学经典著作导读》（马克思恩格斯关于历史唯物主义的书信），人民出版社，2012。

［54］梁彦隆：《主体间性与环境问题——兼谈生态伦理与可持续发展》，《科学技术与辩证法》2004年第2期。

［55］解保军：《生态学马克思主义名著导读》，哈尔滨工业大学出版社，2014，第12页。

［56］《马克思恩格斯列宁哲学经典著作导读》，《〈政治经济学批判〉序言》，人民出版社，2012，第180~181页。

［57］〔英〕戴维·麦克莱伦：《马克思传》，王诊译，中国人民大学出版社，2006，第123页。

后 记

当代欧洲生态社会主义的著名学者萨拉·萨卡（Saral Sarkar）于1997年发表了《生态资本主义还是生态社会主义》一书。该书写于苏联解体后的社会主义低潮时期。萨卡指出，苏联在追赶资本主义工业化进程中造成了严重的生态灾难，遭到了"大自然的报复"。萨卡认识到，今天的资本主义的工业经济是不可持续的，因为这种工业经济主要是建立在不可再生资源的基础上。而一个可持续发展的经济模式一定是建立在可再生资源的基础之上，这样的经济模式只有在绝对必要时才使用不可再生资源。萨卡探讨了生态经济、生态社会与社会主义社会的关系，他相信："一种真正意义的生态经济只能在社会主义的社会政治环境中运行，而且，只有成为真正的生态社会才能成为真正的社会主义社会。"

萨卡分析的"中国更易于实现生态社会主义"的命题，认为中国的发展程度和文化传统更符合生态社会主义的要求，中国的社会主义与生态社会主义在很多方面有契合点，但并不是说中国的未来就是生态社会主义。

从2007年中国共产党第十七次全国代表大会首次提出建设生态文明的重要任务，到2012年党的十八大报告首次提出"社会主义生态文明新时代"这一概念，表明中国共产党对生态文明与社会主义的关系有着深刻的认识，也标志着中国特色社会主义迈入了社会主义生态文明的新时代。但是我们必须清晰地认识到，这些理论创新与生态社会主义的主张有着原则上的区别。

第一层级复合产业哲学——以杜仲橡胶资源培育复合产业研究为例，在国内外研究尚属空白。笔者参考的相关理论，在区域政府、企业、公众的实践中不断地深化研究。引述萨卡有关生态社会主义的研究成果，说明笔者在研究第一层级复合产业哲学期间，以哲学思考的方法探讨实践中的生态经济，将自己的研究融入了马克思主义生态学之中。无论是高兹、佩珀等人的主流生态社会主义思想，还是萨卡的非主流生态社会主义思想，它们都对"生态资本主义"进行了深刻批判，他们的生态社会主义思想都是当代社会主义思想发展的成果，对生态资源经济体系建设有着重要的借鉴作用。

本书主要以杜仲橡胶资源培育复合产业为例展开研究第一层级复合产业哲学，这得益于国情调研杜仲项目的长期实践活动。因此，首先要感谢中国社会科学院学部委员、中国社会科学院哲学所原所长、中国社会科学院文化研究中心主任、研究员李景源先生和中国社会科学院哲学所副所长、中国社会科学院社会发展研究中心主任、研究员孙伟平先生。在项目调研和具体实施课题研究期间，他们给予我的大力支持，化解了一些人为的阻碍工作的矛盾（尴尬），一切从国情调研解决重大问题出发，以探索国家培育新型生态资源经济活动为主。笔者长期深入一线、跟踪调研。无论项目研究顺利与否，均为国家探索新型生态资源经济体系建设，展开了跨学科的合作研究，建设了实验基地，积累了宝贵经验。

本书的出版，得益于国情调研杜仲项目课题组的各位专家、学者、领导的大力支持，得益于项目合作区域地方政府和企业生态项目的生产与成果，他们给予的支持、协调、配合，实现了各个环节的顺利完成。使笔者在管理、调研、协调、组织培育与生产中，工作更加科学、合理，具有实效。对上海华仲公司俞锐、甘肃润霖公司刘金会、唐复勋，上海钟族女士、韩玉倩女士、广州徐婉球女士及爱人陈刚先生提供的帮助，在此一并感谢。

第一层级复合产业哲学研究尚属首次，在选择切入实例，讨论经济数据、计算公式期间，武汉理工大学管理学院刁兆峰院长、程光德博士，兰州城市学院刘举科院长等提出了很好建议，有关专家建议采用解析地方政府与企业污染项目来展开研究，韩国海洋大学攻读博士学位的女儿胡若音建议对比两个省市生态资源状况展开研究，这些建议非常好，针对性强。最终选择以杜仲橡胶资源培育复合产业为例研究。一是杜仲橡胶资源培育是涉及 27 个省市区适宜种植普及的经济林；二是杜仲树资源涉及 9 个行业百余种类产品，融入区域公众生态资源消费与服务的各个环节；三是 7 年多来，笔者与杜仲项目顺缘，与杜红岩等杜仲团队专家经常一起深入科研和生产一线调研，积累了哲学思考的内容。以杜仲橡胶资源为例进行生态资源经济体系建设实践活动的解析研究，内容丰富，观点明确，从哲学思考的角度更进一步推动杜仲橡胶资源培育复合产业的科学、合理发展。对此一并表示感谢。

由于国情调研杜仲项目工作的需要，笔者经常在一线工作，常常忆起共同生活工作的同事。借此机会表示感谢。

在榆中县人民检察院工作期间，无论是外出办案，还是机关学习训练，纪律与职责要求时刻保持对敌斗争的高度警惕性和尽职责任，这一工作经历培养了顽强的毅力，为日后学习研究打下了坚实的基础。紧张工作中流溢出对经济、管理哲学的喜爱，与同事们讨论案件时，常以哲学、经济观点分析，之后得益于马国勋检察长（回族，已故）和政法委领导的鼓励，在中共兰州市委党校经济管理专业学习并加入中国共产党，马国华校长（回族）关于智者无私、勇者幸福的谈话难以忘怀。此后，笔者无论是在检察院、还是在企业工作，还是在研究单位，都负有一种使命感，义无反顾地全身心投入。在甘肃两西建设指挥部新产品中心工作期间获得了省直机关优秀共产党员称号、"五四"青年奖章，与张治经理结下了深厚的工作友情。长期在基层企业工作的实践，使人意识到，建立公众爱国主义核心价值观体系，具备对敌斗争的意识依然十分重要。

进行生态资源经济体系建设实践活动，我们以杜仲橡胶资源经济培育复合产业发展实际来分析，发现任何经济、产业发展并不是单一和独立的结构形态，它们之间是大环境、中环境、小环境的链式结构形态，是国家的大一统的具有严密联系的生存关系。杜仲橡胶资源经济体建设研究，实质是区域小环境建设问题。在区域小环境建设方面，内存有：1. 区域政府引导的大环境，2. 企业、科研单位种植生产加工产品的中环境，3. 区域公众（农林户、其他经济组织成分）生态资源消费与服务的小环境。大中小环境中的企业问题，很可能代表着一个产业形态结构，一个产业的发展与上下游产业链甚至与其他产业间都有着密不可分的关系。实践中，当我们去看待一个杜仲产业企业的发展存在相关问题的时候，针对企业本身去解决问题是难以成功的，只有结合整个杜仲产业的环境结构，确定企业在市场环境、产业布局中的位置进行调整和配置。

哲学思考的抽象性决定了对生态资源经济体系建设实践活动的研究并不是实证性研究。但是，第一层级复合产业哲学的研究又是完全立足于现实中的重大问题，许多具体情况问题的发生和解决是要超越现实状态，以哲学的思考将现实生态资源经济体系建设实践中的丰富内容加以概括，做深层次的理论探讨。各个章节中的基本研究分析路线就是这样进行的。在大量的研究分析基础上，我设计了生态资源经济体系建设消费增长率计算公式。

在全球进行生态学马克思主义研究阶段，第一层级复合产业的经济理论层面研究尚属空白，本书希望通过研究区域生态资源经济体系建设的成果，进一步深化对生态资源经济体系建设基本理论的研究，并对杜仲橡胶资源培育复合产业的进一步发展提供理论指导。第一层级复合产业哲学的研究是一次重要的积极的尝试和探索。对有些问题的研究还显得不够深入，敬请阅读者批评指正。

书稿出版之际，感谢社科文献出版社社科政法分社王绯社长和孙燕生编辑的支持。最后要感谢长期以来支持帮助我的家人。

胡文臻

2014 年 4 月 29 日于北京

图书在版编目（CIP）数据

第一层级复合产业哲学：以杜仲橡胶资源培育复合产业
研究为例/胡文臻著. —北京：社会科学文献出版社，
2014.8
ISBN 978 - 7 - 5097 - 6241 - 7

Ⅰ. ①第… Ⅱ. ①胡… Ⅲ. 杜仲胶 - 产业发展 -
研究 - 中国 Ⅳ. ①F326.23

中国版本图书馆 CIP 数据核字（2014）第 146794 号

第一层级复合产业哲学
——以杜仲橡胶资源培育复合产业研究为例

著　　者/胡文臻

出 版 人/谢寿光
出 版 者/社会科学文献出版社
地　　址/北京市西城区北三环中路甲 29 号院 3 号楼华龙大厦
邮政编码/100029

责任部门/社会政法分社（010）59367156　　　　责任编辑/孙燕生
电子信箱/shekebu@ ssap. cn　　　　　　　　　责任校对/岳爱华
项目统筹/王　绯　　　　　　　　　　　　　　责任印制/岳　阳
经　　销/社会科学文献出版社市场营销中心（010）59367081　59367089
读者服务/读者服务中心（010）59367028

印　　装/三河市东方印刷有限公司
开　　本/787mm×1092mm　1/16　　　　　　印　　张/22
版　　次/2014 年 8 月第 1 版　　　　　　　　字　　数/337 千字
印　　次/2014 年 8 月第 1 次印刷
书　　号/ISBN 978 - 7 - 5097 - 6241 - 7
定　　价/85.00 元